GOLDMANN

Buch

Alexander Lowen ist einer der Väter der Körpertherapie. Die von ihm begründete bioenergetische Analyse, die den bislang vernachlässigten Körper in das therapeutische Konzept integrierte, wies neue Wege in der Psychotherapie.

Mit diesem Buch liegt endlich Lowens grundlegendes Werk, das erstmals im Jahre 1958 erschien, im Taschenbuch vor. Es zeigt: Die konventionelle Psychoanalyse mußte enttäuschen, weil sie sich auf die psychische Ebene beschränkt. Die bioenergetische Analyse hingegen erkennt im Körper den Schlüssel zu den seelischen Störungen und arbeitet sowohl auf der physischen als auch auf der psychischen Ebene.

Was Bioenergetik wirklich ist, erklärt Lowen auf verständliche Art und Weise. Die verschiedenen Charaktertypen werden aus bioenergetischer Sicht beschrieben, und anhand eingehender Fallgeschichten zu jedem dieser Charaktertypen erläutert Lowen seine therapeutische Arbeit.

Autor

Lowen war Schüler von Wilhelm Reich und ist ausgebildeter Arzt und Psychotherapeut. Er gründete und leitet das »Internationale Institut für Bioenergetische Analyse« in New York.

Im Goldmann Taschenbuch liegen von Alexander Lowen vor:

Angst vor dem Leben, 11477
Bioenergetik für Jeden, 13588
Depression, 12313
Liebe und Orgasmus, 11356
Lust, 11367
Narzißmus, 12314 (Februar 1992)

ALEXANDER LOWEN

Körperausdruck und Persönlichkeit

Grundlagen und Praxis der Bioenergetik

Aus dem Amerikanischen
von Gudrun Theusner-Stampa

GOLDMANN VERLAG

Originaltitel: The Language of the Body
Originalverlag: Grune & Stratton, New York

Umwelthinweis:
Alle bedruckten Materialien dieses Taschenbuches
sind chlorfrei und umweltfreundlich.
Das Papier enthält bereits Recycling-Anteile

Der Goldmann Verlag
ist ein Unternehmen der Verlagsgruppe Bertelsmann

Made in Germany · 1. Auflage · 9/92

Umschlaggestaltung: Design Team München
Umschlagfoto: Design Team München
Druck: Presse-Druck Augsburg
Verlagsnummer: 12402
SD · Herstellung: Sebastian Strohmaier
ISBN 3-442-12402-6

Für meine Frau Leslie,
die mir eine niemals versiegende Quelle
der Inspiration gewesen ist

Inhalt

Vorwort

> Die Bewegungen des Ausdrucks im Gesicht und am Körper ... dienen als die ersten Mittel der Mittheilung zwischen der Mutter und ihrem Kinde ... Die Bewegungen des Ausdrucks verleihen unsern gesprochenen Worten Lebhaftigkeit und Energie. Sie enthüllen die Gedanken und Absichten Anderer wahrer als es Worte thun, welche gefälscht werden können ... Der freie Ausdruck einer Gemüthserregung durch äußere Zeichen macht sie intensiver. Auf der andern Seite macht das Zurückdrängen aller äußern Zeichen, so weit dies möglich ist, unsere Seelenbewegungen milder. Wer seiner Wuth durch heftige Geberden nachgibt, wird sie nur vergrößern; wer die äußern Zeichen der Furcht nicht der Controle des Willens unterwirft, wird Furcht in einem bedeutenderen Grade empfinden; und wer in Unthätigkeit verharrt, wenn er von Kummer überwältigt wird, verliert die beste Chance, die Elasticität des Geistes wieder zu erhalten. *Charles Darwin, 1872*
>
> Aus: »Der Ausdruck der Gemüthsbewegung bei dem Menschen und den Thieren«, S. 374

Wir erleben heute mit, wie die Psychoanalyse von Psychiatern und anderen Menschen, die ihre Grundprinzipien nicht leugnen, angegriffen wird. Die Kritik rührt daher, daß man von den Ergebnissen der psychoanalytischen Behandlung enttäuscht ist. Denn selbst wenn man die erhebliche Problematik des Aufwands an Geld, Zeit und Unbequemlichkeiten außer acht läßt, treten die erhofften Veränderungen der Persönlichkeit, des Fühlens und Verhaltens oft nicht ein. Gewiß, vielen Patienten wird geholfen; manche werden gebessert. Aber die Zahl der Patienten, die viele Jahre in Analyse sind oder von einem Analytiker zum anderen wandern, ohne daß ihre Not, ihre Unzufriedenheit oder ihre wahren Probleme sich wesentlich ändern, ist beunruhigend.

Vor kurzem wurde ich gerade von einer jungen Frau konsultiert, die vier Jahre Analyse und über ein Jahr einer anderen Form der Therapie hinter sich hatte. Ihre Aussage über diese früheren Erfahrungen ist typisch.

»Das, wofür ich mich in Behandlung begeben habe, ist in Wirklichkeit nicht verändert worden. Ich hab' immer geglaubt, meine Fähigkeit zu fühlen sei größer als das, was ich erlebte. Die Analyse hat mir zwar geholfen, vieles zu verstehen, aber ich fühle nicht mehr als vorher. Darin wurde ich enttäuscht.«

Angesichts dieser Lage reagieren die analytisch orientierten Psychiater unterschiedlich. Manche bieten ausgefeiltere Formulierungen an, während andere für einfachen gesunden Menschenverstand plädieren. Leider bedeutet weder der eine noch der andere Weg eine Lösung des Problems. Man kann auch Freud nicht vorwerfen, daß die großen Erkenntnisse, die er der Welt geschenkt hat, sich als relativ unwirksam erwiesen haben, wenn es darum ging, die schweren psychischen Störungen zu überwinden, an denen viele Menschen leiden. Freud hat derartiges nie versprochen. Er kannte die Grenzen seines Verfahrens.

Die Lage, in der sich die Psychoanalyse heute befindet, gleicht der jedes anderen jungen medizinischen Fachbereichs. Kann man die heute von der Chirurgie erreichten Ergebnisse mit denen von vor hundert Jahren vergleichen? Verbesserung ist die Folge von Veränderungen der Techniken, des besseren Erfassens des jeweiligen Problems und gesteigerter Fertigkeiten. Wenn man den heutigen Analytikern die Schuld an der aktuellen Situation geben kann, dann nur deshalb, weil es ihnen widerstrebt, ihre herkömmlichen Verfahren zu modifizieren.

In der Geschichte der Psychoanalyse fehlt es nicht an Persönlichkeiten, die Experimente gemacht und neue Gedanken gedacht haben. Zwar haben die meisten die Theorie nur geringfügig erweitert, aber einige, besonders Ferenczi und Wilhelm Reich, haben bei den technischen Verfahren wichtige Neuerungen eingeführt. Ferenczis »aktive Technik« oder »Analyse von unten« war ein Versuch, mit den schwierigen

Charakterproblemen fertigzuwerden, die selbst damals schon der psychoanalytischen Methode trotzten. Von den Beiträgen Reichs wird im Verlauf dieser Untersuchung ausführlicher die Rede sein.

Das Problem, vor dem die Psychoanalyse steht, kommt daher, daß der Analytiker auf verbaler und geistiger Ebene mit Körperempfindungen und -gefühlen umgeht, denn der Gegenstand der Analyse ist das Fühlen und Verhalten des Menschen. Seine Vorstellungen, Phantasien und Träume werden nur erforscht, damit man die Gefühle begreifen und an sie herankommen und das Verhalten beeinflussen kann. Können wir uns nicht vorstellen, daß es möglicherweise andere Mittel und Wege gibt, Gefühle und Handlungsweisen zu verändern? 1899 hat Freud in einem Brief an Wilhelm Fließ dargetan, daß ihn diese Frage ständig beschäftigte: »Mitunter dämmert mir ein zweites Stück der Behandlung, ihre Gefühle so zu provozieren wie ihre Einfälle, als ob dies ganz unentbehrlich wäre« (Freud 1906, S. 241).

Wenn Freud es unterließ, eine Behandlungsmethode zu entwerfen, die diesen Gedanken verwirklicht hätte, kann man diese Unterlassung der Schwierigkeit zuschreiben, die der Beziehung zwischen Leib und Seele innewohnt. Solange die Auffassung von der leib-seelischen Dualität das eigene Denken beeinflußt, ist diese Schwierigkeit unüberwindbar. Wir können vermuten, daß Freud sein Leben lang mit diesem Problem zu kämpfen hatte. Aus diesem Kampf gingen die klaren Formulierungen hervor, die die Ich-Psychologie ausmachen. Aber das gleiche Problem stellt sich den heutigen Analytikern ebenso dringlich, wie es sich Freud stellte.

Ich habe nicht die Absicht, in dieser Einleitung eine Antwort auf diese große Frage vorzuschlagen. Ich möchte vielmehr die These erklären, die diesem Buch zugrundeliegt, und die den Weg zur Lösung dieses Problems weist. Analytiker sind sich darüber klar, daß viele somatische Prozesse mit psychischen Phänomenen identisch sind. Das Gebiet der psychosomatischen Medizin ist voll von Äußerungen darüber. Miteinbegriffen in diese Identität ist die Auffassung, daß sich der lebendige Organismus in Bewegungen deutlicher ausdrückt als in Worten. Aber nicht nur in Bewegungen! In Posen und in der Körperhaltung, im Benehmen und in jeder Geste spricht der Organismus eine Sprache, die dem verbalen Ausdruck vorangeht und ihn übersteigt. Außerdem gibt es eine Reihe spezifischer Untersuchungen, die Körperstruktur und -beschaffenheit mit emotionalen Einstellungen in Verbindung bringen. Man kann sie ebenso der analytischen Technik unterziehen wie Träume, Versprecher und die Ergebnisse des freien Assoziierens.

Wenn Körperbau und Temperament zusammenhängen, wie jeder, der die menschliche Natur studiert, erkennen kann, dann erhebt sich die Frage: Kann man den Charakter eines Menschen ändern, ohne daß auch in der Körperstruktur und in der funktionellen Motilität des Körpers eine Veränderung eintritt? Oder umgekehrt: Wenn man die Struktur verändern und ihre Motilität verbessern kann, können wir dadurch nicht auch jene Veränderungen des Temperaments bewirken, die der Patient fordert?

Das Individuum ist in seinem emotionalen Ausdruck eine Einheit. Es ist nicht die Seele, die wütend wird, noch der Körper, der zuschlägt. Es ist das Individuum, das sich ausdrückt. Wir untersuchen also, wie sich ein bestimmter Mensch ausdrückt, welchen Spielraum seine Gemütsbewegungen haben, und wo seine Grenzen liegen. Es ist eine Untersuchung der Motilität des Organismus, denn die »Emotion« beruht auf einer Fähigkeit, sich zu »äußern«, »hinauszubewegen«.

Hier ist ein Hinweis auf die Gründe für das relative Versagen der Psychoanalyse. *Sie trägt vergleichsweise wenig zum Verständnis dessen bei, warum man sich so verhält, wie man sich verhält.* Der Mensch, der sich fürchtet, sich kopfüber ins Wasser zu stürzen, weiß vielleicht recht gut, daß ihm nichts passieren würde. Wir müssen die Angst vor Bewegung verstehen und lernen, sie zu überwinden.

Wenn die Determinanten von Persönlichkeit und Charakter

körperlich strukturiert sind, muß nicht auch das therapeutische Bestreben körperlich orientiert sein? Wissen ist nur das Vorspiel zum Handeln. Die analytische Therapie sollte, um wirksamer zu werden, innerhalb der therapeutischen Situation sowohl für Verständnis als auch für Bewegung sorgen. Die Grundsätze von Theorie und Technik, die den Rahmen dieser neuen Art des Vorgehens bilden, stellen das dar, was wir als *Bioenergetische Analyse und Therapie* bezeichnen.

Der Mann, der vor allem für die Vergrößerung und Ausdehnung der Reichweite der analytischen Technik verantwortlich ist, so daß sie den physischen Ausdruck des Patienten und seine Aktivität umfaßt, ist Wilhelm Reich. So sehr man vielleicht Reichs spätere Arbeit ablehnen mag, diese Entwicklung stellt dennoch einen der Hauptbeiträge zur Psychiatrie dar. Was ich Wilhelm Reich, der mein Lehrer war, zu verdanken habe, drückt sich in diesem Buch in vielen Bezugnahmen auf seine Ideen aus. Andererseits ist die bioenergetische Therapie von Reich und seinen Anhängern unabhängig und unterscheidet sich von den Theorien und Techniken Reichs in vielen wichtigen Aspekten – von denen einige in diesem Buch dargestellt werden.

Es mag interessant sein, die Unterschiede zwischen der bioenergetischen Therapie und den herkömmlichen psychoanalytischen Techniken aufzuzeigen. Zuerst und vor allem wird der Patient als Einheit untersucht. Der bioenergetische Therapeut analysiert nicht nur das psychische Problem des Patienten, wie es jeder Analytiker tut, sondern auch den physischen Ausdruck dieses Problems, wie er sich in der Körperstruktur und in den Bewegungen des Patienten manifestiert. Zweitens gehört zu der Technik ein systematischer Versuch, die physische Spannung zu lösen, die in chronisch angespannten und verkrampften Muskeln zu finden ist. Drittens hat die Beziehung zwischen dem Therapeuten und dem Patienten gegenüber derjenigen bei der Psychoanalyse noch eine zusätzliche Dimension. Da außer der Analyse auf verbaler Ebene die Arbeit auch auf physischer Ebene getan wird, ist der Analyti-

ker durch die daraus resultierende Tätigkeit tiefer beteiligt als bei den konventionellen Techniken.
Wie steht es nun in einer solchen Situation mit Übertragung und Gegenübertragung? Sie sind die Brücke, über die zwischen zwei Menschen Vorstellungen und Gefühle hin- und hergehen. In der bioenergetischen Therapie bringt der körperliche Kontakt sowohl die Übertragung als auch die Gegenübertragung schärfer in den Brennpunkt. Dies erleichtert die affektive Seite der analytischen Arbeit. Es erfordert jedoch vom Analytiker eine größere Fähigkeit, mit den entstehenden emotionalen Spannungen richtig umzugehen. Wenn diese Fähigkeit fehlt, ist der Analytiker selbst auf seine Aufgabe nicht ausreichend vorbereitet. Nur mit Demut und Offenheit darf man es wagen, sich den großen Gefühlsquellen zu stellen, die im Innersten des Menschen liegen.
Dieser Band soll keine vollständige Darlegung der Theorien und Techniken der bioenergetischen Analyse und Therapie sein. Das Gebiet ist so ausgedehnt wie das Leben selbst. Als Einführung in die Materie soll es die Kluft zwischen der Psychoanalyse und dem Konzept eines physischen Zugangs zu emotionalen Störungen überbrücken. Sowohl in bezug auf die theoretischen als auch die praktischen Aspekte dieser Arbeit sind weitere Studien im Gang.
Ich möchte meinem Kollegen, Dr. John C. Pierrakos, U.S.N.R., dessen Mitarbeit bei der Formulierung der in diesem Band enthaltenen Ideen mir von unschätzbarem Wert war, meinen Dank aussprechen, ebenso Dr. Joel Shor für sein geduldiges und kritisches Durchsehen des Manuskripts. Ich möchte auch den Teilnehmern des Seminars über die Dynamik der Charakterstruktur danken, deren Vorschläge und kritische Anmerkungen meine Ideen haben schärfer hervortreten lassen. Mein Dank gebührt auch Frl. Dora Akchim, die freundlicherweise das Manuskript dieses Buches mit der Schreibmaschine abgeschrieben hat.

New York City *Alexander Lowen*

Teil I

1 Die Entwicklung analytischer Techniken

Die Geschichte der Entwicklung analytischer Konzepte und Techniken ist die Geschichte therapeutischer Mißerfolge. Dasselbe gilt für alle Bereiche wissenschaftlicher Bestrebungen; die Psychiatrie und die mit ihr verwandten Disziplinen bilden keine Ausnahme. Jeder Fortschritt kommt durch die Erkenntnis eines Problems zustande, das mit früheren Denk- und Behandlungsmethoden nicht verstanden und gelöst werden konnte.

Auch der Ursprung der Psychoanalyse ist in einer solchen Situation zu suchen. Es ist uns wohlbekannt, daß Freud sich lange für Neurologie und Nervenkrankheiten interessierte, bevor er die Methode zur Erforschung und Behandlung schuf, die ihn bekannt gemacht hat. Das spezifische Problem, dem seine Aufmerksamkeit am Wendepunkt seiner Laufbahn galt, war das Problem der Hysterie. Vorher hatte sich Freud der »physikalischen Therapie anvertraut und fand mich ratlos angesichts der Enttäuschungen, welche mich die ... ›Elektrotherapie‹ von W. Erb erleben ließ« (Freud, 1914a, S. 46). Er wandte sich dann, wie wir wissen, der Anwendung von Hypnose zu, insbesondere der »Behandlung mit Suggestionen in tiefer Hypnose«, die er von Liébault und Bernheim gelernt hatte. Freud sagte später, er sei mit diesem Behandlungssystem, bei dem der Hypnotiseur oft wütend wurde, weil der Patient seinen Suggestionen »Widerstand leistete«, nicht glücklich gewesen. Aber Freud war auch mit anderen Verfahren zur Behandlung der Hysterie vertraut.

In der Abhandlung, die er mit Breuer zusammen veröffentlichte: »Über den psychischen Mechanismus hysterischer Phänomene« (Freud, 1893, S. 81 ff.) schuf Freud die Grundlage für die wissenschaftliche Untersuchung geistig-seelischer

Phänomene. Gewiß, die von ihm angewandte Methode war Hypnose, aber an die Stelle der direkten Suggestion trat die analytische Methode. Sie wird folgendermaßen beschrieben: »... und in der Hypnose die Erinnerungen jener Zeit, wo das Symptom zum ersten Male auftrat, wachzurufen.« (a. a. O.)
Die Hypnose hatte ihre Grenzen. Erstens ließ sich nicht jeder Patient hypnotisieren. Zweitens gefiel es Freud nicht, das Bewußtsein des Patienten herabzusetzen. Mit zunehmender Einsicht ersetzte Freud die Hypnose durch das freie Assoziieren als Zugang zum Unbewußten und ergänzte es später durch die Deutung von Träumen als Quelle des Wissens vom Unbewußten.
Diese neuen Techniken ermöglichten eine weitere Erkenntnis der Dynamik psychischer Funktionen. Sie brachte zwei Phänomene ans Licht, die durch die Anwendung der Hypnose verdeckt wurden. 1914 schrieb Freud in der Abhandlung »Zur Geschichte der psychoanalytischen Bewegung«: »... die psychoanalytische Theorie ist ein Versuch, zwei Erfahrungen verständlich zu machen, die sich in auffälliger und unerwarteter Weise bei dem Versuch ergeben, die Leidenssymptome eines Neurotikers auf ihre Quellen in seiner Lebensgeschichte zurückzuführen: Die Tatsache der Übertragung und die des Widerstandes« (Freud, 1914a, S. 54). Die Methode der Psychoanalyse »setzt erst mit der technischen Neuerung des Verzichts auf die Hypnose ein.«
Die Phänomene der Übertragung und des Widerstands sind für das analytische Konzept so wichtig, daß Freud sagen konnte: »Jede Forschungsrichtung, welche diese beiden Tatsachen anerkennt und sie zum Ausgangspunkt ihrer Arbeit nimmt, darf sich Psychoanalyse heißen, auch wenn sie zu anderen Ergebnissen als den meinigen gelangt« (a. a. O.). Wir haben hier das Recht, nach einer Definition dieser Begriffe zu suchen und nach einer weiteren Aussage darüber, wie sie in der therapeutischen Situation gehandhabt werden.
In einem Vortrag »Über Psychotherapie« (Freud, 1904b, S. 11) hatte Freud Widerstand folgendermaßen definiert: »Die

Aufdeckung und Übersetzung des Unbewußten geht unter beständigem *Widerstand* von seiten des Kranken vor sich. Das Auftauchen dieses Unbewußten ist mit Unlust verbunden, und wegen dieser Unlust wird es von ihm immer wieder zurückgewiesen« (S. 24). Zu dieser Zeit betrachtete Freud die Psychoanalyse als einen Prozeß der Nacherziehung, bei dem der Arzt den Patienten dazu überredete, den Widerstand zu überwinden und das Verdrängte anzunehmen.

Wenn wir nach dem Wesen dieser Unlust fragen, stellen wir fest, daß sie der Ausdruck sowohl eines körperlichen als auch eines seelischen Vorgangs ist. In der Abhandlung »Die Freudsche psychoanalytische Methode« (Freud, 1904a, S. 1) wird das Erleben einer verdrängten Erinnerung als Gefühl des »direkten Unbehagens« (S. 6) bezeichnet. Freud hatte beobachtet, daß der Patient sich unbehaglich fühlte, sich unruhig bewegte und Zeichen einer mehr oder weniger erheblichen Aufregung zeigt.

In einem 1910 gehaltenen Vortrag über »Die zukünftigen Chancen der psychoanalytischen Therapie« (Freud, 1910, S. 101) spricht Freud davon, daß die Heilmethode der Psychoanalyse sich auf zwei Wege des Zugangs stützt. Der eine ist die Deutung: »Wir geben dem Kranken die bewußte Erwartungsvorstellung, nach deren Ähnlichkeit er die verdrängte unbewußte bei sich auffindet« (S. 105). Der zweite, »weit kräftigere [liegt] in der Verwendung der Übertragung« (ebd.). Wir wollen das Problem der Übertragung später eingehend untersuchen. Es ist jedoch interessant, daß Freud schon 1910 die therapeutische Aufgabe in der Analyse des Widerstands sah: »... jetzt richten wir aber die Arbeit direkt auf die Auffindung und Überwindung der ›Widerstände‹« (S. 107). Und in einer Abhandlung über Traumdeutung (Freud, 1912b, S. 350) sagt er: »... daß es für die Behandlung von größter Bedeutung ist, die jeweilige psychische Oberfläche des Kranken zu kennen, darüber orientiert zu sein, welche Komplexe und welche Widerstände derzeit bei ihm regegemacht sind, und welche bewußte Reaktion dagegen sein Benehmen leiten wird« (S. 351).

Zwar sind wir einem vollen Verständnis der Natur des Widerstands noch nicht nähergekommen, aber es ist angezeigt, das Problem der Übertragung zu untersuchen, denn wir werden sehen, daß beide, Widerstand und Übertragung, zwei Aspekte einer einzigen Funktion darstellen. In seiner Erörterung der »Dynamik der Übertragung« (Freud, 1912a) beginnt Freud mit einer Grundannahme, die sich aus seiner jahrelangen analytischen Erfahrung herleitet; nämlich: »... daß jeder Mensch ... eine bestimmte Eigenart erworben hat, wie er das Liebesleben ausübt, also welche Liebesbedingungen er stellt, welche Triebe er dabei befriedigt, und welche Ziele er sich setzt« (S. 364). Aber in der analytischen Therapie ist die Übertragung auf den Arzt von einem Übermaß gekennzeichnet; d. h. »... nicht nur die bewußten Erwartungsvorstellungen, sondern auch die zurückgehaltenen oder unbewußten [haben] diese Übertragung hergestellt« (S. 366). Außerdem stellt sich während der langen Analyse heraus, daß »die Übertragung [dem Arzt] als der *stärkste Widerstand* gegen die Behandlung entgegentritt« (ebd.). Die Antwort auf dieses Problem eröffnete Freud das Verständnis für die Dynamik der Übertragung.

Freud unterschied zwei Aspekte der Übertragung: positive und negative Übertragung und sonderte »die Übertragung zärtlicher Gefühle von der feindseliger« (S. 371). Die positive Übertragung weist ein bewußtes Element und ein auf erotisches Begehren gegründetes unbewußtes Element auf. Es wurde nun offenkundig, daß die negative Übertragung und die unbewußte erotische Komponente der positiven Übertragung den Widerstand bilden. Das bewußte Element der positiven Übertragung wurde zum Vermittler der therapeutischen Suggestion. So weit, so gut, aber was sind Ursprung und Funktion der negativen Übertragung? Im Gegensatz zur negativen Übertragung läßt sich das erotische Element der positiven Übertragung leichter »aufheben« und auflösen.

Bevor wir fortfahren, ist es angezeigt, die Mittel zu besprechen, mit deren Hilfe Freud die »Widerstände« überwand. Die

Behandlung begann damit, daß der Patient auf die Grundregel verpflichtet wurde, d. h. alles zu sagen, was ihm in den Sinn kam, und keine bewußte Stoffauswahl zu treffen. Unter solchen Umständen kann sich ein Widerstand darin manifestieren, daß der Strom der Gedanken oder Assoziationen zu fließen aufhört. Seltener drückt er sich auch darin aus, daß der Patient sich weigert, eine Deutung anzunehmen. In beiden Situationen machte Freud die Erfahrung, daß der Patient einen Teil des Materials des »pathogenen Komplexes«, den er entweder nicht zum Ausdruck kommen ließ oder mit äußerster Hartnäckigkeit verteidigte, auf die Person des Arztes übertragen hatte. Dies sind die negativen Kräfte, denen der Analytiker die echte positive Übertragung und die Hoffnung des Patienten auf Heilung entgegenstellen kann. Die entstehenden Konflikte werden dann auf dem Feld der Übertragung ausgefochten und entsprechen jenen im emotionalen Leben des Patienten.

Die Ambivalenz, die sich in der Übertragung manifestiert, hat das Verhalten des Patienten seit der frühen Kindheit gekennzeichnet. Wie kommt es dann, so können wir fragen, daß der Analytiker ein Gleichgewicht ins Wanken bringen kann, das zwar neurotisch ist, sich aber im bisherigen Leben des Patienten hat aufrechterhalten lassen? Wenn wir diese Frage ernsthaft erwägen, erkennen wir, daß in der Psychoanalyse zwei Faktoren wirksam sind, die das Gleichgewicht der Kräfte zugunsten der Lösung des Konflikts verschieben können. Der erste ist das mitfühlende Verständnis des Analytikers für den Patienten. Obschon der Patient den Analytiker als Vaterbild oder eine andere Familiengestalt »ansehen« mag, steht dies im Gegensatz zur realen Situation. Der Analytiker ist verständnisvoll, wo es der echte Vater (die Mutter etc.) nicht war, mitfühlend, wo die Eltern intolerant waren, und nimmt ihn an, wo die Eltern ihn abgelehnt haben. Wären diese Eigenschaften nur eine allgemeine Haltung, könnten sie jedoch nicht viel ausrichten. Sie beziehen ihre Wirkkraft aus dem Umstand, daß der Analytiker als Vorkämpfer der sexuellen Lust angesehen wird. Seine bejahende Einstellung zur Sexualität schlägt die

Brücke zum Unbewußten des Patienten. Er ist der Vertreter des Sexualtriebes zur gleichen Zeit, in der er, kraft der negativen Übertragung, für seine Unterdrückung verantwortlich ist.

Wir können die Bedeutung der positiven Einstellung Freuds zur Sexualität als therapeutische Waffe in der Frühzeit der psychoanalytischen Therapie nicht hoch genug veranschlagen. Man muß sich die moralische Atmosphäre der Zeit zwischen 1892 und 1912 vergegenwärtigen, um die ganze Stärke seiner Position richtig einzuschätzen. Zu einer Zeit, in der ein offenes Gespräch über Sexualität unter den Menschen fast unmöglich war, förderte Freuds Offenheit und Ehrlichkeit in bezug auf diesen Gegenstand den Durchbruch des unterdrückten Sexualtriebes mit seinen begleitenden Vorstellungsbildern und Affekten. Eine Deutung, die heute vielleicht ganz selbstverständlich angenommen würde, rief in jenen Jahren starken Widerstand und tiefes Verlangen hervor. Wenn man den Deckel vom kochenden Kessel abnahm, drang Dampf heraus. Und selbst in unseren aufgeklärten Tagen hat eine gültige Deutung der sexuellen Träume und Phantasien gewaltige Kraft. Andererseits hat diese Aufgeklärtheit in bezug auf das analytische und sexuelle Denken die analytische Deutung der Macht beraubt, die sie früher einmal hatte. Wir kennen alle den Patienten, der von einem Analytiker zum andern wechselt und der »alles« über seinen Ödipuskomplex und seine inzestuösen Gefühle für seine Mutter weiß.

Die Übertragung beruhte und beruht heute noch darauf, daß unterdrückte sexuelle Wünsche und Ängste auf die Person des Analytikers projiziert werden. Freud war sich darüber völlig im klaren, als er das Problem der Übertragungsliebe erörterte (Freud, 1914b, S. 306ff.). Auf dem Hintergrund einer reichen Erfahrung analysierte Freud das Problem scharfsichtig und zeigte, wie man es zu handhaben habe. Eine Bemerkung ist sehr treffend: »... ich will den Grundsatz aufstellen, daß man Bedürfnis und Sehnsucht als zur Arbeit und Veränderung treibende Kräfte bei der Kranken bestehen lassen ... muß«

(Freud, 1914b, S. 313). Aber nicht nur bei der Patientin bringt die Übertragung die sexuellen Wünsche und Hoffnungen mit sich. Auch der Patient kommt mit seinen Hoffnungen auf gesteigerte sexuelle Potenz, von der er erwartet, der Analytiker werde sie ihm durch die Technik der Therapie verschaffen. Auch hier ist das Versprechen, das die positive Einstellung zur Sexualität gibt, der Magnet, der die unbewußten Gedanken ans Licht bringt.

Man sollte auch nicht vergessen, daß die Technik der Widerstands- und Übertragungsanalyse ihre stärkste Wirkung bei der Behandlung der Hysterieformen zeigte, bei den Zwangsneurosen und bei jenen psychischen Störungen, deren Hauptelement die Symptombildung war. Diesen Problemen sah sich Freud in den frühen Jahren gegenüber; sie sind durch ein Vorherrschen der Konflikte auf genitaler Ebene gekennzeichnet. Er begegnete auch anderen Problemen, die für diese Technik weniger zugänglich waren. Die Probleme des Masochismus, der Manie und der Depression und die Psychosen wurden ursprünglich als Störungen der Genitalfunktion hingestellt. Es zeigte sich jedoch bald, daß das genitale Problem nur einen tiefer liegenden Konflikt widerspiegelte, der seinen Ursprung in den präödipalen Lebensjahren des Patienten hatte. Bei diesen tiefverwurzelten Störungen kam man mit der Technik der Widerstandsanalyse, die sich die sexuelle Übertragung zunutze macht, nur langsam und wenig voran.

Mit dem Auftreten neuer und jüngerer Analytiker wurde die herkömmliche analytische Technik so modifiziert, daß sie diesen schwierigeren Fällen gerecht werden konnte. An erster Stelle unter diesen frühen Neuerern stand Ferenczi mit seinen »aktiven Techniken«. Wir wissen, daß Ferenczis Ideen ihn häufig in Konflikt mit Freud brachten, der sich jeder Veränderung der herkömmlichen psychoanalytischen Methode widersetzte. Ferenczi hielt jedoch Freud und seinen Grundkonzepten die Treue, obwohl seine Erfahrungen ihn veranlaßten, die therapeutischen Techniken in einigen wichtigen Hinsichten abzuwandeln.

Bei der Lektüre der Abhandlungen und Vorträge Ferenczis beeindruckt uns sein Interesse an seinen Patienten und an den technischen Problemen des therapeutischen Verfahrens. In ihrer Einführung zu seinen Veröffentlichungen sagt Clara Thompson (1950) von Ferenczi: »Bis zu seinem Lebensende hat er unermüdlich nach Verbesserungen der Technik gesucht, die eine wirksamere Therapie ermöglichen sollten.« Schon 1909 zeigte Ferenczi in seiner Abhandlung »Introjektion und Übertragung«, wie scharfsinnig er die therapeutische Beziehung durchschaute. 1920 hielt Ferenczi dann einen Vortrag über die Entwicklung einer aktiven Therapie in der Psychoanalyse.

In dieser Abhandlung zeigte Ferenczi wie schon in vorhergehenden Schriften, daß der Analytiker scheinbar während der Behandlung eine passive Haltung einnimmt, daß aber seine Aktivität lediglich in der Schwebe bleibt, bis ein Widerstand auftaucht. Das Mitteilen einer Deutung ist an sich schon ein aktiver Eingriff in die psychische Aktivität des Patienten; es lenkt die Gedanken in eine bestimmte Richtung und erleichtert das Auftauchen von Vorstellungen, die sonst durch den Widerstand daran gehindert worden wären, ins Bewußtsein einzudringen. Man kann auch nicht leugnen, daß der Analytiker die Verpflichtung, die Grundregel zu befolgen, aktiv, wenn auch indirekt, zur Geltung bringt. Ferenczi weist deutlich darauf hin, daß nie in Frage gestanden hat, ob der Analytiker in der Therapie aktiv sei. In bezug auf den Patienten ist es anders. »An Handlungen fordert die Analyse vom Patienten nichts als pünktliches Erscheinen zu den Behandlungsstunden« (Ferenczi, 1927, S. 69). Aber bald wurden bei einigen Patienten mit Phobien und anderen mit Zwangssymptomen Ausnahmen gemacht. Freud selbst hatte dies bereits erkannt. Ferenczi schlug nun vor, eine Technik einzuführen, bei der dem Patienten »außer der Einhaltung der Grundregel besondere Aufgaben auferlegt werden« (S. 66). Vorher hatte er einen Fall beschrieben, wo er vom Patienten den Verzicht »auf gewisse, bisher unbemerkt gebliebene, lustvolle Handlungen« (S. 66)

gefordert hatte, mit dem Ergebnis, daß »der Fortgang der Analyse sichtlich beschleunigt wurde« (S. 67). Dieser Fall, über den in »Technische Schwierigkeiten einer Hysterieanalyse« (Ferenczi, 1919a) berichtet wird, zeigt eine brillante Analyse der Dynamik der hysterischen Charakterstruktur.
Welche Tätigkeiten verlangte Ferenczi (S. 3) von seinen Patientinnen? In einem aufregenden Fall forderte er von der Patientin, sie solle als Chanteuse auftreten, ein Orchester dirigieren und Klavier spielen. In einem anderen kam durch den Befehl, poetische Ideen zu Papier zu bringen, ein starker Männlichkeitskomplex zum Vorschein. Zu den Symptomen, die Ferenczi verbot, gehörten: das Bedürfnis, unmittelbar vor oder nach der Analysesitzung zu urinieren, ein Gefühl der Übelkeit während der Sitzung, unziemliches Gezappel, Herumzupfen und Streicheln im Gesicht, an den Händen oder anderen Körperteilen usw. Wichtiger als die spezifische Technik ist jedoch der Grundsatz, auf dem das »Aktivitäts«-Konzept beruht. Denn wie wir sehen werden, wurde das Prinzip von Wilhelm Reich, dem Schüler Ferenczis, stark erweitert. Ferenczis Bemerkungen sind daher sehr aufschlußreich:
»Daß die vom Kranken erzwungenen Affektäußerungen oder motorischen Aktionen sekundär Reminiszenzen aus dem Unterbewußten heben, beruht zum Teil wohl auf der von Freud in der ›Traumdeutung‹ betonten Reziprozität von Affekt und Vorstellung. Die Erweckung einer Reminiszenz kann, – wie bei der Katharsis, eine Affektreaktion nach sich ziehen; aber eine vom Kranken verlangte Tätigkeit oder ein bei ihm ausgelöster Affekt kann ebensowohl gewisse zu solchen Vorgängen assoziierte verdrängte Vorstellungen zutage fördern. Natürlich muß der Arzt Anhaltspunkte dafür haben, *welche* Affekte oder Aktionen nach Reproduktion verlangen« (Ferenczi, 1919a, S. 91).
In einer späteren Abhandlung besprach Ferenczi einige Kontraindikationen gegen die »aktive« psychoanalytische Technik. Zugleich erweiterte er das Aktivitätskonzept. Wieder ist ein Zitat aufschlußreich: »Ich habe seither gelernt, daß es manch-

mal zweckmäßig ist Entspannungsübungen anzuraten, und daß mit dieser Art Relaxation die Überwindung auch von psychischen Hemmungen und Assoziationswiderständen gefördert werden kann« (Ferenczi, 1927, S. 110). Ferenczis Beobachtung der Muskeltätigkeit und des Körperausdrucks ist in allen seinen Schriften ständig festzustellen. Es gibt eine interessante Abhandlung über »Denken und Muskelinnervation«, in dem die Parallelität und Ähnlichkeit der beiden Vorgänge analysiert werden. In einer Fußnote zu einer anderen Abhandlung stellt Ferenczi fest: »Es scheint eine gewisse Beziehung zwischen der Fähigkeit allgemeiner Entspannung der Muskulatur und der Fähigkeit zum freien Assoziieren zu bestehen« (Ferenczi, 1925a, S. 168). Ein weiterer Aspekt dieser Art der analytischen Technik kommt in der Bemerkung zum Vorschein: »Im allgemeinen kann man sagen, daß die bei diesen Maßnahmen gewonnene Überzeugung, daß man mehr Unlust ertragen, ja, diese zu größerer erotischer Lustgewinnung verwenden kann, ein gewisses Gefühl der Freiheit und des Selbstvertrauens zu erwerben hilft, das dem Neurotiker so sehr mangelt« (Ferenczi, 1925b, S. 154).

Da ich nicht die Absicht habe, Ferenczis Konzepte zu erklären, sondern vielmehr seine Methoden als Teil der historischen Entwicklung analytischer Techniken studieren möchte, muß ich auf weitere Zitate aus seinen höchst interessanten Äußerungen verzichten. Zu diesem Zeitpunkt, in dem wir Ferenczi verlassen, hat er das analytische Konzept stark erweitert (a. a. O., S. 173). Die »rein passive Assoziationstechnik, die von der jeweiligen psychischen Oberfläche ausgehend die vorbewußte Besetzung unbewußten Vorstellungsmaterials anstrebt, ... könnte man als ›Analyse von oben‹ von der [›aktiven‹ Methode] unterscheiden, die ich ›Analyse von unten‹ nennen möchte.«

Zu der Zeit, als Ferenczi die Reichweite des analytischen Verfahrens erweiterte, studierten und klassifizierten andere Analytiker Verhaltensmuster. Daraus gingen Charaktertypen hervor; der wichtigste Exponent dieser Richtung war Abraham. Bisher war die Analyse zumeist eine Symptomanalyse gewesen. Der Analytiker schloß mit dem Ich des Patienten einen Pakt, der Charakter werde geschont, dafür müsse aber das Symptom verschwinden. Natürlich war sich der Analytiker über den Charakter des Patienten im klaren und hatte mit ihm zu rechnen, während der Patient allmählich darauf vorbereitet wurde, unlustvolle Einsichten anzunehmen. Aber der Angriff auf den Charakter selbst kam erst, als Reich 1929 seine Abhandlung über »Charakteranalyse« veröffentlichte.

Charakterprobleme unterscheiden sich insofern von neurotischen Symptomen, als bei ihnen die »Einsicht in die Krankheit fehlt«. Ferenczi (a. a. O., S. 117) nennt »Charaktereigenschaften ... gleichsam ›Privatpsychosen‹, die vom narzißtischen Ich ertragen, nein anerkannt werden, und deren Modifikation sich hauptsächlich das Ich selbst entgegenstellt.« Gerade bei Charakterstörungen fand Ferenczi seine »aktive« Technik am wertvollsten und nützlichsten. Wo das Ich Bestandteil der Struktur ist, die das Grundproblem darstellt, kann die »Analyse von unten« die Abwehr umgehen, die das Ich gegen einen Angriff auf es selbst errichtet. Wir werden in späteren Kapiteln Gelegenheit haben zu studieren, wie die Charakteranalyse zwischen der Ich-Psychologie oben und den somatischen Spannungen und Störungen darunter eine Brücke bildet.

Trotz der von Ferenczi, Abraham und Reich gemachten Fortschritte waren die Probleme des emotional gestörten Menschen von einer raschen Lösung noch weit entfernt. Weitere Vervollkommnungen der Methodik waren erforderlich. Die Konzepte und Verfahren der »aktiven« Technik, d. h. der »Analyse von unten« oder eines somatischen Zugangs, mußten weiter ausgearbeitet werden. Der Charakter selbst, der im Grunde eine Gestalt-Methode des Verständnisses von Verhaltensweisen ist, wurde weder in dynamischer noch genetischer Hinsicht ganz verstanden. Die Brücke konnte nicht fertiggestellt werden, bevor man sowohl die psychischen als auch die somatischen Funktionen als einheitliches System begriffen hatte. Die Funktionen der Libido als psychischer

Energie mußten mit Energieprozessen auf somatischer Ebene in Beziehung gesetzt werden. Die Aufgabe wurde im psychischen Bereich durch Freuds Veröffentlichung von *Das Ich und das Es* und der früheren Studie *Jenseits des Lustprinzips* im wesentlichen zu Ende geführt. Einige Modifikationen waren zu erwarten, aber die Hauptbeziehungen und Hauptkräfte waren beschrieben worden.

Der Durchbruch in den somatischen Bereich erfolgte durch die weitere Arbeit Reichs. 1927 veröffentlichte Reich, einer der Führer der Schule jüngerer Analytiker, eine bedeutsame Studie: *Die Funktion des Orgasmus.* Darin vertrat Reich die Theorie, der Orgasmus diene dem Zweck, die überschüssige Energie des Organismus abzuführen. Wenn diese Entladung blockiert oder unzureichend ist, entsteht Angst. Manchen Menschen mag es möglich sein, die überschüssige Energie durch Muskelanstrengung abzuarbeiten, anderen, die Angst dadurch herabzusetzen, daß sie die Energieproduktion begrenzen, aber solche Lösungen stören das natürliche Funktionieren des Organismus direkt auf der physischen Ebene. Zugleich vermindern sie natürlich die Möglichkeiten der Lust, die allein das emotionale Wohlbefinden des Individuums gewährleistet. Ohne dieses Konzept von der Genitalfunktion ist es beinahe unmöglich, die Dynamik der Gefühle im somatischen Bereich zu begreifen.

In *Die Funktion des Orgasmus* (Reich, 1969, S. 232) beschreibt Reich die Behandlung eines Falls von passiver Homosexualität im Jahr 1933. Der besonders starke Widerstand »äußerte sich in einer außerordentlich versteiften Hals-Nacken-Haltung (›Hartnäckigkeit‹).« Als der Widerstand schwand, gab es eine heftige negative Reaktion: »Die Gesichtsfarbe wechselte rasch von weiß über gelb zu blau. Die Haut war fleckig und verschiedenfarbig. Er litt an heftigen Nacken- und Hinterhauptschmerzen. Das Herz arbeitete rasch und angestrengt hypertonisch. Er hatte Darmdurchfall, fühlte sich müde und war wie ohne Halt.« Reich bemerkt dazu: »Als die Nackenmuskeln nachgaben, brachen mächtige Impulse ... durch.«

Aus einer Vielzahl derartiger Beobachtungen leitete Reich ab, daß emotionale Energie, die als sexuelle Erregung, Wut oder Angst zum Ausdruck kommen könnte, »durch dauernde muskuläre Spannungen gebunden« wird.
Ferenczi hatte ähnliche Beobachtungen gemacht, insbesondere im Hinblick auf die Anspannung der Schließmuskel des Afters, der Harnröhre und der Stimmritze. Er hatte die Beziehung von Tics zu verschobener Sexualenergie aufgezeigt und war sich muskulärer Haltungen bewußt. Ferenczi unterließ es jedoch, die theoretischen Schlüsse aus diesen Beobachtungen hinsichtlich der Beziehung von Muskelanspannung zu den psychischen Funktionen im allgemeinen zu ziehen. Dies tat Reich mit seiner Auffassung, Charakter und muskuläre Haltung seien »funktionell identisch«, d. h. sie dienten energetisch der gleichen Funktion. Dies stellte praktisch eine umfassendere Therapiemethode zur Verfügung, bei der die »Analyse von oben« mit der »Analyse von unten« kombiniert wurde. Reich sagt: »Reagierte eine charakterliche Bremsung auf psychische Beeinflussung nicht, so nahm ich die entsprechende körperliche Haltung zu Hilfe und umgekehrt. Kam ich an eine störende körperlich-muskuläre Haltung schwer heran, so arbeitete ich an ihrem charakterlichen Ausdruck und konnte sie lockern« (Reich, 1969, S. 233).
Die großen Beiträge zum analytischen Verständnis des Menschen sind immer aus klinischen Beobachtungen hervorgegangen. Verbesserungen der Technik führten zu Abwandlungen der Theorie, Neuerungen in der Technik zu Erweiterungen der Theorie. Reichs Formulierung von der funktionellen Identität der Muskelverspannung und der emotionalen Blockierung war eine der großartigen Einsichten, die sich im Verlauf der analytischen Therapie emotionaler Störungen herauskristallisierten. Sie öffnete die Tür zu einem neuen Feld der analytischen Untersuchung, und Reich war der erste, der ihre Möglichkeiten erforschte. In *Die Funktion des Orgasmus* und *Charakteranalyse* stellte Reich die ersten Ergebnisse dieser neuen Behandlungs- und Untersuchungsmethode dar.

Man darf nicht aus den Augen verlieren, daß die Versteifung der Muskeln nicht einfach nur ein »Ergebnis« des Verdrängungsvorgangs ist. Wo die psychische Störung den Sinn oder Zweck der Verdrängung enthält, erklärt die Muskelversteifung die Art und ist selbst der Mechanismus der Verdrängung. Da beide in der funktionellen Einheit des emotionalen Ausdrucks unmittelbar verknüpft sind, kann man ständig beobachten, daß die »Lösung einer muskulären Verkrampfung nicht nur vegetative Energie entbindet, sondern darüber hinaus diejenige Situation in der Erinnerung reproduziert, in der die Triebunterdrückung sich durchgesetzt hatte« (Reich, 1969, S. 259). Man kann den Begriff »Neurose« so erweitern, daß er eine chronische Störung der natürlichen Motilität des Organismus bedeutet. Daraus folgt auch, daß die Neurose nicht mit einer Abnahme oder Einschränkung der Aggression im Sinne von »ad-gredi« (sich auf etwas zubewegen) identisch ist.
Der Charakter des Individuums, wie er sich in seiner typischen Verhaltensweise manifestiert, stellt sich auf somatischer Ebene durch Form und Bewegung des Körpers dar. Die Gesamtsumme der Muskelverkrampfungen als Gestalt gesehen, also als Einheit, die Art, sich zu bewegen und zu handeln, machen den »Körperausdruck« des Organismus aus. Der Körperausdruck ist die somatische Ansicht des typischen emotionalen Ausdrucks, der auf der psychischen Ebene als »Charakter« wahrgenommen wird. Es ist nicht mehr nötig, sich auf Träume oder auf die Technik des freien Assoziierens zu stützen, um die unbewußten Triebe und den ebenso unbewußten Widerstand gegen sie aufzudecken. Solche Techniken haben zwar immer noch ihren angemessenen Platz, aber das Vorgehen gegen die Blockierung der Motilität oder die Muskelverkrampfung selbst stellt einen unmittelbareren Zugang zu diesem Problem dar. Dies alles und noch mehr hat Reich ausgearbeitet. Wir haben die Absicht, die Lücken auszufüllen und Theorie und Praxis zu erweitern. Reich hat selbst auf die Notwendigkeit weiterer Arbeit in dieser Richtung hingewiesen, als er sagte: »Die Auflösung der muskulären Verkrampfung folgt einem Gesetz,

zu dessen Erfassung noch nicht alle Voraussetzungen vorliegen« (a. a. O., S. 261).
Ein wichtiger technischer Fortschritt, der aus den Beobachtungen und Überlegungen hervorging, auf denen die eben angeführten Formulierungen beruhen, war die Verwendung der Atmung im therapeutischen Verfahren. Die Analyse auf somatischer Ebene hatte ans Licht gebracht, daß die Patienten den Atem anhalten und den Bauch einziehen, um Angst und andere Empfindungen zu unterdrücken. Man stellt fest, daß dies eine ziemlich universelle Gepflogenheit ist. In Situationen, die als beängstigend oder unlustvoll erlebt werden, zieht man den Atem ein, kontrahiert das Zwerchfell und spannt die Bauchmuskeln an. Eine Lösung der Spannung hat einen Seufzer zur Folge. Wenn dies zum chronischen Muster wird, wird der Brustkorb in der Einatmungshaltung hochgehalten, die Atmung ist flach und der Bauch hart. Die Einschränkung der Atmung vermindert die Sauerstoffzufuhr und die Energieerzeugung durch Stoffwechsel. Das Endergebnis ist ein Affektverlust und eine Herabsetzung der emotionalen Spannung.
Es entspricht dem »aktiven« Konzept Ferenczis, einen Patienten aufzufordern, während der Therapie ungezwungen und natürlich zu atmen. Natürlich ist die Anwendung, wie bei allen »aktiven« Verfahren, individuell; sie hängt von dem jeweiligen Patienten und seiner Lage ab. Sie stellt jedoch ein grundlegendes Verfahren dar. Außerdem werden andere Vorschläge für Aktivität oder Zurückhaltung gemacht, die alle dazu dienen sollen, den Patienten mit einem Mangel an Beweglichkeit oder einer Muskelverkrampfung in Kontakt zu bringen oder sie ihm bewußt zu machen. Die Lösung der Verkrampfung kommt dann dadurch zustande, daß der Patient die bewußte Herrschaft über die Muskelverspannung und über den Gefühlsimpuls erlangt, der durch den Krampfzustand blockiert wird. Bewegung und Ausdruck sind Werkzeuge aller analytischen Verfahren, und wenn nötig werden sie durch direkte Bearbeitung der Muskelverkrampfung ergänzt.
Es ist wichtig, sich klarzumachen, welche Macht diesen

Verfahren innewohnt. Bei dieser Technik geht man nicht nur mit den »Abkömmlingen des Unbewußten« um, sondern mit dem unbewußten Verdrängungsmechanismus selbst. So ist es möglich, Affekte mit einer Intensität bewußt zu machen, die auf der verbalen Ebene unmöglich ist. Ferenczi war sich der Grenzen der gewöhnlichen analytischen Verfahren bewußt. In »Zur Psychoanalyse von Sexualgewohnheiten« schrieb er: »Die Verknüpfung des Bewußtseins mit dem unbewußten Es geschieht in der Analyse ›durch Einschaltung vorbewußter Mittelglieder‹ (Freud). Nun ist das aber nur bezüglich des unbewußten Vorstellungsmaterials möglich; unbewußte innere Antriebe aber, die sich dort ›wie Verdrängte gebärden‹, d. h. weder als Emotionen noch als Gefühle zum Bewußtsein gelangen, können durch Einschaltung solcher vorbewußter Glieder nicht zum Bewußtsein gebracht werden. Die unbewußten inneren Unlustempfindungen z. B. können ›treibende Kräfte entfalten, ohne daß das Ich den Zwang bemerkt‹. Erst Widerstand gegen den Zwang, Aufhalten der Abfuhrreaktion macht dieses Andere sofort als Unlust bewußt.« Die Zitate in Ferenczis Anmerkung stammen aus Freuds Abhandlung *Das Ich und das Es* (Freud, 1923, S. 237).

Reichs Beschreibung spezifischer Muskelverkrampfungen und ihrer Rolle sowohl als Abwehrmechanismen wie als Ausdruck sekundärer, abgeleiteter Triebe ist für jeden, der die Dynamik des Körperausdrucks begreifen möchte, eine wertvolle Lektüre. Andererseits brauchen wir, da unsere Orientierung etwas anders ist, obwohl sie sich von den Grundkonzepten Reichs herleitet, und da unsere Technik entsprechend abgewandelt ist, bei seinen Beobachtungen oder Theorien nicht länger zu verweilen.

Wenn die funktionelle Einheit von Charakter und Muster der Muskelverspannungen erkannt ist, wird es wichtig, das Prinzip ihrer gemeinsamen Wurzel zu finden. Es stellt sich heraus, daß es das Konzept von den Energievorgängen ist.

Im psychischen Bereich kann man die Strukturierungsvorgänge, die das neurotische Gleichgewicht herstellen, nur durch

Bezugnahme auf eine »verbindliche Energie« verstehen, die Freud »Libido« nannte. Wenn man andererseits körperliche Motilität beobachtet, ist man in direktem Kontakt mit einer Manifestation physikalischer Energie. Es ist ein physikalisches Grundgesetz, daß alle Bewegung ein Energiephänomen ist. Wenn ein Patient mit den Armen schlägt, würde eine Analyse der Bewegung den zugrundeliegenden Energievorgang aufdecken. Man kann nicht springen, ohne daß Energie in die Beine und Füße hinuntergeschickt und in den Boden abgeführt wird. Auch hier haben wir wieder einen Bezug zu Grundgesetzen der Physik: Zur Bewegung gehört die Entladung von Energie und die Aktion ist gleich der Reaktion. Wir wirken energetisch auf den Boden ein, und er reagiert, indem er uns hochhebt. Wir denken gewöhnlich zwar nicht so über unsere Bewegungen, aber ein solches Denken ist nötig, wenn man die Dynamik der Bewegung verstehen will. Wir sollten auch wissen, welcher Art die Energie ist, die im menschlichen Körper wirkt. In welcher Beziehung steht sie zu der Libido genannten psychischen Energie?

Wenn wir nicht mystisch werden wollen, müssen wir das Energiekonzept als eine physikalische Erscheinung ansehen, d. h. als etwas Meßbares. Wir müssen uns auch nach dem physikalischen Gesetz richten, daß alle Energie austauschbar ist, und wir müssen, in Übereinstimmung mit modernen Lehren der Physik, annehmen, daß alle Formen der Energie sich auf einen gemeinsamen Nenner zurückführen lassen und schließlich auch zurückgeführt werden. Es ist zu diesem Zeitpunkt nicht wichtig, die endgültige Form dieser Grundenergie zu kennen. Wir arbeiten mit der Hypothese, daß es im menschlichen Körper eine fundamentale Energie gibt, ob sie sich nun in psychischen Phänomenen oder in Bewegung des Körpers manifestiert. Diese Energie nennen wir einfach »Bioenergie«. Sowohl seelische als auch leibliche Vorgänge werden durch das Wirken dieser Bioenergie bestimmt. Alle Lebensvorgänge lassen sich auf Manifestationen dieser Bioenergie zurückführen.

Ein solches einheitliches Konzept hat zwar jeder Analytiker im Hinterkopf, aber es ist in der analytischen Therapie nicht direkt praktisch anwendbar. Der analytisch orientierte Therapeut nähert sich seinem Patienten von außen her. Sein Kontakt geht immer von der Oberfläche nach innen; und so tief er auch in das Innenleben und in tiefsitzende Lebensprozesse eindringen mag, die Oberflächenphänomene werden niemals unberücksichtigt gelassen oder übersehen. Denn das Problem des Patienten, wie er sich der Therapie darstellt, beruht auf einer Schwierigkeit in seiner Beziehung zur Außenwelt – zu Menschen, zur Realität. In diesem Aspekt seiner Individualität zeigt der Patient nicht die Einheit des bioenergetischen Prozesses, wie man sie z. B. an den Protozoen sehen kann, sondern die Spaltung, die sich in einer Leib-Seele-Beziehung äußert, in der jede Sphäre auf die andere einwirkt und auf sie reagiert. So ist für die Zwecke der analytischen Therapie ein dualistisches Vorgehen, wie es das Denken Freuds kennzeichnete, unentbehrlich. Im nächsten Kapitel, in dem diese Beziehung der Seele zum Körper eingehender erforscht wird, werden wir einen dualistischen Standpunkt einnehmen. Auf der Ebene der Oberfläche ist eine Einheit auch in bezug auf die Funktion möglich, und diese einheitliche Funktion, die die Brücke zwischen Psyche und Soma schlägt, ist der Charakter.

2 Der somatische Aspekt der Ich-Psychologie

Obwohl man die Psychoanalyse als eine Disziplin betrachtet, die sich auf die Untersuchung psychischer Probleme beschränkt, hatte sie ihren Ursprung in den Problemen gestörter körperlicher Funktionen, deren Entstehung sich nicht aus organischen Schädigungen herleiten ließ. Zur Gruppe dieser Probleme gehörten Hysterie, Angstneurose, Neurasthenie und zwanghaftes Verhalten. Freud definierte die Hysterie als die »Fähigkeit zur Konversion ... die psychophysische Eignung zur Verlegung ... großer Erregungssummen in die Körperinnervation« (Freud, 1894b, S. 65). Obwohl die Psychoanalyse nun so viele Jahre lang die Hysterie studiert hat, ist der Mechanismus, durch den diese Konversion oder Umwandlung stattfindet, nie ganz aufgeklärt worden. Die Lösung des Problems war erst möglich, als Reich das Grundgesetz des emotionalen Lebens formuliert hatte, nämlich Einheit und Gegensätzlichkeit der psychosomatischen Funktionen.

Wenn Freud auch den Versuch aufgab, die Neurose sowohl auf der seelischen als auch der körperlichen Ebene zu verstehen, so verlor er doch die zugrundeliegenden körperlichen Vorgänge nie aus den Augen. Die Bemerkung, das Ich sei »vor allem ein Körper-Ich« (Freud, 1923, S. 255) weist auf dieses Interesse hin. Ferenczi versuchte viel mehr als Freud, biologische Prozesse mit psychischen Phänomenen in Verbindung zu bringen. Die positiven Ergebnisse veranlaßten ihn, eine »aktive« Therapie auf somatischer Ebene zu entwickeln, um die analytische Arbeit im psychischen Bereich zu ergänzen. 1925 stellte Ferenczi in der Abhandlung »Kontraindikationen der aktiven psychoanalytischen Technik« das intellektuelle Vorgehen in der Analyse ernstlich in Frage. »Es zeigt uns, daß man auf dem Weg der Intelligenz, die eine Funktion des Ichs ist, eigentlich nie zur ›Überzeugung‹ gelangen kann« (Ferenczi, 1927, S. 113). Obwohl heute alle Analytiker dies zugeben, kennen nur sehr wenige analytische Psychiater den Weg zur Überzeugung durch die unmittelbare Körperempfindung. Dieses Buch hat den Zweck, das Prinzip der »Analyse von unten« zu erweitern und analytischen Therapeuten einen Begriff von den dynamischen somatischen Vorgängen zu geben, welche den psychischen Phänomenen, die man in der Analyse beobachtet, zugrundeliegen.

Bevor man die Wechselbeziehungen zwischen seelischen und körperlichen Vorgängen nachweisen konnte, muß die Mechanik des Systems, mit dem allein Beziehungen begriffen und dargestellt werden können, bekannt gewesen sein. Es ist das Paradoxon der Erkenntnis, daß die Mittel des Erkennens verwendet werden müssen, um die Phänomene des Erkennens zu begreifen. Wir können ziemlich sicher sein, daß es Freud nicht entging, daß die Psychoanalyse eines Tages auf die Biologie gegründet werden müßte, um die Wissenschaftlichkeit zu erlangen, die er sich für sie wünschte. Wenn er nun die Psychoanalyse auf die Untersuchung psychischer Phänomene beschränkte, dann muß er das Gefühl gehabt haben, daß unsere Kenntnis der seelischen Vorgänge nicht ausreichend gesichert war, um den Versuch zu machen, zwischen den beiden Bereichen des menschlichen Funktionierens eine Brücke zu schlagen. Es ist sein großes Verdienst, daß es ihm gelang, ein System der psychischen Funktionen zu schaffen, das als Sprungbrett für den Sprung in die Biologie dienen konnte. Für uns ist heute eine gründliche Kenntnis der Ich-Psychologie unerläßlich für das Verständnis des Charakters und der Dynamik einer bioenergetischen Therapie.

1923 veröffentlichte Freud eine detaillierte Studie über das Ich und das Es. Seither hat sich an seinen Grundkonzepten nicht viel verändert. Sie sollen die Grundlage für unsere Erörterung bilden. Zunächst muß man sich jedoch klarmachen, daß die in der Psychoanalyse gebrauchten Ausdrücke seelische Phänomene beschreiben. Wir werden jedoch sehen, daß die geistig-seelische Interpretation von Wahrnehmungen, Gefühlen oder Bedürfnissen etwas verwirrend ist, und daß man die psychische Auffassung mit körperlichen Handlungen vervollständigen muß, um ihr einen Anschein von Realität zu geben.

Der Ich-Begriff ist für das analytische Denken grundlegend. Freud benützte das Wort »das Ich«, im Englischen müßte man statt »ego« »The I« sagen, im Französischen übersetzt man es als »le moi«. »Das Ich« wird als Synonym für das Selbst im subjektiven Sinn gebraucht. Auch hier taucht wieder die Schwierigkeit auf, das Selbst durch das Selbst zu erkennen. Aber es ist die einzige Möglichkeit, denn das Ich ist das erste, was uns begegnet, wenn wir uns nach innen und uns selber zuwenden.

Freud hat das Ich gut beschrieben: »Wir haben uns die Vorstellung von einer zusammenhängenden Organisation der seelischen Vorgänge in einer Person gebildet und heißen diese das *Ich* derselben. An diesem Ich hängt das Bewußtsein, es beherrscht die Zugänge zur Motilität, das ist: zur Abfuhr der Erregungen in die Außenwelt; es ist diejenige seelische Instanz, welche eine Kontrolle über all ihre Partialvorgänge ausübt, welche zur Nachtzeit schlafen geht und dann immer noch die Traumzensur handhabt« (Freud, 1923, S. 243). Aber sogar in einer so klaren Aussage zeigt sich eine gewisse Verwirrung. Es ist nicht leicht, die Aussage, das Ich gehe »zur Nachtzeit schlafen« mit seiner Beschreibung als »Organisation seelischer Vorgänge« zu vereinbaren. Sollte man nicht vielmehr sagen, es sei der Mensch, der schlafen geht, und nicht sein Ich, auch wenn dieses an der Gesamtfunktion ebenso beteiligt ist wie die Sinne und die Muskulatur? Mit der Abnahme der Aktivität geht eine gleichzeitige Abnahme der Erregung des Gesamtorganismus einher, die die Verdunkelung oder das Verlöschen des Ichs zur Folge hat.

Es gibt eine brauchbare Grundlage dafür, das Ich zumindest in einem seiner Aspekte mit einer elektrischen Birne zu vergleichen, denn die Intelligenz ist ein Licht. Wir führen zwar die

Dunkelheit auf das Verlöschen des Lichts in der Birne zurück, aber wir sind uns dennoch darüber klar, daß das Aufhören des elektrischen Stroms für die Dunkelheit verantwortlich ist. Ist nicht der Schlaf etwas Ähnliches? Wenn sich die Erregung legt, verdunkelt sich das Licht, das das Ich ist, oder es geht aus.

Aus praktischen Gründen ist es wichtig, daß wir diese Unterscheidung in bezug auf das Grundwesen des Schlafs treffen. Sollen wir unseren Patienten, die an Schlaflosigkeit leiden, den Rat geben, sie sollten aufhören zu denken? Oder sollen wir nicht vielmehr die Ursache ihrer Unfähigkeit, mit der bewußten Seelentätigkeit aufzuhören, darin suchen, daß eine somatische Anspannung und Erregung weiterbesteht? Am Anfang erkannte Freud, daß befriedigende sexuelle Betätigung am besten den Schlaf herbeiführt. Heute wissen wir, daß der Orgasmus dazu dient, Energie oder Spannung abzuführen und dadurch das Einschlafen zu erleichtern. Es ist nicht so, daß sich das Ich weigert einzuschlafen; es kann nicht abgeblendet werden, solange dem seelischen Apparat beständig somatische Erregung zufließt. Die entgegengesetzte Strömungsrichtung, also nach unten, bringt diese Erregung in die Entladungsorgane, die Genitalien.

Aber das Ich ist mehr als das Licht in der Dunkelheit der Tätigkeit des Unbewußten. Es beherrscht den Zugang zur Motilität, oder richtiger, es lenkt die Motilität. Das Ich kann innerhalb gewisser Grenzen eine Handlung auslösen oder sie zurückhalten, bis die Bedingungen günstig sind. Es kann Handlungen verhindern und sie sogar ins Unbewußte verdrängen. In dieser Funktion ist es den elektronischen Vorrichtungen ähnlich, die den Zugverkehr regeln, und die an die Stelle des Zugabfertigers und der roten, grünen und gelben Lichtsignale treten können. Der Zug kann mit Dampf oder Dieselkraft voll »geladen« und zum Abfahren bereit sein, aber es tritt keine Bewegung ein, bis das Signal gegeben wird, daß die Strecke frei ist. Das Ich ist wie ein Licht, das nach außen und nach innen gerichtet ist. Draußen erforscht es durch die Sinne die Umwelt;

innen umfaßt es eine Reihe von Signalen, die die nach außen gehenden Impulse steuern. Außerdem wissen wir, daß ihm die Fähigkeit innewohnt, ähnlich wie die elektronischen Regler die Impulse der Realität anzupassen.

Freud kannte diese Beziehungen im psychischen Bereich sehr gut. »Von diesem Ich gehen auch die Verdrängungen aus, durch welche gewisse seelische Strebungen nicht nur vom Bewußtsein, sondern auch von den anderen Arten der Geltung und Betätigung ausgeschlossen werden sollen« (Freud, 1923, S. 243). Der Widerstand, den der Patient in der Analyse zeigt, kann nur der manifeste Ausdruck des roten Lichts der Verdrängung sein. Wir können gewiß Freud zustimmen, indem wir das Verdrängte und seine Manifestation im Widerstand, die beide unbewußt sind, als Teil des Ichs betrachten, das somit bewußte *und* unbewußte Elemente enthält. Aber wir müssen eine wichtige Unterscheidung treffen. Das Ich kann nur jene unbewußten Elemente umfassen – Ängste, Impulse, Empfindungen –, die einmal bewußt waren und dann verdrängt wurden. Das Problem des Ausbleibens oder des Stillstands einer Entwicklung liegt außerhalb der Reichweite der Ich-Psychologie. Der Mensch, der als Kind oder als Säugling bestimmte Empfindungen niemals bewußt erlebt hat, kann sie nicht durch Analyse erwerben. Wenn es jemandem am Anfang seines Lebens am Gefühl der Geborgenheit gefehlt hat, ist in der Therapie nicht nur Analyse notwendig, sondern Gelegenheit und Mittel, diese Geborgenheit und Sicherheit in der Gegenwart zu erwerben. Die Analyse kann einem Huhn nicht seine verlorene Fähigkeit wiedergeben, zu fliegen. Nur im Rahmen der analytischen Ich-Psychologie ist es richtig, die Neurose aus der Gegensätzlichkeit zwischen dem organisierten Ich und dem herzuleiten, was verdrängt und von ihm abgespalten ist.

Wir lernen als nächstes von Freud, daß das Ich topographisch an der Oberfläche des seelischen Apparates lokalisiert ist, wo es der Außenwelt nah ist. Diese Stellung entspricht der erforderlichen Funktion der Wahrnehmung. Das Ich erleuchtet die äußere Realität und nimmt sie wahr, ebenso ist es sich der inneren Realität bewußt – der Bedürfnisse, Impulse und Ängste; anders ausgedrückt: der Empfindungen des Organismus. Aber wir müssen Freud zustimmen, wenn er sagt: »Während die Beziehung der äußeren Wahrnehmung zum Ich ganz offenkundig ist, fordert die der inneren Wahrnehmung zum Ich eine besondere Untersuchung heraus« (Freud, 1923, S. 249).

Zu dieser zweiten Beziehung bemerkt Freud: »Empfindungen und Gefühle [werden] nur durch Anlangen an das System Wahrnehmung bewußt; ist die Fortleitung gesperrt, so kommen sie nicht als Empfindungen zustande, obwohl das ihnen entsprechende Andere im Erregungsablauf dasselbe ist« (a.a.O., S. 250). Wir können daher unterscheiden zwischen dem inneren Ereignis (einem unbestimmten quantitativen Element) und der Erscheinung seiner Wahrnehmung, durch die es qualitative Bedeutung bekommt, d.h. zur äußeren Realität in Beziehung gesetzt wird. Genau dieses »unbestimmte Element« ist der Gegenstand aller sogenannten »aktiven« Techniken.

Das Ich hat das Wahrnehmungssystem als Kern und umfaßt das Bewußte, aber dies sollte man auf alles ausdehnen, was einmal bewußt gewesen ist – das verdrängte Unbewußte und das Vorbewußte. Das Ich als psychisches Phänomen ist das System der Wahrnehmung zusammen mit all seinen vergangenen und gegenwärtigen Wahrnehmungen. Freud folgt Groddeck in der Annahme, die Funktion des Ichs sei »wesentlich passiv«. Diese Folgerung ist bei jenen unvermeidlich, die das Selbst mit dem System der Wahrnehmung gleichsetzen; jenen, die das Ich im Geist finden. Es ist die Grundlage aller bioenergetischen Techniken, daß das »Ich« nicht nur die Wahrnehmungen umfaßt, sondern auch jene inneren Kräfte, Freuds »unbestimmte Elemente«, die Wahrnehmungen entstehen lassen. Wenn das Selbst mit dem Fühlen identisch ist, von dem die Wahrnehmung nur ein Teil ist, sieht das Individuum sein Ich nicht als ein rein geistiges Phänomen an. Bei solchen Menschen ist die Wahrnehmung lediglich eine Komponente des bewußten Handelns.

Freud übersah nicht die Schwierigkeiten, die entstehen, wenn man das Ich nur als einen psychischen Prozeß ansieht. Die Hauptschwierigkeit ist das Fehlen aller quantitativen Faktoren. Bei der therapeutischen Arbeit ist man gezwungen, quantitativ zu denken. Es kommt heute nicht selten vor, daß ein Patient sagt, er habe das Gefühl, sein Ich sei »schwach«. Häufiger wird darüber geklagt, man fühle sein Selbst nicht. Bei der Beobachtung dieser Patienten stellt sich ein Mangel an Intensität der Gefühlsspannung heraus, und, was noch wichtiger ist, ein Mangel an Nachdruck in Handeln und Ausdruck. Es wäre falsch, wollte man in solchen Fällen das Problem im Wahrnehmungssystem suchen. Ein starkes Ich ist ein Zeichen emotionaler Gesundheit, aber es kann zugleich mit einer schweren Neurose bestehen, wenn seine Energie hauptsächlich zum Verdrängen benützt wird.

»Auf die Entstehung des Ichs und seine Absonderung vom Es scheint noch ein anderes Moment als der Einfluß des Systems W hingewirkt zu haben« (Freud, 1923, S. 253). Freud benützte diese Bemerkung, um eine Feststellung einzuführen, die den Weg zur Biologie wies: »Das Ich ist vor allem ein körperliches.« Er erweiterte dies dahingehend, daß er sagte: »Der eigene Körper und vor allem die Oberfläche desselben ist ein Ort, von dem gleichzeitig äußere und innere Wahrnehmungen ausgehen können« (a. a. O.). Wir wollen in der zweiten Hälfte dieses Kapitels die Körpervorgänge analysieren, die »jenes andere Moment« ausmachen. Wir werden sehen, daß dieser andere Faktor nicht die Körperempfindung ist, denn dazu gehört Wahrnehmung, sondern der tieferliegende Vorgang der Impulsbildung im Organismus.

Bevor wir fortfahren, ist es angebracht, die Beziehungen des Ichs zu den anderen Elementen der geistig-seelischen Kraft zu betrachten. Der größte Teil der Funktionen des Organismus ist unbewußt. Auch dieser hat seine Vertretung in der Seele: tatsächlich hat der größere Teil des Nervensystems mit körperlichen Aktivitäten zu tun, von denen wir gar nichts merken. Zur Körperhaltung, die man als selbstverständlich hinnimmt, gehört in sehr hohem Maß die Steuerung der Motilität. Das Bewußtsein kann in diesen Bereich hinein erweitert werden, aber nur in geringem Maß. Jenen Teil der Seele, der zu diesen unwillkürlichen Vorgängen in derselben Beziehung steht wie das Ich zur willkürlichen Tätigkeit, nannte Freud das »Es«. Freud hat das Es nicht so definiert. Aber eine solche Definition folgt aus seinen Bemerkungen, wenn man von der Biologie auf die Psychologie schließt.

»Das Ich ist vom Es nicht scharf getrennt, es fließt nach unten hin mit ihm zusammen« (a. a. O., S. 251). Tatsächlich ist das Ich »der durch den direkten Einfluß der Außenwelt unter Vermittlung von W(ahrnehmung und)Bw(Bewußtsein) veränderte Teil des Es« (a. a. O., S. 252). Eine Analogie, die brauchbar ist, um diese Beziehung zu verdeutlichen, ist der Baum. Man kann das Ich mit dem Stamm und den Ästen vergleichen, das Es mit den Wurzeln. Die Trennungslinie ist dort, wo der Baum aus der Erde ans Tageslicht tritt.

Die indische Psychologie sieht die gleiche Beziehung im Körper selbst. Man vergleiche die folgende Bemerkung in Erich Neumanns Werk *Ursprungsgeschichte des Bewußtseins* (1949, TB S. 32): »Hierbei entspricht das Diaphragma der Erdoberfläche, und die diese Zone überschreitende Entwicklung ist der ›aufgehenden Sonne‹ zugeordnet, dem Bewußtsein, welches das Unbewußte und seine Verflochtenheit mit ihm hinter sich zu lassen beginnt.«

Gewiß ist es eine Entstellung der Freudschen Auffassung, wenn man das Es als das ererbte Reservoir chaotischer Triebforderungen bezeichnet, die noch nicht miteinander im Einklang sind und ebensowenig im Einklang mit den Tatsachen der äußeren Realität. Weder ein Baum noch ein neugeborener Säugling bietet ein Bild des Chaos. Ausgedehnte praktische Erfahrung mit dem Stillen auf Verlangen und mit Selbstregulierung zeigt, daß der Säugling, der noch nicht lange Kontakt zur Welt und noch kein sehr ausgeprägtes Ich hat, mit einem harmonischen Gefüge von Triebforderungen ausgestattet ist, die für das Überleben und das Heranwachsen höchst förderlich sind. Das Chaos, das das Triebleben der meisten Kinder und Erwachsenen kennzeichnet, wird durch Kräfte von außen erzeugt, die diese Harmonie stören.

Es ist richtiger, wie Freud zu sagen: »[Das Ich] bemüht sich auch, den Einfluß der Außenwelt auf das Es und seine Absichten zur Geltung zu bringen, ist bestrebt, das Realitätsprinzip an die Stelle des Lustprinzips zu setzen, welches im Es uneingeschränkt regiert. Die Wahrnehmung spielt für das Ich die Rolle, welche im Es dem Trieb zufällt« (Freud, 1923, S. 252–253). Niemand, der die embryonale Entwicklung eines Eis bis zum reifen Organismus studiert hat, kann umhin, einen Vorgang zu bestaunen, der menschliches Verständnis übersteigt. Im Vergleich zu der unbewußten Arbeit der Koordinierung der Billionen von Zellen, der unzähligen Gewebe und der vielen Organe eines Menschen erscheinen die Fähigkeiten des Denkens und der Vorstellung klein und unbedeutend. Und selbst sie haben sich aus dem großen Unbewußten entfaltet wie die Blüte, die auf dem Busch blüht.

Die Seele ist in diesen unbewußten Aktivitäten ebenso tätig wie bei den bewußten. Aber es ist ein offenkundiger Widerspruch, wenn man von unbewußten Gefühlen, unbewußten Gedanken oder unbewußten Phantasien spricht. Wir haben bereits gesehen, daß der Begriff »Gefühl« nur dann anwendbar ist, wenn eine Wahrnehmung eines inneren Ereignisses stattfindet. Davon haben wir nur eine Bewegung (unbestimmtes Element), der das Qualitative fehlt – ein mögliches Gefühl, kein latentes. Andererseits gibt es Bewegungen innerhalb eines Organismus, die durch ökonomische Faktoren der Verdrängung und des Widerstands daran gehindert werden, ins Bewußtsein zu gelangen. Diese sind latent und können bewußt werden, wenn durch Analyse die hemmenden Kräfte beseitigt werden. Der Unterschied beruht auf dem Umstand, daß die zweite Kategorie unbewußter Tätigkeit *einmal bewußt gewesen ist.* Das ist beim Konzept von der Verdrängung stillschweigend miteinbegriffen. Es gibt noch eine dritte Kategorie von unbewußter Aktivität, die nicht bewußt werden kann. Dazu gehört die Tätigkeit der tiefliegenden Organsysteme des Körpers: der Niere, der Leber, der Blutgefäße usw. Nicht alle unbewußte Aktivität unterliegt der Dynamik analytischer Therapie.

Für die Zwecke des analytischen Denkens sollte man die unbewußte Tätigkeit in drei Kategorien einteilen. Die tiefste Schicht des Unbewußten betrifft Aktivitäten, die niemals bewußt werden. Gegen diese Aussage kann man keine Einwände erheben, da sie die tiefliegenden Organsysteme angeht. Eine zweite Kategorie betrifft Aktivitäten, die bewußt werden könnten, es aber niemals geworden sind. Ein Beispiel dafür sind Tätigkeiten der Körperhaltung, die schon im Kindesalter festgelegt werden und ein Gewahrsein einer besser integrierten Funktionsweise ausschließen. Das Kind, das zu einer Zeit laufen lernt, in der die Muskeln für eine solche Tätigkeit weder stark noch koordiniert genug sind, entwickelt schwerwiegende Verspannungen in den großen vorderen Oberschenkelmuskeln (quadriceps femoris) und in den breiten Faszienspannern (tensor fasciae latae), damit es Halt gewinnt. Dies geschieht, wenn man ein Kleinkind allein läßt, denn es wird sich irgendwie bewegen, um aufzustehen und zu seiner Mutter zu gehen. Die Verspannung dieser Muskelgruppe gibt zwar den Beinen die Rigidität, die zur Stützung notwendig ist, aber auf Kosten des natürlichen Gleichgewichts und der Anmut. Wenn man versucht, eine Entspannung dieser Muskeln herbeizuführen, begegnet man einem Widerstand, der der vorhandenen Fallangst entspricht. Es ist bezeichnend, daß bei Kindern, die wie die Indianer jahrelang von ihren Müttern getragen werden, diese Fallangst fehlt. Aber, und das ist wichtig, es hat nie eine Unterdrückung der natürlichen Bewegungen und Empfindungen gegeben, die anmutig, schwingend und lustvoll sind – bei Menschen mit Fallangst haben sie sich niemals entwickelt.

Zur letzten Kategorie gehört dann das verdrängte Unbewußte. Wir können sagen, daß »harte« Augen früher einmal bewußt haßerfüllt gewesen sind, daß ein angespannter Kiefer unbewußte Beißimpulse ausdrückt, und daß verspannte Adduktor-Muskeln in den Oberschenkeln die Unterdrückung genitaler Empfindungen bedeuten. Wir können nicht sagen, daß »schwache« Augen unbewußten Haß zurückhalten.

Wie sich das Ich aus dem Es herausdifferenziert, so kristallisiert sich das Über-Ich aus dem Ich heraus. Dieses Konzept vom Über-Ich ist eines der komplexesten in der analytischen Psychologie. Man möchte meinen, wir sollten in der Lage sein, das menschliche Verhalten gemäß den Funktionen von Es und Ich zu erklären. Tatsächlich wird das Verhalten jedes Individuums von Kräften des Es unter der Herrschaft der Realitätsfunktion des Ichs bestimmt, das seinerseits durch die Entwicklung eines Ich-Ideals oder Über-Ichs modifiziert worden ist.

In bezug auf die Rolle des Über-Ichs besteht kein Zweifel. Es übt in der seelischen Sphäre eine Zensurfunktion gegenüber Gedanken und Handlungen aus, die sich von der Realitätsfunktion des Ichs deutlich unterscheidet und ihr entgegengesetzt ist. Der Wahrnehmungsrealität des Ichs stellt es eine Realität entgegen, die sich aus den frühesten Erfahrungen des Menschen herleitet und den Verhaltenskodex darstellt, den die Eltern geltend gemacht haben. Das Über-Ich entsteht als Abwehrfunktion des Ichs, die sich früh im Leben herauskristallisiert und strukturiert. Wenn es diese Funktion der Außenwelt gegenüber nicht mehr erfüllt, dann nur deswegen, weil sich diese frühkindliche Umwelt verändert hat. Sein Weiterbestehen beruht darauf, daß es sich als unbewußte Begrenzung der Motilität strukturiert, die der Organismus nicht zu überschreiten wagt. Das Über-Ich ist also ein Teil des Ichs, der unbewußt geworden ist, und der Ich-Energie benützt, um Es-Impulse auf eine Weise zu blockieren, die das Ich verarmen läßt und es einschränkt.

Wir wollen hier einmal unsere Kenntnis der psychischen Funktionen zusammenfassen. Das Es repräsentiert die psychischen Prozesse, deren wir uns nicht bewußt sind. Man kann sie in drei Kategorien einteilen: diejenigen, die sich auf Organtätigkeiten beziehen, deren wir uns nicht bewußt sein können, diejenigen, die Aktivitäten betreffen, deren wir uns gewöhnlich nicht bewußt sind, die aber durch eine Bemühung bewußtgemacht werden können, und diejenigen, die das verdrängte Unbewußte repräsentieren. Das Ich vertritt psychische Prozesse, deren wir uns bewußt sind, weil sie Tätigkeiten betreffen, welche uns mit der Außenwelt verbinden. Aus dieser Analyse kann man ein Grundgesetz ableiten: Eine Aktivität wird bewußt, wenn sie auf die Oberfläche des Körpers einwirkt, denn nur so kann sie mit der Außenwelt in Beziehung treten. Das Über-Ich ist ein psychischer Prozeß, der verhindern kann, daß eine Aktivität bewußt wird, d.h. die Körperoberfläche erreicht. Es gibt noch andere psychische Prozesse, die wir zunächst außer acht lassen wollen. Es sind die kreativen oder synthetischen Ich-Funktionen.

Um die somatische Grundlage der Ich-Psychologie zu begreifen, müssen wir quantitative Faktoren berücksichtigen. Im Bereich des Körpers sind die Dinge das, was sie zu sein scheinen, und Energien sind gemäß den Bewegungen meßbar, die sie erzeugen. Messen wir nicht alle physikalischen Energien nach der Arbeit, die sie leisten? Wir beginnen mit der Beobachtung, daß das Ich als psychisches Phänomen im Grunde ein Wahrnehmungsprozeß ist. Gewiß, das Ich, wie wir es beim zivilisierten Menschen kennen, ist mehr als Wahrnehmung. Es ist eine Wahrnehmung der Wahrnehmung, ein Bewußtsein des Bewußtseins, ein Bewußtsein des Selbst. Aber dieser »erste Stock« ist auf einem Erdgeschoß errichtet, in dem Bewußtsein im Grunde Wahrnehmung ist. In diesem ersten Stadium sollte man fragen: Was wird wahrgenommen?

Die Antwort auf diese Frage ist relativ einfach. Was wahrgenommen wird, ist eine Bewegung – eine Bewegung des Organismus, die sich als Ortswechsel im Raum manifestieren kann – oder auch nicht. Das bedeutet nicht, daß alles, was sich bewegt, wahrgenommen werden kann oder wahrgenommen wird. Bewegung kommt auch im Schlaf vor und auch auf der Ebene des Unbewußten. Wir nehmen die Bewegung unserer

Eingeweide oder des Herzens gewöhnlich nicht wahr. Aber wo keine Bewegung ist, da ist auch keine Wahrnehmung. Bewegung geht der Wahrnehmung voran. In der Evolution lebender Gebilde wie in der ontologischen Entwicklung des Individuums ist das Bewußtsein ein Spätankömmling. Es entsteht, nachdem das Leben begonnen hat und verschwindet vor dem Tod. Alle Wahrnehmung ist daher die Wahrnehmung der Bewegungen des Organismus, entweder im Inneren oder gegenüber der Außenwelt. Wenn unsere eigenen individuellen Bewegungen aufhören, wie beim Eintritt des Todes, hört die Wahrnehmung der äußeren Realität auf.

Gewöhnlich werden wir nur der groben Bewegungen des Körpers gewahr. Mit Aufmerksamkeit können wir die feineren Bewegungen spüren. Im allgemeinen bewegen wir einen Teil unseres Körpers, wenn wir ihn spüren möchten. Die Bewegung muß nicht notwendigerweise willkürlich sein, aber irgendeine Bewegung muß in dem Körperteil stattfinden, wenn Wahrnehmung möglich sein soll. Zum Beispiel fühlen die meisten Menschen ihren Rücken nicht – selbst dann nicht, wenn sie auf dem Rücken auf einer Couch liegen. Das ist etwas, was man in therapeutischen Sitzungen häufig erlebt. Wenn man nur leicht auf den Nacken bläst, kann man sehen, wie eine Welle der Erregung aufwärts zur Kopfhaut und abwärts über den Rücken läuft, die Gänsehaut hervorruft und die Haare sich aufrichten läßt. Dann wird der Rücken gespürt, erlebt oder wahrgenommen. Wir bezeichnen dieses Gewahrsein des Körperteils als »Kontakt mit ihm haben« oder »in Kontakt mit ihm sein«. Der Kontakt zu einem Teil des Körpers, der nicht wahrgenommen wird, kann dadurch hergestellt werden, daß man die Motilität dieses Teils steigert. Hier liegt ein quantitativer Faktor vor: Die Intensität der Bewegung steht in einer Beziehung zur Qualität der Wahrnehmung. Vorläufig genügt es, zu sagen, daß alle Empfindung, alle Wahrnehmung, von Bewegung abhängig ist.

Was entscheidet darüber, welche Bewegungen wahrgenommen werden, d. h. ins Bewußtsein dringen, und welche nicht? Wir haben Freuds Bemerkung, daß das Ich aus Körperempfindungen abgeleitet wird, die hauptsächlich von der Oberfläche des Körpers stammen. Versuche haben bestätigt, daß eine Empfindung eintritt, wenn eine innere Bewegung die Oberfläche des Körpers und der Seele erreicht, wo das System W.–Bw. (Wahrnehmung–Bewußtsein) lokalisiert ist. Ich werde später auf Reichs Versuche darüber Bezug nehmen, aber es gibt eine Menge klinischer Beobachtungen, die diese These unterstützen. Sie erklärt, warum Schmerzen in tiefliegenden Organen immer als Ausstrahlung an der Körperoberfläche wahrgenommen werden. Wir wissen, daß empfindliche Instrumente wie der Elektrokardiograph und der Elektroencephalograph an der Körperoberfläche winzige Unterschiede im elektrischen Potential aufnehmen können, die eine darunterliegende Aktivität »übertragen«. Wahrnehmung ist eine Sache des Grades, eine Funktion der Stärke der Ladung an der Oberfläche.

Das Ich ist ein Oberflächenphänomen, sowohl psychisch als auch somatisch. Das System W.–Bw. liegt an der Oberfläche der Hirnrinde. Dies ermöglicht uns das Verstehen der Aussage Freuds, das Ich sei die Projektion einer Oberfläche auf eine Oberfläche. Das Es andererseits ist mit Prozessen verknüpft, die in der Tiefe unterhalb der Oberfläche ablaufen. Auch hier gilt die Aussage, Es-Prozesse seien in der Tiefe, sowohl für die somatischen Vorgänge als auch für die psychische Repräsentanz dieser Vorgänge. Diese letzteren haben ihre Hauptzentren in jenen Bereichen des Nervensystems, die unterhalb der Hirnrinde liegen: Hinterhirn (Metencephalon), Mittelhirn (Mesencephalon) und dem Zwischenhirn (Diencephalon). Wir können die somatischen Aspekte dieser psychischen Schichten in einer einfachen Zeichnung darstellen (Abb. 1), in der der Gesamtorganismus als Kreis gezeichnet ist, etwa in der Form einer einzelnen Zelle. Den Mittelpunkt stellt ein Kern dar, der die Energiequelle aller Bewegungen ist. Ein Impuls wird als Energiebewegung vom Zentrum zur Peripherie dargestellt.

In Abb. 1 entspricht das Ich der Oberfläche des Organismus, das Es dem Zentrum und Prozessen unterhalb der Oberfläche. Ein solches Schema gilt nur für die einfachsten Formen des

Lebens. Bei höheren Lebewesen nimmt das Ich nicht nur wahr, sondern beherrscht auch den Zugang zur Motilität. Die Zeichnung sieht eine solche Ich-Funktion vor, da es keine Möglichkeit gibt, einen Impuls daran zu hindern, die Oberfläche zu erreichen. Bei höheren Lebewesen liegt unter der Oberfläche eine Schicht, die beim Menschen in gewissem Maß der Herrschaft des Ichs unterliegt. Wir würden daher erwarten, eine Projektion davon auf der Oberfläche der Hirnrinde zu finden. Diesen Erfordernissen begegnet man im System der willkürlichen Muskulatur der höheren Organismen. Wenn wir dieses System nun unter die Oberfläche einführen, können wir die somatische Grundlage für die Struktur der psychischen Funktion zeigen.

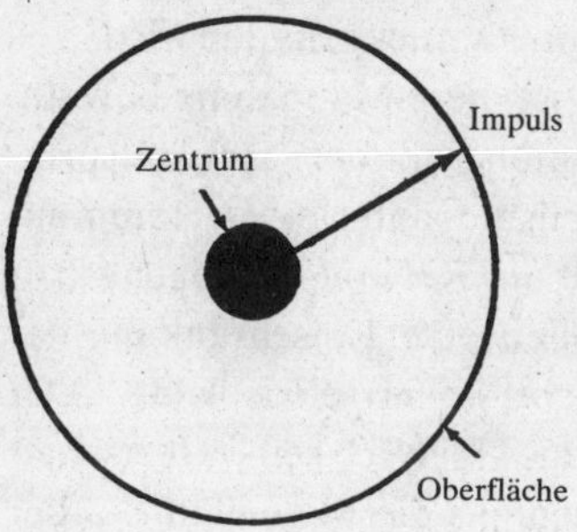

Abb. 1

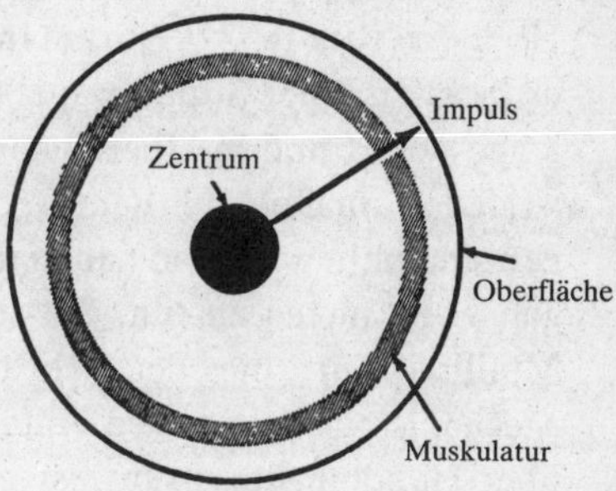

Abb. 2

Auf Abb. 2 aktiviert der Impuls die Muskulatur, bevor er die Oberfläche erreicht. Die Muskulatur hat eine zweifache Funktion. Gewöhnlich denken wir an die Muskulatur als den Bewegungsapparat der größeren Organismen. Das ist sie auch. Aber die Muskeln können ebenso Bewegungen zurückhalten wie ausführen. Man braucht nur an einen Muskel wie den Schließmuskel des Afters zu denken, um sich klarzumachen, wie wichtig diese Funktion ist. Man denke an den Fall eines Menschen, der wutgeladen ist und dennoch den Impuls, zu schlagen, zurückhalten muß. Seine Fäuste sind geballt, seine Arme sind angespannt, und seine Schultern sind nach hinten gezogen und werden dort festgehalten, um den Impuls zu unterdrücken. Bei diesem Vorgang der »Zurückhaltung« verhindert das Ich als psychischer Prozeß die Entlassung des Impulses an die Oberfläche, d. h. in die Außenwelt, indem es den Zustand der Muskelkontraktion aufrechterhält. Hier sehen wir das Ich in seiner Rolle der Beherrschung des Zugangs zur Motilität.

Wir wissen, daß sich ein Teil des Ichs differenziert hat und zum unbewußten Zensor unserer Handlungen geworden ist. Er bestimmt, welchen Impulsen gestattet werden soll, sich auszudrücken, und welche Impulse gehemmt werden sollen. Das Über-Ich ist zwar eine Kategorie psychischer Prozesse, es bedient sich aber zur Beherrschung der Impulse des Muskelapparates. Auf welche Weise unterscheidet sich dann das Über-Ich vom Ich? Wenn ein Impuls zurückgehalten wird, weil er nicht zu einer Situation paßt, ist diese Maßnahme bewußt, ichgesteuert und in Übereinstimmung mit dem Realitätsprinzip. Die vom Über-Ich dem Organismus auferlegten Hemmungen sind unbewußt und haben mit der Realität der gegenwärtigen Lage nichts zu tun. Sie stellen eine Einschränkung der Motilität dar, die das Ich nicht beherrschen kann. Der Mechanismus, mit dessen Hilfe das Über-Ich seine Herrschaft über Handlungen ausübt, ist ebenfalls die Muskulatur. Aber die Muskeln, die den Hemmungen des Über-Ichs unterliegen, sind chronisch verspannt, chronisch kontrahiert und der Wahrnehmung entzogen, so daß der betreffende Mensch nicht merkt, daß dieser Teil seiner Muskulatur in gewisser Hinsicht nicht funktioniert.

Ich möchte dies noch anders erklären. Muskeln können sich verkrampfen, wenn sie bewußt einen Impuls zurückhalten. Man kann z. B. so wütend werden, daß die Muskeln schmerzen, weil man den Impuls zurückhält. In diesem Fall fühlt man die Spannung in den Muskeln. Aber Muskeln können auch angespannt sein, ohne daß der Betreffende es merkt. Auch hier wird ein Impuls zurückgehalten, aber die »Zurückhaltung« ist unbewußt. Dies ist ein Über-Ich-Phänomen. Genau wie das

Über-Ich auf psychischer Ebene bestimmte Gedanken daran hindert, ins Bewußtsein zu gelangen, so hindern chronisch kontrahierte Muskeln auf der biologischen Ebene bestimmte Impulse daran, an die Oberfläche zu kommen. Die Muskeln werden so der bewußten Steuerung entzogen, und ihre Funktion wird unterdrückt. Daraus würde folgen, daß man das Wesen des Über-Ichs aus einer Analyse des Verspannungszustandes der Muskulatur erschließen könnte. Methode und Technik derartiger analytischer Verfahren werden in späteren Kapiteln dieses Buches ausführlich dargestellt. An dieser Stelle kann man einfach sagen, daß das Muster der Muskelverspannung den Ausdruck des Individuums bestimmt, und daß dieser Ausdruck zu seiner Charakterstruktur in Beziehung steht.

In dieser Darstellung werden Leib und Seele dualistisch betrachtet. Sie werden jeweils als gesonderte Einheit angesehen, die der anderen parallel läuft und mit ihr interagiert. Man sieht es so an, daß jede Handlung auf zwei Ebenen stattfindet – der somatischen und der psychischen – und zur gleichen Zeit. Man kann die Organisation psychischer Prozesse zu einer entsprechenden Organisation von Vorgängen im Körper in Beziehung setzen. Die Konzepte von Ich, Es und Über-Ich haben jeweils ihr deutliches Gegenstück im somatischen Bereich. Die Entsprechung geht sogar noch tiefer. Mittelpunkt, Richtung und Peripherie lassen sich mit einer Gruppe von Vorstellungen identifizieren, die Freud aus seinem Studium psychischer Phänomene heraus entwickelt hat. In seiner Triebanalyse hat Freud postuliert, jeder Trieb habe eine Quelle, ein Ziel und ein Objekt. Dies ist eine Analyse einer Triebhandlung, wie sie sich in der Psyche manifestiert. Ohne uns auf eine lange Erörterung der Natur des Triebes einzulassen, können wir ihn als eine impulsive Handlung bezeichnen, die weder durch Lernen noch durch Erfahrung verändert worden ist. Wenige solche Handlungen kommen im Leben des Erwachsenen noch vor. Da die Veränderung an der Oberfläche stattfindet, ist jede Handlung primär impulsiv und im Grunde triebhaft. Nun zeigt unsere Analyse des Impulses, daß auch er eine Quelle, ein Ziel und ein Objekt hat. Die Quelle ist das Energiezentrum des Organismus in den Tiefen seiner Es-Prozesse. Das Ziel entspricht der biologischen Richtung, über die wir später mehr erfahren werden. Das Objekt ist jener Reiz in der Außenwelt, der auf die Oberfläche des Ichs einwirkt und die Ursache der Entstehung des Impulses ist. Nur das Objekt unterliegt der Steuerung des Ichs. Quelle, Stärke und Richtung sind Es-Phänomene.

Wir geben nicht vor, die dualistische Betrachtungsweise sei eine vollständige Erklärung der Leib-Seele-Beziehung. Wer die Arbeiten Reichs kennt, weiß, daß sein Konzept von der Einheit und Gegensätzlichkeit biologischer Funktionen diesen Dualismus mitumfaßt, zugleich aber auf einer tieferen Ebene Einheit schafft. Bei der Behandlung der emotionalen Probleme des menschlichen Organismus zwingt uns die Annäherung von der Oberfläche her eine dualistische Anschauung auf. Um uns das Nachdenken über diese Beziehung zu erleichtern, möchte ich zwei bildliche Darstellungen einführen, die verschiedene Einstellungen zu dem Problem zeigen.

Bei dem chinesischen Symbol des Yin und Yang (Abb. 3) ist das *T'ai chi* ein Gefäß, das Gegensätze enthält. Diese Gegensätze hat man als Schwarz und Weiß, Tag und Nacht, Himmel

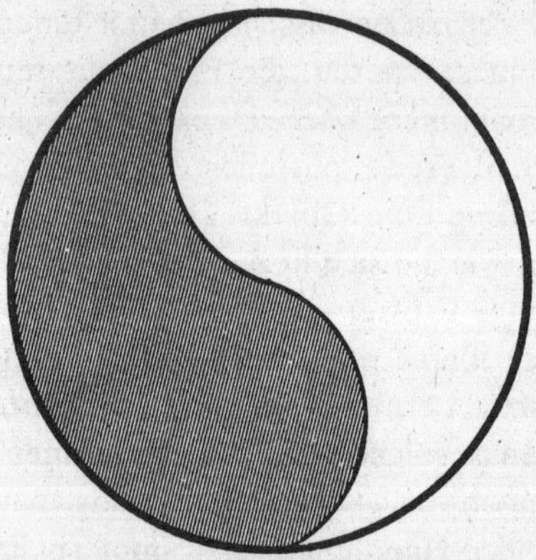

Abb. 3

und Erde, das Männliche und das Weibliche interpretiert. Wir können noch die Gegensätze Leib und Seele hinzufügen.
Das Ganze ist der Kosmos, der Makrokosmos und der Mikrokosmos, der das individuelle Leben ist. Er setzt sich aus zwei völlig gleichen Hälften zusammen, die einander eng berühren. Diese Hälften werden verschieden interpretiert; die

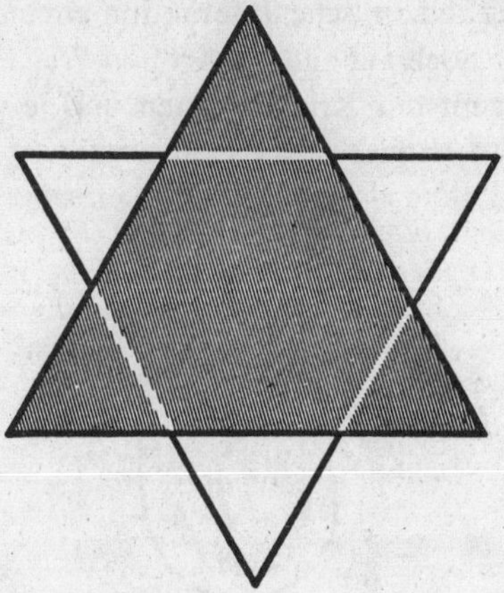

Abb. 4

Interpretationen passen alle zum Symbol. Was uns bei diesem Symbol beeindruckt, ist die Rundheit, das Fehlen von Interaktion, die unveränderliche und statische Qualität der Zeichnung. Es ist ein Ausdruck orientalischer Philosophie, in der das Konzept von Veränderung und Fortschritt relativ unwichtig ist.
Man vergleiche dieses Symbol mit dem jüdischen *Davidsstern* (Abb. 4), bei dem dieselben zwei Elemente in einer anderen Beziehung zueinander gezeigt werden. Die gleichgroßen Hälften werden ebenso gedeutet wie beim vorigen Symbol: Tag und Nacht, Himmel und Erde, das Männliche und das Weibliche – Leib und Seele.
Bei diesem Symbol beeindruckt uns jedoch die wechselseitige Durchdringung der Gegensätze. Sie stellt eine dynamische Qualität dar. Die sechs Spitzen zeigen ein Ausgreifen, ein Durchbrechen des Behälters. Das ganze Gebilde ist eckig; es

fehlt ihm die runde Glätte seines orientalischen Gegenstücks. Dieses Konzept von der Interaktion von Gegensätzen liegt dem Prinzip von Veränderung und Fortschritt zugrunde. Es ist daher nicht überraschend, daß die Geschichte des abendländischen Denkens ihren Ursprung in der jüdisch-griechischen Tradition des Konflikts hat.

Man kann die dynamische Interaktion einander entgegengesetzter Kräfte noch auf andere Art und Weise zeigen. Je mehr wir das Konzept der Kraft betonen und je weniger das der Struktur, desto offener wird das Symbol.

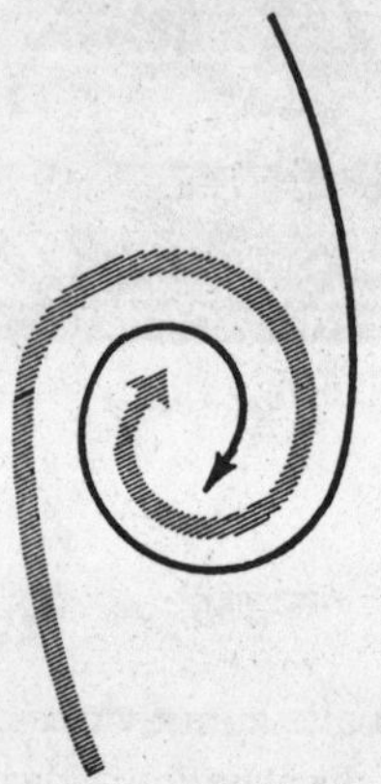

Abb. 5

Abb. 5 zeigt zwei Gegensätze, die man ebenfalls als Licht und Dunkelheit, Himmel und Erde, Männliches und Weibliches oder Leib und Seele interpretieren kann. Die Überlagerung von zwei Kräften ist ein aus Reichs Werk entnommenes Konzept. Sie ist eine noch dynamischere Interpretation als das jüdische Symbol, denn an die Stelle der wechselseitigen Durchdringung tritt die Interaktion in der Bewegung. Das Symbol ist zwar dynamischer, aber es vermittelt nicht das Gefühl von Grenze oder Oberfläche, das mit dem Ich verbunden ist.

Wir können das Thema der Ich-Psychologie nicht ohne eine Erörterung der kreativen Seite der Ich-Funktion verlassen. Im

1. Kapitel haben wir erwähnt, daß sich die Einheit der Gegensätze an der Oberfläche als Einheit der Funktion manifestiert. Trotz der Interaktion in der Tiefe ist die Persönlichkeit eine Einheit – ein Ganzes. Wenn diese Einheit der Persönlichkeit zerstört ist, sprechen wir von einer »gespaltenen« Persönlichkeit. Die Psychiatrie schreibt diese Spaltung einer Schwäche oder Desintegration des Ichs zu. In den Schlußkapiteln dieses Buches werden wir Gelegenheit haben, das Problem der Schizophrenie zu studieren. Wir wollen nun sehen, ob wir verstehen können, wie das Ich als integrierende und organisierende Kraft wirkt.

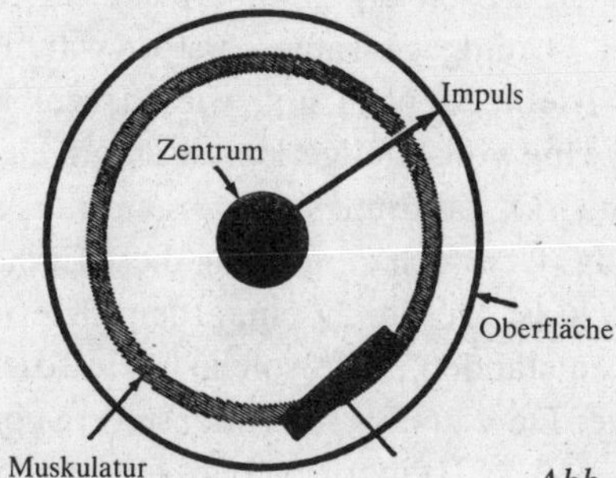

Abb. 6

Es: Zentrum plus Tiefenschichten des Organismus. Ich: Oberfläche plus Herrschaft über die willkürliche Muskulatur. Tiefe und Stärke des Ichs sind abhängig vom Grad der bewußten Steuerung und Koordination der willkürlichen Muskulatur. Über-Ich: Muskelfunktionen, die erstarrt und gehemmt sind. Es sind chronisch kontrahierte und verkrampfte Muskeln (schwarzes Rechteck *in* der Zeichnung), die der bewußten Steuerung entzogen sind. Charakter: resultierender physischer Ausdruck des Organismus. Ich-Ideal: gewünschter physischer Ausdruck und physische Motilität.

Wieder müssen wir uns zuerst den psychischen Aspekt des Problems ansehen. Freud, der in seinem Denken dualistisch war, erkannte schon früh die Gegensätze in den Funktionen des Menschen. Bei seinem Versuch, die Grundkonflikte in der menschlichen Psyche zu verstehen, postulierte er viele Paare entgegengesetzter Tendenzen. Um einige zu erwähnen: es gab

die Gegenüberstellung von Hunger und Sexualtrieb, von Objektlibido und narzißtischer Libido, von Ich und Sexualität. Schließlich reduzierte Freud 1920 alle Kräfte auf zwei große Prinzipien: eine Lebenskraft, *Eros* (Sexualität) und ein Todesprinzip, *Thanatos* (Zerstörung). Eine solche Feststellung ist nicht weit entfernt von den Grundprinzipien, die das Denken des Menschen in frühester Zeit beherrschten. Wieder sind es die Gegensätze, die sich der Reihe: Licht und Dunkel, Himmel und Erde, Männliches und Weibliches, Leib und Seele anschließen können – Sexualität und Zerstörung.
Aber Freud ging noch weiter. Auf der Grundlage seines Studiums der Neurosen erkannte er, daß im Menschen die Einheit dieser Grundgegensätze zerstört war. Freud nannte diese Kräfte Triebtendenzen und wies darauf hin, daß eine partielle oder eine vollständige Entmischung eintritt. Wo das Ich darauf hinwirkt, die Einheit des Organismus aufrechtzuerhalten, wirkt das Über-Ich darauf hin, diese Einheit zu spalten. »Das Über-Ich ist ja durch eine Identifizierung mit dem Vatervorbild entstanden. Jede solche Identifizierung hat den Charakter einer Desexualisierung oder selbst Sublimierung. Es scheint nun, daß bei einer solchen Umsetzung auch eine Triebentmischung stattfindet« (Freud, 1923, S. 284). Diese Entmischung grundlegender Triebtendenzen sah Freud als den Preis einer zivilisierten Existenz an. Der Vater ist in Freuds Aussage der Träger kultureller Forderungen. Aus einer fundamentalen Spaltung in der Persönlichkeit entstehen jene Spaltungen, die den zivilisierten Menschen kennzeichnen: Gut und böse, Gott und Teufel, Kultur und Natur usw. Natürlich hängt die Schärfe der Spaltung oder Entmischung von individuellen Faktoren in der Familienkonstellation des heranwachsenden Kindes ab, aber wir dürfen annehmen, daß kein zivilisierter Mensch von irgendwelchen Wirkungen dieses Problems frei ist. Nichts beeinträchtigt die Persönlichkeit mehr als die Entmischung ihrer Tendenzen oder die Spaltung in ihren Gefühlen. Da sie eine Ich-Spaltung ist, kommt sie einem offenen Riß in der Körperoberfläche gleich. Das Ich beeilt sich, den Schaden

zu beheben, genau wie die Gewebe bestrebt sind, jeden Riß in der Haut zu heilen und zu verdecken. Aber dies ist keine gewöhnliche Wunde. Ein fremdes Agens ist in die Persönlichkeitsstruktur eingeführt worden (Internalisierung der elterlichen Autorität), und dieser Fremdkörper läßt sich nicht entfernen. Das Ich ist seinem Über-Ich gegenüber hilflos. Es muß ein neues Verhaltensmuster rekonstruieren, bei dem die Verbote des Über-Ichs nicht in Frage gestellt werden. Dieses neue Verhaltensmuster macht seine persönliche Weltanschauung aus, ein bewußtes Ideal, in dem entgegengesetzte Tendenzen wieder miteinander verschmolzen werden, und zwar gemäß den Forderungen der Umwelt.

Diese Bildung eines bewußten Ich-Ideals findet statt, wenn das Kind aus der ödipalen Periode herauskommt. Es bezieht seine Wertvorstellungen aus der Identifizierung mit geliebten Personen, älteren Geschwistern, bewunderten Spielkameraden und verehrten Lehrern. Mit Hilfe dieses Ich-Ideals werden die Triebe »auf einer höheren Ebene« wieder miteinander verschmolzen. Diese neue Konstruktion stellt die höhere Natur des Menschen dar, nicht das Über-Ich. Dieses bewußte Ich-Ideal scheint im Gegensatz zum unbewußten Über-Ich in dem Alter seine endgültige Form anzunehmen, in dem die bleibenden Zähne durchbrechen. Von da an wird es das ganze Leben lang ständig neu bewertet und abgewandelt.

Wenn der Grad der Entmischung zu groß ist, als daß er durch eine bewußte Anstrengung überbrückt werden könnte, oder, umgekehrt ausgedrückt, wenn das Ich zu schwach ist, die entgegengesetzten Tendenzen zu vereinen, schließt das Ich das störende Element von der Bildung des Ich-Ideals aus. Das ist dem Vorgang vergleichbar, durch den das Kind, das an schwerem Schielen leidet, einfach den Gebrauch des einen Auges aufgibt. Im allgemeinen sind es die aggressiven Tendenzen, denen eine bewußte Beteiligung an der Bestimmung des Handelns nicht erlaubt wird.

Das Ich und seine Abkömmlinge, das Über-Ich und das Ich-Ideal, sind der Wirkung neuer Erfahrungen im Leben des

Individuums ausgesetzt. Es wäre keine emotionale Weiterentwicklung möglich, wenn diese neuen Erfahrungen nicht in bereits bestehende Systeme integriert werden könnten. Um dies zuwege zu bringen, muß das Ich seine Schranken genauso öffnen, um die Erfahrungen einzulassen, wie es sie senken muß, um Impulse herauszulassen. Je größer die Erfahrung, desto größer muß auch die Öffnung sein. Das ist keine Frage der Flexibilität oder der Anpassungsfähigkeit, denn sie bringen keine Veränderung mit sich. Das Ich muß sich buchstäblich von jeder neuen lebenswichtigen Erfahrung überwältigen lassen, so daß ein neues Ich entsteht, in das diese Erfahrung richtig integriert ist. Aber dies ist nur möglich, wo das Ich an Tiefe zunimmt. Wo das Ich darum kämpft, sich gegen das Über-Ich darunter zu behaupten, ist keine wesentliche Weiterentwicklung möglich.

Es wäre interessant, unsere Gedanken in dieser Richtung noch weiter zu verfolgen, aber das Thema übersteigt leider die Grenzen dieses Vorhabens. Ich werde es daher einer weiteren Studie vorbehalten.

Können wir das somatische Gegenstück dieser Prinzipien zeigen? Ich glaube, wir können es, wenn wir das früher schon entwickelte Diagramm benützen (Abb. 6):

Das Ich ist eine wachsende Kraft. Es nimmt sowohl an Stärke als auch an Koordination und Anpassungsfähigkeit zu. Jeder, der kleine Kinder bei ihren Körperspielen beobachtet hat, kann nicht umhin, von ihrem fast bewußten Streben beeindruckt zu sein, ihre körperliche Geschicklichkeit und Stärke zu entwickeln. Wie erregt sie sind, wenn sie schwimmen, schreiben, ein Musikinstrument spielen lernen usw.! Aber diese Zunahme und Entwicklung der Muskelbeherrschung und Koordination beschränkt sich nicht auf Kinder. Unser Leben lang bemühen wir uns, unsere Koordination bei den verschiedenen Betätigungen, die uns interessieren, zu verbessern. Zwar mag im mittleren Alter die reine körperliche Stärke abnehmen, aber die Fähigkeit, feinere Bewegungen zu entwickeln und auszuführen, bleibt bis ins hohe Alter erhalten. Das erklärt

vielleicht auch, warum das Ich mit zunehmendem Alter bei den meisten Menschen stärker wird.
Dieses Wachstum des Ichs kann nur innerhalb der Grenzen stattfinden, die das Über-Ich ihm auferlegt. Viele Menschen lernen z. B. niemals tanzen – wegen der Störung der Motilität ihrer Beine, die auf eine frühe und strenge Reinlichkeitserziehung zurückgeht. Oder, was noch schlimmer ist, die Fähigkeit, öffentlich zu sprechen, kann durch Verspannungen in der Kehle stark behindert sein. Dem Problem des Über-Ichs und der Einschränkung der Motilität durch das Über-Ich kann man sich auf dem Weg über die Psyche oder den Körper nähern. Letzteres bietet eine unmittelbarere Lösung für die Störung an, die jedoch nur durch ein analytisches Verfahren beseitigt werden kann. Das Problem besteht darin, dem Ich zum Bewußtsein zu bringen, was durch das Über-Ich verdrängt worden ist.
Die bioenergetische Therapie kombiniert das Aktivitätsprinzip auf somatischer Ebene mit dem analytischen Verfahren auf der psychischen Ebene. Der Patient gewinnt neue Erfahrungen in der Motilität, die dann ins Ich integriert werden. Die Einheit der Methode wird dadurch gesichert, daß man auf den Charakter achtet, der sowohl die psychischen als auch die somatischen Aspekte der Persönlichkeit ausdrückt. Bevor wir die Anwendung dieser Technik studieren, müssen wir mehr über die dynamischen Energieprozesse im Organismus wissen.

3 Das Lustprinzip

Alle analytischen Therapien wirken im Rahmen dessen, was als Realitätsprinzip bekannt ist, d. h. der Fähigkeit eines Organismus, Schmerz oder Unlust um einer größeren, in der Zukunft erwarteten Lust willen zu ertragen. Diese Fähigkeit macht es einem Patienten möglich, die schmerzhaften Prozeduren der analytischen Therapie selbst auszuhalten. Wir erkennen zwar die Gültigkeit und das Wirken dieses Prinzips an, tappen aber in bezug auf die Kenntnis der ihm zugrundeliegenden Mechanismen im Dunkeln. Wir werden im 4. Kapitel versuchen, einige dieser Mechanismen zu entdecken und aufzuklären, aber bevor wir das tun, müssen wir erkennen, daß das Realitätsprinzip von einem grundlegenderen allgemeinen Prinzip herstammt (und eine Abwandlung von ihm ist), das das Denken und Verhalten von Organismen bestimmt. Es ist *das Lustprinzip.*

Bei seiner Untersuchung unbewußter seelischer Prozesse stellte Freud fest, daß sie einem Gesetz folgten, welches sich von dem unterschied, das die bewußten geistig-seelischen Vorgänge regierte. Freud hielt diese unbewußten Prozesse »für die älteren, primären, für Überreste aus einer Entwicklungsphase, in welcher sie die einzige Art von seelischen Vorgängen waren« (Freud, 1911, S. 231). Diese Primärvorgänge gehorchten einer Tendenz, die er »das Lust-Unlust-Prinzip« nannte. Einfach definiert bedeutet dies, daß der Organismus nach Lust strebt und Unlust oder Schmerz vermeidet. Später arbeitete Freud dieses Prinzip weiter aus, indem er »Unlust mit der Quantität der im Seelenleben vorhandenen ... Erregung in Beziehung [brachte], solcher Art, daß Unlust einer Steigerung, Lust einer Verringerung dieser Quantität entspricht« (Freud, 1920, S. 4). Wir können diese Aussage vereinfachen, indem

wir für »Erregung« das Wort »Spannung« einsetzen, so daß Unlust oder Schmerz mit einer Steigerung, Lust mit einer Verringerung von Spannung verbunden ist.
Auf psychischer Ebene haben wir nur wenige Möglichkeiten, unsere Kenntnisse von diesem Prinzip zu vertiefen. Man kann hinzufügen, daß Spannung infolge von Bedürfnissen entsteht, deren Befriedigung zu Lust führt. Aber wir haben unser Verständnis nicht erweitert. Spannung ist selbst ein Bedürfnis, genau wie ein Bedürfnis eine Spannung ist. Eine Klärung muß daher auf der biologischen Ebene gesucht werden.
1934 führte Reich an der Universität von Oslo eine Reihe von Versuchen durch, die eine besondere Tragweite für dieses Problem hatten. Die Einzelheiten der Verfahren sind in Reichs Werk *Die Funktion des Orgasmus* nachzulesen; ich werde mich hier also auf eine Wiedergabe der wichtigsten Beobachtungen und Folgerungen beschränken.
Man hatte schon vorher gezeigt, daß das elektrische Potential an der Hautoberfläche sich mit den Emotionen veränderte. Dies war das sogenannte »psychogalvanische Phänomen«. Reichs Versuche waren dazu bestimmt, herauszubekommen, was bei sexueller Erregung geschieht und wie dies mit der Wahrnehmung von Lust zusammenhängt. Unter Bedingungen lustvoller und unlustvoller Reizung wurden oszillographische Aufzeichnungen des Hautpotentials an den erogenen Zonen gemacht. (Reich, 1969, S. 319) stellte bei jeder Zone – an den Lippen, Brustwarzen, Handflächen usw. – fest, daß die Lustempfindung einem steilen Anstieg des Hautpotentials in diesen Bereichen entsprach, der von einem in einem anderen Raum befindlichen Oszillographen aufgezeichnet wurde. Andererseits riefen Druck oder Erschrecken einen deutlichen Abfall des Hautpotentials hervor. Außerdem entspricht »die Intensität der Lustempfindung ... der Quantität der bioelektrischen Aufladung« (a. a. O., S. 325). Wir haben also eine experimentelle Bestätigung der These Freuds, das Ich in seiner Wahrnehmungsfunktion sei in erster Linie ein Phänomen der Körperoberfläche. Zugleich ist es die Projektion des Oberflä-

chenphänomens auf das geeignete Gebiet des Gehirns, was die Wahrnehmung als bewußten Vorgang ermöglicht. Wir haben nun in der Wahrnehmungsfunktion zwei eng miteinander verwobene Vorgänge: eine Projektion auf die Körperoberfläche und die Projektion der Oberfläche auf eine weitere Oberfläche.

Um diese beiden Phänomene als den einheitlichen Ausdruck des Gesamtorganismus zu begreifen, der sie sind, greifen wir auf Reichs Formulierung des Grundgesetztes des biologischen Funktionierens zurück: Einheit und Gegensätzlichkeit des vegetativen Lebens. Zwei Funktionen beherrschen das vegetative Leben des Organismus: Expansion und Kontraktion. Sie haben ihre Identität in der weitverbreiteten Funktion des Pulsierens, das eine der Eigenschaften aller lebenden Organismen ist. Im somatischen Bereich kommen Expansion und Kontraktion, wie Reich gezeigt hat, als physiologischer Prozeß vor, entsprechend der Tätigkeit des sympathischen und des parasympathischen Nervensystems und mit der Wirkung bestimmter Gruppen von Ionen. Auf psychischer Ebene wird biologische Expansion als Lust empfunden, Kontraktion als Unlust. Es besteht ein funktioneller Gegensatz zwischen vegetativem Zentrum und vegetativer Peripherie. Es wird möglich, eine weitere Korrelation zwischen psychischem Empfinden und Energiebewegung herzustellen. Die Bewegung der Energie vom Zentrum eines Organismus zur Peripherie ist funktionell identisch mit biologischer Expansion und mit Lustempfinden. Umgekehrt ist die Bewegung der Energie von der Peripherie zum Zentrum funktionell identisch mit der biologischen Kontraktion und der Empfindung von Unlust oder Angst.

Zur Darstellung dieses Mechanismus dienen dieselben Zeichnungen, wie wir sie im vorigen Kapitel benützt haben, um die somatische Grundlage der Ebenen des psychischen Funktionierens zu verdeutlichen (Abb. 1 und 2).

Es fällt auf, daß ein Muskelsystem, das mit der Entwicklung des Realitätsprinzips zusammenhängt, fehlt. Das Ich ist auf die

Oberflächenmembran begrenzt. Expansion und Kontraktion sind im Grunde Phänomene des Es.

Bevor wir fortfahren, ist es wichtig, die Unterscheidung zwischen Unlust und Angst zu klären. Soviel ich weiß, hat weder Freud noch Reich den Unterschied genau formuliert; Reich setzt die beiden Ausdrücke gleich. Man kann die Frage folgendermaßen stellen: Wenn die biologische Expansion als Lust empfunden wird, warum wird dann die entsprechende Kontraktion nicht als Unlust empfunden? Das Wort »Unlust« kennzeichnet keine sinnlich wahrgenommene Empfindung. Im Pulsationszustand der Ausdehnung und Zusammenziehung wird die Spannung, die sich vor der Lockerung aufbaut, akzeptiert, und sie geht in der Erwartung der Lockerung unter, die folgen wird. Die Lusterwartung ermöglicht das Aushalten von Spannungszuständen, die sonst deutlich unangenehm wären. Im Lustprinzip selbst ist das Rudiment der Realitätsfunktion enthalten, die später zum beherrschenden Prinzip des reifen menschlichen Verhaltens wird.

Wenn sich in Situationen Spannung aufbaut, in denen die Erwartung der lustvollen Entspannung nicht möglich ist, erlebt der Mensch Angst. Angst ist jedoch nicht notwendigerweise ein krankhafter Zustand. Unser Urteil muß sich immer auf das Realitätsprinzip gründen. Angst ist krankhaft, wenn sie nicht der äußeren Situation angemessen ist, die sie erzeugt hat. Selbst wenn die Angst nicht krankhaft ist, wird sie immer als eine Bedrohung des Ichs erlebt, die der reife Organismus beseitigen möchte. Wir können auch sagen, Spannung wird krankhaft, wenn sie zum chronischen Zustand wird und wenn der Organismus sie nicht mehr beherrschen kann. Gemäß dieser Auffassung kann man Gesundheit als die Fähigkeit des Organismus definieren, innerhalb der Grenzen des Realitätsprinzips seinen Pulsationsrhythmus beizuhalten. Man hat der Lust verschiedentlich Unlust, Angst und Schmerz als Teil des Gesamtprinzips Spannung – Entspannung, Kontraktion – Expansion gegenübergestellt. Nunmehr können wir den dritten Ausdruck der Reihe – Schmerz – definieren.

Wenn mit Unlust der Zustand der Energieladung bezeichnet wird, der der Entladung vorangeht, bedeutet Angst eine Energieladung, bei der die Bewegung in Richtung auf die Entladung blockiert oder zurückgehalten wird. Wenn die Stärke der Ladung so sehr zunimmt, daß sie die Integrität der Strukturelemente des Körpers bedroht, empfindet der Mensch Schmerz. Diese Feststellung ist durch die theoretischen Konzepte gerechtfertigt, die diesen Darlegungen zugrundeliegen; man kann auch zeigen, daß sie für alle Situationen gilt, in denen Schmerz empfunden wird. Wir leugnen nicht, daß das Nervensystem bei der Wahrnehmung von Schmerz wie bei allen Funktionen der sinnlichen Wahrnehmung eine wichtige Rolle spielt. Gemäß seiner Struktur kann man das ganze Nervensystem mit einem umgekehrten Baum vergleichen, der in seinen feinsten Verzweigungen und Verästelungen eng mit dem aufrechtstehenden baumartig gestalteten System der Blutgefäße verbunden ist, das der Hauptweg für die freie Energiebewegung des Körpers ist.
Es scheint, als könne es nichts Einfacheres oder Fundamentaleres geben als das Wirken des Lustprinzips. Aber Freud veröffentlichte 1920 ein höchst umstrittenes Buch *Jenseits des Lustprinzips*. Darin postulierte er die Existenz von zwei Triebkräften; die eine, der Todestrieb (primärer Masochismus) führt zurück zur unbelebten Natur, der andere, der Lebenstrieb (oder Sexualtrieb) treibt das Leben in seiner Entwicklung und Entfaltung voran. Freuds Darlegung seiner These ist prägnant und meisterhaft. Ich habe nicht die Absicht, seine Formulierung an dieser Stelle zu erörtern. Die Frage ist hier, ob diese Kräfte oder überhaupt irgendwelche Triebe jenseits des Lustprinzips wirken oder innerhalb.
Freud wurde durch zwei klinische Phänomene zu diesen Konzepten geführt (Freud, 1923, S. 269). Das erste war das Problem des Masochismus. Es schien, als gebe es bestimmte Menschen, die nicht gesundwerden wollten. Im Widerspruch zum Lustprinzip schienen diese Menschen schmerzliche Situationen zu suchen, von einem inneren Zwang beherrscht, am

Leiden festzuhalten und es immer wieder zu erleben. In der analytischen Therapie trat dies als »negative therapeutische Reaktion« zutage. Die analytische Erfahrung hatte das Wirken eines Prinzips offenbart, das diese Erscheinung zu erklären schien. Es ist der »Wiederholungszwang«, der nach Meinung eines Analytikers »so gebieterisch ist, daß selbst das Lustprinzip völlig außer acht gelassen wird.« Freud selber hatte gesagt, »die Behauptung des regressiven Charakters der Triebe ruht allerdings auch auf beobachtetem Material, nämlich auf den Tatsachen des Wiederholungszwanges« (Freud, 1920, S. 64).
Sehen wir uns diesen »Wiederholungszwang« einmal näher an, denn man kann seltsamerweise zeigen, daß er ein Aspekt des Wirkens des Lustprinzips ist. Wir wissen, daß alle Organismen den Wunsch haben, bestimmte Tätigkeiten zu wiederholen. Man denkt sofort ans Essen, Schlafen, an sexuelle Betätigung usw. Im großen und ganzen beruht die Wiederholung dieser Tätigkeiten auf bestimmten, immer wiederkehrenden Bedürfnissen, die im Organismus einen Spannungszustand erzeugen, solange sie unbefriedigt bleiben. Der daraus resultierende Trieb zielt darauf ab, diese Spannung zu lösen, und wir wissen, daß die Lösung dieser Spannungszustände als Lust empfunden wird, ob es sich nun um essen, schlafen, defäzieren oder sexuelle Entladung handelt (Fenichel, 1945, S. 542). Andere sich wiederholende Tätigkeiten werden vielleicht auch dann unternommen, wenn nicht unmittelbar Lust erwartet wird – wenn uns unser Realitätssinn sagt, daß sie uns in der Zukunft Lust verschaffen werden. Der Patient, der regelmäßig zur Analysesitzung kommt, handelt nach diesem Grundsatz. Aber man hat erkannt, daß das Realitätsprinzip eine Abwandlung des Lustprinzips ist und es nicht leugnet.
Gibt es einen Wiederholungszwang, der jenseits des Lustprinzips liegt? Freud bezieht sich auf zwei Arten von Beobachtungen, die für diesen Gedanken sprechen. Die erste ist der als »traumatische Neurose« bekannte Zustand, der gelegentlich nach einem mit Lebensgefahr verbundenen Unfall auftritt. Bei dieser Neurose »zeigt das Traumleben ... den Charakter, daß

es den Kranken immer wieder in die Situation seines Unfalles zurückführt, aus der er mit neuem Schrecken erwacht« (Freud, 1920, S. 10). Diese Träume scheinen »der wunscherfüllenden Tendenz des Traumes« zu widersprechen und können einen veranlassen, »der rätselhaften masochistischen Tendenzen des Ichs [zu] gedenken« (a. a. O. S. 11).

Es ist bekannt, wie Freud erklärt, daß die traumatische Neurose sich nicht entwickelt, wenn eine grobe körperliche Verletzung eingetreten ist. Freuds psychologische Erklärung ist zwar umständlich, aber richtig, denn die Überbesetzung des verletzten Organs gestattet eine Bindung der überschüssigen Erregung. Bioenergetisch ausgedrückt: Die mechanische Erschütterung und der mechanische Schock erzeugen eine gewisse Menge freier Energie, die an die Verletzung gebunden oder auf sie entladen wird. Diese freie Energie ist für den Heilungsvorgang notwendig. Wenn keine solche Abfuhr möglich ist, entwickelt sich ein hysterieähnliches Syndrom. Ich möchte das an einem Fall verdeutlichen. Eine junge Frau kam in die Therapie, weil sie sich nicht an einen Mann binden konnte, obwohl mehrere ansehnliche Männer sich um sie bemühten. Ihre Lebensgeschichte, wie sie sie erzählte, war bezeichnend. Vor einigen Jahren hatte sie einen jungen Mann geheiratet, den sie sehr liebte. Nach sechs Monaten dieses Glücks erlebte sie die Tragödie, mitanzusehen, wie ihr Mann bei einem Flugzeugabsturz ums Leben kam. Sie gab keinen Laut von sich, wandte sich nur ab und ging fort. Sie gab dem Gefühl niemals in Tränen freien Lauf. Sie trennte sich von ihren gemeinsamen Freunden und trat bald darauf in die Dienste der Armee ein. Als sie bei der zweiten Sitzung auf der Couch lag, konnte ich an ihrer Atmung hören, daß ihr »etwas im Hals steckte«. Durch Betasten stellte ich eine starke Verkrampfung der Kehlmuskulatur fest. Ein rascher Druck auf diese Muskeln rief einen Schreckensschrei hervor, worauf tiefes Weinen folgte. Der traumatische Vorfall kam ihr blitzartig in den Sinn. Während mehrerer darauffolgender Sitzungen rief ich die Schreie und das Weinen hervor. Sie durchlebte jedesmal wieder das entsetzliche Erlebnis. Dann war es vorbei. Ich setzte die Therapie noch eine Weile fort, und bald darauf verliebte sie sich in einen Mann und heiratete ihn.

Ich weiß nicht, ob diese Patientin ihr traumatisches Erlebnis in Träumen wiedererlebt hatte. Wir wissen aber, daß die Dynamik des Problems eine vollständige Entladung aller an dem Erlebnis beteiligten Affekte erfordert, und daß diese Entladung auf der bewußten Ebene erfolgen sollte. Man kann die Unfähigkeit der Patientin, sich zu verlieben, als Folge der Immobilisierung dieser großen Affekt- oder Libidomenge ansehen. Wir sollten jeden Traum, in dem ein Patient die traumatische Situation wiedererlebt, als einen Versuch deuten, eine Entladung des verdrängten Affekts zuwege zu bringen. Das muß mißlingen, weil das Bewußtsein nicht beteiligt ist. Wiederholte Träume sind wiederholte Versuche, die ebenfalls mißlingen. Dieses Mißlingen gibt der ganzen Bemühung ihr masochistisches Gepräge. Das masochistische Element rührt von einer zugrundeliegenden Charakterstörung her, die ihrerseits für eine analytische Therapie zugänglich ist. Das klinische Bild widerspricht jedoch keineswegs dem Lustprinzip, denn der Organismus ist bestrebt, eine innere Spannung zu lösen, d. h. Unlust oder Schmerz zu vermeiden.

Die andere klinische Beobachtung des Wiederholungszwangs beruht auf dem Übertragungsphänomen bei Neurotikern. Auch ich erlebe täglich auf seiten der Patienten die Tendenz, »alle diese unerwünschten Anlässe und schmerzlichen Affekte ... in der Übertragung [zu wiederholen] und mit großem Geschick neu zu beleben« (Freud, 1920, S. 19). Das gilt besonders für die Analyse des masochistischen Charakters. Wenn das Problem auch schwierig ist, so gibt es doch eine Lösung. Reichs Erklärung der psychischen Aspekte des Masochismusproblems ist eines der glänzendsten Kapitel in der Geschichte der Psychoanalyse. Meine eigenen Bemerkungen zu diesem Thema werden, so hoffe ich, weiteren Einblick in das Problem geben. Ich bin sicher, daß auch andere Analytiker wirksame Methoden gefunden haben, dieses Problem zu handhaben. Schwierigkeiten in der analytischen Therapie dürfen uns nicht dazu verleiten, von inhärenten Behandlungsunmöglichkeiten zu sprechen. Wenn wir nicht aus den Augen verlieren, daß zu jeder analytischen Therapie auch eine Umerziehung gehört, ist schon viel gewonnen. Der Mensch, der im übertragenen Sinn und buchstäblich vorher nicht fest auf den eigenen Füßen stehen konnte, wird bei den ersten Versuchen feststellen, daß sie ihn nur unsicher tragen.

Ich habe einige Zeit mit dem Wiederholungszwang zugebracht, gerade weil er ein Teil des Lustprinzips ist. Ein weiteres Beispiel wird dies veranschaulichen. Ich möchte Freuds Bemerkung über ein Mädchen benützen, das beim Zahnarzt gezwungen wurde, den Mund aufzumachen. Zu Hause versuchte es, Zahnarzt zu spielen und an einem jüngeren Kind dasselbe Erlebnis zu wiederholen. Dieses Spiel zeigt eine eigenartige, völlig unbewußte Tendenz, gezwungen zu sein, aktiv zu wiederholen, was man passiv erlebt hat. Kinder spielen fortwährend solche Spiele, und es ist Freuds Verdienst, auf das diesen Tätigkeiten Zugrundeliegende hingewiesen zu haben. Auch ich sehe sie als einen Zwang an, die traumatischen Erlebnisse ihres jungen Lebens abzureagieren. Aber gerade dies liegt im Sinn des Lustprinzips, das durch die Forderungen der Realität abgewandelt worden ist. Ich möchte dies mit einer Analogie veranschaulichen.

Wenn wir die Oberfläche eines Gummiballs oder eines aufgeblasenen Luftballons eindrücken, nimmt er seine ursprüngliche Form wieder an, sobald der Druck aufhört. Indem die Oberfläche des Balls oder Ballons ihre ursprüngliche Form wiedergewinnt, wiederholt sie in umgekehrter Richtung genau die gleiche Bewegung, die sie gemacht hat, als sie dem Druck zuerst ausgesetzt wurde. Ich zögere nicht zu sagen, daß der Wiederholungszwang den gleichen Energiegesetzen folgt wie der Ball oder Ballon. Der lebende Organismus und der aufgeblasene Luftballon gehorchen Gesetzen, die sich aus dem Umstand herleiten, daß die Oberflächenspannung durch einen inneren Druck oder eine innere Energieladung aufrechterhalten wird. Das traumatische Erlebnis ist für das Kind eine Ich-Kränkung, die dem Eindrücken der Oberfläche des Luftballons vergleichbar ist. Wenn der Druck wieder aufhört, versucht das Ich, das Erlebnis durch eine aktive Bewegung abzureagieren, die in umgekehrter Richtung die ursprüngliche Reaktion wiederholt. Ferner liegt es, wenn das Kind nicht aktiv auf ein solches traumatisches Erlebnis reagiert, daran, daß das Energiesystem des Kindes nicht genug Druck nach außen ausübt. Das Ich ist partiell zusammengebrochen, und die Situation ist ähnlich wie die Oberflächenspannung bei einem nur halb aufgeblasenen Luftballon.

Auf psychischer Ebene können wir von dem Trieb sprechen, bedrohliche Situationen zu bewältigen. Die Identifizierung mit dem aktiven Vorgang befähigt das Kind, das Gesamterlebnis in sein Bewußtsein zu integrieren. Es ist nicht masochistisch, wenn jemand, der vom Pferd gefallen ist, sofort wieder aufsteigt, um seine Furcht zu überwinden. Wie immer man Verhaltensweisen psychologisch interpretieren mag, ihre Grundmuster werden durch fundamentale Energieprozesse bestimmt.

Freud und Reich sind übereinstimmend der Ansicht, daß das Lustprinzip bioenergetische Grundgesetze überträgt. Freud brachte, wie wir wissen, »Lust und Unlust mit der Quantität der im Seelenleben vorhandenen – und nicht irgendwie gebundenen – Erregung in Beziehung ... solcher Art, daß Unlust einer Steigerung, Lust einer Verringerung dieser Quantität entspricht« (Freud, 1920, S. 4). Reich setzt Lust und Unlust mit der Bewegung von Energie im Organismus gleich. Die Bewegung zur Peripherie verringert den inneren Druck, steigert die Oberflächenspannung und erleichtert die Abfuhr in die Außenwelt. Die Bewegung nach innen hat die entgegengesetzte Wirkung. Wir werden so zu dem Problem der Energieabfuhr beim lebenden Organismus geführt, die eine Funktion seiner Beziehung zur Außenwelt ist.

Das bloße Dasein eines lebenden Organismus schafft den ersten Gegensatz in der Dynamik seiner Energieprozesse

– zwischen dem Individuum und der Außenwelt. Es macht wenig aus, daß der Organismus seiner Individualität nicht gewahr ist. Denn abgesehen von der Tatsache seiner Abhängigkeit von der Außenwelt ist jeder lebende Organismus auch eine unabhängige Einheit. Aus dieser Beziehung zwischen Abhängigkeit und Unabhängigkeit ersteht der grundlegende innere Gegensatz: zur Welt – zum Selbst (Zentrum). In bezug auf die Libido kann man dies als Objektlibido kontra narzißtische Libido ausdrücken. Diese Formulierung ist jedoch psychologisch. Wir können den entsprechenden somatischen Vorgang am deutlichsten bei der Amöbe beobachten. Freud selber verglich das Aussenden und Zurückziehen eines seelischen Interesses mit dem Hinausschieben und Wiedereinziehen eines Scheinfußes bei Einzellern. Wenn wir fragen, was bei der Amöbe eine Bewegung nach außen verursacht, müssen wir erwidern, daß sie auf einen Reiz der Umwelt antwortet. Aber dieser Reiz bestimmt nur die Bewegungsrichtung, nicht ihre Triebkraft. Diese muß von einem Aufbau von Spannung im Organismus herkommen. Spannung als physikalischer Begriff bezeichnet einen Zustand der Streckung oder Anspannung im Verhältnis zu einer angewandten Kraft. Bei einem einzelligen Tier können wir uns dies als Folge eines inneren Drucks vorstellen, der auf eine elastische begrenzende Membran ausgeübt wird. Menschen erleben Spannungen auf ähnliche Weise. In manchen Fällen kann sie so schlimm werden, daß sie ein Gefühl des Platzens oder Berstens erzeugt.

Alle Spannung ist im wesentlichen ein Oberflächenphänomen. Die Oberflächenspannung kann infolge einer Zusammenziehung der elastischen Oberflächenmembran oder durch eine Zunahme der inneren Kraft oder Ladung größer werden. Die Spannung könnte dadurch abnehmen, daß die innere Kraft sich verringert, oder durch eine Ausdehnung der begrenzenden Membran. Es ist ein Merkmal des lebenden Organismus, daß er sich einer vermehrten inneren Ladung durch Erweiterung der Oberflächenmembran anpassen kann. Das ist stillschweigend im Begriff des Wachstums mitenthalten. Expansion im Gegen-

satz zur Streckung verringert die Oberflächenspannung. Aber dieser Mechanismus ist, wie wir sehen werden, nur in engen Grenzen funktionell wirksam.
Eine Manifestation des Unterschieds zwischen der lebendigen und der nichtlebendigen elastischen Membran sieht man in der Erscheinung der Farbe. Wenn ein farbiger Luftballon aufgeblasen wird, nimmt die Farbe der Oberfläche auf Grund der Dispersion der Farbpartikel ab. Die lebendige Membran, wie z. B. die Haut, zeigt mit der Expansion eine Zunahme der Färbung. Bei lustvoller Erweiterung rötet sich die Haut, da sich die Blutgefäße erweitern. Bei Angst treten Blässe und eine Kontraktion der Blutgefäße ein. Die einfache Erklärung ist, daß die nichtlebendige Membran sich auf passive, mechanische Weise ausdehnt. Die Erweiterung der lebendigen Membran ist ein aktiver Vorgang, die Folge der Bewegung energiegeladener Körperflüssigkeiten an die Körperoberfläche und einer gesteigerten Ladung der Oberfläche. Wir können also sagen, daß die Erweiterung der lebendigen Membran einer verringerten Oberflächenspannung und einer gesteigerten Ladung der Oberfläche entspricht, eine Kontraktion hingegen gesteigerter Oberflächenspannung und verminderter Ladung der Oberfläche.
Reichs Beschreibung dieser Phänomene ist zitierenswert: »Das Erblassen beim Schrecken, das Kältezittern beim Angstzustand ... entsprechen einer Flucht der Besetzungen von der Körperperipherie ins Körperinnere, bedingt durch Kontraktion der peripheren Gefäße und Erweiterung des zentralen Gefäßsystems (*Angst* durch Stauung). Der Turgor der peripheren Hautgewebe, die Rötung der Haut und das Wärmegefühl bei sexueller Erregung sind das gerade Gegenteil davon und entsprechen einer sowohl physiologischen wie psychischen Strömung der Energiebesetzungen in der Richtung Zentrum ⟶ Körperperipherie ⟶ Welt.« (Reich, ²1970, S. 328). Was geschieht, wenn die innere Spannung einen Grad erreicht, der die Dehnbarkeitsgrenze der Membran überschreitet? Die Spannung kann dann nur durch die Verringerung der Substanz

und die Entladung der inneren Kraft oder Energie herabgesetzt werden. Beim einzelligen Organismus wird dies durch den Vorgang der Zellteilung erreicht. Bei den Metazoen wird dieser Prozeß in die Funktionen der Sexualität und der Fortpflanzung aufgespalten.

Wir können jetzt zwei Aspekte des Mechanismus unterscheiden, durch den Spannung verringert wird. Bei dem einen ruft die Bewegung von Energie zur Peripherie eine Weitung der Oberflächenmembran hervor, beim andern werden Substanz und Energie in die Außenwelt entladen. Beide Vorgänge sind lustvoll, der Grad der Lust hängt von Menge und Gefälle der Spannungsverminderung ab. Von den beiden ist das letztere bei weitem wichtiger. Wir wollen es uns näher ansehen.

Energie und Substanz werden überwiegend durch die Nahrungsaufnahme und durch die Einatmung von Sauerstoff in den Organismus eingeführt. Das erhöht natürlich die innere Spannung, die dann durch die Ausdehnung der Oberflächenmembran (wozu die Expansion des Gesamtorganismus im Wachstum als Teil desselben Mechanismus gehört) oder durch die Entladung von Energie und Substanz in die Außenwelt gelockert werden kann. Das kann die Form von Arbeit annehmen, wobei lediglich Energie abgeführt wird, oder die Form von Sexualität und Fortpflanzung mit ihrer Entladung von Substanz und Energie.

Freud hatte als erste Gruppe von gegensätzlichen Trieben Hunger und Liebe genannt. Sein späterer Kommentar ist interessant: »In der vollen Ratlosigkeit der Anfänge gab mir der Satz des Dichterphilosophen Schiller den ersten Anhalt, daß ›Hunger und Liebe‹ das Getriebe der Welt zusammenhalten. Der Hunger konnte als Vertreter jener Triebe gelten, die das Einzelwesen erhalten wollen, die Liebe strebt nach Objekten; ihre Hauptfunktion, von der Natur in jeder Weise begünstigt, ist die Erhaltung der Art.« (Freud, 1948, S. 476)*

* »So traten zuerst Ichtriebe und Objekttriebe einander gegenüber. Für die Energie der letzteren, und ausschließlich für sie, führte ich den Namen Libido

Der Gegensatz zwischen Hunger und Liebe verdient in bezug auf seine Energiedynamik weitere Beachtung.

Die Befriedigung des Hungers als Bedürfnis ist wie die des sexuellen Bedürfnisses lustvoll, aber die eine hat ein Hineinfließen und die andere ein Hinausfließen von Substanz zur Folge. Beide haben folgendes gemeinsam: Die Befriedigung des Bedürfnisses erfordert in jedem Fall eine Bewegung in Richtung auf die Außenwelt und einen Kontakt mit ihr. Aber das eine wird bestimmt durch ein Gefühl des Mangels (Hunger), und das andere durch ein Gefühl des Überschusses (Sexualität). Das große Problem ist, wie eine Bewegung nach außen, die ihre Triebkraft von einer zentralen Spannung bekommen muß, von einem Gefühl des Mangels ausgehen kann. Reichs Analyse dieses Problems ist brillant. Lassen Sie mich zitieren:

»Der primitive Organismus etwa eines Einzellers [muß] sich zentral entleeren und peripher mit Plasma überfüllen, das heißt spannen, wenn er etwa ein Nahrungskörnchen sich einverleiben, das heißt, einen Unterdruck im Inneren beseitigen will. In unserer Sprache ausgedrückt: er muß mit Hilfe eines libidinösen Mechanismus sich der Außenwelt nähern, um seinen ›Unterdruck‹, gleich Hunger, zu beseitigen. ... Immer steht also die Sexualenergie im Dienste der Nahrungsbefriedigung, während umgekehrt die der Nahrungsaufnahme diejenigen Stoffe zuführt, die schließlich durch einen physiochemischen Prozeß zu libidinösen Spannungen führen. Ist die Nahrungsaufnahme die Grundlage der Existenz und der libidinösen Funktionen, so sind diese Grundlagen der produktiven Leistungen, wie etwa der ursprünglichsten, der Bewegung.« (Reich, ²1970, S. 325) Um es einfach zu sagen: Man braucht Nahrung, um eine Bewegung ausführen zu können, und Bewegung, um sich Nahrung zu verschaffen. Wenn wir eine Energiephase einschalten, heißt es: Energie wird gebraucht,

ein; somit lief der Gegensatz zwischen den Ichtrieben und den aufs Objekt gerichteten ›libidinösen‹ Trieben der Liebe im weitesten Sinne.« (a. a. O.)

um die Bewegung zu erzeugen, mit der man sich Nahrung verschafft, die wiederum die freie Energie für weitere Bewegung liefert. Kann die Beziehung zwischen freier Energie und Libido deutlicher demonstriert werden als in dieser Formulierung?

Bei den Protozoen ist der Unterschied zwischen Hunger und Sexualität stark herabgesetzt. Die Verschmelzung von zwei Protisten und das Verschlingen von Nahrungspartikeln sind sehr ähnliche Vorgänge. Man sieht das Ineinandergreifen von Hunger und libidinösem Bedürfnis auch beim Trinken an der Brust. Libidinöse Lust und Nahrungsaufnahme sind für den Säugling ein einheitliches Erlebnis. Wenn man die wechselseitige Abhängigkeit dieser Grundfunktionen aus den Augen verliert, kann man dem Trugschluß verfallen, der Säugling sei beim Stillakt normalerweise passiv. Während der Hunger den libidinösen Mechanismus verwendet, um in die Welt hinein auszugreifen, braucht der Eros das motorische System des Hungertriebes, um zur Befriedigung zu gelangen.

Das Lustprinzip steht an der Schwelle des Lebens. Jenseits erstrecken sich die weiten Räume der unbelebten Natur, die in ihren unendlichen Erscheinungen das Wirken derselben Gesetze zeigt, wie sie im Bereich des Lebendigen herrschen: von Gesetzen, die aus den Bereichen der Chemie und der Physik stammen. Mit der Entstehung der Bewußtseinsfähigkeit in der Evolution lebender Organismen beginnt das Leben, wie wir es kennen. Dies ist ein Schritt vorwärts in der Organisation des Verhaltens, denn es bedeutet, daß der Organismus bei der Wahl von Tätigkeiten und Reaktionen, die als grundlegendes Ziel das Streben nach Lust und die Vermeidung von Unlust haben, ein gewisses bewußtes Gewahrsein einsetzt. Aber wir können nicht fortfahren, ohne anzumerken, daß wir das zentrale Geheimnis dieser Erörterung unberührt lassen – die Natur der Lust selbst. Wir werden auch feststellen, daß das Bewußtsein selbst nicht weniger ein Geheimnis ist, obwohl wir einige Aspekte seines Wesens erklären können.

4 Das Realitätsprinzip

Wenn wir zunächst mit der Auffassung beginnen, daß das Lustprinzip eng mit dem Lebensprinzip verbunden ist, folgt daraus, daß der Lebensprozeß nicht im Widerspruch zu ihm stehen kann. Aber wir denken auch sofort an das Realitätsprinzip, das dem Lustprinzip entgegengesetzt ist. Seltsamerweise wird das Realitätsprinzip, das in jeder analytischen Therapie so wichtig ist, nur oberflächlich verstanden. Reich, der die bioenergetische Grundlage des Lustprinzips so glänzend analysiert hat, tut im Hinblick auf die Realitätsfunktionen wenig mehr, als sie zu erwähnen. In dieser Hinsicht ist die Realitätsfunktion etwa in der gleichen Lage wie das Ich – das auf energetischer Basis auch nur schlecht begrifflich geklärt ist. Wir werden sehen, daß wir es mit zwei Aspekten ein und derselben Funktion zu tun haben, und die Erklärung der einen wird zum Verstehen der anderen führen. Denn genau wie das Lustprinzip der *modus operandi* des Es ist, so ist das Realitätsprinzip die Arbeitsweise des Ichs.

Fenichel (1945, S. 35) sagt dies deutlich: »Der Ursprung des Ichs und der Ursprung des Realitätssinns sind nur zwei Aspekte eines Entwicklungsschritts. Dies wohnt der Definition des Ichs als jenes Teils der Seele inne, der die Realität handhabt.«

Das Realitätsprinzip fordert in jenem Aspekt, in dem es dem Lustprinzip entgegengesetzt ist, die Annahme eines Spannungszustands und das Aufschieben der Lust gemäß den Forderungen einer äußeren Situation. Zum Ausgleich verspricht das Realitätsprinzip, ein solches Handeln werde zu größerer Lust oder der Vermeidung eines größeren Schmerzes in der Zukunft führen. Das Wesen dieser Funktion ist das Einschieben einer Zeitspanne zwischen den Impuls und seinen

Ausdruck im offenkundigen Handeln. Während dieser Zeitspanne wird ein Zustand der Spannung geschaffen und aufrechterhalten, bis der geeignete Augenblick für die Abfuhr gekommen ist. Wenn wir nun fragen, wie sich diese Toleranz gegenüber der Spannung entwickelt, welches ihr Mechanismus ist und warum sie entsteht, begegnen wir einiger Verwirrung. Die Antwort – die Realität erfordere ein solches Verhalten – sagt uns gar nichts. Die niederen Formen des Lebens haben keine solche Fähigkeit, obwohl sie in derselben Welt leben wie wir.

Wir wissen alle, daß das infantile Ich nicht viel Spannung ertragen kann. Die Frustrierung eines Bedürfnisses führt rasch zu einer motorischen Entladung, hauptsächlich in Form von Weinen. Entwickelt sich die Toleranz gegenüber Spannung infolge der Beherrschung der Motorik? Fenichel (1945, S. 42) ist dieser Ansicht: »Gehen und Beherrschung der Schließmuskeln bilden die Grundlage der Unabhängigkeit des Kindes; diese Fähigkeiten helfen, das Realitätsprinzip zu entwickeln und die rezeptive Abhängigkeit und die Notwendigkeit unmittelbarer Entladung zu überwinden.«

Diese Aussage ist nur zum Teil richtig. Die klinische Erfahrung hat gezeigt, daß sich dort, wo die Beherrschung der Schließmuskeln in zu frühem Alter erworben wird, neurotische Züge entwickeln, die folgerichtig die Realitätsfunktion beeinträchtigen. Dasselbe kann man vom Laufen sagen. Das Kind, das zu früh stehen und gehen lernt, trägt vielleicht am Ende einen Mangel an Sicherheit in den Organen des Stützapparats und der Fortbewegung davon. In der Analyse hat sich erwiesen, daß Menschen mit ausgeprägten Zügen oraler Abhängigkeit und Unreife oft eine Vorgeschichte früher intellektueller und emotionaler Entwicklung haben. Das frühreife Kind ist typisch für dieses Problem. Das Kind, das sich zu früh der Realität der Erwachsenen anpaßt, erleidet auf lange Sicht einen Verlust. Eine voll ausgekostete Baby- und Kinderzeit ist die beste Garantie für ein starkes Ich und eine gute Realitätsfunktion.

Wir sind ständig in Gefahr, aus den Augen zu verlieren, daß das Realitätsprinzip mit dem Lustprinzip funktionell identisch ist, selbst wenn es ihm in seiner Oberflächenansicht entgegengesetzt ist. Wir müssen daher wissen, wie sich das Realitätsprinzip auf bioenergetischer Basis aus dem Lustprinzip entwickelt.
Wir wissen, daß die grundlegende bioenergetische Funktion, die zur Entstehung des Lustprinzips als einer Determinante psychischer Funktion geführt hat, die Bewegung von Energie vom Zentrum zur Peripherie und wieder zurück war. Das Strömen von Energie in der Richtung vom Zentrum zur Peripherie verringert die Spannung, ob es nun mit Entladung von Substanz verbunden ist oder nicht, und es wird als Lust empfunden. Die Energiebewegung in der Gegenrichtung (von der Peripherie zum Zentrum) erhöht die Spannung und wird gleichgesetzt mit Unlust, die nicht wahrgenommen wird. Dies ist nicht dasselbe wie Angst, die sich nur entwickelt, wo die Energie eines Impulses nicht entladen wird.
Dieses Grundmuster der Funktion kennzeichnet die Energiedynamik der einfachsten einzelligen Tiere, wie z. B. der Amöbe. Bei der Amöbe kann das Ausstrecken eines Pseudopodiums in jeder Richtung erfolgen, und Flüssigkeit und Substanz können durch jeden Teil der Oberflächenmembran austreten und eindringen. Da Ladung und Entladung an allen Punkten der Oberflächenmembran stattfinden können, die mehr oder weniger gleich weit vom Zentrum entfernt sind, können wir von der Amöbe sagen, sie habe einen Grad von Bewegung. Anders ausgedrückt: Alle Bewegungen haben, ohne Rücksicht auf die Richtung, dieselbe Bedeutung. In diesem Stadium sind auch Sexualität und Hunger eng verwandt; die innere Spannung wird durch den einen Grundmechanismus der Zellteilung aufgehoben. Dieses einfache Lebewesen zeigt keine Differenzierung der Oberfläche, und nicht einmal eine elementare Spezialisierung für Ladung oder Entladung, Sexualität oder Hunger. Von der Amöbe kann man sagen, sie funktioniere rein nach dem Lustprinzip.
Die Amöbe zeigt nur wenig Polarität in ihrer Körperorganisa-

tion oder in ihrer Bewegung.* Bei manchen Protozoen und allen Metazoen ist eine eindeutige Polarität offenkundig. Im Lauf der Evolution haben sich ein Kopfende und ein Schwanzende auf solche Weise differenziert, daß sich das Kopfende an der Vorderseite der Bewegungsrichtung entwickelt hat. Diese neue Entwicklung sieht man am besten am Wurm. Anstatt daß sich die Impulse in jeder beliebigen Richtung vom Zentrum zur Peripherie bewegen, orientieren sie sich nun entlang einer längs verlaufenden Linie von einem Ende zum anderen, die durch das Zentrum geht. Diese Polarität stammt von der fundamentalen Orientierung vom Zentrum zur Peripherie her; sie entwickelt sich infolge des Vorherrschens bestimmter Tendenzen, die auch in der früheren Phase, wenn auch latent, schon vorhanden waren. Den Faktor, der am stärksten für die Polarität verantwortlich ist, kann man als die gegen die Schwerkraft gerichtete Tendenz der Lebenskraft bezeichnen. Der Wurm ist ein gutes Beispiel für diese Phase der Evolution. Alle höheren Tiere zeigen seine Grundstruktur: eine Längsorientierung und eine metamere Anordnung, d. h. gleichartige Körperabschnitte hintereinander. Beim Wurm geht die Bewegung hauptsächlich in eine Richtung: vorwärts. Der Kopf ist insofern differenziert, als er die Region ist, wo die Aufnahme von Substanz stattfindet, während das Schwanzende nur die Funktion der Entladung hat. Die Differenzierung der beiden Enden ist nicht sehr groß, wie ein Blick auf jeden beliebigen Wurm lehrt, aber man kann sie unterscheiden. Hunger und Sexualität sind im Vergleich zu der Lage bei der Amöbe deutlich unterscheidbare Funktionen. Wir können sagen, der Wurm habe zwei mögliche Grade der Bewegung. Zusätzlich zu der Pulsation zwischen Kern und Peripherie, die im Wurm ebenso wie in der Amöbe stattfindet, gibt es die überlagernde Pulsation zwischen Kopf- und Schwanzende.

* Bei der Beschreibung des Wurms sagen N. R. F. Maier und T. C. Schneirla etwas darüber aus, daß er ein »permanent ausgebildetes anterioposteriores Gefälle in der Sensibilität, der Leistung und der Aktivität« zeige. (Maier/Schneirla, 1935, S. 62).

Obwohl der Wurm im Vergleich zur Amöbe weiter entwickelt ist, ist seine Realitätsfunktion höchst elementar. Der Wurm beherrscht in gewissem Maß die Schließmuskeln an beiden Enden, aber er kann kaum die Objekte unterscheiden, die ihm begegnen, während er sich vorwärtsbewegt. Der Wurm frißt sich buchstäblich seinen Weg durch den Boden. Trotzdem besitzt er in seiner Orientierung und seiner Struktur die Elemente, aus denen sich die Realitätsfunktion der höheren Tiere, einschließlich des Menschen, entwickelt.

Die Evolution scheint durch einen Prozeß der Verdichtung und Differenzierung voranzugehen. Das Kopfende des höheren Lebewesens ist das Ergebnis der Verschmelzung mehrerer metamerer Segmente miteinander. Außerdem funktioniert die Energieökonomie der höher entwickelten Tiere auf einem höheren Niveau der Ladung und Entladung. Die strukturelle Differenzierung ist stark gesteigert und weiter entwickelt. Die Schritte dieser Entwicklung lassen sich schematisch darstellen (Abb. 7). Das erste Stadium (A) ist das der Amöbe, das gar kein Anzeichen irgendeiner Funktion gemäß dem Realitätsprinzip zeigt. Wir stellen diesen Funktionstypus durch einen Kreis dar.

Das zweite Stadium (B) wird am Beispiel des Wurms veranschaulicht. Evolution durch Wachstum, Entwicklung und Spezialisierung hat folgende Verbesserungen gebracht: eine ausgeprägte Polarität der Körperorganisation, die Entwicklung eines Muskelsystems, um die Bewegung zu erleichtern, und ein Nervensystem, um die Tätigkeiten der verschiedenen Muskeln zu koordinieren. Die schematische Darstellung dieser Veränderungen umfaßt eine Verlängerung des Körpers, seine Polarität und sein Muskelsystem.

Im dritten Stadium (C), dessen höchste Entwicklung der Mensch ist, finden wir eine stärkere Verdichtung und eine höhere Differenzierung. Die Polarität hat stark zugenommen und hat, zusätzlich zur aufrechten Stellung, eine Spezialisierung und Differenzierung der Gliedmaßen zur Folge gehabt.

Wenn wir die Struktur und die Energiedynamik des menschlichen Organismus studieren, stellen wir fest, daß diese Prozesse bis zu ihrem höchsten Entwicklungsgrad fortgeschritten sind. Das Körperschema zeigt drei Hauptsegmente, Kopf, Brustkorb und Becken, und zwei Einschnürungen, den Hals und die Taille. Diese Einschnürungen dienen als Drehpunkt, um die herum ein gewisses Maß von Drehbewegung stattfinden kann. Dies fügt einen dritten Grad von Bewegung hinzu – die Drehung um die Längsachse. Die eingezogenen Segmente sind Durchgangszonen, die nach bekannten hämodynamischen Gesetzen das Strömen der Körperflüssigkeiten beschleunigen. Krankhafterweise können sie zu den Bereichen werden, wo eine Blockierung oder Verminderung des Energieflusses am

Abb. 7

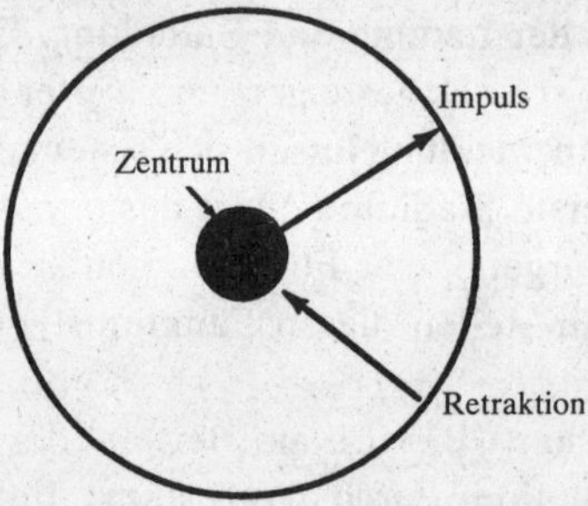

Spannung wird entladen durch die Ausdehnung der Oberflächenmembran, wie z. B. beim Ausstrecken eines Scheinfußes bei Einzellern, oder durch die Entladung von Substanz bei der Zellteilung. Es steht kein Mittel zur Verfügung, um die Impulse zu hemmen.

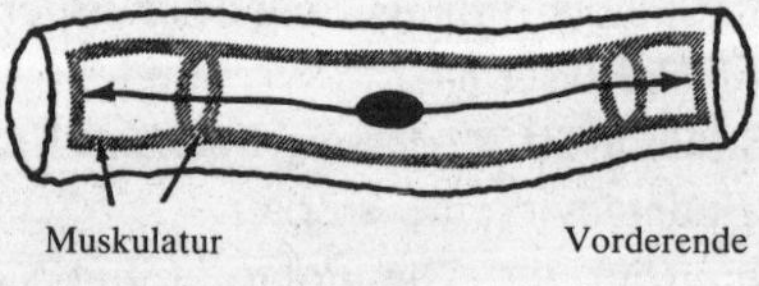

Die Impulse sind entlang der Längsachse orientiert, obwohl der metamere Bewegungstypus auch segmentale Impulse der Ausdehnung und Zusammenziehung erfordert.

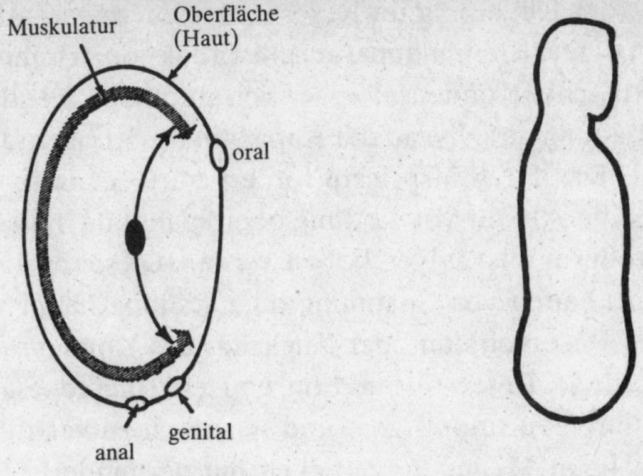

Links: Die Muskulatur ist nun mehr am Rücken entlang konzentriert. Die Impulse sind stark längsorientiert, obwohl eine gewisse Entladung in den weiblichen Brustorganen stattfindet. Die Aufnahme ist dem oberen Ende vorbehalten, die Ausstoßung dem unteren Ende. *Rechts:* Verdichtung hat die metamere Anordnung, d. h. gleichartige Körperabschnitte hintereinander, auf drei Segmente, Kopf, Brustkorb und Bauch, reduziert. Diese werden durch zwei Einschnürungen, Hals und Taille, voneinander getrennt.

leichtesten eintreten kann. Im Gegensatz zu diesen Verengungen sind die beiden Endsegmente Erweiterungen, die als Reservoire oder Seen dienen, wo vor der Entladung durch die natürlichen Öffnungen in diesen Segmenten eine Verlangsamung und Ansammlung der Energie stattfindet.

Sehen wir uns diese beiden Segmente eingehender an. Das größere Becken umfaßt den Bauch an der Vorderseite, das Gesäß und die Ausscheidungsorgane. Zu diesen gehört der Harnapparat mit seiner Öffnung durch die Harnröhre, das exkretorische Ende der Darmröhre mit seiner Öffnung am After und der Genitalapparat. Wir können auch noch die unteren Anhängsel, die Beine, hinzufügen, die als wichtigste Bewegungsorgane des Gesamtorganismus Organe der Energieabfuhr sind.

In der Funktion des Genitalapparates wird das Wesen des Realitätsprinzips am deutlichsten demonstriert. Die Intensität der genitalen Entladung muß davon abhängig sein, wieviel

Energie vor der Entladung im Reservoirsystem angesammelt werden kann. Der Genitalapparat selbst funktioniert ähnlich wie ein elektrischer Kondensator, der sich automatisch entlädt, sobald die Ladung das Niveau der Kapazität des Kondensators erreicht hat. Das Realitätsprinzip fordert im Gegensatz zum Lustprinzip, die Abfuhr von Ladung oder Spannung müsse im Interesse größerer Lust aufgeschoben werden. Dieses psysiologische Zurückhalten von Spannung oder Ladung hängt vom Umfang des Reservoirs und der Kapazität des Kondensators ab. Eine geringe Reservoirfunktion und eine herabgesetzte Kapazität führen zu Impulsivität und spezifisch zu verfrühter Ejakulation beim Mann. Vorzeitigkeit hat verminderte Lust zur Folge.

Störungen der Genitalfunktion, wie man sie klinisch zu sehen bekommt, sind am besten gemäß dem oben dargestellten Konzept zu verstehen. Verfrühte Ejakulation, die ein weitverbreitetes Problem von Männern ist, hängt in allen Fällen mit Verspannungen und Verkrampfungen der Gewebe und Muskeln in diesem Bereich zusammen, die die Kapazität des Reservoirs und des Kondensators herabsetzen. Eine Besserung dieses Zustands hängt von der Beseitigung oder Verminderung dieser chronischen Verspannungen ab, ob nun auf psychologische Weise oder durch Einwirkungen im somatischen Bereich. Wir können verstehen, warum die vorzeitige Ejakulation häufig nicht eintritt, wenn ein zweiter Geschlechtsakt auf den ersten folgt. Die erste Entladung setzt das Energieniveau herab, während sie zugleich einen Teil der Spannung abbaut. Der darauffolgende Wiederanstieg ist langsamer, wodurch die Vorzeitigkeit überwunden wird, aber die verminderte Ladung kann zu einer weniger starken Entladung und zu geringerer Lust führen. Beim Masochismus, wo eine Furcht vor genitaler Ladung besteht, wird die Energie im Bauch festgehalten, der schon zusammengezogen ist. Das Genitalsystem wird also nur schwach geladen, während das Reservoir mit großer Angst zum Bersten voll ist. Nicht selten zeigt sich hier auch erektive Impotenz.

Der Genitalapparat als Kondensatorsystem bestimmt die Geschwindigkeit der Entladung, nicht aber ihre Intensität. Große Lust beim Geschlechtsakt hängt von der Ladungsmenge ab, die im Bauch oder im Becken gehalten wird. Aus diesem Reservoir wird dem Genitalapparat langsam Energie zugeführt. Auf dem Höhepunkt des Orgasmus findet Entladung als eine Reihe von Pulsationen – mit ejakulatorischen Spritzern beim Mann – und rhythmischen unwillkürlichen Beckenbewegungen statt. In diesem Augenblick fließt Energie ungehemmt vom Reservoir in den Kondensator und ruft eine Reihe von Ladungen und Entladungen hervor. Ohne die Hilfe der Reservoirfunktion würde der Orgasmus als eine einzige, nicht rhythmisierte Entladung ablaufen. Unter einem anderen Blickwinkel können wir sagen, daß die Fähigkeit, den Sexualimpuls zu beherrschen, hauptsächlich davon abhängt, wieviel Energie in den Geweben des Beckens festgehalten werden kann, ohne daß der Genitalapparat überladen wird. Die Genitalien selbst liefern keinen natürlichen Mechanismus für die Hemmung des Impulses.

Was wir bisher beschrieben haben, ist der Geschlechtsakt im Säugetierreich. Der Mensch ist kraft seiner aufrechten Stellung fähig zu weiteren Entwicklungen seiner sexuellen Potenz. Die höher entwickelten Oberschenkelmuskeln beim Menschen, die in höherem Maß der Stützfunktion dienen als bei anderen Säugetieren, können dem Menschen eine Herrschaft über die Sexualbewegungen geben, die bei den Vierbeinern unmöglich ist. Seine Fähigkeit, das Becken gesteuert zu bewegen (sanft in der ersten Phase des Aktes und später mit zunehmender Stoßkraft), gestattet es der Energie, sich zu höheren Gipfeln aufzubauen, als es möglich wäre, wenn der ganze Akt unwillkürlich abliefe. Entsprechend verringert jede chronische Verkrampfung dieser Muskeln die Steuerungsmöglichkeit und begünstigt die verfrühte Ejakulation. Die Steuerung kann aber auch auf eine neurotische Weise so sehr ausgeweitet werden, daß alle Spontaneität beim Geschlechtsverkehr verloren geht. Betrachten wir das Problem im Fall der Ausscheidungsfunktionen. Die Häufigkeit des Wasserlassens ist nicht vom Schließmuskel der Harnröhre abhängig, sondern vom Fassungsvermögen der Blase. Der Schließmuskel kann bestenfalls den Augenblick der Entladung regulieren. Das erlaubt es uns, die Ausscheidung so lange zu beherrschen, bis die geeigneten Einrichtungen zur Verfügung stehen. Aber welchen Wert hätte diese Beherrschung des Schließmuskels ohne das vergrößerte Fassungsvermögen der Blase, das für den ausgewachsenen Organismus charakteristisch ist? Der Schließmuskel der Harnröhre hat eine vom Fassungsvermögen der Blase abgeleitete Funktion, und er ist in bezug auf die Realitätsfunktion weniger wichtig als die Harnblase selbst. Die Funktion der Defäkation beim Kleinkind zeigt die gleichen Prinzipien. In der ersten Zeit hat der Säugling häufigen und flüssigen Stuhlgang. Lange bevor von Beherrschung des Afterschließmuskels die Rede sein kann, zeigt der Stuhlgang die Tendenz, seltener und regelmäßiger zu werden. Diese Fähigkeit, Impulse zu halten und zu ordnen, entwickelt sich als Teil des natürlichen Wachstums des Individuums. Sie hängt mit der Entwicklung jener Organe und Strukturen zusammen, die in Bauch und Becken liegen – nämlich Dickdarm und Mastdarm, Harnblase und die Organe der Fortpflanzung und der genitalen Entladung.

Die medizinische Pathologie weist Fälle auf, in denen diese Reservoirfunktion stark gestört ist. Ich denke dabei an die Zustände der chronischen Colitis ulcerosa und der chronischen spastischen Colitis. Dies sind Krankheiten, bei denen der psychosomatische Faktor klar zu erkennen ist. Ich habe mehrere Fälle von Colitis behandelt, darunter auch einen von Colitis ulcerosa. In struktureller Hinsicht waren alle durch Enge und Rigidität des unteren Segments gekennzeichnet. Der Bauch war klein und fest eingezogen. Die am Beckenknochen ansetzenden Muskeln waren alle stark kontrahiert. Der Internist sieht hauptsächlich die Verkrampftheit des Organs. Allzu häufig übersieht er die Rigidität des Organismus. In diesem Zustand ist das Fehlen eines Reservoirs im Eingeweidekanal unmittelbar deutlich. Der analytische Beobachter sieht die Folge im Symptom des Durchfalls. Meine Erfahrung mit diesen Fällen veranlaßte mich, drei Faktoren zu postulieren, die diese Symptomatik erzeugen. Einer ist das Fehlen einer Reservoirfunktion im Bauch. Das ist die Prädisposition. Der zweite Faktor ist quantitativ. Durchfall entwickelt sich nur, wenn die Menge der Erregung oder Energie größer ist als die Fähigkeit dieser Menschen, Gefühle auszuhalten. Infolgedessen nützen dem Colitispatienten Ruhe, eine reizlose Diät oder jede Verminderung emotionaler Erregung.

Der dritte Faktor ist charakterologischer Art. Es ist die Rigidität des gesamten Organismus und die Unfähigkeit, auf Belastungs- oder Spannungssituationen mit angemessenen Bewegungen zu reagieren. Bei dem Fall von Colitis ulcerosa zeigten psychologische Tests (einschließlich eines Rorschach-Tests) eine emotional seichte und unreife Persönlichkeit, bei der die reiferen Ausdrucksebenen blockiert waren. Die Entladung fand meist auf der primitivsten Stufe statt.

Eine analytische Untersuchung dieser Probleme auf der bioenergetischen Ebene brachte Einblick in die Funktionsweise der beiden Prinzipien. Eine junge Frau bekam im Verlauf der Therapie hartnäckigen Durchfall. Ihre Körperstruktur war schmal und sehr steif; den Bauch zog sie fest ein. Die Prädisposition zur Colitis war gegeben, und der zweite, quantitative Faktor war auch vorhanden. Als die Patientin ihre Therapie begann, stand sie unter erheblicher seelischer Belastung, aber zu dieser Zeit und noch eine Weile danach lag, obwohl beide Faktoren wirksam waren, kein Durchfall vor. Dieser entwickelte sich erst, als sich der Zustand der Patientin zu bessern begann, besonders im Hinblick auf ihre Arbeit. Sexuell gab es ebenfalls eine gewisse Besserung, aber sie war unbeständig. Es ist wichtig, noch hinzuzufügen, daß die Patientin vorher Drogen genommen hatte, spät zu Bett gegangen und spät aufgestanden war und ein unrealistisches Leben geführt hatte.

Ich hatte angenommen, der Durchfall sei davon abhängig, ob die Erregung oder Energie durch angemessenes Handeln abgeführt werden könnte oder nicht. Ich dachte, der Durchfall würde auftreten, wenn eine solche Abfuhr nicht einträte, natürlich unter der Voraussetzung, daß die ersten beiden Faktoren vorhanden wären. In diesem Fall bestand jedoch im ersten Stadium der Therapie, als das Verhalten der Patientin höchst irrational war, kein Durchfall. Man muß annehmen, daß das irrationale Verhalten dazu diente, den Durchfall zu verhindern, und daß sich der Durchfall entwickelte, als dieses Verhalten aufhörte und damit einige neurotische Ventile der Abfuhr verschlossen wurden.

Solange die Patientin nach dem Lustprinzip und im Gegensatz zum Realitätsprinzip funktionierte, entwickelte sich keine chronische Colitis. Erst als die Patientin versuchte, gemäß den Forderungen der Realität ihre Energie bei sich zu behalten, zeigte sich die Unfähigkeit des Bauches, als Reservoir zu dienen, als somatische Störung. Der Bauch war nicht nur kontrahiert, sondern überstark geladen. Die Steifheit des ganzen Organismus, die man an der angespannten und verkrampften Muskulatur sehen kann, macht es diesen Menschen unmöglich, irgendwelchen zusätzlichen Druck zu ertragen. Druck von außen wird sofort auf die weichen inneren Organe übertragen, was Störungen zur Folge hat. Flexibilität und Elastizität der willkürlichen Muskulatur sind entscheidend für das richtige Funktionieren des Realitätsprinzips. Diese Flexibilität erlaubt Anpassungsreaktionen, die ohne sie unmöglich sind. Andererseits ist das Realitätsprinzip selbst von der Einheit aller Segmente abhängig.

Wir haben einige Aspekte des Realitätsprinzips, wie es sich in den Funktionen der unteren Hälfte des Körpers zeigt, besprochen. Impulse, die zum Kopfende gehen, haben eine andere Qualität als jene, die nach unten gehen. Das Kopfende hat sich dazu entwickelt, Nahrung, Wasser, Luft und Sinneseindrücke aufzunehmen. Es steht im Dienst jener Triebimpulse, die die Aufgabe haben, den Organismus aufzuladen, im Gegensatz zu den abwärts gerichteten, die auf Entladung gerichtet sind. Beim Menschen und beim Menschenaffen werden die vorderen

Gliedmaßen mit Funktionen des Kopfendes verbunden, während sich die hinteren Gliedmaßen noch mehr auf Stützung und Fortbewegung spezialisieren. Aber sogar im Hinblick auf die Impulse, die den Organismus aufladen sollen, ist eine Reservoir-Funktion zu erkennen. Wo der Wurm alles, was auf seinem Weg liegt, in sich aufnimmt, mustern die höheren Lebewesen ihre Umgebung sehr sorgfältig, bevor sie nach ihr ausgreifen.

Das Organ in der oberen Körperhälfte, das den Impuls hemmt, ist das Gehirn. Bevor der Impuls in die motorischen Nerven geschickt wird, die die muskuläre Entladung steuern, wird er der Prüfung und Zensur der Sinnes- und Assoziationsbereiche unterworfen. Wenn Wahrnehmung oder Gedächtnis zur Zurückhaltung raten, findet keine motorische Entladung statt. Die Hauptenergie des Impulses wird auf subkortikaler Ebene blockiert oder ins Es-System zurückgezogen. Man kann das Realitätsprinzip nicht begreifen, wenn man die Tatsache unbeachtet läßt, daß das Gehirn (und sogar der ganze Kopf) die kraftvollsten Impulse festhalten kann. Auch das Gehirn funktioniert wie ein Kondensator; sein Fassungsvermögen kommt der kondensatorähnlichen Funktion des Genitalapparats gleich. Die tatsächliche Energiemenge, die im menschlichen Gehirn gespeichert und zentriert werden kann, ist ungeheuer groß. Bei sehr gesunden Organismen erzeugt sie einen Lichtschein um den Kopf herum.

Theorie und klinische Beobachtung stimmen darin überein, daß die Realitätsfunktion an beiden Enden mengenmäßig gleich ist. Die Aktionen sind an jedem Ende qualitativ unterschiedlich. Das Individuum zeigt in seinem Denken und in seiner Sexualität dieselbe Einstellung zur Sexualität. Die Aggressivität, dic für die Psyche des phallischen Charakters kennzeichnend ist, kann man in seiner Sexualitat ebenso erkennen. Das Phantasieleben des oralen Charakters schlägt sich in seinem Mangel an Kontakt zum Partner beim Geschlechtsakt nieder. Das psychische »Festhalten« des Zwangscharakters stammt von einer ähnlichen Einstellung zu den

Entladungs- und Ausscheidungsfunktionen her. Dies sind psychoanalytische Grundvorstellungen; neu ist das Bezugssystem. Das Realitätsprinzip stammt aus einer bioenergetischen Pendelbewegung zwischen Kopfende und Schwanzende. Sie kann in der einen Richtung nicht weiter gehen als in der anderen.
Die Frage, die zu beantworten ist, lautet: In welchem Maß ist eine Entladung durch das Kopfende möglich? Wir lassen für diesen Zweck unwesentliche Formen der Entladung wie Spucken, Niesen usw. außer acht. Wir können die Frage anders stellen: In welchem Maß kann Phantasie als Mittel bioenergetischer Entladung dienen? Schon allein strukturelle Überlegungen weisen auf die Antwort hin. Die Knochenhülle des Kopfes, der Umstand, daß die Hauptöffnung zum Schädel Impulse zum Gehirn und aus dem Gehirn durchläßt, führt zu dem Schluß, daß am Kopfende wenig wirkliche Entladung stattfindet. Die Aufwärtsbewegung von Energie führt immer zu einer vermehrten Ladung. Das gilt für alle Funktionen des oberen Endes: fürs Essen, den Gebrauch der Arme, um Nahrung zu fangen oder zu sich zu nehmen, für die Atmung, die Sinneseindrücke und die Phantasie. Sexuelle Phantasien erhöhen die sexuelle Ladung; sie wirken ähnlich wie die Vorlust beim Geschlechtsakt. Wenn dies nicht zur Entladung durch den Genitalapparat führt, wird es zu einem krankhaften Zustand der Impotenz. Wenn die Energie sich abwärts bewegt, wird sie zur Entladung ins Muskelsystem eingespeist.
Wir können die Funktion der Ladung mit der allgemeineren Funktion der Ausdehnung gleichsetzen. Die Formel würde lauten: Spannung ⟶ Ausgreifen ⟶ Ladung. Die Formel für Entladung, welche eine Funktion der Muskelkontraktion ist, zumindest bei den höheren Tieren, lautet: Entladung ⟶ Kontraktion ⟶ Entspannung. Die Phantasie kann den Zweck einer zeitweiligen Lockerung der Spannung erfüllen; sie führt zu einer allgemeinen Ausdehnung des Organismus, aber wenn der Zyklus an dieser Stelle angehalten und nicht vollendet wird, ist ein Zustand der Unwirklichkeit die Folge. Die Muskeltätig-

keit beim Ausgreifen und bei der rhythmischen Kontraktion wird vermieden. Weder das Ich noch das Realitätsprinzip ist beteiligt. Das Ergebnis ist eine Trennung der Wahrnehmung vom tatsächlichen Spannungszustand, die so lange besteht, wie die Phantasie wirkt.

Phantasie, die auf diese Weise eingesetzt wird, ist nicht dasselbe wie intelligentes Denken und Imagination. Die letzteren stammen von derselben Funktion ab, aber sie werden nicht als Ersatz für die Realität mißbraucht. Die Phantasie und ihre Abkömmlinge, Imagination und konstruktives Denken, spielen in der Realität eine wichtige Rolle. Sie liegen am Anfang eines Zyklus, der im Handeln enden muß; sie können kein Selbstzweck sein.

Wie sich das Ich aus dem Es entwickelt, so entwickelt sich das Realitätsprinzip aus dem Lustprinzip, während die longitudinale Orientierung des Organismus gegen die Schwerkraft sich mit dem Heranwachsen etabliert. Trotz des offensichtlichen Gegensatzes dürfen die Verbindungen zwischen diesen verwandten Funktionen niemals getrennt werden. Das Realitätsprinzip wird unfruchtbar, wenn es von seiner Motivations- und Energiequelle im Lustprinzip abgeschnitten wird. Ein Ich, das seine Grundlage im Es leugnet, wird trocken und spröde. Diese Beziehungen lassen sich durch die Untersuchung der Energiedynamik des Geschlechtsaktes klar erhellen.

Die sexuelle Annäherung beginnt als Ausdruck des Ichs. Lange vor jedem körperlichen Kontakt begegnen sich die beiden Menschen durch die Augen. Shindler lokalisiert, Claparède folgend, das Zentrum des Ichs »zwischen den Augen«. Auch ich lokalisiere den oberen Punkt des Schwingens der Energie im Bereich der Glabella, zwischen den Augen. Gewiß zeigt sich das Ich in den Augen in so hohem Maß, daß ein geübter Beobachter das Ich nach dem Ausdruck der Augen richtig einschätzen kann. Der folgende physische Kontakt ist noch eine Realitätsfunktion – er ist sondierend, prüfend. Die Aktivität wird noch durch das bewußte Streben nach mehr lustvoller Empfindung beherrscht, wobei das Ich uneingeschränkt regiert. Die Lust dient nun dem Zweck, die Erregung zu vertiefen und die tieferen Es-Empfindungen zu wecken. Die Beteiligung des Es-Systems am Gesamterlebnis nimmt allmählich zu.

Mit der Penetration dehnt das Es-System seinen Einfluß aus. Die Lust nimmt gemäß einer Kurve zu, die Reich in *Die Funktion des Orgasmus* dargestellt hat – zunächst allmählich, dann bis zu einem Höhepunkt. Der Endpunkt ist erreicht, wenn eine unwillkürliche Reaktion eintritt, die zur Entladung führt. Dieser Endpunkt ist gegeben, wenn das Ich-System vom Es überwältigt wird, oder wenn das Realitätsprinzip im tieferen Lustprinzip untergeht. Die relative Stärke der beiden Komponenten bestimmt diesen Zeitpunkt. Eine verfrühte Ejakulation ist die Folge eines schwachen Ich-Systems, das die starken Es-Empfindungen nicht halten kann. Andererseits kann der Endpunkt, wenn das Ich sich auf Kosten des Es entwickelt hat, verschoben werden, indem die Beteiligung des Es herabgesetzt wird; dem entspricht eine Verringerung der Endlust.

Nehmen wir einmal an, Ich und Es arbeiten zusammen, nicht gegeneinander. Wenn sich das Ich mit den tieferen Es-Empfindungen identifiziert, nimmt die bewußte Lustwahrnehmung im Lauf des Geschlechtsakts zu. Der Energiezufluß sowohl zum Gehirn als auch zum Genitale verstärkt sich. Es wird ein Punkt erreicht, an dem das Gehirn, das sich in einem geschlossenen Behälter befindet, keine gesteigerte Ladung mehr aushalten kann. Die Reservoire sind voll. Die Empfindungen sind so stark, daß das Bewußtsein überwältigt wird. Das Ich-System wird in der starken Flut der Es-Impulse ertränkt, das Realitätsprinzip verlöscht, alle Schranken verschwinden. Die Reservoire leeren sich in einem mächtigen Strom, der zur Entladung in die Genitalien fließt. Einige Augenblicke lang ist das Es Alleinherrscher; der Organismus verliert in der sexuellen Vereinigung seine Identität. Wenn der Sturm vorüber ist und die Flut zurückgeht, wird das Ich einem neuen Tag wiedergeboren, erfrischt und neubelebt von den tiefsten Quellen der Lebensenergien. Die Realität drängt sich ein, wenn das

Bewußtsein wieder erwacht; das kann auch aufgeschoben werden, wenn der Schlaf dazwischenkommt.

Zusammenfassend können wir sagen, daß das Ich sich aus dem Es herausdifferenziert, nur um sich in den höchsten Augenblikken des Lebens im Es zu verlieren. Das Realitätsprinzip dient zur Förderung des Lustprinzips.

Aus dem Vorangehenden wird deutlich, daß ich das Ich-System mit dem Realitätsprinzip gleichsetze, und das Es-System mit dem Lustprinzip. Die Rechtfertigung dafür geht aus allem bisher Besprochenen hervor. Das Ich ist ein Wahrnehmungsphänomen, es beschreibt ein subjektives Gewahrsein. Das Realitätsprinzip bezeichnet eine objektiv gesehene Einstellung. Die somatische Grundlage für beide ist das longitudinale Strömen der Energie. Die Beziehung zwischen Ich und Es, Realitätsprinzip und Lustprinzip, läßt sich nur in einer Formel ausdrücken, die sich aus der grundlegenden Einheit und Gegensätzlichkeit des Lebensvorgangs herleitet.

Wir können ferner sagen, daß bei einem Vergleich zwischen dem Menschen und den anderen Tieren die folgenden bioenergetischen Unterschiede deutlich werden: Der Mensch zeichnet sich durch das am höchsten entwickelte Realitätssystem aus. Das besagt, daß er ein stärkeres Pulsieren der Energie und eine besser entwickelte Reservoir-Funktion hat. Er hat am einen Ende das beste Gehirn, und am anderen den am stärksten geladenen Genitalapparat. Das eine ist die Folge des anderen. Per definitionem hat er das stärkste Ich. Dies alles wäre jedoch ohne eine tiefe und kraftvolle Quelle der Impulsbildung nicht möglich. Das Ich kann nie größer sein als das Es, aus dem es entsteht, und dessen Bestandteil es immer bleibt. Es beruht auch auf dem stark geladenen Energiesystem des Menschen, daß er eine aufrechte Haltung angenommen hat. Die bioenergetische Energie richtet sich ihrer Natur nach gegen die Wirkung der Schwerkraft.

5 Das bioenergetische Triebkonzept

In den vorhergehenden Kapiteln haben wir einige Aspekte des Wesens der Triebtätigkeit studiert. Der Triebimpuls selbst ist eine Energiebewegung vom Zentrum des Organismus zur Oberfläche, wo er die Beziehung des Organismus zur Außenwelt beeinflußt. Diese Energiebewegung vom Zentrum zur Peripherie hat zwei Zwecke oder Ziele. Das eine hat mit der Ladungsfunktion zu tun, wie z. B. der Nahrungsaufnahme, der Atmung, der sexuellen Erregung usw. Das andere hängt mit der Funktion der Energieentladung zusammen, deren wichtigster Ausdruck die sexuelle Entladung und die Fortpflanzung sind. Alle Tätigkeiten lassen sich nach diesem einfachen Kriterium klassifizieren, d. h. danach, ob sie die Funktion der Energieladung oder -entladung haben. Das Ziel dieser Tätigkeiten ist nicht ein gleichbleibendes Spannungsniveau oder eine konstante Energieladung; vielmehr sind Ladung und Entladung Teil des Lebensprozesses, dessen Ziel außerhalb unseres Verständnisses liegt. Gewiß verneinen die Erscheinungen von Wachstum und Evolution jede Vorstellung von Konstanz als einem dynamischen Prinzip des Lebens – das sich auf Wegen, die durch das Lustprinzip bestimmt sind, unbekannten Zielen zu nähern scheint.

Das Wachstum des Individuums und die Evolution der Art folgen einer Entwicklungslinie, in deren Verlauf das einfache Lustprinzip abgewandelt wird, so daß es wirksamere Mittel für die Interaktion mit der äußeren Realität liefert. Diese Abwandlung des Lustprinzips ist als Realitätsprinzip bekannt. Es hat seinen Ursprung in der Trennung der Grundfunktionen von Ladung und Entladung. Die erste strukturelle Spezialisierung ist die Differenzierung eines Teils des Organismus für die Funktion der Aufladung mit Energie. Sie fehlt zwar bei der

Amöbe, ist aber bei anderen Protozoen schon vorhanden. Die Trennung dieser Grundfunktionen schafft eine innere Polarität, die die zukünftige Organisation aller höheren Formen des Lebens bestimmt. Zugleich mit der Entwicklung des Realitätsprinzips und seinem Niederschlag im Inneren in gesteigerter Differenzierung und Spezialisierung finden wir zunehmend höhere Ebenen der Energiefunktion vor.

Differenzierung, Spezialisierung und zunehmende Organisation auf der einen Seite sind die funktionellen Manifestationen höherer Energiestufen. Ich möchte diese Beziehung durch eine einfache Analyse verdeutlichen. Die strukturellen und funktionellen Verbesserungen des Flugzeugs wären sinnlos ohne die Entwicklung stärkerer Triebwerke und besserer Brennstoffe. Das Flugzeug der Gebrüder Wright brauchte kein einziehbares Fahrgestell und keine Radaranlage. Größere Leistung erfordert mehr Beherrschung, mehr Beherrschung bedeutet vermehrte Spezialisierung und Organisation. Beim lebenden Organismus ist es ebenso. Leistung ist jedoch nur der motorische Ausdruck eines gesteigerten Energieniveaus. Größere Sensibilität, erhöhtes Gewahrsein und mehr Steuerung sind die anderen Aspekte desselben Energieprozesses.

Im biologischen Denken müssen wir teleologische Aussagen vermeiden. Man beschreibt, was man sieht, und versucht, die Dynamik des Vorgangs zu verstehen. Alle Bewegungssysteme werden durch die Beziehung von freier Energie zu struktureller Masse regiert. Es kommt keine Verbesserung der Funktion zustande, wenn eine gesteigerte Energieerzeugung durch vermehrte strukturelle Masse ausgeglichen wird. Die Geschichte des Verschwindens der großen Dinosaurier hängt irgendwie mit dem Auftauchen der Säugetiere zusammen, bei denen eine verbesserte Energiefunktion das Hindernis der großen Masse beseitigte, das die Dinosaurier zum Aussterben verurteilte. Heute erleben wir dasselbe bei der Ersetzung der Radioröhre durch den Transistor, oder dabei, wie die Radioröhre selbst an die Stelle älterer, umständlicherer Methoden der Energiesteuerung getreten ist. Dieses Prinzip ist die

Grundlage von Norbert Wieners (1956) Konzept der Kybernetik, wie es für lebende und nichtlebende Systeme gilt.

Im Vergleich zu allen anderen Formen des Lebens zeigen die Säugetiere als Art den höchsten Grad von Motilität. Man kann im Fall der Vögel Einwände gegen diese Aussage erheben, aber bei ihnen wird die Motilität als Ortsveränderung im Raum auf Kosten der Motilität gegenüber Objekten erlangt. Vermehrte Motilität ist die Folge eines erhöhten Energieniveaus der Funktionen, das sich auch in der Fähigkeit des Organismus manifestiert, sich von der Erde zu erheben. Die Gliedmaßen der Säugetiere sind gewiß eine große Verbesserung gegenüber den Gliedmaßen der Reptilien. Alle biologischen Konzepte unterliegen jedoch dem großen Gesetz der Gegensätzlichkeit. Der langbeinigen Giraffe fehlt die Motilität der Katzen oder der Kanarienvögel. Wenn man die Motilität nach ihren antithetischen Beziehungen beurteilt – d. h. Motilität als Fortbewegung im Raum kontra Motilität in bezug auf die Fähigkeit, Objekte zu handhaben –, dann zeigen die zweibeinigen Primaten den höchsten Grad an Gesamtmotilität.

Diese beim Menschen so offenkundige gesteigerte Motilität ist die direkte Folge seiner aufrechten Haltung, die seine vorderen Gliedmaßen davon befreit hat, den Funktionen der Stützung und der Fortbewegung dienen zu müssen. Hier ist wieder eine wichtige Entwicklung in der Realität und im Prinzip zu sehen. Die Differenzierung der Körperstruktur in bezug auf Ladung und Entladung dehnt sich auf die Gliedmaßen aus. Die ganze obere Hälfte des Körpers kann nun dem Zweck der Aufladung mit Energie gewidmet werden. Die Entladung von Energie wird sogar noch mehr als Funktion der unteren Körperhälfte spezialisiert, denn diese übernimmt die Aufgabe, den Organismus im Raum fortzubewegen. Diese Entwicklung des Realitätsprinzips ist selbst das Produkt eines neuen und höheren Niveaus der Energiefunktionen. Tatsächlich kann man die Aussage wagen, das Verhältnis von freier Energie zu Masse sei beim menschlichen Organismus so groß, daß die Energie das ganze Vorderende des Organismus vom Boden abgehoben und die Differenzierungen, Spezialisierungen und Steuerungen ermöglicht habe, die wir mit der Vorstellung vom Menschen verbinden. Man vergleiche die Teile der Abbildung 8.

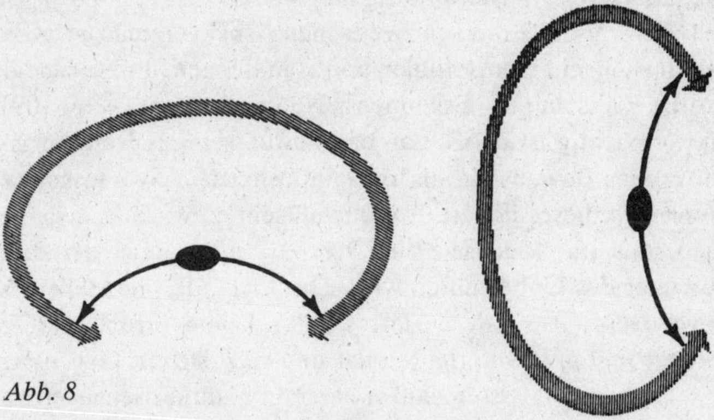

Abb. 8

Links: Säugetier. Die Energie des Impulses wird noch von der Masse oder dem Muskelsystem beherrscht. *Rechts:* Mensch. Die Stärke des Impulses ist größer als die Masse oder das Muskelsystem. Sensibilität, Gewahrsein, Kommunikation und Steuerung werden ebenso stark wie die Motilität oder stärker.

Mit dieser Entwicklung des Realitätsprinzips auf der biologischen Ebene geht das Problem der Koordinierung und Steuerung der Motilität zum ersten Mal über das Problem gesteigerter Motilität hinaus.

Psychologen wissen seit einiger Zeit, daß das Wachstum des Ich-Bewußtseins mit der zunehmenden Stärke des geistigen Fühlens beim Menschen zusammenhing. Erich Neumann geht in seiner *Ursprungsgeschichte des Bewußtseins* dieser Entwicklung im psychischen Bereich nach. Am Anfang war die Einheit des Unbewußten – eine Welt ohne Anfang und Ende, symbolisch dargestellt als Kreis oder Rundes. Dies ist die Welt des Lustprinzips. Diese Einheit wird durch das Erscheinen des Lichts zerstört, welches, psychologisch gesehen, das Licht des Bewußtseins ist. Neumann (1949, TB S. 92) beschreibt, was folgt: »Erst in diesem Bewußtseinslicht erkennt der Mensch. Und dieser Akt des Erkennens, der bewußten Unterscheidung, scheidet und trennt die Welt in Gegensätze, denn nur in Gegensätzen ist Welterfahrung möglich.«

Das Bewußtsein hat einen zweifachen Aspekt. Zunächst ist da das Bewußtsein von Gefühlen und Handlungen, und sekundär das Bewußtsein des Erkennens. Neumann (a. a. O., S. 109) sagt: »Wichtig ist dabei, daß das Bewußtsein als Handlungsmitte dem Bewußtsein als Erkenntnismitte ... vorausgeht.« Wenn sich dieses höhere Ich-Bewußtsein entwickelt, neigt es dazu, sich im Gegensatz zum Körper aufzubauen, der zum Vertreter des Unbewußten wird. Das Licht, das die Helle des Bewußtseins ist, differenziert sich von dem Strom, der es erzeugt und aufrechterhalten hat und setzt sich in Gegensatz zu ihm. Aber wir wissen, daß ein Licht nie stärker sein kann als die Energiequelle, die es speist. Dieser Strom ist der Strom der Impulsbildung im Körper, der sich aufwärts zum Kopf hin bewegt, die Gewebe des Gehirns erregt und sie veranlaßt, zu glühen. Aber dies ist nur einen Schritt entfernt von der Aussage, Kraft und Herrlichkeit des menschlichen Ichbewußtseins seien ein Widerschein der Stärke seiner Impulse und ein Produkt der gesteigerten Energieprozesse in seinem Organismus.

Auf der unbewußten Ebene sind alle Aktivitäten triebhaft, alle Impulse sind gleichberechtigt und einheitlich, und alle lassen sich auf das gemeinsame Prinzip zurückführen: das Lustprinzip. Ladung ⟶ Entladung; Spannung ⟶ Entspannung. Bewußtsein ist gleichbedeutend mit der Spaltung dieser Einheit. Der Impuls ist nicht länger einfach nur eine Aktion; man kann ihn nun aufspalten in die Energie des Impulses und die Bewegung selbst. Diese Trennung ist Teil des Realitätsprinzips, sonst könnte man Handlungen nicht im Zaum halten. Was gehemmt wird, ist nicht das Gefühl, sondern seine Ausführung. Andere Tiere teilen mit dem Menschen dieses Bewußtsein des Handelns, denn das Tier kann auch seine Muskulatur willkürlich beherrschen.

Allein beim Menschen geht diese Entwicklung weiter. Bewußtsein der Erkenntnis ist ein Bewußtsein der Beherrschung; es ist nicht nur der Umstand der Beherrschung der willkürlichen Muskeln, sondern auch noch die Erfahrung oder die Erkenntnis dieses Umstands. Diese Erfahrung kann nur aus einer Situation hervorgehen, in der das Gefühl mit einer minimalen Beteiligung der Muskulatur ausgedrückt werden kann. Das Ich muß ein Ausdrucksorgan haben, das über grobe physische Bewegung hinausgeht. Eine solche Funktion wird auf das Sprachorgan übertragen. So kann man sagen: »Ich bin wütend«, ohne es durch Bewegung ausdrücken zu müssen.

Die Möglichkeit von Gegensätzen, das Konzept von antithetischen Beziehungen, die aus einer vorangegangenen Einheit herstammen, rührt biologisch von dieser Aufspaltung des Impulses her. Dies ist der Punkt, von dem Freud bei seiner Untersuchung der Triebe ausging. Folgen wir seinen Gedankengängen.

Im vorigen Kapitel haben wir gesehen, daß Freud als erstes Gegensatzpaar von Trieben Hunger und Liebe postulierte. Das würde den Richtungen nach innen und außen entsprechen. Später identifizierte er diese mit dem Selbsterhaltungstrieb im Gegensatz zu einem Trieb für die Arterhaltung. Dies wurde später als Gegensatz zwischen Ich-Libido (Narzißmus) und Objektlibido (Sexualität) formuliert. Aber dies alles sind lediglich verschiedene Aspekte der Beziehung zwischen »Nach-Innen« und »Nach-Außen«. Als solche sind sie sekundäre Manifestationen; das Problem der Triebspaltung wurde erst 1920 berührt.

Die Gründe, die Freud 1920 veranlaßten, seine früheren Konzepte zugunsten eines neuen Zugangs zur Natur der Triebe aufzugeben, haben wir schon besprochen. Wenn wir auch seiner Beweisführung nicht zustimmen, müssen wir dennoch die Kühnheit und Reichweite der neuen Formulierungen anerkennen.

Bei der Herausarbeitung der Natur der Ich-Triebe schloß Freud, diese Triebe seien im wesentlichen konservativ und ein

»Drang zur Wiederherstellung eines früheren Zustandes« (Freud, 1920, S. 38). Mit anderen Ausdrücken sagte Freud: »... nach unserer Annahme rühren die Ich-Triebe von der Belebung der unbelebten Materie her und wollen die Unbelebtheit wiederherstellen« (Freud, 1920, S. 46). Andererseits fand Freud in seinem ursprünglichen Konzept von den Sexualtrieben eine Kraft, die die Tendenz hat, »das Leben selbst für längere Zeiten [zu] erhalten«. Diese, nahm er an, »sind die eigentlichen Lebenstriebe; dadurch, daß sie der Absicht der anderen Triebe, welche durch die Funktion zum Tode führt, entgegenwirken, deutet sich ein Gegensatz zwischen ihnen und den übrigen an« (a. a. O., S. 43).
Infolge dieser Überlegungen ließ Freud das Konzept von den Ich-Trieben und den Sexualtrieben als primären Kräften der Lebenserscheinungen fallen. An ihrer Stelle schlägt er vor, sollte man richtiger von Todestrieben und Lebenstrieben sprechen. »Es ist wie ein Zauderrhythmus im Leben der Organismen; die eine Triebgruppe stürmt nach vorwärts, um das Endziel des Lebens möglichst bald zu erreichen, die andere schnellt an einer gewissen Stelle dieses Weges zurück, um ihn von einem bestimmten Punkt an nochmals zu machen und so die Dauer des Weges zu verlängern« (a. a. O., S. 43). Freud verlegte den Sitz der »Todestriebe« in die Muskulatur.
Freud nannte die Lebenstriebe Eros, den »Eros der Dichter und Philosophen, der alles Lebende zusammenhält« (a. a. O., S. 54). In diesem Eros erkannte Freud die Libido der Sexualtriebe.
Ursprünglich beschränkte sich das Libidokonzept auf die Energie der Sexualtriebe, die auf ein Objekt gerichtet waren. Freud erklärte später, die Libido könne zurückgezogen und als Narzißmus nach innen gewendet werden. Dies widerlegt keineswegs ihren ursprünglichen Charakter als Energie oder Kraft. Man kann Freud nicht zustimmen, wenn er den Eros mit dem Sexualtrieb gleichsetzt. Der eine ist eine Kraft. Der andere ist, wie wir ihn definieren, der Kanal, in dem sich eine Kraft bewegt. In dieser Hinsicht kommt Jung den Tatsachen näher,

wenn er das Wort »Libido« so verwendet, daß es Triebkraft im allgemeinen bedeutet. Freud kommt jedoch der bioenergetischen Auffassung nahe, wenn er bemerkt: »Der Unterschied der beiden Triebarten, der ursprünglich irgendwie qualitativ gemeint war, ist jetzt nur anders, nämlich *topisch* zu bestimmen« (a. a. O., S. 56). Was mit diesem topischen Unterschied genau gemeint ist, werden wir gleich sehen.

Abb. 9

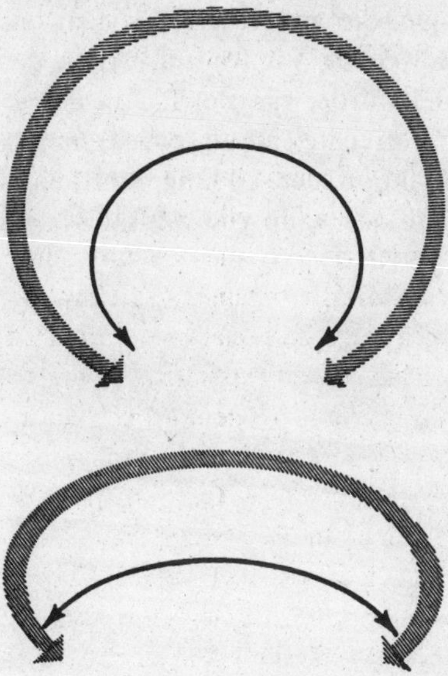

Entladung = Muskeltätigkeit.

Wirken des Eros, getragen vom Blut.

Wenn man sich das Galoppieren eines Hundes oder eines Pferdes vorstellt, ist das Wesen der Bewegung des Säugetieres offenkundig. Die abwechselnde Annäherung und Streckung der beiden Beinpaare stellt einen Prozeß der Ladung und Entladung dar, der sich abbilden läßt (Abb. 9). Wenn die Energie durch das Muskelsystem strömt, das im wesentlichen am Rücken des Tieres liegt, nähern sich Vorder- und Hinterende des Tieres einander und berühren den Boden. Energie wird durch die vier Beine in den Boden entladen. Diese Energieentladung erzeugt einen Sprung, bei dem sich die Beine strecken. Die Streckung des Rückens öffnet die Volarseite (Unterseite) des Tieres und führt zur Einatmung von Luft. Es bildet sich ein neuer Impuls, der zunächst das Vorderteil des Körpers auflädt und dann in die Hauptmasse der Rückenmuskeln geht und sie auflädt. Der Organismus ist jetzt in der Lage zu einer neuen Entladung und zu einem weiteren Sprung.

Hier haben wir Freuds Konzept von der Periodizität. Die eine Gruppe von Trieben bewegt das Tier vorwärts, währenddessen entlädt sich aber ihre Energie, die andere Gruppe lädt das System für eine weitere Bewegung wieder auf. Wenn das System nicht wieder aufgeladen würde, wäre der Tod die Folge. Beim Menschen gestattet die aufrechte Haltung eine Trennung der beiden Phasen. Die Funktion der Ladung führt nicht unbedingt zur Entladung; d. h. sie kann vom Muskelsystem

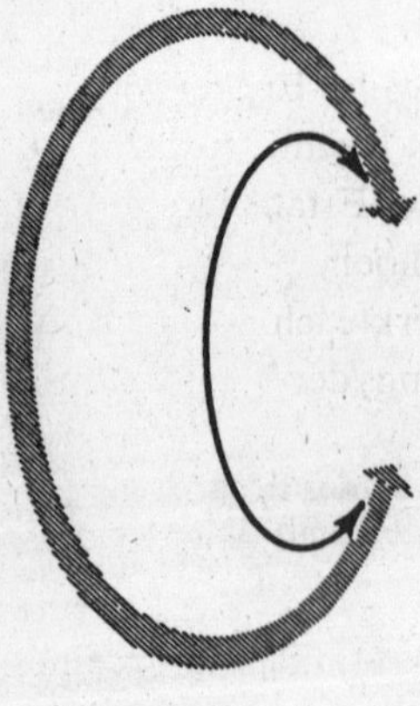

Abb. 10

Die schraffierte Linie stellt den Energiefluß den Rücken entlang dar. Die durchgezogene Linie zeigt den Energiefluß längs der Vorderseite des Körpers. Die Stellen des Zusammenfließens sind die peripheren Strukturen in der oberen und der unteren Körperhälfte, die mit der Umwelt reagieren. Der Hauptpunkt ist oben der Bereich zwischen den Augen, die Glabella, unten sind es die Genitalien. Zum oberen Bereich des Zusammenfließens gehören Augen, Nase, Mund und Hände. Zum unteren Bereich kann die Gegend vom After bis zu den Genitalien und zu den Füßen gehören.

getrennt werden. Die Energie der Ladung lokalisiert sich dann entlang der Vorderseite des Körpers; dabei steigert sie deren Empfindlichkeit, vermindert aber ihre Motilität. Die gesteigerte Empfindlichkeit läßt bestimmte Gefühle entstehen, die entweder durch Handlungen oder durch Worte oder durch beides ausgedrückt werden können. Zwischen den beiden Ausdrucksweisen bestehen grundlegende Unterschiede – darunter ist der Umstand am wichtigsten, daß die vom lebenden Menschen erzeugte große Energiemenge nur durch Muskeltätigkeit abgeführt werden kann. Das Sprechen als Ausweitung des Denkens arbeitet mit viel kleineren Energiemengen. Wir wollen uns diese energetischen Prozesse beim Menschen einmal ansehen (Abb. 10).

Bei meiner ursprünglichen Erklärung dieser Wege der Energiebewegung bezog ich meine Konzepte aus der Beobachtung von Patienten, aus persönlichen Erfahrungen und aus der Analyse von Bewegungen bei Tieren. Der Ausgangspunkt war dabei die longitudinale Pendelbewegung der Energie, aber ich hatte ihre Beziehung zum Ich oder zum Realitätsprinzip noch nicht ausgearbeitet. Ich möchte einige der Erfahrungen erwähnen, die zu diesen Einsichten geführt haben.

Im Verlauf meiner Analyse bei Reich merkte ich, daß man beim tiefen und ungezwungenen Einatmen längs der Vorderseite des Körpers eine Abwärtsbewegung spüren kann. Bei völliger Entspannung endet das Gefühl in einer genitalen Empfindung. Reich nahm an, diese Bewegung und das mit ihr einhergehende Gefühl beruhe auf einem Abwärtsströmen von Energie zu den Genitalien; sie nahm ihren Ausgang von der Brust. Reich sagte nichts über eine Aufwärtsbewegung und auch nichts darüber, daß die Energie eine Pendelbewegung ausführe.

Eines Tages, als ich Chopin-Musik anhörte, wurde ich des Gefühlsstromes nach oben gewahr. Man kann die Musik Chopins an ihrer Gefühlsqualität erkennen. Das beste Wort zur Beschreibung dieser Qualität scheint »Sehnsucht« zu sein. Das Gefühl der Sehnsucht ist so stark, daß es fast einem Verlangen gleichkommt. Man spürt in seiner Musik, daß das Gefühl keine

Befriedigung findet; es ist, als bleibe die Sehnsucht in der Kehle stecken.
Ich erkannte bald, daß in jeder Musik diese Empfindung der Sehnsucht enthalten ist. Beim Singen kann man spüren, wie sich dieses Gefühl vom Zwerchfellgebiet aufwärts zum Kopf bewegt. Es gibt noch andere Ausdrucksformen, bei denen ein Impuls zur stimmlichen Äußerung hochsteigt. Weinen und Lachen sind solche Ausdrucksweisen, auch das gewöhnliche Sprechen gehört dazu. Die stimmliche Äußerung, ob im Singen, Sprechen, Weinen oder Lachen, ist eines der Mittel, um Kontakt zu anderen aufzunehmen. Aber es gibt noch andere Möglichkeiten, dieses Streben nach Kontakt auszudrücken. Die zum Gebet erhobenen Arme, die zum Kuß dargebotenen Lippen, die ausgestreckten Arme des Säuglings haben alle dieselbe Grundbedeutung: das Ausgreifen nach jemand oder etwas außerhalb unseres eigenen Selbst. Ich nenne dieses Grundgefühl »Verlangen«. Es ist ein Verlangen nach Kontakt. Beim Geschlechtsakt hat dasselbe Gefühl, das sich abwärts zu den Genitalien bewegt, eine andere Qualität. Wenn der Kontakt bei der oberen Hälfte des Körpers gegeben ist, wird dieses Gefühl als Schmelzen und als Wunsch erlebt, auszufließen.
In der Musik ist das Gefühl des Verlangens die Grundlage für die Melodie. Die Musik hat auch eine rhythmische Komponente. Während die Melodie wie der Vogelflug aufsteigt, ist der Rhythmus an die Erde gefesselt und findet sein natürliches Medium in der Bewegung der Beine und Füße. Der Rhythmus ist seinem Wesen nach höchst pulsierend, und kraft dieser Eigenschaft hängt er mit allen anderen Phänomenen der Energieabfuhr zusammen. Das sieht man am deutlichsten beim Tanz: Die obere Hälfte des Körpers trägt die Melodie, die untere Hälfte den Rhythmus.
In einer Studie über die Tanzkunst kam ich zu dem Schluß, daß das dem Tanz zugrundeliegende Gefühl Freude ist. Wenn der Ausdruck »man tanzt vor Freude« zutrifft, kann man auch sagen, daß immer dann, wenn man tanzt, Freude vorhanden ist.

Damals habe ich jedoch den Zusammenhang zwischen Rhythmus und Freude nicht hergestellt, obwohl ich wußte, daß das größte Erlebnis der Freude, der Wonne, bei der Betätigung erzeugt wird, bei der die stärkste rhythmische Entladung, der sexuelle Orgasmus, stattfindet.

Wie es beim Denken so häufig geschieht, fügten sich die verschiedenen Elemente spontan zusammen, um das Bild vollständig zu machen. Wir fangen mit dem Gehen an, das eine rhythmische Tätigkeit ist – links, rechts, links, rechts, im gleichen Takt. Wenn wir erregt werden, fangen wir vielleicht an zu springen, zu hopsen, zu hüpfen oder zu laufen. Die Zunahme der Erregung führt zu stärkerer Entladung. Gehen, Laufen, Springen und Tanzen sind Interaktionen unseres Organismus mit dem Boden. Singen und Sprechen sind Interaktionen mit Luft und Raum. Wir bewegen uns fort durch die Entladung von Energie in den Boden. In dieser Hinsicht zeigt der Boden oder die Erde eine Grundfunktion. Alle Energie findet schließlich ihren Weg in die Erde; das ist das Prinzip, das wir »Erdung« nennen. Es erklärt die Entladung einer übermäßig geladenen Atmosphäre durch Gewitter und Blitz. Dieses Prinzip muß auch dem Sexualakt zugrundeliegen. Lassen Sie mich, ohne daß ich näher darauf eingehe, sagen, daß die sexuelle Umarmung einer Frau für den Mann eine Umarmung der Erde ist. Die Frau trägt ein wenig von der Erde in sich. Die Frau umarmt in der Umarmung des Mannes den Geist.

Die Polarisierung, die zum Realitätsprinzip geführt hat, leitet sich aus diesen Beobachtungen ab. Die Energie kommt von der Sonne über die Atmosphäre zur Erde. Bildlich gesprochen, strecken sich alle Organismen der Sonne entgegen, um Energie zu empfangen, und bei den Pflanzen trifft dies buchstäblich zu. Das Ausgreifen nach oben oder nach außen (Verlangen) ist ein Teil der Ladungsfunktion: Nahrung, Sauerstoff, Erregung. Wir haben gesehen, daß die obere Körperhälfte an ihnen beteiligt ist. Die Entladung erfolgt nach unten, in Richtung auf die Erde. Vor ihrer Entladung fördert die Energie zwei andere Lebensfunktionen: Wachstum und Bewegung. Nur der Überschuß,

der bei Erwachsenen, wo das Wachstum aufgehört hat, größer ist, wird als Sexualität in die Erde entladen.
Ich habe diese Bewegungen in einem gemeinsamen Pulsieren verknüpft, in dessen Mittelpunkt das Herz liegt. Dies sind Gefühle, die aus dem Herzen zu stammen scheinen. Gefühle des Herzens sind zärtliche Gefühle, die das Individuum in Beziehungen zur Aufladung oder Entladung hineinziehen. Aber es fehlt noch etwas. Die Formulierung reichte nicht aus, um bestimmte klinische Erfahrungen zu erklären, sie war unvollständig. Diese Gefühle geben zwar dem Ich mehr Stärke, aber sie können die Schwäche bestimmter Charakterstrukturen, die einen Mangel an Aggression zeigen, nicht erklären. Sie erklärten auch nicht Gemütsbewegungen wie Wut oder Zorn. Eine Zeitlang beschränkte ich mein Nachdenken auf die Pendelbewegung der Energie, in deren Mittelpunkt das Herz liegt. Man konnte fühlen, daß der Weg dieser Bewegung an der Vorderseite des Körpers lag. Ich wußte schon seit einiger Zeit, daß man Wut im Rücken spürt, besonders in der Region zwischen den Schulterblättern; hier richten sich die Haare bei Tieren auf, wenn sie wütend sind. Darwin hatte dieses Phänomen beobachtet und besprochen. In *Der Ausdruck der Gefühle bei Mensch und Tier* beschreibt er einen in Wut geratenen Affen. »Ich sah in der Erregung des Zorns sich das Haar dem Rücken entlang vom Nacken bis zu den Lenden streuben«. (Darwin, 1872, S. 97)
Ich habe selber dieses Sträuben der Haare am Rücken entlang erlebt, wenn ich in Wut war. Wir sagen im Englischen auch von jemandem, er krümme den Rücken (he has his back up) in der Wut. Das erinnert einen an die Katze. Beim Löwen drückt sich dieses Gefühl in der Bewegung aus, wenn er springt, die Pfoten ausgestreckt, um die Beute zu packen oder zu schlagen, das Maul geöffnet, um zu beißen. Beim Menschen wird die Energie stärker in die Arme gelenkt, die hier die aggressive Funktion der Zähne übernehmen.
Sobald ich auf die Energiebewegung längs des Rückens aufmerksam geworden war, bemerkte ich auch, daß diese

Bewegung ebenfalls ein Hin- und Herschwingen war. Sie geht bei Zorn und Wut nach oben, wobei sie sich über die Kopfhaut bis zu den oberen Zähnen bewegt. Die Abwärtsbewegung den Rücken entlang tritt beim Geschlechtsakt auf. Die Energie, die den Beckenstoß erzeugt, kann als ein Impuls erlebt werden, der sich den Rücken hinabbewegt, um das Gesäß und den Damm herumgeht und die Genitalien erreicht.

Ich kam zu dem Schluß, daß die Pendelbewegung den Rücken entlang eine andere Qualität hat als die an der Vorderseite des Körpers. Ihre Beziehung wurde mir klar, als ich die Bewegungen von Tieren studierte.

Die bereits vorgestellten Graphiken waren das unmittelbare Ergebnis dieser Überlegungen. Erst später sah ich den Zusammenhang mit der Entwicklung des Realitätsprinzips und dem Wachsen des Ichs.

Ursprünglich (auf Abb. 10) stellte ich den Energiefluß den Rücken entlang durch eine *rote* Linie dar (jetzt schraffiert) und den an der Vorderseite des Körpers durch eine *blaue* Linie (jetzt schwarz). Die Verwendung dieser beiden Farben war zwar zufällig, aber es erwies sich später, daß sie eine tiefere Bedeutung hatten.

Die *blaue* Linie, die den Energiefluß längs der Vorderseite des Körpers darstellt, steht für Gefühle, deren allgemeine Qualität Zärtlichkeit ist. Dazu gehören spezifische Empfindungen wie Erbarmen, Mitleid, Nächstenliebe, Glaube usw. Ihr Ziel ist die Identifizierung des Betreffenden mit anderen Menschen oder Dingen. Das Objekt wandelt natürlich die spezifische Qualität ab und bestimmt sie; Zärtlichkeit gilt einem Sexualobjekt, religiöse Empfindungen hat man Gott gegenüber, Mitleid mit einem Leidenden usw. Ihre Quelle scheint das Herz zu sein. Wenn diese Gefühle nicht mit einer Komponente von der Rückseite des Körpers verbunden sind, sind sie blau getönt oder lassen die »blaue Stimmung« entstehen. Die rote Linie steht für Gefühle, denen die allgemeine Eigenschaft der Aggressivität gemeinsam ist. Dazu gehören Zorn und Wut, sexuelle Aggression, das Jagen nach Nahrung usw. An diesen

Gefühlen ist nichts Zartes, wie ja auch am Rücken nichts Weiches ist. Da die hauptsächliche Muskelentwicklung im Bereich des Rückens liegt, würden wir erwarten, daß der Energiefluß in dieser Region die Antriebskraft für die räumliche Fortbewegung des Organismus liefern würde. Sie sind aggressiv, weil es ihr Zweck ist, »den Organismus in Richtung auf Objekte zu bewegen«, die natürlicherweise dieselben sein sollten wie die der anderen Triebkraft. Auch hier bestimmt wieder das Objekt die spezifische Qualität. Ich neige dazu, die Quelle dieser Energieschwingungen in den Bereich am Ansatz der Zwerchfellpfeiler zu legen. Diese Gefühle erzeugen, wenn sie von der zärtlichen Komponente isoliert sind, Hitze und eine Empfindung von Röte. Sie sind die Grundlage der Zornesröte, der Hitze der sexuellen Leidenschaft und der Blutgier des Jagens.

Die Verwendung der beiden Farben hat eine tiefere Bedeutung. Die zarten (zärtlichen) Gefühle haben eine geistige Qualität. Sie hängen eng mit der Atmungsfunktion und dem Einsaugen von Luft zusammen. Ihre blaue Farbe spiegelt die Vorherrschaft eines spirituellen oder himmlischen Elements wider. Die Empfindungen des Rückens sind materialistisch orientiert. Sie hängen durch die Suche nach Nahrung mit dem Verdauungssystem zusammen. Bezeichnenderweise nehmen die beiden Funktionen der Atmung/des Blutkreislaufs und des Essens und der Verdauung im Körper eine jeweils ähnliche Lage ein, wobei die ersteren weiter vorn liegen als die letzteren. Nahrung wird im Gegensatz zu Sauerstoff von der Erde bezogen; die aggressiven Gefühle sind im Grunde »erdig«, und auch dies rechtfertigt ihre Rotfärbung.

Jede Handlung hat eine Komponente von beiden Aspekten des Individuums. In der Bewegung des Ausstreckens der Arme nach einem anderen Menschen z. B. sind Impulse von der Vorder- und von der Rückseite vertreten. Die Qualität der Bewegung wird vom Verhältnis dieser beiden Elemente zueinander bestimmt. Beim vorigen Beispiel ist die Geste, wenn die zärtliche Komponente vorherrscht, eine Geste der Umarmung.

Wenn andererseits das aggressive Element stärker ist, zeigt die Bewegung eine Drohung mit Kraft, die in einer Liebesbeziehung unangebracht, bei einem Ringkampf aber angemessen wäre. Bei den Neurosen ist das Verhältnis der beiden Triebe, wie wir später sehen werden, meist in engen Grenzen festgelegt, gleichgültig, wie die Situation beschaffen ist. Der orale Charakter neigt dazu, sich allen Situationen mit einer Einstellung der Sympathie zu nähern; die Einstellung des phallischen Charakters ist aggressive Entschlossenheit. Das Verhältnis ist kennzeichnend für jede Art der Charakterstörung.

Für den analytischen Leser muß deutlich sein, daß zwischen dem bioenergetischen Triebkonzept, wie es oben dargestellt wurde, und Freuds Ansichten, wie er sie in *Jenseits des Lustprinzips* geäußert hat, eine große Ähnlichkeit besteht. Diese Ähnlichkeit fiel mir erst auf, nachdem ich die vorliegenden Formulierungen ausgearbeitet hatte. Wenn die Analyse auf somatischer Ebene dasselbe Ergebnis erbringt wie die Analyse psychischer Tendenzen, beweist dies die Einheit der beiden Funktionen.

Das Problem der Triebe ist für Freud verwirrend, weil er nicht zwischen primären Kanälen des Energieflusses, die das Wesen eines Triebs bestimmen, und dem Triebziel unterscheidet, das die spezifische Qualität des Triebes bestimmt. Freud gibt zu, daß die Ichtriebe »libidinöse Komponenten an sich gezogen haben« (Freud, 1920, S. 57). Er sagt auch: »Wir haben von jeher eine sadistische Komponente des Sexualtriebes anerkannt« (a. a. O., S. 58). Wir werden später sehen, daß man die Ichtriebe in eine aggressive Komponente motorischer Art und eine zärtliche Komponente sensorischer Art zerlegen kann, die sich beide aufwärtsbewegen. Die Richtung nach oben bestimmt ihre Ich-Identität, da beide Komponenten eine Energieladung zum Kopf bringen. In ähnlicher Weise besteht auch der Sexualtrieb aus zwei Komponenten, die sich abwärts zu den Genitalien bewegen.

Man muß auch zwischen dem Weg der Bewegung und der Energie selbst unterscheiden. Es gibt im Organismus nur eine

Energie oder Kraft. Diese Kraft oder Energie ist identisch mit dem, was die Psychoanalyse unter Libido versteht, und ebenfalls mit Freuds Eros. Diese eine Energie wirkt in beiden Triebsystemen. Im Fall der Aggressionstriebe aktiviert sie ein motorisches System; sie wird zur Kraftquelle für muskuläre Kontraktion. Sie wird als Antriebskraft gebraucht, um Bewegung zu erzeugen. Wenn die Energie vom Muskelsystem getrennt wird, entweder weil eine Handlung gehemmt wird, oder weil das Bedürfnis nach bewußtem Gewahrsein und bewußter Beherrschung das Bewegungsbedürfnis bestimmt, hat die freie Energie die Tendenz, sich entlang der Vorderseite des Körpers zu bewegen. Die Gefühle, die sie entstehen läßt, sind zärtlich, weil die Gewebe weich und im Fluß sind. Das Fehlen einer starken Muskulatur macht diesen Bereich empfindlich. Die Energie beherrscht die Strukturelemente, die hauptsächlich Mittler für ihre Bewegung sind. Diese Gefühle werden hauptsächlich durch stimmliche Äußerungen ausgedrückt.

Das Ich ist ebenso der Erzeuger von Gegensätzen wie es sie auflöst. Es ist ein Katalysator, der trennen und kombinieren kann; es tut tatsächlich beides. Indem wir den muskulären Ausdruck eines Gefühls zurückhalten, können wir es in eine motorische Handlungskomponente und eine sensorische Gefühlskomponente aufspalten. Man kann der zarten Gefühle gar nicht gewahr werden, wenn man jeden Impuls sofort ausagiert, denn dann wird das Ich von der physischen Handlung und ihren Folgen beherrscht. Ebenso hält man die Bewegung an, um die sinnliche Wahrnehmung zu steigern. Die Spaltung der Einheit des Impulses ist die Grundlage des Ichbewußtseins, denn sie ermöglicht eine spätere Wiederzusammensetzung der Komponenten für eine wirksamere Reaktion. Damit die beiden Komponenten wieder miteinander verschmelzen können, darf die Spaltung nicht zu weit gehen.

Wenn wir nach einem Gegensatz zum Eros suchen würden, um einem dualistischen Konzept vom Wesen des Lebensprozesses Genüge zu tun, würden wir es in dem Konzept von der ungeordneten Materie finden, dem Lehm der biblischen Geschichte. Eros ist dann der Odem des Lebens, den Gott dem Lehm einhauchte, um ihn lebendig zu machen. Hier jedoch sind wir weit von den Trieben selbst entfernt und nahe dem physikalischen Reich von Materie und Energie. Leben ist keine Mischung aus Materie und Energie, sondern Energie in Materie, so aneinander gebunden, daß eine Trennung unmöglich ist, solange der Lebensprozeß andauert. Eros ist also mit dem Konzept des Geistes verknüpft; die Strukturelemente des Körpers sind Abkömmlinge der Materie, aus der sie gemacht sind. Der Tod ist der Zustand, in dem die Trennung des Geistes oder der Seele vom materiellen Körper eintritt. Wir sagen, die Seele verläßt den Körper.

Jede Zelle, wie auch jede Organisation von Zellen in Geweben, Organen oder Organismen, ist eine Mischung aus Lehm und Geist, von Leib und Seele, von Materie und Eros. Der Lebensvorgang ist ein Ergebnis dieser Mischung, er ist nicht die Mischung selbst. Diese Beziehung ist verständlich, wenn wir das Leben mit einer Flamme vergleichen. Ein Feuer erfordert sowohl eine brennbare Substanz als auch Sauerstoff. Dennoch ist das Feuer weder das eine, noch das andere, noch eine Kombination beider. Unter bestimmten Bedingungen könnte ein Feuer zu brennen anfangen. Sobald es existiert, ist es ein neues Element, weder Materie noch Energie, sondern ein Prozeß. Es hat eine eigene Tendenz, zu wachsen und neue Feuer in Gang zu setzen. Man hat das Leben mit einer Flamme verglichen, die man zwar an einer Stelle löschen kann, die aber neue Flammen erzeugen kann, die denselben Prozeß weiterführen.

Das Leben selbst hat keine Tendenz zu sterben, ebensowenig wie ein Feuer eine ihm innewohnende Tendenz hat, sich auszulöschen. Das Leben ist ein sich selbst verewigendes Feuer, nicht das unvermeidliche Verlöschen irgendeiner einzelnen Flamme. Das Feuer brennt so lange weiter, wie ein brennbarer Stoff, Sauerstoff und die Beseitigung von Abfallprodukten gesichert sind. Das Leben hat dieselben Bedürfnisse: Nahrung, Sauerstoff und die Beseitigung von Abfallstoffen. Aber hier endet die Analogie. Das Leben folgt bestimmten Gesetzen des Wachstums, der Organisation und der Fortpflanzung, die wir noch nicht verstehen. Nun kann es sein, daß der Einzelorganismus stirbt, wenn das Potential für Wachstum, Organisation und Fortpflanzung, das dem lebenden Organismus bei der Empfängnis verliehen wird, erschöpft ist, aber das beweist noch nicht die Existenz eines Todestriebes.

Das Konzept eines Todestriebes ist unlogisch. Da das Wort »Trieb« Leben in sich schließt, ist es, als ob man sagen würde »Leben ist gleich Leben plus Tod« oder A ist gleich A plus B. Tod kann dem Leben gegenübergestellt werden; er ist kein Teil von ihm. Das Belebte entwickelt sich als Teil seiner Struktur, einem Rahmen von unbelebter Materie, der auf die Motilität wie eine Hemmung oder ein Trägheitsmoment wirken kann. Man kann sie nicht als eine Tendenz oder einen Trieb bezeichnen.

Freud nahm an, der Sexualtrieb habe eine sadistische Komponente, von der er glaubte, sie sei ein Vertreter des Todestriebes. Ich akzeptiere jedoch die Bezeichnung »Sadismus« nicht als angemessen für diese Komponente. Wir müssen zwischen Sadismus und Aggression unterscheiden. Der Löwe, der tötet, weil er Nahrung braucht, ist aggressiv, aber nicht sadistisch. Das Handeln einer Menge, die jemanden lyncht, ist sadistisch. Beim Sadismus wird die Lust aus dem Akt der Zerstörung an sich bezogen. Im Fall des Löwen macht die Zerstörung nur die Lust möglich, die aus der Befriedigung des Hungertriebes bezogen wird. Wir können dieselbe Unterscheidung auf den Geschlechtsakt anwenden. Wenn die Lust aus der Herrschaft über das Ich der Frau oder aus der Kränkung ihres Ichs stammt, hat der Akt ein sadistisches Element. Wo die Lust aus dem Erlebnis der leiblichen und geistigen Kommunikation entsteht, das die Essenz des Geschlechtsakts ist, kann man ihm keine sadistische Qualität zuschreiben.

Der Sexualakt ist, bioenergetisch gesehen, ein Phänomen der Energieabfuhr. Dazu gehören notwendigerweise zwei Komponenten: ein aggressiver Faktor, der die Antriebskraft liefert, und die zärtlichen Gefühle, die dem Handeln seine Bedeutung verleihen. Liebesgefühle an sich sind nicht in der Lage, ohne die Mithilfe des Aggressionstriebes eine Abfuhr zu bewerkstelligen. Dies ist kein ungewöhnliches Problem. Patientinnen, die eine beherrschende orale Charakterstruktur haben, erleben starke sexuelle Erregung, sind aber häufig unfähig, sie zu einem Höhepunkt zu bringen. Eine bioenergetische Analyse ihrer Struktur zeigt eine ausgeprägte Schwäche des Aggressionstriebes, verbunden mit einem Mangel an Motilität im Rücken und in den Beinen. Es gibt auch die umgekehrte Situation. Die starre Struktur des phallisch-narzißtischen Mannes ermöglicht es, daß die Entladung auf Kosten der zärtlichen Gefühle eintritt. Das Ergebnis ist ein Gefühl der Erleichterung und geringer Befriedigung ohne große Bedeutung. Wenn die aggressive Komponente nicht durch Liebe oder Zärtlichkeit gemildert wird, ist der Sadismus manifest. Aber dies ist ein krankhafter Zustand.

Als Teil seiner Theorie vom Todestrieb führte Freud den Begriff des »primären Masochismus« ein, d. h. der Todestrieb ist eine destruktive Tendenz, die ursprünglich nach innen gerichtet ist. Der Eros wendet sie in Form des Sadismus nach außen. Klinische Beweise für die Existenz eines primären Masochismus gibt es nicht. Alle analytischen Therapeuten müssen täglich mit dem Problem des Masochismus oder masochistischer Tendenzen kämpfen, und wenn sie das Problem nicht lösen können, endet die Therapie mit einem Mißerfolg. Wenn wir diese Fälle analytisch untersuchen, zeigt sich tatsächlich, daß sich die Aggression nach innen wendet. Der therapeutische Erfolg widerlegt jedoch die Vorstellung von einer primären biologischen Tendenz zum Scheitern. Wie können wir also die beobachtete selbstzerstörerische Tendenz erklären?

Die bioenergetische Struktur des masochistischen Charakters zeigt eine überentwickelte Muskulatur, die zugleich stark kontrahiert ist. Freud verband den Muskelapparat mit dem

Todestrieb. Zugleich werden die zärtlichen Gefühle heftig unterdrückt, nicht verdrängt. Die Unterdrückung der zärtlichen Gefühle ruft eine ausgeprägte Kontraktion und Verspannung der Bauchmuskulatur hervor. Wenn man den Fluß der Energie gemäß der Bewegung längs der Vorder- und der Rückseite des Körpers graphisch darstellt, entsteht das folgende Bild (Abb. 11).

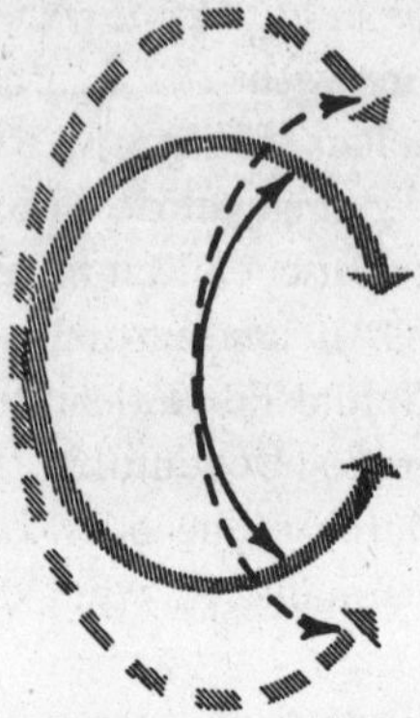

Abb. 11

Masochismus. Die dicke schraffierte Linie zeigt die überentwickelte, krankhaft kontrahierte Muskulatur. Die zarten Gefühle werden aufgestaut und erzeugen inneren Druck und Angst. Die Aggression wird nach innen gekehrt. Die beiden Triebtendenzen überschneiden sich. Die unterbrochenen Linien zeigen die normale Beziehung der beiden Triebarten.

Im natürlichen, unneurotischen Zustand ist jeder Impuls das Ergebnis der Verschmelzung der beiden Komponenten: der einen aggressiven und motorischen und der anderen zarten und sensorischen. Die Betonung kann, je nach der äußeren Situation, mehr auf der einen oder mehr auf der anderen Seite liegen, aber zwischen den beiden Tendenzen bestehen wenig Konflikte. Bei der masochistischen Struktur überkreuzen sich diese beiden Tendenzen und erzeugen einen Zustand der Ambivalenz. Dies ist ein Typus der Triebentmischung, auf die Freud bei seiner Besprechung der Triebe aufmerksam gemacht hat.

Um kurz etwas von der ausführlichen Darstellung der masochistischen Charakterstruktur vorwegzunehmen, können wir die beiden Grundursachen dieser Verfassung erwähnen. Die überentwickelte Muskulatur ist die Folge des Umstands, daß in der Kindheit dic materielle Seite des Lebens übertrieben betont worden ist. Im allgemeinen geschieht dies durch eine übermäßig beschützende Mutter, die dem Essen oder der Reinlichkeitserziehung die Hauptbedeutung beimißt. Eine derartige Muskelentwicklung ist dazu bestimmt, Impulse »innen festzuhalten«, im Gegensatz zu den ausgedehnten und entspannten Muskeln, die für die Bewegung gebraucht werden. Da Körperbewegung und Stuhlgang eng zusammenhängen, führt jede ausgeprägte Störung der natürlichen Darmfunktionen zu einer allgemein herabgesetzten Motilität des Organismus. Auch in diesen Fällen stellt man fest, daß die zärtliche Seite der Mutter-Kind-Beziehung unterdrückt wird. Die Mutter zeigt ihre Liebe dadurch, daß sie sich um Nahrung und Defäkation kümmert; von dem Kind wird erwartet, daß es reagiert, indem es ein guter Esser ist und regelmäßigen, gelenkten Stuhlgang hat. Es ist offensichtlich, daß wenig Toleranz für den Ausdruck der persönlichen Wünsche und Interessen des Kindes vorhanden ist; seine anderen emotionalen Bedürfnisse werden nicht beachtet, und sein Widerstand wird gebrochen. Diese Mütter ersticken ihre Kinder mit einer Aufmerksamkeit, die sie nicht wollen. Wir werden das genaue Wechselspiel dieser Kräfte in den detaillierten Fallgeschichten sehen, die wir später bringen wollen. Hier möchte ich zeigen, daß die Vorstellung von einer nach innen gekehrten Aggression bioenergetisch richtig ist, daß man dies aber als einen sekundären, neurotischen Zustand ansehen muß.

Abcr wir sollten uns auch fragen: Trifft es nicht zu, daß der Eros die Aggression nach außen lenkt, und daß ohne den Eros die Muskulatur sich bis zur Todesstarre zusammenziehen würde? Die Antwort muß »ja« lauten. Sogar unsere graphische Darstellung sagt dasselbe. Aber Eros ist nicht der Sexualtrieb, er ist die Kraft, die jegliche Triebtätigkeit motiviert. Die

Lebenstätigkeit als solche wäre ohne ihn unmöglich. Eros ist die Lebenskraft, und es gibt nur eine solche Kraft oder Energie. In dieser Hinsicht haben wir eine monistische Anschauung. Aber diese Kraft oder Energie wirkt vermittels Materie. Die Vorderseite des Körpers ist daher die sensorische Seite, die Rückseite die motorische. Das Vorherrschen der festen Elemente an der Rückseite erklärt die materielle Qualität des Aggressionstriebes, das Überwiegen von Energie gegenüber Materie an der Vorderseite dagegen ihre geistige Qualität.

Man vergleiche diese Auffassung mit einer, die Freud in *Das Ich und das Es* vorgetragen hat. »In jedem Stück lebender Substanz wären beiderlei Triebe tätig, aber doch in ungleicher Mischung, so daß eine Substanz die Hauptvertretung des Eros übernehmen könnte« (Freud, 1923, S. 269). Freud sagt nicht, welche Substanz dies sein könnte, aber er nennt doch ein besonderes Organ, mit dessen Hilfe »es gelungen [wäre], den Todestrieb der Einzelzelle zu neutralisieren und die destruktiven Regungen ... auf die Außenwelt abzuleiten. Dies Organ wäre die Muskulatur ...« (a. a. O., S. 269). Ich möchte die Annahme wagen, daß die besondere Substanz, die »die Hauptvertretung des Eros« ist, das Blut ist. Das mag erklären, warum Mitglieder einer Familie als »Blutsverwandte« bezeichnet werden. Wir stellen auf diese Weise auch einen Gegensatz zwischen den flüssigen und den strukturellen Elementen des Körpers her.

Wir brauchen diese Frage jetzt nicht weiter zu verfolgen. Wir möchten gerne wissen, wie die beiden »Triebarten« bei jeder spezifischen Handlung funktionieren. Auch hier hat Freud auf eine theoretische Antwort hingewiesen. Nach seiner Auffassung »verbinden, vermischen, legieren sich Triebe der beiden Arten miteinander« (a. a. O.). Reich hat auf einen Mechanismus hingewiesen, der dieses Phänomen erklären könnte. Es ist sein Konzept von der Überlagerung, das, einfach ausgedrückt, die Beobachtung enthält, daß zwei sich bewegende Wellen, die in die gleiche Richtung gehen, wenn sie zusammentreffen, zu einer Welle verschmelzen, deren Amplitude und Stärke größer ist.

»Triebentmischung« findet wirklich statt. Freud vermutete, »daß der epileptische Anfall Produkt und Anzeichen einer Triebentmischung ist« (Freud, 1923, S. 270), eine motorische Entladung, welche vollständig von jeder Komponente der zärtlichen Gefühle getrennt ist, die das Geschehen mit der Außenwelt verbinden würde. Der Sadismus ist ein weiteres Beispiel der Triebentmischung. Hier richtet sich ein destruktiver Akt gegen ein Objekt, das normalerweise Empfänger eines zärtlichen Gefühls wäre. Wir können auch ein Beispiel für ein zärtliches Gefühl finden, dem eine motorische Komponente fehlt. Der Mensch, der sich nach einem Objekt sehnt oder verzehrt, hat eine Identifikation mit ihm, aber die Aggression, die nötig wäre, um durch Vereinigung Befriedigung zu erlangen, ist nicht vorhanden.

Vollständige Triebentmischung kennzeichnet den psychotischen Zustand. Unvollständige Triebentmischung ist für die Ambivalenz verantwortlich, die ein häufiges Symptom der Neurosen ist. Bei der Analyse der Ambivalenz, die in der Polarität von Liebe und Haß zum Ausdruck kommt, gelangt Freud zu einer Auslegung, die im wesentlichen bioenergetisch ist. Zunächst erkennt er, daß »Haß sich unter mancherlei Verhältnissen in Liebe und Liebe in Haß verwandelt« (a. a. O., S. 271). Den Mechanismus, durch den diese Veränderung bewirkt wird, stellt er folgendermaßen dar: »Es ist von Anfang an eine ambivalente Einstellung [unvollständige Verschmelzung] vorhanden, und die Verwandlung geschieht durch eine reaktive Besetzungsverschiebung, indem der erotischen Regung Energie entzogen und der feindseligen Energie zugeführt wird« (a. a. O., S. 272). Die Annahme, auf der diese Äußerung beruht, ist das psychische Äquivalent von Bioenergie. »Wir haben so geschaltet, als gäbe es im Seelenleben – unentschieden, ob im Ich oder im Es – eine verschiebbare Energie, die, an sich indifferent, zu einer qualitativ differenzierten erotischen oder destruktiven Regung hinzutreten und deren Gesamtbesetzung erhöhen kann« (a. a. O., S. 272–273).

Fassen wir das bisher Dargelegte zusammen. Eine Grundenergie motiviert alle Handlungen. Wenn sie die Muskulatur auflädt und durch sie hindurchfließt, besonders durch die willkürlichen Muskeln, erzeugt sie räumliche Bewegung, die wir mit *Aggression* (adgredi – sich auf etwas zubewegen) gleichsetzen. Wenn sie die weichen Strukturen wie Blut und Haut auflädt, erzeugt sie Empfindungen, die erotisch sind, zärtlich oder liebevoll. Jede dieser Seiten des Gefühlslebens des Individuums ist meist topisch lokalisiert: die motorische Komponente in der Rückseite des Körpers und in den Beinen, die sensorische Komponente in der Vorderseite des Körpers und in den Händen. Zwar ist die Tendenz zur topischen Lokalisierung nicht absolut, aber für die praktischen Zwecke der bioenergetischen Therapie ist diese Unterscheidung zwischen Vorder- und Rückseite brauchbar.

Beim unneurotischen Verhalten verteilt sich diese eine Energie auf die zwei Wege und ruft eine Handlung hervor, die rational und der Situation angemessen ist. Impulse aus den beiden Triebbahnen verschmelzen oder überlagern sich zu einer Handlung, die, oberflächlich betrachtet, ein einheitlicher Ausdruck ist. Verschmelzung ist eine Oberflächenfunktion, d. h. sie ist eine Ausdrucksfunktion und untersteht der Herrschaft des Ichs. Wo die Verschmelzung vollständig ist, kann der Beobachter die beiden Komponenten nicht voneinander abgrenzen. Unvollständige Verschmelzung erzeugt Ambivalenz und irrationales Verhalten. Der Beobachter kann sie leicht erkennen, wie im Fall des Patienten, der weint, wenn er wütend wird, oder wütend wird, wenn ihm zum Weinen zumute ist. Vollständige Entmischung muß gleichbedeutend sein mit der psychotischen Spaltung.

Nun sind wir in der Lage, weiterzudenken. Wir haben den Gegensatz von Materie und Energie erkannt, und wir haben einen Gegensatz zwischen einem motorischen, aggressiven Triebstrang und einem sensorischen, zärtlichen Triebstrang postuliert. Nun, auf einer höheren Ebene der Organisation, können wir von Ichtrieben und Sexualtrieben sprechen. Der Sexualtrieb umfaßt die beiden fundamentalen Komponenten

– die sensorische und die motorische, Zärtlichkeit und Aggression. Die erotische Komponente bewegt sich längs der Vorderseite des Körpers nach unten und verbindet sich mit einer aggressiven Komponente, die den Rücken hinunterschwingt, um den Damm herum und in die Genitalien. Die sexuelle Natur dieser Impulse wird durch ihr Ziel, den Sexualakt mit einem Sexualobjekt, und durch den Punkt ihres Zusammenfließens in den Genitalien bestimmt. Andererseits, wenn die Bewegung beider Impulse nach oben, zum Kopf, gerichtet ist, mit einem Hauptpunkt des Zusammenflusses in den Augen, können wir die gemeinsame Bahn als einen Ichtrieb bezeichnen.*
Auf Grund seiner entgegengesetzten Richtung gerät der Ichtrieb in Gegensatz zum Geschlechtstrieb. Dies erklärt die Beobachtung, daß das Ich auf dem Höhepunkt des sexuellen Orgasmus verlöscht. Es erlaubt uns, die Qualität des Ichs aus dem Ausdruck in den Augen, aus der Haltung von Kopf und Hals, der Ausdrucksqualität des Gesichts usw. zu erschließen. Es paßt zu unserer Besprechung des Realitätsprinzips, wo wir postuliert haben, es gebe eine fundamentale Längsschwingung zwischen dem Kopf und den Genitalien, zwischen den Organen der Ladung und der Entladung. Wenn sich nun diese longitudinale Energiepulsation in zwei noch tiefer liegende Komponenten aufteilen läßt, hat diese Teilung nur insofern eine Bedeutung, als sie eine gestörte Funktion anzeigt, d. h. eine Triebentmischung. Auf der Ebene des Ichs und der sexuellen Entladung ist nur eine einzige Strömung erkennbar. Die Bewegung im lebenden Organismus ist pulsierend. Die Energiebewegung nach oben und nach unten ist eine Pendelbewegung. Der Ichtrieb kann nicht stärker sein als der Geschlechtstrieb, das Ich nicht größer als das sexuelle Gefühl. Wenn auf der Ich-Ebene eine Ambivalenz besteht, wird man bei der Sexualfunktion eine gleichartige Ambivalenz finden. Dieses Schwin-

* Man vergleiche dies mit den Vorstellungen Paul Schilders vom Ich. »In den Tendenzen des Körpers ist daher nicht nur Aggressivität. Die Tendenzen des Ichs sorgen für Nahrung und Selbstverteidigung.« (Schilder, 1950, S. 121–122).

gen als Grundlage des Realitätsprinzips ist der Eckstein aller bioenergetischen Prinzipien und jeglicher bioenergetischen Therapie.

Hiermit haben wir unsere Besprechung der der bioenergetischen Therapie zugrundeliegenden theoretischen Prinzipien abgeschlossen. In den nächsten drei Kapiteln ist die Theorie mit der Technik in solcher Weise verbunden, daß die nun folgende Darstellung von Charakterstrukturen sowohl praktischen als auch theoretischen Wert hat.

6 Bioenergetische Prinzipien in der analytischen Therapie

Die Psychoanalyse hatte ihren Ursprung in Freuds Versuch, eine somatische Störung (ein hysterisches Symptom) im Sinne eines psychischen Konflikts zu verstehen. Das nächste größere Problem, das Freuds Aufmerksamkeit erforderte, war die Unterscheidung zwischen Angstneurose und Neurasthenie. Während ihrer ganzen Entwicklung konnte sich die Psychoanalyse niemals von den körperlichen Manifestationen emotionaler Konflikte lossagen. Gegenüber den physischen Funktionen des Organismus hat die Psychoanalyse jedoch immer die Haltung eingenommen, sie müsse sich ihnen von ihrem psychischen Niederschlag her nähern. Man kann aber in der umgekehrten Richtung, also vom physischen Problem zu seiner psychischen Repräsentation, mit größerer Effektivität vorgehen.

Wir haben im 1. Kapitel gesehen, daß Ferenczi die traditionelle Methode durch Techniken ergänzte, mit denen er den Körper unmittelbarer in das analytische Verfahren einbeziehen wollte. Reich betonte die somatischen Funktionen sogar noch stärker, insbesondere die Beziehung der Atmung zum Problem der emotionalen Beherrschung. Außerdem führte Reich das Konzept einer physikalischen Energie als Gegenstück zu Freuds Konzept einer seelischen Energie ein. Aber weder bei Reich noch bei irgendeinem anderen psychoanalytischen Autor gibt es eine systematische Darstellung der Beziehung zwischen somatischen Funktionen und psychischen Problemen. Eine solche Darstellung wird die zweite Hälfte dieses Buches einnehmen. An dieser Stelle möchte ich einige grundlegende bioenergetische Prinzipien aufstellen und ihren Wert für die analytische Praxis zeigen.

Vor einiger Zeit habe ich einen Kollegen behandelt, der nach mehreren depressiven Episoden, von denen eine einen Krankenhausaufenthalt notwendig gemacht hatte, an Arbeitsunfähigkeit litt. Er hatte eine herkömmliche Psychoanalyse und auch eine Form von Gruppentherapie hinter sich. Diese Behandlungen hatten ihm zweifellos geholfen, aber seine Arbeitsfähigkeit hatte sich nicht gebessert. Schließlich wurde er zur bioenergetischen Therapie an mich überwiesen, in der Hoffnung, ich würde mit unserer aktiveren Technik an ihn herankommen, wo andere versagt hatten.

Nach etwa acht Monaten bioenergetischer Therapie mit einer wöchentlichen einstündigen Sitzung konnte er seine Analysepraxis wieder aufnehmen. Einige Zeit später beglückwünschte mich ein gemeinsamer Freund zu dem Ergebnis und sagte: »Ich weiß nicht, was du gemacht hast, um ihn wieder auf die Beine zu bringen, aber vorher war niemand dazu in der Lage.« Ich antwortete, ich hätte ihn buchstäblich auf die Füße gestellt. Nur sehr wenig von der bioenergetischen Therapie geschah, während der Patient in entspannter Stellung auf der Couch lag. Die meiste Zeit war er auf den Beinen und bewegte sich oder redete.

Ich frage mich, wieviel man bei einem Patienten erreichen kann, der auf dem Rücken auf einer Couch liegt oder bequem auf einem Stuhl sitzt. Da alle meine Patienten an einem gewissen Grad von Aggressionsmangel leiden, muß die physische Passivität, die man in der ausgestreckten oder in der sitzenden Stellung genießt, ein gewisses Therapiehindernis darstellen. Wenn wir an »Aggression« denken, wie sie im Wörterbuch definiert ist, nämlich: »sich auf etwas zu bewegen«, erlegt die übliche analytische Position der Aggression und der Bewegung eine Einschränkung auf.

Ich will nicht zu verstehen geben, daß in dem eben geschilderten Fall einfach das »Auf-die-Beine-Stellen« des Patienten so schwerwiegende Probleme wie eine Depression und die Arbeitsunfähigkeit überwinden könnte. Es ist viel mehr damit verbunden als das. Ich benütze den Fall, um die buchstäbliche

Bedeutung von Ausdrücken wie »auf eigenen Füßen stehen«, »auf den Zehenspitzen gehen«, »keinen Fußbreit weichen« usw. zu veranschaulichen. Manchmal, wenn auch selten, nimmt der Patient spontan den unmittelbaren Zusammenhang zwischen seinem emotionalen Problem und der somatischen Störung wahr. Wenn dies geschieht, wird die therapeutische Bemühung sehr erleichtert.

Ein junger Mann kam nach seiner Entlassung vom Militär in die Therapie. Er klagte, er wisse nicht, wie es weitergehen solle, und auch nicht, was er tun solle. Er war sehr groß, über 1,92 m, mager, und ging vornübergeneigt, wie es große Menschen leicht tun. Im ersten Gespräch beschrieb er gewisse Empfindungen, die, wie ich glaube, seine Unfähigkeit erklärten, zu wissen, wie es (er) weitergehen sollte. Ich zitiere seine eigenen Worte.

»Kurz bevor ich nach Übersee ging, dämmerte es mir. Wenn ich (beim Gehen) mein Bein im mechanischen Sinn bewegte, war da ein Augenblick, fast unmeßbar, in dem mein Bein frei und ungesteuert schwang, wie ein Pendel mit einem Gewicht dran schwingt. Wenn ich die Gehbewegung begann, hatte ich mein Bein ursprünglich in der Gewalt. Beim Ausschreiten hatte ich das Gefühl, es sei nicht mehr in meiner Gewalt, ungefähr so, als sei ich nicht sicher, daß es zurückkommen würde. Die sich steigernde Wirkung dieser Erlebnisse, nur augenblicksweise, aber fortwährend bei jedem Gehen, machte mir etwas aus. Da ist ein vages Gefühl im Körper, daß man an irgendeinem wesentlichen Punkt der Bewegung nicht mehr die Kontrolle hat. Mir scheint, daß das mit Schizophrenie verwandt ist. Es gibt zwei verschiedene Situationen, eine beim Sitzen und eine beim Gehen. Mir kommt es so vor, als hätte meine Persönlichkeit zwei verschiedene Seiten, eine beim Sitzen und eine beim Gehen. Wenn ich gehe, hab' ich das Gefühl, als sei ich auf Stelzen.« Dann fügte er hinzu: »Ich hab' das Gefühl, als lernte ich immer noch gehen, und das gibt mir ein sehr infantiles Gefühl. Wie Sie gesagt haben, die untere Hälfte meines Körpers sieht infantil aus. Letzten Endes fühlt man sich von seinen Beinen abgespalten; oberhalb der Beine ist man selber, darunter sind die Beine, etwas, was dem Selbst fremd ist.«

Es leuchtet mir ein, daß jemand, der das Gefühl hat, seine Beine nicht in der Gewalt zu haben, auch das Gefühl hat, er wisse nicht, wie es (er) weitergehen solle. Natürlich ist seine Körpergröße keine Hilfe für ihn. Große Menschen haben oft keinen guten Kontakt zu ihren Beinen oder zum Boden. Manchmal macht einem ein Patient den Eindruck, er »schwebe in den Wolken«. Man ist versucht, zu einem solchen Menschen zu sagen: »Komm' auf die Erde herunter.« Aber das technische Problem in einem solchen Fall liegt darin, wie man den Patienten auf die Erde herunterbringen und ihn dort verankern soll. Das Gefühl, dazuzugehören, Wurzeln zu haben, muß eine direkte Beziehung zu dem Gefühl des intimen Kontakts zwischen den Füßen und dem Boden haben. Eine Patientin brachte diese Beziehung sehr deutlich zum Ausdruck: »Ich hatte das Gefühl, nicht im Leben, nicht in den Dingen zu sein. Ich ging immer ein ganzes Stück über dem Boden.«

Das Problem des mangelnden Kontakts mit den Füßen und dem Boden kann sich auch auf andere Weise manifestieren. Beim Deuten von Zeichnungen der menschlichen Gestalt als Methode der Persönlichkeitsuntersuchung beobachtet man, daß »die Beine und besonders die Füße bei vielen Zeichnungen Ursache von Konflikten und Schwierigkeiten sind.« Karen Machover (1949, S. 65) sagt: »Wir können verstehen, warum sich auf den meisten Problemzeichnungen eine Unsicherheit der Standfestigkeit (buchstäblich interpretiert) zeigt.« Die funktionelle Bedeutung der unteren Extremitäten ist gar nicht hoch genug zu veranschlagen. Die Beobachtung Machovers bestätigt allgemein Bekanntes. »Außer der Möglichkeit, Kontakt aufzunehmen, die Beine und Füße mit Armen und Händen gemeinsam haben, tragen sie zusätzlich die Verantwortung für die Unterstützung und das Gleichgewicht des Körpers im eigentlichen Sinn und für die Ermöglichung der Fortbewegung.«

Das Problem der emotionalen Sicherheit läßt sich von der Frage des körperlichen »sicheren Standes« nicht trennen. Man kann das Problem zwar auf der verbalen Ebene anpacken, aber es weicht rascher und vollständiger einer Therapie, bei der die »Analyse von oben« mit der direkten Arbeit an der körperlichen Störung weiter unten kombiniert wird. In diesen Fällen zielt die bioenergetische Therapie darauf ab, den Patienten mit seinen Füßen und mit dem Boden in Fühlung zu bringen und ihm gleichzeitig die Beziehung zwischen seinem emotionalen Problem und dessen körperlichem Gegenstück bewußt zu machen. Die Therapie geht an zwei Fronten gleichzeitig vor, wenn auch einmal die analytische Arbeit vorherrschen mag, während sich ein andermal das Gewicht auf die körperliche Seite verlagert.

Als Ferenczi von einer »Analyse von unten« sprach, hatte er die Funktion der Schließmuskeln im Sinn, die die Entladungsvorgänge beherrschen. Ich habe viele Jahre analytischer Arbeit mit dem Körper gebraucht, um zu erkennen, daß eine solche Technik, damit sie ihr Versprechen halten kann, buchstäblich unten, am Boden, anfangen muß. Es ist eine alltägliche Binsenweisheit, daß ein Haus nicht stärker ist als seine Fundamente. Erst wenn man die Beine unter dem Gesichtspunkt der Dynamik untersucht, wird einem bewußt, wie schwach die Fundamente sind, auf denen einige scheinbar starke Ich-Strukturen ruhen.

Vor einigen Jahren habe ich einen Patienten behandelt, der an starkem Bluthochdruck litt. Er war der Presseagent einiger Hollywood-Stars und Filmproduzenten gewesen. Er war ein guter Esser, trank ziemlich viel und wußte gewandt zu reden. Er hatte ein rundes, blühendes Gesicht und war beleibt. Als er die Kleider ablegte, war ich schockiert über das Paar spindeldürrer Beine und die schmalen Hüften, die da zum Vorschein kamen. Ich kam unweigerlich zu dem Schluß, die scheinbare Sicherheit und Stärke der oberen Körperhälfte müsse eine Kompensation für die Schwäche unterhalb sein. Seine Haupttätigkeiten beschränkten sich auf die obere Hälfte des Körpers und waren im wesentlichen oraler Natur. Die Funktionen der Energieabfuhr waren stark eingeschränkt, und die Entladung von Energie in der Bewegung und in der Sexualität war stark herabgesetzt. Bioenergetisch konnte man den Bluthochdruck als Folge eines Vorherrschens der Energieladung gegenüber der Energieabfuhr interpretieren. Ich begriff auch, warum dieser Patient ein starkes Interesse an Booten hatte. Mit seinen schwachen Beinen mußte er sich an Land unsicher fühlen.

Vor kurzem kam ein junger Mann zu mir, der in der Marine Jet-Pilot war. Er hatte früher eine Lesestörung gehabt, die er durch spezielle Übungen hatte überwinden können. Er klagte auch über ein Gefühl der Unsicherheit. Sein Körper zeigte in seiner Form sehr wenig Gestörtheit. Er war ziemlich gut proportioniert, ausgewogen und hager. Der Kiefer war scharf geschnitten, die Beine wirkten ein wenig zu schwer. Sein Problem kam zum Vorschein, als ich ihn aufforderte, auf die Couch einzuschlagen. Jedesmal, wenn er zuschlug, hoben sich seine Füße vom Boden ab. Als ich ihn darauf hinwies und bemerkte, wie schwer es ihm falle, auf dem Boden zu bleiben, sagte er: »Jetzt weiß ich, warum ich mich in der Luft soviel sicherer fühle.« Erlebnisse wie diese bestätigen, wie wichtig es ist, den Menschen sowohl physisch als auch psychisch zu untersuchen.

Reich behauptete, es gebe keine Neurose ohne eine gestörte Sexualfunktion. Diese Bemerkung begegnete zu der Zeit, als sie gemacht wurde, starkem Widerspruch von seiten vieler Analytiker. Aber man kann noch viel weiter gehen als Reich. Es gibt kein neurotisches Problem, das sich nicht in allen Aspekten der Funktionen des Individuums niederschlägt. Das folgt logisch aus der Gestalt-Auffassung des Organismus als Einheit. Weil wir unsere Persönlichkeit oder unseren Charakter in jeder Handlung und in jeder Haltung ausdrücken, wird es möglich, aus so verschiedenen Ausdrucksformen wie der Handschrift, dem Gang eines Menschen usw. Charakterzüge zu erschließen. Der bioenergetische Analytiker verläßt sich nicht auf eine einzelne Manifestation. Die Vorgeschichte, die Erscheinung, die Redeweise und selbst psychologische Tests werden benützt, um zu einer korrekten Diagnose der Charakterstruktur zu gelangen. Am wichtigsten ist jedoch die körperliche Erscheinung in der Ruhestellung und in Bewegung. Keine Worte sind so klar wie die Sprache des Körperausdrucks, wenn man erst einmal gelernt hat, sie zu verstehen.

Wir fangen mit den Beinen und Füßen an, weil sie das Fundament und die Stütze der Ich-Struktur sind. Aber sie haben noch andere Funktionen. Durch unsere Beine und Füße halten wir Kontakt mit der einen unwandelbaren Realität in unserem Leben, mit der Erde oder dem Boden. Wir sagen von einem Volk, es sei »erdverbunden«, um damit auszudrücken, es habe einen guten Realitätssinn. Das Gegenteil, »in den Wolken schweben«, weist auf einen Mangel an Kontakt mit der Realität hin. Die bioenergetische Behandlung des psychotischen oder schizoiden Charakters besteht zum Teil darin, in dem Patienten ein Gewahrsein seiner Beine und Füße und des Bodens, auf dem er steht, zu wecken und zu festigen. Um in diesen Fällen Erfolg zu haben, muß man den Mechanismus der bioenergetischen Störung kennen. Wenn erst einmal ein guter Rapport mit dem Patienten hergestellt worden ist, bringt die konsequente Arbeit auf der Körperebene, um Körpergewahrsein und Motilität zu entwickeln, verblüffende Ergebnisse hervor.

Der Mangel an Kontakt zu den Füßen und zum Boden hängt mit einem weiteren häufigen Symptom zusammen: mit der Fallangst. Dieses Symptom manifestiert sich in Träumen vom Fallen, in Höhenangst und in der Angst, sich zu verlieben (of falling in love). Wo eine grundlegende Unsicherheit in der unteren Hälfte des Körpers besteht, kompensiert der Betreffende, indem er sich mit den Armen und mit den Augen an der objektiven Realität festhält. Man wird vielleicht fragen, warum ich die Angst vor dem Sich-Verlieben zu den Symptomen der grundlegenden Unsicherheit rechne. Natürlich stellt schon der Ausdruck selbst (to fall in love) eine Beziehung zwischen diesem Phänomen und den anderen her, aber wir wissen auch, daß das Sich-Verlieben eine Form der Ich-Aufgabe ist. Alle Formen der Fallangst verraten die Flucht vor dem Verlust der Ich-Herrschaft.

Außer für die Funktionen der Stützung, des Gleichgewicht-Haltens und der Verwurzelung sind die Beine die wichtigsten Strukturen bei der Funktion der Körperbewegung. Wo die Stützfunktion schwach ist, können wir auch mit einer Störung der Motilität rechnen. Wir messen die Motilität der Beine vermittels der Fähigkeit des Betreffenden, das Becken frei schwingen zu lassen, ohne irgendeinen anderen Teil des Rumpfes bei der Bewegung zu benützen. Dies ist sehr nah an der Bewegungsart, wie sie bei Tänzen wie Samba, Mambo und Rumba erforderlich ist. Sie verlangt ein entspanntes, flexibles Kniegelenk, eine Lockerheit des Beckens gegenüber dem Rumpf und eine Entspannung aller Beinmuskeln. Wir stellen fest, daß es drei Zustände gibt, die diese Grundmotilität einschränken: Schwäche, Massivität und Rigidität.

Menschen mit unterentwickelten Beinmuskeln, schwachen Fußgelenken und Senkfüßen pflegen bei der Ausführung und beim Durchhalten solcher Bewegungen große Schwierigkeiten zu haben. Erstens sind sie nicht fähig, die notwendigen Muskeln zu steuern, und zweitens ermüden sie zu schnell. Der dicke, fette und massive Oberschenkel stellt ein weiteres Problem dar. In diesen Fällen ist das Fehlen der Motilität so ausgeprägt, daß wir sagen, solche Leute hätten »Blei in den Beinen«. Die Ansammlung von Fett am Gesäß und an den Oberschenkeln muß bioenergetisch als Folge einer Stagnation der Energie in dieser Region auf Grund gehemmter Motilität gedeutet werden. Im starren Bein sind die Muskeln so verkrampft und kontrahiert, daß das Gleichgewicht oft gestört ist. Ein Patient sagte mir, er verstehe, warum es ihm so schwer falle, morgens aus dem Bett zu kommen. Er sagte, seine Beine seien so steif, daß er sich fürchte, sie mit seinem Gewicht zu belasten. Rigidität muß als Kompensation für darunterliegende Gefühle der Schwachheit betrachtet werden. Der Gang von Menschen mit verkrampften Beinmuskeln ist mechanisch und rasch, da sich bei der Entspannung Gefühle der Schwäche und Unsicherheit offenbaren.

Die Beine können schwach, abnorm schwer oder starr sein. Häufig zeigen sie eine Mischung dieser Eigenschaften. Bei der Strukturanalyse wird sowohl jede Komponente als auch der Gesamtaspekt betrachtet. Die Füße können schmal oder breit sein, die Zehen zusammengedrückt oder auseinandergespreizt, das Fußgewölbe kann eingesunken, entspannt oder stark kontrahiert sein. Die Stellung der Füße kann, wenn der Mensch natürlich dasteht, gerade und parallel sein, sie können infolge verkrampfter Gesäßmuskeln nach außen gedreht sein oder nach innen. Jede Störung wird gemäß ihrer Wirkung auf die Funktion der Stützung und der Fortbewegung interpretiert.

Ich habe die bioenergetische Analyse der Beine und Füße etwas ausführlicher besprochen, um die Prinzipien dieses therapeutischen Ansatzes zu veranschaulichen. Zwar pflegt selbst der traditionell orientierte freudianische Analytiker den Gesichtsausdruck des Patienten zu beobachten, aber nur wenige analytisch arbeitende Therapeuten studieren Form und Bewegung der unteren Körperhälfte. Tatsächlich richten wir unsere Aufmerksamkeit zuerst auf die Haltung des Individuums. Steht der Betreffende gerade, hat er ein Hohlkreuz oder ist er vornübergebeugt? Ruht das Gewicht des Körpers auf den Beinen oder auf dem Kreuz? Steht der Patient auf den Fersen oder auf den Fußballen? Wenn das Gewicht des Körpers direkt über den Fersen liegt, kann man den Stehenden leicht durch einen geringen Schubs von vorn aus dem Gleichgewicht bringen. Auch hier bezeichnet im Amerikanischen der allgemein verbreitete Ausdruck die Situation treffend. Man sagt von einem Menschen dieser Art, er sei ein »push-over« – jemand, der leicht umzuwerfen ist. Wenn dieser Ausdruck auf ein Mädchen angewandt wird, hat er nur eine Bedeutung. Ich hatte eine Patientin, deren Hauptbeschwerde war, sie könne der sexuellen Aggression von Männern nicht widerstehen. Wenn sie aufrecht stand, neigte sie dazu, auf den Fersen zu schwanken. Ich habe zwei Ausdrücke gehört, die diesen Zug bezeichnen. Man sagt von diesen Mädchen, sie hätten »runde Hacken« (round heels) oder sie seien »Ballmädchen« (ball girls). Aggression oder Bewegung ist nicht anders möglich als durch Druck, der durch den vorderen Teil des Fußes ausgeübt wird.

Die Beziehung des Beckens zu den Beinen und zum Rumpf ist sehr wichtig wegen der Genitalfunktion. Es kann sein, daß das Becken frei schwingt, was dem Betreffenden Anmut in der Bewegung verleiht, oder es ist in einer hinteren oder einer vorderen Stellung immobilisiert. In den beiden letzteren Stellungen ist ein Bruch in der natürlichen Linie des Körpers zu sehen. Wenn das Becken in der vorderen Stellung hochgezogen ist, besteht eine Spannung der Bauchmuskeln, Verkrampfung im geraden Bauchmuskel und Kontraktion im Gesäß. Man hat den Eindruck, der Betreffende verschließe die natürlichen Entladungsöffnungen. In der Charakterstruktur sind Festhalten und Zurückhaltungstendenzen stark ausgeprägt. Ein unbewegliches Becken ist mit einer Minderung der sexuellen Potenz verbunden. Das stark nach hinten gezogene Becken, das in dieser Stellung fixiert ist, stellt eine starke Verdrängung der Sexualität dar.

Man liest in der analytischen Therapie wenig über das Rückgrat. Eine Schwäche des Rückgrats muß sich, da dieses ein wichtiges Strukturelement des Körpers ist, in einer starken Persönlichkeitsstörung niederschlagen. Ein Mensch mit einem Hohlkreuz kann nicht dieselbe Ichstärke haben wie jemand mit einem geraden Rücken. Andererseits gibt eine Starrheit der Wirbelsäule dem Körper zwar stärkere Unterstützung, vermindert aber die Flexibilität. Außerdem bekommen solche Menschen häufig Kreuzschmerzen. Ich habe viele Patienten mit solchen Beschwerden behandelt. In jedem Fall führt die Verminderung der Verspannung der Muskulatur im Bereich der unteren Wirbelsäule, die Mobilisierung des Beckens, die Analyse des verdrängten Konflikts und eine Lösung des Problems der Triebhemmung zum vollständigen Verschwinden der Schmerzen und der Behinderung. Die Starrheit der

Wirbelsäule tritt nicht nur im Verlust der Flexibilität der Bewegung zutage, man kann sie auch in der Verspannung der Lendenmuskeln ertasten.

Seitdem Reich darauf hingewiesen hat, wie wichtig die Atmung für das Strömen des Gefühls ist, nimmt das Studium der Atembewegungen in der bioenergetischen Analyse eine wichtige Stellung ein. Wir sehen uns den Brustkorb an, ob er geweitet und starr ist oder weich und entspannt. Ein aufgeblasener Brustkorb ist ausnahmslos eine Begleiterscheinung eines aufgeblasenen Ichs. Er erinnert einen an die Fabel von dem Frosch, der versuchte, sich zur Größe eines Ochsen aufzublasen. Andererseits ist ein weicher Brustkorb, wenn er auch mit mehr Gefühl verbunden ist, nicht unbedingt ein Zeichen von Gesundheit. Er findet sich bei bestimmten impulsiven Charaktertypen, die eine prägenitale Struktur haben. Was wir uns wünschen, ist eine entspannte Struktur, bei der die Atembewegungen bei der Ein- und Ausatmung die Einheit von Brust, Zwerchfell und Bauch zeigen. Die Atmung wird nicht unabhängig von der Gesamtstruktur analysiert, sondern als ein Aspekt der Funktionen des Organismus.

Stellung und Motilität der Schultern sind für die Ich-Funktionen ebenso wichtig wie Beine und Becken für die Sexualfunktionen. Mehrere Haltungen sind leicht zu erkennen. Nach hinten gezogene Schultern sprechen von verdrängter Wut, von einem Zurückhalten des Impulses, zuzuschlagen; hochgezogene Schultern hängen mit Angst zusammen; gerade Schultern drücken die mannhafte Haltung dessen aus, der seine Verantwortung auf sich nimmt; gebeugte Schultern vermitteln das Gefühl der Belastung, des Gewichts einer schweren Hand. Die Schultern spielen eine wichtige Rolle bei der Motilität des Brustkorbes, da sich der Schultergürtel von der Wirbelsäule an der Rückseite über die rautenförmigen Muskeln und vorne über die Brustmuskeln zum Brustbein zieht. Eine Störung im Schultergürtel beeinflußt daher die Atmungsfunktion. Da die Grundfunktion der Arme bei den Primaten darin besteht, sich auszustrecken, um zu nehmen oder zu geben, zu ergreifen oder

zuzuschlagen, sind Ausmaß und Qualität des Ausgreifens ein Maßstab für das Ich. Klinische Erfahrung hat uns befähigt, bestimmte Charakterisierungen vorzunehmen und sie zu spezifischen körperlichen Störungen in Beziehung zu setzen. Der schizophrene Charakter greift nicht aus in die Welt; der orale Charakter tut es nur unter günstigen Bedingungen; der Masochist streckt die Arme aus, zieht sich dann wieder zurück und scheitert daher; die rigiden Typen, die phallisch-narzißtischen Männer, neigen dazu, habgierig zu sein.
Die spezifische funktionelle Störung der Körperstruktur der Schizophrenen ist die Absonderung der Arme vom Körper. Körper und Arme funktionieren bei Bewegungen nicht als Einheit. Dies verleiht der Bewegung der Arme eine mechanische Qualität, die man bei Handlungen wie dem Ausstrecken beider Arme oder beim Zuschlagen beobachten kann. Sehr tiefe Verspannungen im Schultergelenk sind für diese Abtrennung verantwortlich. Außerdem stellt man fest, daß der Schultergürtel selbst »eingefroren« und nur in sehr beschränktem Maß an den Armbewegungen beteiligt ist. Weil der Körper des Schizophrenen sich nicht an der Bewegung des Ausgreifens beteiligt, sagen wir, der Schizophrene greife nicht aus in die Welt.
Bei neurotischen Strukturen bilden Arme und Körper eine Einheit. Diese Einheit unterliegt jedoch den Begrenzungen der Charakterstruktur. Der orale Charakter klagt über Gefühle der Schwäche und der Ohnmacht in den Armen. An seiner Körperstruktur bemerken wir, daß die Muskeln, die die Schulterblätter mit dem Körper verbinden und seine Bewegungen lenken, überentwickelt und chronisch kontrahiert sind. Die am besten sichtbaren sind die Brustmuskeln vorn und der Trapezius an der Rückseite. Im Gegensatz dazu sind die Muskeln, die die Arme in den Gelenkpfannen halten, schwach und unterentwickelt. Das erklärt, warum der orale Charakter Schwierigkeiten damit hat, die Arme auszustrecken, um zu nehmen oder zu geben. Der Masochist ist an den Armen wie am übrigen Körper muskelbepackt. Seine Bewegungen sind atak-

tisch, ohne Anmut und mühsam. Das Ausgreifen ist eine Anstrengung, die der Masochist nur schwer durchhalten kann. Bei den rigiden Strukturen, z. B. beim phallisch-narzißtischen Mann, sind die Bewegungen koordiniert und stark geladen; die Verspannungen sind peripher. Bei den oberen Extremitäten sind sie hauptsächlich an Händen und Unterarmen zu finden. Die hohe Ladung, die gegen eine starke periphere Verspannung angehen muß, verleiht den Händen eine »grapschende«, klauenartige Eigenschaft.

Wir haben gesehen, daß zwischen der oberen und der unteren Körperhälfte ein Gegensatz besteht. Man sieht nicht selten einen breitschultrigen Mann mit schmalen Hüften und dünnen, schwach aussehenden Beinen. Es ist, als sei alle Energie in der oberen Hälfte konzentriert, so daß die untere Hälfte impotent bleibt. Wir stellen in der Praxis fest, daß sich, je stärker die Beine werden und je größer die sexuelle Potenz wird, die Schultern senken, der Burstkorb sich verkleinert und das Schwerkraftzentrum erheblich absinkt. Die Verteilung der Muskulatur am menschlichen Körper ist von der Art, daß der größere Teil an den Hüften und an den Beinen konzentriert ist. Dics stützt die Fähigkeit des Menschen, seine aufrechte Stellung beizubehalten. Die Muskeln der oberen Körperhälfte sind von der Funktion, den Körper zu stützen oder fortzubewegen, befreit. Sie sollten weich, entspannt und für rasche, sensible Bewegungen verfügbar sein.

Die Haltung des Kopfes steht in direkter Beziehung zur Qualität und Stärke des Ichs. Unsere theoretischen Prinzipien unterstützen diese Auffassung, die letzten Endes von klinischen Beobachtungen abgeleitet ist. Wir kennen den langen, stolzen Hals und den kurzen Stiernacken, die wohlbekannte Haltungen sind. Gewisse Schizophrene halten den Kopf so abgewinkelt, daß man den starken Eindruck bekommt, er sei verrenkt. Wenn ich dies bei einem Patienten beobachte, reicht es aus, daß ich vor psychotischen Tendenzen auf der Hut bin. Wenn der Kopf in abgewinkelter Stellung gehalten wird, kann der Ausdruck auch noch anders sein. Man hat dann den

Eindruck, der Kopf sei für den Körper eine zu große Last und man lasse ihn daher hängen. Das stellt die Einstellung des Patienten zur Realität dar. Manchmal wird man an Bilder von der Kreuzabnahme Christi erinnert, und dieser Eindruck wird noch verstärkt durch eine Haltung des übrigen Körpers, die ein Martyrium ausdrückt.*

Wenn wir den Gesichtsausdruck als einen Maßstab für den Charakter und die Persönlichkeit studieren, sind wir auf vertrauterem Boden. Da dies ein Verfahren ist, das wir unbewußt unser ganzes Leben lang anwenden, will ich nur einige Worte anfügen, um die bioenergetische Grundlage für unsere Praxis zu zeigen. Wir werden des beherrschenden Zuges gewahr, aber wir sollten zu allererst auf die Augen achten. Wir haben gesehen, daß andere Autoren, wie z. B. Schilder (1950, S. 96–98), das Ich in der Nähe der Augen oder in den Augen lokalisieren. Es muß seine Gründe haben, daß die Augen als Spiegel der Seele angesehen werden. Unsere eigene Forschung weist darauf hin, daß die beiden Triebbahnen oben in den Augen konvergieren, wie sie es unten in den Genitalien tun.

Wir können sowohl die Intensität als auch die Qualität des Ausdrucks bestimmen. Manche Augen sind hell und glänzen, andere sind trüb und manche sind leer. Natürlich verändert sich der Ausdruck. Wir suchen daher nach dem typischen Blick der Augen. Manche sind traurig, andere wütend; manche sind hart und kalt, andere weich und flehend. Dies sind Eigenschaften, die man ebensowenig mit einem Instrument messen kann wie die Schönheit einer lieblichen weiblichen Gestalt oder das Gefühl der Männlichkeit, das ein geschmeidiger und beweglicher Mann vermittelt. Aber wenn man diese Dinge nicht wahrnimmt, wird die Psychiatrie zu einer leblosen beruflichen Tätigkeit. Manch ein erfahrener Psychiater kann die Schizo-

* Man vergleiche mit der Bemerkung von Paul Schilder: »Wir begegnen hier zum ersten Mal dem wichtigen Grundsatz, daß der individuelle Charakter sich im Modell des Körper-Bildes ausdrückt.« (Schilder, 1950, S. 89) Wir machen noch eine weitere Prämisse, nämlich, daß die funktionelle Motilität dem Körper-Bild zu entsprechen pflegt.

phrenie an dem leeren Blick des Weit-weg-Seins in den Augen erkennen.

Nicht selten zeigt ein Gesicht zwei einander widerstreitende Ausdrücke. Die Augen wirken vielleicht schwach und zurückgenommen, während der Kiefer stark ist und vorspringt. Wenn die Kiefermuskeln überentwickelt sind, wird der Energiezufluß zu den Augen blockiert. Der Kiefer ist eine bewegliche Struktur, die in ihren Bewegungen dem Becken ähnlich ist. Er kann sowohl in einer nach hinten gezogenen als auch in einer vorgeschobenen Stellung immobilisiert sein; beides stellt eine Verminderung der Motilität dar. Ein Kiefer, der sich nicht aggressiv vorschieben oder vor Zärtlichkeit weich werden kann, ist in bezug auf seine Funktion als krankhaft anzusehen. Viele Arten des Gesichtsausdrucks hängen mit der Stellung des Kiefers zusammen. Je weiter er sich vorschiebt, desto mehr drückt er zunächst Entschlossenheit, dann Kampfesmut aus; der extrem vorgeschobene Kiefer, wie bei Mussolini, bedeutet unverkennbar Trotz.

Zahl und Art der Ausdrucksformen, die auf dem Gesicht eines Menschen erscheinen können, sind groß und vielfältig. Wenn wir unsere Patienten beobachten, nehmen wir dieses Spiel der Gefühle natürlich wahr. Auf dem Gesicht eines Patienten taucht ein höhnisches Lächeln auf, und wir fragen, warum er höhnisch lächelt. Zu unserer Überraschung antwortet der Patient, er habe gar nicht höhnisch gelächelt. Da die Menschen so sehr von den Reaktionen anderer in Anspruch genommen sind, merken sie oft nichts von ihrem eigenen Gesichtsausdruck. Dieser Ausdruck ist wie eine Fehlleistung, auf deren Bedeutung Freud schon vor vielen Jahren hingewiesen hat.

Von größerer Bedeutung für die analytische Therapie ist jener unbewußte Ausdruck, der sich dem Gesicht eingeprägt hat, und zwar so sehr, daß wir ihn ganz selbstverständlich als Teil der Persönlichkeit ansehen. Ich erinnere mich an einen Professor, der die Augenbrauen so hochgezogen hatte, daß sich Linien der Überraschung und des Erstaunens in seine Stirn gegraben hatten. Niemand schenkte dem die geringste Beachtung, am

wenigsten der Professor selbst. Aber wenn man die Brauen stark hochzieht, ist das Gefühl der Überraschung und des Erstaunens so unmittelbar und so stark, daß es störend ist. Warum merkte der Professor nichts von seinem Gesichtsausdruck? Wir müssen folgern, daß man, wenn sich ein Ausdruck »einfleischt« und zum unauslöschlichen Zug wird, sich seiner nicht mehr bewußt wird. Dieser Ausdruck wird, wie alte Kleidungsstücke, so sehr ein Teil von uns, daß wir sie erst bemerken, wenn sie einmal fehlen. Ein sehr weit verbreiteter Gesichtsausdruck, den wir als selbstverständlich hinnehmen, ist der Ausdruck von Ekel, der dadurch entsteht, daß man die Nasenflügel nach oben zieht. Haben Sie nicht auch schon Menschen gesehen, die ständig einen Ausdruck von Schmerz im Gesicht tragen? Leiden diese Menschen unter Schmerzen? Gewiß! Eine Tiefenanalyse des Unbewußten würde offenbaren, daß der jeweilige Gesichtsausdruck verdrängte Gefühle repräsentiert – Überraschung, Ekel oder Schmerz.
Vielleicht werden Sie sagen »Genug!« Wie weit soll das noch gehen? Beruhen nicht schwache, kurzsichtige Augen auf Veranlagung, die nichts mit dem Ich zu tun hat? Oder ein Patient sagt: »Mein Vater hat einen schwachen Kiefer, sein Vater hatte auch schon einen schwachen Kiefer, widerlegt das nicht Ihre Vorstellungen von meinem Kiefer?« Es kann auch sein, daß alle Angehörigen einer Familie dieselben Beine haben, und daß dies dann angeführt wird, um zu beweisen, daß ihr Körperbau nichts mit Umwelteinflüssen zu tun hat.
Diese Argumente sind gültig und müssen ernsthaft erwogen werden. Hier stellen sich zwei Fragen, von denen jede eine gesonderte Antwort erfordert. Was auch immer die Ursache von Kurzsichtigkeit sein mag, sie stellt eine Schwäche dar, die das Ich beeinflußt. Die klinische Erfahrung hat mehrfach bestätigt, daß das Ich von dynamischen und strukturellen Faktoren bestimmt wird, gleichgültig, woher sie kommen. Gewiß sind Säuglinge bei der Geburt sehr verschieden, und diese Verschiedenheit hat einen tiefgreifenden Einfluß auf ihre zukünftige körperliche und seelische Entwicklung. Wieviel von

dieser Unterschiedlichkeit auf Vererbung beruht, kann man nicht sagen. Zum Zeitpunkt der Geburt ist der Säugling schon neun Monate lang einer lebenswichtigen Erfahrung ausgesetzt gewesen. Die Qualität dieser Erfahrung läßt sich nicht leicht einschätzen, aber ihre Bedeutung kann man gar nicht zu hoch veranschlagen. Man ist sich heute in der Medizin zunehmend darüber klar, daß viele angeborene Mißbildungen und Störungen auf Erkrankungen und Ausfällen beruhen, denen die Mutter während der Schwangerschaft ausgesetzt war.

Allein schon theoretische Überlegungen sollten uns zwingen, unsere Einstellung zum Leben des Individuums im Uterus zu überprüfen. Zwei Samen der gleichen Blume oder Frucht sind fast ununterscheidbar, wenn beide gleich reif sind. Aber die Bäume oder Büsche, zu denen sie sich entwickeln, können deutliche Unterschiede zeigen. Natürlich sind die Samen nicht identisch, aber auch die beiden Stücke Boden, in denen sie wurzeln und sich entwickeln, sind es nicht. Nicht nur kann der Boden sich verschieden zusammensetzen; sondern auch die Entwässerung und die Belichtung sind an zwei verschiedenen Stellen selten gleich. Der Mutterleib ist ein wenig Erde, in die der Säugetiersame für neun Monate eingepflanzt wird. Keine zwei Mutterleiber sind in bezug auf Fruchtbarkeit gleich. Manche sind felsig und steinig von in sie eingebetteten fibroiden Geschwülsten. Manche sind hart und kontrahiert, und die Blutzufuhr ist vermindert. Manche sind klein und unreif, während andere mehrere Schwangerschaften durchgemacht haben.

Die Säuglinge, die jeweils aus einem Mutterleib dieser Art kommen, sind verschieden. Jeder Geburtshelfer hat diese Unterschiede schon gesehen. Sie gehen vom munteren, kraftvollen Säugling bis zu runzligen und eingeschrumpften Kindern, die wie alte Leute aussehen. Daraus würde auch folgen daß das frühe extrauterine Leben des Säuglings eine Wiederholung der Qualität seines intrauterinen Daseins bringt. Ohne besondere Vorbereitung wiederholt sich in der Einstellung der Mutter zum Kind das unbewußte Muster, das in der Beziehung des Mutterleibes zum Embryo gegeben war. Menschen ändern sich nicht leicht. Die Erfahrung des Kindes mit seiner Mutter ist ein Dauererlebnis, das mit der Empfängnis beginnt. Das Entwicklungspotential des Kindes nimmt nur so weit Form und Gestalt an, wie es die Realität erlaubt, und die Realität des Kindes ist seine Mutter. Dies ist eine Auffassung, die sich in Analytikerkreisen immer mehr durchsetzt. Die Einstellung der Mutter, die mit den Bedürfnissen des Kindes nach Unterstützung und Zuneigung auf der einen Seite und Unabhängigkeit auf der anderen interagiert, bestimmt das entstehende Muster der Persönlichkeit des Kindes und legt es fest. Festgelegte Reaktionsweisen verhärten sich und verfestigen sich mit der Zeit zu der dynamischen Charakterstruktur, der der analytische Therapeut eines Tages gegenübersteht. Auch die Rolle des Vaters und anderer Menschen in der Umgebung muß berücksichtigt werden, aber sie sind natürlich spätere Einflüsse und von zweitrangiger Bedeutung.

Für die Mutterliebe, wie sie sich sowohl auf der körperlichen als auch auf der seelischen Ebene manifestiert, kann es keinen Ersatz geben. Die unter optimalen Bedingungen ablaufende Entwicklung erzeugt eine Körperstruktur und eine Persönlichkeit, die unsere Bewunderung hervorrufen. Analytische Therapeuten begegnen jedoch täglich Menschen, deren Struktur und Persönlichkeit solche Mängel aufweisen, daß sie oft dem Druck der Realität nicht standhalten können. Solche Menschen entwickeln bei ihrem Kampf ums Überleben Kompensationsmechanismen, um ihre Schwächen zu überwinden. Adlers Theorien über die Organminderwertigkeit und das Streben nach Macht und Überlegenheit stammen aus solchen klinischen Beobachtungen. Leider beheben Kompensationsmechanismen niemals den Mangel oder die Schwäche. Die bioenergetische analytische Therapie greift die Grundstörung an, wie sie sich im Verhaltensmuster des Erwachsenen manifestiert und beseitigt dadurch das Bedürfnis nach Kompensation und Anpassung.

Eine Patientin kam nach vielen Jahren der Analyse in die

bioenergetische Therapie. Sie sagte, sie sei mit der verbalen Analyse ungefähr so weit gegangen, wie sie konnte, und unser Ansatz scheine mehr zu bieten. Sie hatte einen schweren, fetten Körper, einen kurzen, aber gut geformten Hals und einen Gesichtsausdruck von grimmiger Entschlossenheit. Ihre Arme und Beine waren dünn, sie neigte zu X-Beinigkeit, und die Füße waren klein und schwach. Trotz ihrer Entschlossenheit konnte sie ihren Appetit nicht zügeln. Sie hatte wenig soziale Beziehungen, aber ihre Arbeitsfähigkeit war gut und sie hielt sie inmitten von Depressionen, Ängsten und Mutlosigkeit aufrecht.

Diese Patientin begann die bioenergetische Therapie mit der für sie bezeichnenden Entschlossenheit. Mehrere Wochen lang war ihre Stimmung merklich gebessert, und sie aß weniger. Dann wurde sie wieder ängstlich und depressiv. Weiter konnte sie mit ihrer Entschlossenheit und Begeisterung nicht kommen. Nun mußte sie sich der harten Arbeit stellen, ihre Beine zu kräftigen, ihren Körper beweglich zu machen und auf die Haltung grimmiger Entschlossenheit zu verzichten. Diese Entschlossenheit muß man bioenergetisch als Ausgleich für die Schwäche in den Beinen und in den Genitalien ansehen. Keine noch so große Entschlossenheit kann die natürliche Sicherheit und Motilität ersetzen, die man aus gut ausbalancierten Beinen bezieht. Außerdem verhindert die charakterlich in der Ich-Struktur festgelegte Entschlossenheit die Aufladung mit genitaler Erregung und ihre Abfuhr. Die natürliche Pendelbewegung der Energie wird durch die Unbeweglichkeit des Kiefers blockiert. Dennoch richtet sich unsere Hauptanstrengung, während wir auf diese charakterliche Einstellung der Entschlossenheit hinweisen und sie analysieren, auf eine Behebung der Schwäche.

Entschlossenheit als festgelegte Einstellung ist keine echte Quelle von Ichstärke; sie weist vielmehr auf eine Unbeweglichkeit des Ichs hin. Mit ihr wird Energie auf Kosten anderer möglicher Reaktionsweisen in ein Verhaltensmuster »eingefroren«. Sie ist eine Ich-Abwehr gegen Depression und Mißerfolg,

aber wie alle Abwehrhaltungen macht sie das Gefühlsleben ärmer und kann gerade zu dem Unheil führen, zu dessen Vermeidung sie organisiert worden ist. Sie ist eine Einschränkung der Motilität, obwohl sie gleichzeitig ein Versuch ist, diese Einschränkung zu überwinden. Wenn man die natürliche Motilität des Organismus steigert, verschwindet die charakterliche Entschlossenheit; an ihre Stelle tritt dann die Fähigkeit, entschlossen zu sein, wenn die Situation es wirklich erfordert.
Ein anderer Patient begann nach fünf Jahren herkömmlicher Analyse mit der bioenergetischen analytischen Therapie. Viele seiner zwanghaften Verhaltensmuster waren durchgearbeitet worden, und er hatte etwas Einblick in seine Motivationen gewonnen. Er pflegte wie unter Zwang Frauen nachzulaufen, bis er begriff, daß dies ein Versuch war, seinerseits einem Ich-Ideal von sich selber als einem jungen und hübschen Mann zu entsprechen, den die Frauen begehren. Sein tatsächliches Verhalten änderte sich insofern, als er zwar immer noch den Frauen nachlief, aber keine Affären mehr mit ihnen anfing. Nach seiner früheren Analyse hatte er einen zwanghaften Tic in den Augen entwickelt. Wie gewöhnlich in diesen Fällen war seine sexuelle Potenz nicht groß. Sein eigener Orgasmus war schwach, sein sexuelles Interesse lag zum großen Teil in seinem Wunsch, die Frau zu befriedigen. Die psychoanalytische Deutung seines Handelns war richtig, aber sie ließ ihm keine andere Wahl, als sein Ich-Ideal und das mit ihm verbundene Verhalten aufzugeben. Leider befreite ihn dies nicht von seinem Interesse an anderen Frauen noch von seiner Zwanghaftigkeit.
Seine Körperstruktur war zwar gut entwickelt, aber schlecht proportioniert. Sein großer Brustkorb und seine krummen Schultern verliehen der oberen Hälfte seines Körpers ein massives Aussehen. Die Hüften waren schmal, der Bauch war eingezogen und kontrahiert, und das Becken wurde hinten festgehalten. Seine Beinmuskeln waren verkrampft. Die Beweglichkeit des Beckens und die genitale Ladung waren beide herabgesetzt. Man kann einer anderen Interpretation seines

Verhaltens die bioenergetische Dynamik seiner Struktur zugrundelegen. Seine Schürzenjägerei war ein Versuch, die Ladung und die Erregung in der unteren Hälfte seines Körpers zu steigern. Diese Handlungsweise war insofern kompensatorisch, als er versuchte, eine Schwäche durch die Reaktion der Frau zu beseitigen. Sein Mangel an Männlichkeit offenbarte sich dann darin, daß er sich beim Geschlechtsakt auf Kosten seiner eigenen orgastischen Lust mit der Frau identifizierte. Jedes Erlebnis endete bei ihm mit demselben Bedürfnis nach Abhängigkeit wie zuvor. In einer Hinsicht war sein Ich-Ideal gültig, und zwar insofern, als es seine reale Unzufriedenheit mit sich selbst als Mann widerspiegelte, und seinen Wunsch, sich zu bessern.

Die bioenergetische Therapie richtete sich auf die untere Körperhälfte, um ihre Ladung und Motilität zu steigern. Wenn man die Struktur dort stärkt, wo sie schwach ist, wird das Bedürfnis nach einem irrationalen, kompensatorischen Verhalten beseitigt. Als der Patient eine stärkere genitale Ladung entwickelte, nahm sein Gefühl der eigenen Männlichkeit zu. Das führte zu einer Veränderung seines Ich-Ideals. Er konnte sich als aggressiver im Geschäftsleben und als verantwortlicher in seinem Familienleben sehen. Der zwanghafte Tic der Augen hatte sich aus dem Gefühl der Schwäche in den Augen als Versuch entwickelt, mehr Kraft zu gewinnen. Hier war wie auf der genitalen Ebene ein Kompensationsmechanismus am Werk. Die Schwäche in den Augen war durch überentwickelte Kiefermuskeln bedingt, die eine übertriebene Entschlossenheit ausdrückten. Es war interessant, mitanzusehen, wie seine Augen sich aufhellten und sich entspannten, wenn am Ende jeder Behandlung die Verspannung der oberen Körperhälfte gelockert war.

Die Psychoanalyse ist hauptsächlich bestrebt, die Ich-Abwehr und die Kompensationsmechanismen aufzudecken. Wir analysieren ein Verhaltensmuster, um die Ichtriebe aufzuzeigen, die es motivieren. Aber das ist der leichteste Teil jeder Therapie. Schwieriger und wichtiger ist die Bemühung, die natürlichen

Ich-Funktionen so weit zu stärken, daß der Patient keine Abwehr- und Kompensationsmechanismen mehr braucht. Für diesen Zweck stehen der Psychoanalyse nur zwei technische Verfahren zur Verfügung: Das eine ist das Durcharbeiten der Übertragung, das andere ist die Analyse des Alltagsverhaltens des Patienten im Leben draußen. Zu beiden gehören ein analytisches und ein didaktisches Element. In das letztere fließt die Persönlichkeit des Analytikers als eine Kraft ein, die den Patienten zu rationalerem Verhalten führt. Ein Patient kann die nötigen positiven Einstellungen nicht anders entwickeln als durch die Identifizierung mit dem Analytiker, und er wird es nur in dem Maß tun, in dem sie Teil der Persönlichkeit des Analytikers sind.

Wenn das neurotische Symptom als Ich-Abwehr dient, kann man es möglicherweise beseitigen, indem man seine Abwehrfunktion aufdeckt. Dies gilt besonders für die Konversionssymptome, die beim hysterischen Charakter durch eine verschobene Genitalität hervorgerufen werden. Phobien und Zwangssymptome lassen sich nicht so einfach auflösen. Trotz der Analyse ihres Mechanismus ist die Phobie nicht beseitigt, bis sich das Individuum der gefürchteten Situation stellt. Bei der Zwangsvorstellung ist es ebenso notwendig, sich der eingebildeten Gefahr auszusetzen. Noch schwieriger ist das Problem bei den Charakterneurosen, denn hier haben wir es mit unreifen Charakterstrukturen zu tun. Viele dieser Patienten kennen und verstehen die Natur ihrer Probleme fast ebensogut wie der Analytiker. Wenn sie nun ihre Situation nicht in Ordnung gebracht haben, sagen wir, es fehle ihnen an Einsicht. Aber das kann nur bedeuten, daß sie nicht den Mut oder die Kraft haben, eine reifere Haltung einzunehmen. Unter solchen Bedingungen geht die Analyse immer weiter, bis der Patient sie aus Verzweiflung abbricht oder sich durchsetzt. Schwierigkeiten wie diese brachten Ferenczi dazu, seine »aktiven Techniken« einzuführen.

Die bioenergetische Therapie arbeitet unmittelbar mit jenen Kräften im Organismus, die Kraft und Mut geben können.

Weder läßt sich die Kraft leicht erwerben, noch gewinnt man rasch den Mut. Man muß sich der gefürchteten Situation wiederholt stellen. Wie wir gesehen haben, war dies ein Teil der zur Überwindung der Phobie verwendeten Technik. In der bioenergetischen Therapie wird die Angst mit Schwierigkeiten des Patienten in Verbindung gebracht, Gefühle der Wut, der Liebe usw. auszudrücken. Im Grunde ist jede emotionale Störung eine Einschränkung der Motilität. Das Wort »E-motion« selbst bedeutet eine Bewegung nach außen. »Nach außen« ist bei den höheren Lebewesen gleichbedeutend mit Entladung. An jeder emotionalen Störung ist eine Blockierung des Energieflusses zu den Entladungsorganen beteiligt, unter denen die Genitalien an erster Stelle stehen. Je peripherer die Blockierung ist, desto geringfügiger ist die Störung. Wenn die Blockierungen dem Zentrum näherliegen, sind sie meist schwerwiegender. Kraft und Mut sind davon abhängig, ob die Energie in den Entladungszonen verfügbar ist. Lassen Sie mich ein Beispiel geben:

Ich habe einmal einen jungen Mann behandelt, der mir erzählte, er sei sehr beunruhigt, weil er in einer Situation, in der jemand ein Messer gegen ihn gezogen hatte, auf dem Absatz kehrtgemacht habe und davongelaufen sei. Diese Handlungsweise selbst ist kein Zeichen für einen Mangel an Mut. Das Problem lag in seinem Gefühl der Beunruhigung wegen seines Verhaltens, denn er spürte einen Mangel an Mut in sich. Während der darauffolgenden Therapie erkannten wir beide, daß er sich den Problemen seines Lebens nicht stellte. Eines Tages wurde er beunruhigt, es wurde ihm übel, und er mußte sich erbrechen. Während dies geschah, sahen wir beide mit Bestürzung, daß auf der Mittellinie seines Bauches ein gelber Streifen erschien. Uns durchfuhr gleichzeitig die Erinnerung an den Ausdruck »yellow-bellied« (gelbbäuchig=feige). Man neigt dazu, solche Ausdrücke nicht wörtlich zu nehmen, aber hier war ein sichtbarer Beweis, über den man nicht hinweggehen konnte. Die Gelbfärbung verschwand, als der Magen des Patienten leer war.

Wir haben im Amerikanischen noch einen häufig verwendeten Ausdruck für Menschen, die sich so verhalten, als hätten sie nicht genug Mut. Wir sagen, es fehle ihnen an »guts« (=Gedärm, Eingeweide). Da jedoch jeder Mensch Gedärm hat, muß der Ausdruck bedeuten, daß es dem Betreffenden an Gefühl für sein Eingeweide gebricht, oder daß er kein Gefühl im Bauch hat. Wenn ein Patient darüber klagt, sein Eingeweide sei verknotet oder er habe ein leeres Gefühl im Bauch, können wir nicht von ihm erwarten, er solle tapfer sein.
Dieser Patient litt an Übersäuerung des Magens und häufigem Sodbrennen. Ich konnte die Säure in seinem Atem riechen. Wenn er sich erbrach, war das Erbrochene zitronengelb gefärbt. Gelegentlich zeigte seine Haut eine zitronengelbe Färbung. Wie der »gelbe Streifen« erschien und verschwand, weiß ich nicht. Jahrelange Beobachtung hat mich überzeugt, daß Erscheinungen an der Haut häufig zugrundeliegende dynamische Prozesse zeigen, die an die Oberfläche kommen. Der Patient selbst war sich einer Blockierung bewußt, von der er meinte, sie sei für die meisten seiner Schwierigkeiten verantwortlich. Diese Blockierung war eine tiefsitzende Verspannung in der Magengrube, die er seinen »gordischen Knoten« nannte. In dieser tiefsitzenden Verspannung war soviel Energie gebunden, daß der Bauch relativ zu wenig geladen war.
Bei diesem Patienten gab es noch weitere Manifestationen seiner fundamentalen Unsicherheit. Unter Spannung pflegten ihm die Beine so stark zu zittern, daß ihm buchstäblich »der Boden unter den Füßen schwand«. Wir haben schon früher in diesem Kapitel den Ausdruck »keinen Fußbreit weichen« als Bezeichnung für Mut angeführt. Die konsequente Beachtung der Dynamik der Struktur erbrachte bei diesem Fall ausgezeichnete Ergebnisse. Die ausgeprägte Übersäuerung nahm merklich ab. Die Beine und Oberschenkel des Patienten entspannten sich, und seine Fähigkeit, fest auf beiden Füßen zu stehen, besserte sich. Zugleich wurde er fähig, Probleme in seinem Leben anzupacken, vor denen er vorher davongelaufen

war. Und er begann, Lust im Bauch zu empfinden, was für ihn eine neue Erfahrung war.

Das Gefühl der Stärke hängt vom Aufwallen der Lebenskraft oder Energie ab. Ich mache eine solche Aussage ohne Zögern. Wir haben es hier nicht mit so mechanischen Fähigkeiten wie Gewichtheben usw. zu tun. Das ganz lebendige Kind fühlt seine Stärke ebenso wie der Mann in der Blüte seiner Jahre. Das Gefühl der Stärke ist im Grunde Ich-Stärke. Wir haben alle schon Männer mit breiten Schultern und gut entwickelten Muskeln gesehen, deren Stärke darin lag, daß sie »viel einstecken« konnten. Ein Verhaltensmuster, das wir passiv-feminin nennen, und das sich im Mangel an Aggression gegenüber Frauen zeigt, straft den Körperbau des »starken Mannes« Lügen. Die Überentwicklung der Muskulatur ist eine Kompensation der darunterliegenden Schwäche. Man kann Muskeln ebensogut für das Zurückhalten von Impulsen wie für Bewegung benützen. *Eine Therapie, die zu Ausdrucksbewegungen ermutigt, steigert die Motilität des Organismus, bessert seine Aggressivität und erzeugt auf körperlicher wie auf seelischer Ebene ein Gefühl der Stärke.*

Wie weit kann man Struktur verändern? Wenn die Schultern zu hoch stehen, kann man sie senken? Wenn der Hals zu kurz ist, kann man ihn länger machen? Wenn die Oberschenkel zu schwer sind, kann man erreichen, daß sie schlanker werden? Man hat diese Dinge zustande gebracht, aber der Patient, der mit einem mit seiner Struktur verknüpften Problem kommt, erwartet nicht, daß man einen neuen Menschen aus ihm macht. In demselben Maß, in dem die Krankhaftigkeit der Struktur beseitigt wird, nimmt die Funktion zu; in demselben Maß, in dem sich die Funktion bessert, nimmt die Krankhaftigkeit ab. Struktur ist erstarrte Funktion.

Wir haben vor einer Weile das Problem des breitschultrigen Mannes erwähnt. Ich spreche dabei nicht von jenen Männern, deren breite Schultern mit einem breiten Körper im Einklang stehen. Die Harmonie der Körpergestalt selbst ist ein Hinweis auf relative Gesundheit. Der breitschultrige Mann mit schmalen Hüften, der Traumtyp eines amerikanischen Mannes, zeigt ausnahmslos passiv-feminine Tendenzen. Solche Männer leiden häufig an Ejaculatio praecox, und die Tiefenanalyse fördert eine Identifikation mit der Frau zutage. Die Beziehung zur Frau ist ambivalent; manchmal spielt er dem Mädchen gegenüber die Vaterrolle, ein andermal ist er der »kleine Junge« seiner Mutter. Die breiten Schultern erwecken den Eindruck, er sei eine Säule der Kraft, er könne seine Last auf sich nehmen.

Eine analytische Untersuchung des Hintergrundes bringt ans Licht, daß der Patient eine Mutter hatte, deren Grundhaltung Leiden und Selbstaufopferung für ihre Kinder war. Dieser Junge war vielleicht ihr Liebling. Sie teilte ihm ihren Kummer mit, und er empfand ihr Unglück mit ihr. Als Kind hatte er sich vorgenommen, etwas Freude in das Leben seiner Mutter zu bringen, und er fühlte sich verantwortlich für ihr Wohl. Natürlich ist der ganze Ödipuskonflikt beteiligt; zwischen dem Jungen und seinem Vater herrscht Rivalität. Aber was für unsere Erörterung wichtig ist, ist der Umstand, daß dieser Mann in seinen breiten Schultern sein übertriebenes Gefühl der Verantwortung für das Wohl der Frau zeigt. Dieses Verantwortungsgefühl ist in die Struktur der Schultern »eingefroren«.

Eine solche Haltung trägt ihr Gegenteil in sich. Bei diesem Männertypus besteht ein ebenso starkes Gefühl des Ressentiments und der Angst gegenüber Frauen. Man kann dieses Ressentiment in der Verspannung im Nacken finden und die Angst in der Immobilisierung des Beckens. Diese letztere erklärt die schmalen Hüften. In diesem hypothetischen Falle bedeutet das Fallenlassen der Schultern, daß die Last abgeworfen wird, daß das Gefühl ausgedrückt wird: »Mir ist es gleichgültig«, daß man sich von der übertriebenen Verantwortung befreit.

Welche Energiedynamik hat diese strukturelle Haltung? Die Schultern werden nicht einfach breiter, weil sich das Kind für das Wohl seiner Mutter verantwortlich fühlt. Die Struktur hat sich aus einer Beziehung heraus kristallisiert, die bei der Geburt angefangen hat. Schultern werden als Teil der Angstreaktion hochgezogen. Diese Schultern zeigen Furcht, aber nicht bis zum Grad des Entsetzens. Sie werden in der Mitte zwischen einer nach vorn gezogenen und einer nach hinten gezogenen Position gehalten. Diese Stellung ist ein dynamisches Gleichgewicht zwischen dem Ausgreifen nach vorn und dem Festhalten nach hinten, zwischen Wut und Trotz. Die Stellung ist ein Kompromiß zwischen einander entgegengesetzten Einstellungen und erzeugt als solcher Unbeweglichkeit. Die Blockierung beschränkt die Energie auf die Muskeln des Schultergürtels – auf Kosten der Hände.

Die Rigidität der Schultern vermindert die Beweglichkeit des Brustkorbs. Die Atmung wird herabgesetzt, und das Niveau des Energiehaushalts sinkt ab. Die Gefühlsspannung wird gedämpft und die genitale Funktion geschwächt.

Diesem Problem rückt man bioenergetisch an mehreren Fronten gleichzeitig zu Leibe. Auf der psychischen Seite wird die Einstellung der Verantwortlichkeit für die Frau und die Identifizierung mit ihr analysiert. Bewegung zur Befreiung der Schulter wird gefördert. Die Motilität des Beckens wird gesteigert, und die genitale Ladung wird verstärkt. Das erhöhte Gefühl der Männlichkeit wirkt so, daß die Identifikation mit dem Weiblichen abgebaut wird. Der Energiestrom von der Schulterregion abwärts steigert sich, und während die Schultern ihre natürliche Motilität wiedergewinnen, entspannt sich der Brustkorb. Die Eckigkeit und die übertriebene Breite verschwinden, wenn die natürliche Schräge der Schultern wiederhergestellt wird. Die Beseitigung der neurotischen Funktion fällt mit der Strukturveränderung zusammen. Die Wiederherstellung der natürlichen Funktion erzeugt die natürliche Struktur.

Jede bioenergetische Veränderung wirkt gleichzeitig auf zwei Ebenen. Auf der somatischen Ebene findet eine Zunahme der Motilität, der Koordination und der Steuerung statt; auf der psychischen Ebene werden Denken und Einstellungen neu geordnet. Es ist keine bleibende Veränderung möglich, wenn diese Doppelwirkung nicht erreicht wird. Eine neue Funktion muß in das bewußte Ich integriert werden, bevor der Patient sie sich zu eigen machen kann. Bioenergetische Therapie ist nicht möglich ohne eine gründliche Durcharbeitung der gegenwärtigen Einstellungen und Verhaltensweisen und der genetischen und dynamischen Kräfte, die sie haben entstehen lassen.

Isolierte strukturelle Züge werden niemals bioenergetisch interpretiert, wenn man auch ein Problem rasch erkennt. Die klinische Diagnose wird erst nach einem intensiven Studium der Vorgeschichte und der Probleme, die den Patienten in die Therapie geführt haben, und ihrer Integrierung mit dem strukturellen Aspekt gestellt. Jeder Aspekt des Individuums wird als Ausdruck einer einheitlichen Persönlichkeit angesehen. Wenn alle Facetten der Persönlichkeit bekannt sind und ihre Wechselbeziehung festgestellt worden ist, sind wir in der Lage, den spezifischen Charakter des Patienten zu beschreiben. Analyse und Therapie nehmen dann ihren Lauf, wobei dieser Charakter als Bezugsrahmen dient. Es ist daher wichtig, die Technik der Charakteranalyse zu verstehen und etwas über die dynamischen Kräfte zu wissen, die die Charakterstruktur bilden.

7 Charakteranalyse

1933 veröffentlichte Wilhelm Reich die Ergebnisse seiner psychoanalytischen Arbeit während der vergangenen neun Jahre in einem Buch, dem er den Titel *Charakteranalyse* gab. Die unter dieser Überschrift zusammengefaßten theoretischen Prinzipien und technischen Konzepte bezeichneten einen wichtigen Fortschritt im psychoanalytischen Verständnis der Neurosen und ihrer Behandlung. Die erste Auflage dieses Werkes wurde von den Analytikern begierig aufgenommen. Noch heute, viele Jahre danach, sehen viele Analytiker und Psychotherapeuten in diesem Buch einen der grundlegenden Texte der analytischen Theorie und Praxis. Nach meiner Ansicht stellt es die höchste Vollendung psychoanalytischer Technik dar, und es schlägt die Brücke zum analytischen Verstehen der Muskelverspannung und der Energieblockierungen. Psychologie und Biologie treffen in der Untersuchung des Charakters zusammen. Aus diesem Grund werden die energetischen Prinzipien, die im vorliegenden Buch dargelegt werden, klinisch auf die Charakterstruktur bezogen formuliert. Seit dem Erscheinen der ersten Auflage von Reichs *Charakteranalyse* ist kein Werk veröffentlicht worden, das das Wissen von der Charakterstruktur erweitert oder vertieft hätte. Reich selbst ging zur Erforschung der Muskelpanzerung, der Energieblockierungen und des Wesens der biologischen Energie selbst über. Andere Analytiker fanden die Prinzipien und Techniken der Charakteranalyse brauchbar für ihre analytische Arbeit, aber sie verfolgten diese Richtung nicht weiter. Der Autor dieses Buches wurde von Reich in Charakteranalyse und Vegetotherapie ausgebildet und ist ihm bei der Weiterentwicklung seiner Arbeit über die Muskelverspannungen und Energieblockierungen nachgefolgt. Dieses Buch ist aus der Notwendigkeit entstanden, psychoanalytische Grundkonzepte und die neueren bioenergetischen Prinzipien, die die Grundlage unserer Therapie bilden, zu einem einheitlichen Schema zusammenzufügen. Diese Einheit wird klinisch durch die Anwendung charakteranalytischer Prinzipien erreicht. Der Charakter ist der einheitliche Ausdruck der Funktionen des Individuums im psychischen wie im somatischen Bereich: Um ihn zu begreifen, braucht man eine gründliche Kenntnis der Ich-Psychologie und der Energiekonzepte.

Im Vorwort zur ersten Auflage seiner *Charakteranalyse* (Reich, [2]1970, S. 11) schrieb Reich, seine Studie des Charakters sei unvollständig: »Wir sind auch heute, wie vor neun Jahren, von einer umfassenden, systematischen psychoanalytischen Charakterologie noch weit entfernt. Ich glaube nur, mit dieser Schrift die Entfernung um ein erhebliches Stück zu verringern.« Da die späteren Auflagen kein neues Material hinzugefügt haben, stehen wir immer noch denselben Fragen gegenüber, die Reich 1933 stellte, und die er nur zum Teil beantwortete. Es sind: »eine genetisch-dynamische Theorie des Charakters, ... eine strenge Unterscheidung der inhaltlichen und der formalen Seite der Widerstände ... (und) schließlich eine gut fundierte direkte Einblicknahme in die genetische Differenzierung von Charaktertypen« (a. a. O.).

Das Charakterkonzept hat nicht bei Reich begonnen. Freud veröffentlichte 1908 eine Abhandlung mit dem Titel *Charakter und Analerotik,* in der er auf die Beziehung zwischen der »regelmäßigen Vereinigung« von drei Eigenschaften: Ordentlichkeit, Sparsamkeit und Eigensinn und Analerotik hinwies. In seiner abschließenden Bemerkung postuliert Freud die Idee von einer Charakterstruktur. »Für die Bildung des endgültigen Charakters aus den konstitutiven Trieben läßt sich allerdings eine Formel angeben: Die bleibenden Charakterzüge sind entweder unveränderte Fortsetzungen der ursprünglichen Triebe, Sublimierungen derselben oder Reaktionsbildungen gegen dieselben« (Freud, 1908, S. 209). Die Formel erwies sich als unzureichend, denn es war nicht möglich, den Charakter aus irgendeiner Kombination von Merkmalen abzuleiten. Die Merkmale sind vielmehr Aspekte der einheitlichen Struktur.

Während der folgenden Jahre entwickelte Freud die Konzepte der Ich-Psychologie. Die Charakterzüge wurden beobachtet, untersucht und interpretiert, aber es wurde kein Versuch unternommen, fundamentale Charaktertypen aufzustellen. 1921 veröffentlichte Abraham eine Abhandlung über den analen Charakter, in der er viele der Züge besprach, die in Verbindung mit analen Problemen vorkamen, und verknüpfte sie durch Induktion mit bestimmten Kindheitserlebnissen. 1924 und 1925 erweiterte Abraham seine Untersuchung der Charaktertypen durch zwei weitere Abhandlungen über den oralen und den genitalen Charakter. Der Versuch, Charaktertypen zur libidinösen Entwicklung des Kindes in Beziehung zu setzen, hat offenkundige Vorzüge. Leider werden diese Charaktertypen Abrahams in bezug auf spezifische Züge beschrieben, und er versucht nicht, mit Hilfe von Fallgeschichten eine Synthese herzustellen. Das Problem wird noch weiter durch den Umstand kompliziert, daß die Literatur Bezugnahmen auf andere Charaktertypen enthält, wie z. B. den Zwangscharakter, den hysterischen Charakter, den Masochisten usw., die nicht in ein allgemeines Bezugssystem eingeordnet wurden.

Reich näherte sich dem Studium des Charakters nicht von theoretischen Überlegungen aus, sondern als einem praktischen Problem der analytischen Technik. Er isolierte nicht die einzelnen Züge, sondern er versuchte, den Charakter zunächst in seiner Rolle als Widerstand gegen die analytische Deutung zu begreifen und zweitens seine Funktion in der Libido-Ökonomie des Organismus zu verstehen. Das erste führte zu den Prinzipien der Charakteranalyse, mit denen wir uns in diesem Kapitel beschäftigen. In diesem Sinne definierte Wolfe (1949, S. XIII) Charakter als das »charakteristische Verhalten des Patienten während er sich gegen analytische Einsicht und unbewußtes Material wehrt.«

Die Verknüpfung des Charakters mit der Libido-Ökonomie erfordert ein Verstehen der Bildung und der Struktur des Charakters, die der Gegenstand des nächsten Kapitels sein werden. Abrahams Definition bringt den Charakter mit der Organisation der Libido in Zusammenhang: »Die herkömmliche Definition des Charakters besagt, er stelle die dem Menschen gewohnte Richtung seines Willensimpulses dar« (Abraham, 1925, S. 217). Es ist wichtig, zu erkennen, daß der Charakter, wie immer wir ihn auch definieren mögen, die Grundeinstellung ist, mit der der Mensch dem Leben gegenübersteht, sei es in der Analysesitzung, sei es in der Außenwelt. Sobald der Charakter verstanden wird, sind Art und Bedeutung des Widerstands, den der Patient errichtet, leicht einzuschätzen.

Es wird nicht allgemein gewürdigt, daß der Charakter einer objektiven Realität entspricht. Er ist von anderen ziemlich leicht zu beobachten, aber der Betreffende selbst wird seines eigenen Charakters nur mit großen Schwierigkeiten gewahr. Wir sehen andere kritisch an, uns selbst jedoch in vorteilhaftem Licht. Die Hauptsache am Charakter ist, daß er ein typisches Verhaltensmuster oder eine gewohnheitsmäßige Richtung darstellt. Er ist eine Reaktionsweise, die festgelegt, erstarrt oder eingefleischt ist. Er hat eine Eigenart, die ihn immer als das Merkmal der Person kennzeichnet. In diesem Sinn ist jede Charakterstruktur pathologisch. Von einem Menschen, dessen libidinöse Energien niemals zu einer typischen Verhaltensweise oder in einer gewohnheitsmäßigen Richtung strukturiert worden sind, kann man nicht sagen, er habe eine Charakterstruktur. Solche Menschen, die übrigens recht selten sind, kann man nur schwer definieren, porträtieren oder mit einem Spitznamen belegen; sie haben einen lebhaften Ausdruck und eine Spontaneität, die dem Versuch trotzt, sie zu erfassen.

Es wäre gut, den Begriff »Persönlichkeit« von dem Begriff »Charakter« zu unterscheiden. Beide erlebt der Beobachter; der erstere ist aber im allgemeinen subjektiver. Wir sagen, die Persönlichkeit eines Menschen sei angenehm, magnetisch, stark, deprimierend usw. Wir beschreiben damit unsere Gefühlsreaktion auf einen anderen Menschen. Der Charakter andererseits muß durch die Beobachtung und das Studium des Verhaltens eines Menschen bestimmt werden. Die Persönlichkeit ist ein Ausdruck der Lebenskraft in einem Menschen; wahrscheinlich ist sie auch die Ausweitung dieser Kraft in seine Umgebung hinein. Es besteht eine Beziehung zwischen Persönlichkeit und Charakter, aber man sollte die beiden Ausdrücke nicht verwenden, als seien sie austauschbar.

Die Beziehung zwischen dem Ich und dem Charakter ist kompliziert. Das Ich ist im Grunde eine subjektive Wahrnehmung des Selbst, während Charakter und Persönlichkeit objektive Einschätzungen sind. Aber die Beschreibung, die der Patient von seinem eigenen Ich gibt, ist bemerkenswert unzuverlässig. Der Patient beurteilt sein Ich nach seinem Ich-Ideal, das nicht eine tatsächliche Funktion ausdrückt, sondern ein ihm innewohnendes Vermögen. Der Analytiker muß also das wahre Ich aus einer Bestimmung der Charakterstruktur und einer Würdigung der Persönlichkeit konstruieren.* Ein junger Mann, dessen Fall später ausführlich besprochen werden soll, kam zu seinen Sitzungen mit großspuriger Miene und einem herablassenden Lächeln. Er erzählte mir, was für ein toller Kerl er bei den Mädchen sei, und wie prächtig er bei der Arbeit funktioniere. Zu anderen Zeiten war er jedoch ziemlich niedergeschlagen und trübselig. Seine Situation war in Wirklichkeit so, daß ihm alles, was er früher versucht hatte, mißlungen war, und daß er bei der geringsten Möglichkeit eines Erfolges großtuerisch wurde. Er tat so, als hätte er eine starke, hochentwickelte Ich-Struktur, aber sie war im Verhältnis zur Realität übermäßig aufgeblasen. Wenn »die Luft heraus war«, war sein Ich eher klein und unentwickelt.

* Man vergleiche dies mit Otto Fenichel: »Die Art und Weise, wie verschiedene Aufgaben miteinander vereinbart werden, ist charakteristisch für eine bestimmte Persönlichkeit. Die gewohnheitsmäßigen Anpassungsweisen des Ichs an die Außenwelt, an das Es und an das Über-Ich, und die charakteristischen Arten, diese Anpassungsweisen miteinander zu kombinieren, machen den Charakter aus.« (Fenichel, 1945, S. 467)

Sein aufgeblasenes Ich-Bild seiner selbst war eine Abwehr gegen die Wahrnehmung seiner tatsächlichen Ich-Struktur. Aber es steckte etwas in ihm, das mir das Gefühl gab, er habe latente Möglichkeiten, die weit über das hinausgingen, was sich in seinem gegenwärtigen Leben manifestierte. Wenn die Schwierigkeiten bei der Verwirklichung seiner latenten Möglichkeiten auch unermeßlich waren, so kann man doch nicht sagen, daß sein Ich-Ideal nicht einen gültigen Aspekt seines Ichs ausgedrückt hätte. Das Ich von seinen Charakterverwicklungen zu befreien und es für die legitimen Bestrebungen des Ich-Ideals verfügbar zu machen, ist ein lohnendes Ziel für eine analytische Therapie.

Leider identifiziert sich der Neurotiker mit seinem Charakter, zu dessen Bestandteilen auch das Ich-Ideal gehört. Dies ist so, weil die Charakterstruktur die einzige Art und Weise darstellt, wie das Triebleben funktionieren konnte. Der Entschlossene mag seine Entschlossenheit als seinen größten Vorzug ansehen. Das ist sie einerseits auch; andererseits ist sie der Feind, der die Verwirklichung eines erfüllten, erfolgreichen Lebens verhindert. Aber man kann nicht darauf bestehen, der Betreffende solle sie aufgeben, ohne ihm einen besseren Modus vivendi anzubieten. Das kann eine scheinbar schwierige Situation sein. Bei einem Patienten, der sich selbst antrieb und dessen Antreiberei Frustration und Angst erzeugte, schlug ich vor, er solle damit aufhören. Er antwortete: »Wenn ich mich nicht antriebe, morgens aufzustehen, würde ich den ganzen Tag im Bett liegen bleiben und nicht zur Arbeit gehen.« Ich mußte einräumen, daß es besser sei, zur Arbeit zu gehen, als den ganzen Tag im Bett zu liegen. Wie andere Analytiker dieses Problem auch immer handhaben mögen – in der bioenergetischen Therapie haben wir eine Lösung. Während der Sitzung, die er mit mir verbringt, braucht der Patient sich nicht anzutreiben. Er würde mehr Fortschritte machen, wenn er die Bewegungen sich spontan und mit Gefühl entwickeln ließe, statt eine Menge Lärm auszustoßen. Zugleich wird die Verspannung bearbeitet, die das Sich-Antreiben nötig macht.

Der Charakter ist das Endergebnis der Wirkung einander widerstreitender Kräfte, des Ichtriebes und der Ich-Abwehr, die auch Ich-Energien verwendet. Wenn wir das Ich von der Charakterstruktur abtrennen können, in die es eingebettet ist, steht uns die Möglichkeit offen, die Struktur zu verändern. Aber damit sich der Patient mit seinem Ich im Gegensatz zu seinem Charakter identifizieren kann, muß die Ich-Abwehr überwunden und beseitigt werden. Wie immer es geschehen mag – dies ist die Aufgabe jeder analytischen Therapie.

Als Reich schrieb: »Die Neurose jeder Art baut sich auf dem Konflikt zwischen verdrängten Triebansprüchen, unter denen die frühkindlichen sexuellen nie vermißt werden, und den sie abwehrenden Kräften des Ichs auf« (Reich, [2]1970, S. 27), hat er das Grundproblem jeder analytischen Therapie in Worte gefaßt. Man muß das Problem jedoch in seinem ganzen Umfang sehen. Der Charakter selbst ist die Grundstörung, und man kann in der analytischen Therapie keinen wirklichen Fortschritt erreichen, bis der Patient dies erkennt.

Die Charakteranalyse hat daher ein fundamentales Ziel – dem Patienten das Gefühl zu verschaffen, daß sein Charakter ein neurotisches Gebilde ist, das lebenswichtige Ich-Funktionen einschränkt und stört. Das ist eine große Aufgabe. Sowohl Ferenczi als auch Reich haben darauf hingewiesen, daß der Patient zwar das neurotische Symptom als ichfremd empfindet, den Charakter aber als das Ich selbst akzeptiert. Das analytische Problem erfordert eine beharrliche und konsequente Analyse des Verhaltensmusters, die zeigt, wie jede Handlung sich in das Gesamtbild einfügt. Durch die bioenergetische Analyse können wir auch zeigen, daß die Dynamik der Körperstruktur die gleiche Charakterstruktur offenbart. Wie schon Ferenczi bemerkt, ist nichts so überzeugend wie Erfahrung auf der körperlichen Ebene.

Das Prinzip der Charakteranalyse erfordert, daß keine Deutung der infantilen Stufe gegeben wird, bevor der Charakter vom Ich getrennt worden ist. Sonst wird die Deutung benützt, um die Charakterstruktur zu rechtfertigen, und damit wird eine

Veränderung nur um so schwieriger. Wenn man die Regel, nach der der Charakter das Hauptangriffsziel ist, nicht streng beachtet, entsteht Verwirrung, und schließlich bricht die Therapie zusammen. Dies war die Situation, als Reich die Charakteranalyse als technisches Verfahren einführte:

»Wenn zum Beispiel im Seminar eine bestimmte Widerstandssituation dargestellt wird, so meint der eine Analytiker, man müßte dies, der andere, man müßte das, der dritte, man sollte jenes tun. Und wenn man dann mit den vielen Ratschlägen wieder an seinen Fall herantritt, ergeben sich unzählige andere Möglichkeiten, und die Verwirrung wird oft viel größer als zuvor. Und doch ist anzunehmen, daß *eine* bestimmte analytische Situation unter gegebenen Verhältnissen und Bedingungen nur *eine einzige,* optimale Lösungsmöglichkeit zulasse, daß nur eine einzige Form der Handhabung der Technik in diesem speziellen Falle wirklich die richtige sein könne. Das gilt nicht nur für die einzelne Situation, es betrifft die gesamte analytische Technik« (Reich, [2]1970, S. 30).

Man kann nicht leugnen, daß diese Verwirrung auch heute unter Analytikern existiert. Ich habe eine Reihe von Analytikern behandelt, die vorher eine Psychoanalyse durchgemacht hatten, manche über längere Zeit. Jeder von ihnen stellte fest, er habe das Gefühl, die Analyse sei nicht tief genug gegangen, sein Grundproblem sei nicht verstanden worden. Das kann nur dadurch zustandekommen, daß die Analyse nicht unter dem Blickwinkel der Charakterstruktur durchgeführt wird. Die Analyse der Symptome und Probleme, wie sie auftreten, führt zu einem oberflächlichen Verständnis, das die innere Unzufriedenheit nicht berührt. Ich erinnere mich an den Fall eines Analytikers, dessen Ausbildung durch einen wohlbekannten Psychoanalytiker abgeschlossen worden war. Er kam zu mir, weil er die Rigidität in seinem Brustkorb bemerkt hatte. Sein Vater hatte mehrere Herzanfälle gehabt, und mein Patient hatte Angst. Aber er fürchtete sich vor vielem: Er hatte Angst vor dem Wasser und konnte nicht schwimmen. Es fiel ihm sehr schwer, zu einer Frau »Nein« zu sagen. Er fürchtete sich davor, sich einer Handlungsweise, einem Programm oder einem Menschen zu verpflichten. Sein Verhaltensmuster war durch oberflächliche Freundlichkeit und guten Willen gekennzeichnet, die ein darunterliegendes Mißtrauen und Auflehnung verdeckten. Da der Charakter des Patienten während der psychoanalytischen Behandlung nicht in Frage gestellt worden war, wurden diese Grundprobleme nicht durchgearbeitet. Der Analytiker nahm die Freundlichkeit seines Patienten und sein bereitwilliges Akzeptieren analytischer Deutungen für bare Münze. Das ist es genau, wovor Reich bei der Charakteranalyse gewarnt hat. Die Folge war in diesem Fall das Scheitern der Behandlung. Es macht dem Patienten Ehre, daß er erkannte, daß die Analyse nicht weit genug gegangen war.

Ich kenne dieses Problem gut, denn auch ich hatte viele solche Fehler gemacht. Erst als ich meine Kenntnisse vom Wesen der Charakterstruktur vertiefte, lernte ich, diese Mißerfolge zu vermeiden. Dies ist ein Punkt, den Reich in seinem eigenen Buch so gut abgehandelt hat, daß ich nicht mehr zu tun brauche, als den interessierten Leser darauf zu verweisen. Ich möchte das Problem einfach nur durch einige Bemerkungen und einen Fall veranschaulichen, den ich selber erlebt habe.

Wir kennen alle den Patienten, der den Analytiker anlächelt. Manchmal tritt das Lächeln als Antwort auf eine Deutung auf, ein andermal kann es der typische Ausdruck sein, den der Patient dem Analytiker zeigt. Meistens weiß der Patient von seinem Lächeln nichts, da es eine gewohnheitsmäßige Reaktion ist. Man bemerkt es besonders dann, wenn der Patient sich in einer unangenehmen oder peinlichen Lage befindet. Selten ist ein solches Lächeln einfach eine freundliche Geste gegenüber dem Analytiker, und ich akzeptiere unter diesen Bedingungen niemals eine solche Interpretation. Das Sich-Verbergen hinter dem Lächeln ist eine negative Haltung. Aber was für eine Haltung? Sie ist bei jedem Patienten verschieden, und sie schimmert leicht verzerrt durch den gesamten Gesichtsausdruck durch. Bei einem ist das Lächeln herablassend, bei einem anderen spöttisch, bei einem dritten kann es das alberne

Grinsen des Narren sein, der auf diese Weise die Verantwortung für seine eigenen Handlungen vermeidet. Man kann die richtige Deutung des Gesichtsausdrucks intuitiv erraten; dies ist die Kunst der Analyse. Die richtige Beurteilung hängt von einer Kenntnis des gesamten neurotischen Mechanismus des Individuums ab, d. h. von der Kenntnis der Charakterstruktur.

Ein Patient hatte ein solches Lächeln, das in keinem Verhältnis zur Gewichtigkeit des Problems stand, das er aufwarf. Als ich ihn darauf hinwies, wurde ihm sofort die Abwehrfunktion seines Lächelns bewußt, aber so sehr er sich auch bemühte, er konnte es nicht von seinem Gesicht vertreiben. Es war ihm höchst unangenehm, aber noch während er diese Worte äußerte, war das Lächeln wieder da. Er bemerkte es bei all seinen zwischenmenschlichen Beziehungen außerhalb der Therapiesitzung, aber es nützte nichts. Es war das Lächeln eines braven kleinen Jungen, der zu gefallen versucht. Er war ein braver kleiner Junge, der versuchte, den Beifall aller zu gewinnen, denen er begegnete. Je mehr er sich bemühte, sogar das Lächeln zu beseitigen, desto mehr war er dieser brave kleine Junge. Die bioenergetische Analyse zeigte, daß er eine masochistische Charakterstruktur mit erektiver Impotenz hatte.

Er erzählte mir spontan, daß er immer der brave Junge gewesen war. Seine Beliebtheit an der Schule beruhte darauf, daß er sich niemanden zum Gegner machte. Es fiel ihm aber wieder ein, daß er als Junge von sieben oder acht Jahren als Schrecken seiner Familie galt. Er hatte sehr heftige Wutanfälle. Ich bin der Ansicht, daß sein Masochismus nach dem Abklingen der Wutanfälle begann. Masochismus ist eine prägenitale Charakterstruktur. Die Analyse ging an zwei Fronten vor, gegen das Bravsein als Aggressionsabwehr und gegen den Jungen als Abwehr gegen den Mann. Die bioenergetische Analyse nahm gegenüber der Psychoanalyse den Vorrang ein. Das Hauptgewicht lag auf der Freisetzung der Aggression und der Entwicklung der Genitalität. Dann bemerkte der Patient eines Tages, ohne daß er besonders darauf geachtet hatte, daß sein Lächeln verschwunden war, und zwar während der Behandlung und auch außerhalb.

Wenn der Analytiker das Grundproblem des Masochismus nicht begreift, kann er leicht in dieselbe Fallgrube geraten, in der der Masochist selber steckt. Das Lächeln verdeckt eine sehr tiefliegende Schicht von Negativität und Ressentiment. Diese Schicht ist wie Treibsand. Ich werde die Dynamik dieser Charakterstruktur im 10. Kapitel ausführlich beschreiben. An dieser Stelle möchte ich nur sagen, daß therapeutischer Erfolg bei diesem Problem davon abhängt, ob der Therapeut ein positives Element in die Haltung des Patienten einführen kann. Weder der brave Junge noch der böse Junge kann im Erwachsenenleben Erfolg haben; was gebraucht wird, ist der Mann. Der Patient wird jedoch diese positive Einstellung nicht entwickeln, bis die Charakterstruktur gründlich bearbeitet ist. Jedes Symptom, jeder Ausdruck, jeder Traum wird rückwärts bis zum Charakter hin und dann vorwärts gemäß dem Charakter analysiert. Erst wenn dieser nachzugeben beginnt, darf die Analyse bis zu den infantilen Schichten vordringen. Dies wird durch den folgenden Fall gut veranschaulicht.

Ich hatte diese Patientin einige Monate lang behandelt, bevor ich aus Amerika abreiste, um im Ausland zu studieren. Sie setzte ihre Analyse etwa fünf Jahre lang bei einem anderen Therapeuten fort. Während dieser langen Behandlung hatte sie sehr viele starke emotionale Durchbrüche, d.h. affektive Entladungen, und sie sagte, nach jedem habe sie sich besser gefühlt. Als ich ihre Therapie wieder aufnahm, stellte ich fest, daß sie in keinem besseren Zustand war als damals, als ich abgefahren war. Die starken affektiven Entladungen hatten zu nichts geführt. Sie hatten während ihrer vorigen Therapie bei mir begonnen. Damals hatten sie die Form von Weinen mit Erstickungsgefühlen gehabt, die mit Wut gemischt waren. Als ich diese Ausbrüche beobachtete, erkannte ich, daß sie zur Förderung der Therapie unwirksam waren. Sie weinte nicht und wurde nicht wütend, weil sie eines früheren Traumas gewahr wurde. Ihre Reaktion war eine Reaktion der Frustration ohne Richtung. Ich deutete sie als Widerstand in dem Sinn, daß die Patientin »Dampf abließ«. Dieses »Dampfablassen« verschaffte ihr vorübergehend Erleichterung, aber zugleich hatte es die Wirkung, den Aufbau von genügend innerer Spannung zu verhindern, die sie in besseren Kontakt mit ihrem Charakterpanzer gebracht hätte. Ich brauchte sie nur mehrmals darauf hinzuweisen, um diese Reaktionen zu einem Ende zu bringen, und erst, als sie aufhörten, konnte ich mit der analytischen Arbeit fortfahren.

Solche Durchbrüche muß man von der spontanen affektiven Abfuhr unterscheiden, die durch ein plötzliches Bewußtwerden eines verdrängten Konflikts oder Erlebnisses ausgelöst wird. Der erfahrene Analytiker kann häufig den Unterschied spüren. Ich mißtraue im allgemeinen diesen emotionalen Durchbrüchen. Erstens durchbricht die Entladung die Charakterstruktur an ihrem schwächsten Punkt. Dies entspricht einem Gesetz, das für alle explosiven Ausbrüche gilt. Die starken Stellen und Angelpunkte des Charakterpanzers bleiben verschont und werden vielleicht sogar verstärkt. Zweitens hat diese Art der emotionalen Abfuhr bei vielen impulsiven Menschen die Funktion, eine zu große Belastung des Charakters und der Muskelverspannungen zu verhindern. In Wirklichkeit sind diese Ausbrüche also ein Bestandteil des neurotischen Mechanismus. Das ist das Problem des Ausagierens in der Therapie. Der Analytiker, der es dem Patienten gestattet, in der Analyse neurotisch zu funktionieren, macht sich selbst einen wirksamen Angriff auf die Neurose unmöglich. Das Ausagieren des neurotischen Charakters ist der fundamentale Widerstand.

Die Therapie dieser Patientin ging nun durch Analyse und Behandlung der Widerstände weiter. Aber bald stieß ich auf eine weitere und schwerwiegendere Blockierung. Jeder erfolgreiche Angriff brachte die Patientin zum Weinen, aber sie konnte dem Weinen nicht freien Lauf lassen. Sie würgte, begann wieder zu husten, stieß etwas hervor und keuchte. Selbst die Versuche, den Krampf der Kehlmuskulatur zu mildern, waren ohne Erfolg. Sie wiederholte mir, was sie dem anderen Analytiker gesagt hatte. Wenn sie würgte, während sie weinte, habe sie den Eindruck, die Milch ihrer Mutter sei sauer. Sobald das Gefühl in ihrer Kehle heraufquoll, ließ das Erleben dieses sauren Geschmacks sie würgen. Während sie mir dies erzählte, fiel mir wieder ein, was ich in der *Charakteranalyse* über die Deutung frühkindlichen Materials gelesen hatte. Dies war gewiß aus sehr früher Zeit! Ich war mißtrauisch. Ihre Erinnerung an die Milch ihrer Mutter war wahrscheinlich echt, zumindest konnte ich sie nicht leugnen, aber warum kam sie jetzt hoch, wenn ich ihre gegenwärtige Lage analysierte? Außerdem war sie eindeutig ein hysterischer Charaktertypus, und das Problem ihrer Beziehung zu Männern war noch nicht gelöst.

Ich weigerte mich, ihre Deutung anzunehmen, aber das Würgen ging weiter. Ich hätte mich fragen sollen, welche Rolle das Würgen in ihrem gegenwärtigen Leben spielte, aber ich bezweifle, ob ich damals die Antwort gewußt hätte. Die Analyse ihrer Gegenwartsprobleme wurde fortgesetzt. Einige Monate später sah ich das wahre Bild plötzlich vor Augen. Ich hatte die richtige Deutung, und die war genau das, was ich brauchte. Nicht sauer, sondern bitter war die Empfindung, die dieses Mädchen hatte, obwohl es nie dieses Wort gebrauchte. Die junge Frau war bitter, wenn dies auch so gut verdeckt war, daß ich nicht auf diesen Verdacht gekommen war. Sie war verbittert wegen ihres fortgesetzten Gefühls der Frustration. Im Rückblick erkannte ich, daß ihr früherer Ausbruch einer Mischung aus Wut und Tränen eine Reaktion auf dieses Gefühl der Bitterkeit war. Als Reaktion *auf* die Bitterkeit und nicht *gegen* sie veränderte sie nichts.

Nun konnte ich weitergehen. Man brauchte einfach nur zwei Fragen zu stellen und die Antworten darauf zu finden. Unter welchen Umständen entsteht Bitterkeit? Und worüber war sie erbittert – in der Gegenwart und in der Vergangenheit? Der andere offenkundige Zug, den die Patientin zeigte, war Stolz. Er wurde nicht ausgedrückt, sondern auch er wurde, wie die

Bitterkeit, unterdrückt. Man konnte jedoch an der Bedeutung des langen, steifen Halses nicht vorbeisehen. Ich hatte den Stolz weder analytisch noch durch Bearbeitung der verspannten Muskeln des Halses herausbekommen können, solange die Bitterkeit im Verborgenen geblieben war. Die Aufdeckung dieser Bitterkeit machte den Weg frei zum therapeutischen Erfolg, genauso wie der Umstand, daß der vorige Therapeut dieses Symptom nicht richtig gedeutet hatte, seine Bemühungen hatte scheitern lassen.

Lassen Sie mich die oben gestellten Fragen beantworten, um diesen Fall zum Abschluß zu bringen. Die Bitterkeit in der Gegenwart hing mit der Unfähigkeit der Patientin zusammen, eine erfolgreiche Beziehung zu einem Mann zu entwickeln. Solange die Bitterkeit weiterbestand, war eine »süße Affäre« unmöglich. Als Kind hatte sie dieselbe Frustration erlebt. Ihre Mutter war der Typus der Bienenkönigin. Ihr Vater war übermäßig besorgt um seine Frau und gleichgültig gegenüber der Weiblichkeit seiner heranwachsenden Tochter. Er behandelte sie wie einen Jungen mit einem guten Gefühl der Kameradschaft, und sie akzeptierte diese Rolle. Sie kleidete sich wie ein Junge und spielte die Spiele der Jungen und trat mit ihnen auf ihrem Gebiet in Wettbewerb. Als sie im späten Jugendalter die weibliche Rolle übernahm, hatte sie schon eine ausgeprägte Ambivalenz gegenüber dem männlichen Geschlecht. Sie war verbittert über die frühere Kränkung ihrer Weiblichkeit, außerordentlich stolz, um das Gefühl der Kränkung zu verdecken, und entschlossen, nicht von einem Mann abhängig zu werden, um so eine Wiederholung ihres früheren Erlebnisses zu verhindern. Und doch brauchte sie verzweifelt dringlich einen Mann zur Bestätigung ihrer Sexualität.

Sobald dieses Bild vollständig geklärt war, begann die Patientin, sich zu ändern. Stolz, Bitterkeit und Entschlossenheit verloren langsam ihren Einfluß auf ihr Verhalten. Sie verlor ein wenig von ihrer Ruhelosigkeit, ihre Gestalt nahm weiblichere Formen an, und sie fing eine neue Beziehung an, die reifer war als alle vorhergehenden. Während sie positive Einstellungen entwickelte, wurde die bioenergetische Arbeit auf der körperlichen Ebene wichtiger. Jetzt machte sie rasche Fortschritte. Wenn man die in der Technik der Charakteranalyse implizierten Konzepte beherrschen will, muß man die theoretische Grundlage der Charakterstruktur verstehen. Man muß Wesen und Funktion der Charakterstruktur kennen, und man muß mit den fundamentalen Charaktertypen vertraut sein. Im nächsten Kapitel werde ich eine genetisch-dynamische Theorie der Charakterbildung vorlegen, auf die in den späteren Kapiteln eine eingehende Erörterung der Grundtypen mit Fallgeschichten folgen wird. Hier wollen wir Wesen und Funktion des Charakters näher untersuchen und ihn zu den technischen Problemen der Übertragungsanalyse in Beziehung setzen.

Wir haben schon früher erwähnt, daß sowohl Reich als auch Ferenczi einen Unterschied zwischen den neurotischen Symptomen und dem Charakter selbst gemacht haben. Reich wies darauf hin, daß das neurotische Symptom »als Fremdkörper empfunden (wird) und ein Krankheitsgefühl erzeugt«. Es wird »niemals so vollständig ... rationalisiert wie der neurotische Charakter« (Reich, ^{2}1970, S. 68). Das neurotische Symptom wird als etwas Ichfremdes erlebt. Der Charakter wird in Wirklichkeit nicht rationalisiert, er ist nur die Art und Weise, wie ein Neurotiker sein Ich erlebt. Er wird erst dann rationalisiert, wenn er Angriffen ausgesetzt ist. Wenn die Charakterstruktur in der Therapie in die Brüche geht, und eine spontanere Seinsweise auftaucht, wird diese Art, obwohl sie gesünder ist als die alte, vom Patienten als fremd empfunden. Natürlich wäre der Patient gern anders als er ist; darum ist er ja in Therapie. Das ist auch die Bedeutung seines Ich-Ideals. Aber es ist, als blicke man auf das andere Ufer eines Flusses, ohne zu wissen, wie man dorthin gelangen soll. Es ist, als fordere man jemanden zum Schwimmen auf, der sich vor dem Wasser fürchtet. Der Patient hat das Gefühl, man fordere ihn auf, ein vertrautes Gelände zu verlassen, um sich auf unbekanntes Gebiet zu begeben. Wenn er sich aufmacht, merkt er, daß er voller Angst, schwach und unsicher ist; der Widerstand ist stark. Die Motivation muß ebenso stark sein. Um dies zu erreichen, muß der Therapeut dem Patienten bewußt machen, daß sein Charakter eine Störung ist, und zugleich muß er dem Patienten das Gefühl geben, eine bessere Funktionsweise sei möglich. Wenn der Patient diese bessere Art und Weise erleben kann, wird die Aufgabe sehr erleichtert. In dieser schwierigen Situation spielt die Übertragung, wie wir bald sehen werden, eine sehr wichtige Rolle.

Der Mensch identifiziert sich mit seinem Charakter und stellt ihn nicht in Frage, solange er ihn befähigt, ohne allzu große Konflikte in seiner sozialen Situation zu leben. Wenn der Charakter sein Funktionieren nicht sicherstellt, stellt der Mensch zunächst die Forderungen seiner Umgebung in Frage. Erst wiederholtes Scheitern und tiefe Unzufriedenheit veranlassen einen Menschen, seine eigene Art, zu sein und zu handeln, in Frage zu stellen. Aber er kann nicht mehr tun, als sie anzuzweifeln. Sich ohne Führung auf einen neuen Weg zu begeben, ist so, als wollte man einen Schritt ins Leere tun. Eine Charakterstruktur ist jedoch das Ergebnis eines Kompromisses, sie ist der Ausdruck eines dynamischen Gleichgewichts widerstreitender Kräfte, und als solches ist sie nur relativ stabil. Unter den wechselnden Umständen des Lebens erweist sie sich oft als unzulänglich. Wenn die verdrängten Kräfte entweder als hysterisches Symptom, als heftiger Wutanfall oder als zwanghafte Reaktion durchbrechen, wird dies als Bedrohung des Ichs erlebt. Im Gegensatz dazu wird ein Charakterzug, der in die Charakterstruktur integriert und ein Teil von ihr ist, vom Betreffenden höchstens als Exzentrizität oder Eigenart angesehen. Wenn die Verdrängungskräfte zu stark sind, was dann eintreten kann, wenn jemand sich in eine liberalere Umwelt begibt, fühlt sich der Betreffende als Fremder in der sozialen Situation. Dies wiederum beweist den Grad der Identifikation mit dem Charakter. Man zerstöre die Charakterstruktur auch nur vorübergehend, und das Individuum gerät in Verwirrung. Es wird fragen: »Wer bin ich?«, »Was ist mein wirkliches Selbst?«

Aus den eben gemachten Aussagen läßt sich leicht entnehmen, daß sich Widerstand entwickelt, wenn die Analyse den Charakter antastet. Da jeder gern von seinen neurotischen Symptomen frei sein möchte, begegnet einem nur dann Widerstand, wenn der Charakter in Frage gestellt wird. Darum setzen wir Widerstand mit dem Charakter gleich und stimmen so mit Wolfes Definition überein. Die Passivität des passiv-femininen Charakters, das Mißtrauen des Masochisten und die Abhängigkeit des oralen Charakters sind nicht nur Widerstände, sie sind fundamentale Verhaltensweisen. Die Betreffenden können nicht anders handeln, weder in der Analysesitzung noch anderswo. Ich deute daher solche Haltungen nicht bloß als Widerstände. Ich ziehe es vor, darauf hinzuweisen, daß der Widerstand lediglich eine weitere Manifestation der Charakterstruktur ist, die auch für die Probleme verantwortlich ist, welche den Patienten in die Therapie geführt haben. Obwohl dieses Verhaltensmuster unter den in der Kindheit des Patienten gegebenen Bedingungen die beste Lösung war, stellt es in der mehr fließenden Umwelt des Erwachsenen ein schweres Hindernis dar.

In der bioenergetischen Therapie liegt die Betonung auf der Geschmeidigkeit der Reaktionen und auf positiven Einstellungen. Wenn der Mensch infolge wiederholter negativer Erfahrungen in seiner Kindheit eine mißtrauische Haltung entwikkelt, müssen wir diese Haltung als Abwehr gegen weitere Enttäuschungen betrachten. Das Kind ist an seine Umgebung gebunden. Kann es seine Eltern ändern? Kann es das Elternhaus verlassen? Aber der Erwachsene ist nicht so eingeschränkt. Sein weiterhin vorhandenes Mißtrauen hindert ihn daran, jene zu treffen, die seine Freunde sind. Selbst wenn er in einer Beziehung wieder einmal verletzt wird, kann er sie nicht ändern? Einen anderen Freund, eine andere Partnerin wählen? Diese Möglichkeiten sind in jeder analytischen Therapie stillschweigend mitenthalten, und man tut gut daran, sie offen auszusprechen.

Nun wollen wir uns ansehen, wie die Charakterstruktur in der

Übertragungssituation wirkt. Die meisten Patienten beginnen die Therapie mit einer positiven Einstellung; daß sie überhaupt kommen, ist ein Hinweis darauf. Diese positive Einstellung ist jedoch sehr oberflächlich. Sie beruht auf der Hoffnung auf rasche Heilung, auf der Aussicht auf Glück und Erfüllung, die die analytische Therapie in sich schließt, und auf einem realen Wunsch, anders zu sein. Darunter liegt der Charakterwiderstand – Angst, Mißtrauen, Zweifel, Ressentiment usw. Wenn man die Analyse durchführen könnte, ohne den Charakter anzutasten, wäre alles gut. Da dies nicht der Fall ist, müssen wir damit rechnen, daß die negative Einstellung eines Tages zum Vorschein kommen wird. Wir müssen damit rechnen, daß jeder Patient gemäß seiner eigenen Charakterstruktur auf den Analytiker reagiert. Wenn man sich beide Aspekte der Übertragung deutlich vor Augen hält, kann viel Verwirrung über die Frage der Übertragung vermieden werden. Man tut gut daran, dem Patienten zu erklären, daß man zwar die Aufrichtigkeit seines geäußerten guten Willens nicht bezweifelt, daß aber in seiner Charakterstruktur Elemente enthalten sind, die darauf hinweisen, daß auch eine negative Haltung vorhanden ist. Je weiter die Charakteranalyse fortschreitet, desto weniger bleiben diese negativen Gefühle verborgen. Je eher man mit der Charakteranalyse beginnt, desto weniger Schwierigkeiten machen diese negativen Einstellungen.

Nur wenige Patienten zeigen die Bereitschaft zur Mitarbeit, der man beim passiv-femininen Charakter begegnet. Sie verdeckt sein Widerstreben gegen die Therapie ebenso wie sie seinen Haß auf den Vater verdeckt hat. Seine Mitarbeit ist nicht einfach eine Bemühung, die Therapie zu fördern, sie drückt seine Angst vor dem Therapeuten und seinen Wunsch aus, ihn nicht zu provozieren. Diese Angst vor der Provokation ruht auf einer tieferen Schicht von Haß und Widerstreben. Trotz seiner Mitarbeit oder gerade wegen ihr wird die Therapie scheitern. Dann wird der Patient mit gutem Grund den Therapeuten angreifen, er wird beweisen, daß dieser unzulänglich ist, und so seine Haltung der Passivität rechtfertigen. Der Analytiker

gerät in eine schwierige Situation. Er braucht die Mitarbeit des Patienten, aber er muß deren Motivation aufdecken.
Ein Wort zur Situation, die die Art von Übertragung erzeugt, bei der der Patient am Analytiker »kleben bleibt«. Sie bedeutet, daß der Patient eine sehr positive Übertragung entwickelt hat, die den weiteren Fortschritt der Therapie verhindert. Je positiver die Übertragung wird, desto tiefer werden die negativen Einstellungen verdrängt. Das geschieht, wenn der Therapeut die Rolle des Elternteils übernimmt, der am meisten für die Charakterstruktur des Patienten verantwortlich ist. Wenn der Bruch kommt, zerschmettert die plötzliche Freisetzung der verdrängten negativen Einstellung die Therapie. Ich habe einmal eine Patientin behandelt, die in ihrer vorigen Analyse eine sehr starke Übertragung auf ihren Analytiker entwickelt hatte. Sie erzählte mir später, er sei zu ihr gewesen wie ihre Mutter. Er kannte sie ebensogut wie ihre Mutter, aber er konnte ihr nicht helfen. Anstatt ihr Bedürfnis nach Unterstützung und ihren Mangel an Selbständigkeit zu bearbeiten, linderte er ihre Symptome. Das erzeugte weitere Abhängigkeit, und die Situation wurde hoffnungslos.
Die analytische Situation beruht auf einer realen Beziehung zweier Menschen, die in einer gemeinsamen Bemühung vereint sind. Die Reaktionen beider Parteien stehen in strenger Übereinstimmung mit ihren Charakterstrukturen; das gilt für den Analytiker oder Therapeuten ebenso wie für den Patienten. Es gilt ebenso für den Analytiker, der eine formelle, distanzierte Haltung einnimmt, denn hier reagiert der Patient auf das Unbewußte im Analytiker, auf jene subtilen Formen des Ausdrucks, die den Charakter offenbaren. Tatsächlich hindert die Förmlichkeit den Analytiker daran, den Charakter des Patienten anzugreifen, denn dieser pflegt auch auf ähnliche Weise zu reagieren. Wenn der analytische Therapeut in seinem Verhalten offen und frei ist und seine eigenen Charakterprobleme durchgearbeitet hat, liefert die Übertragung das beste Material, um sich ein Bild vom Charakter des Patienten machen zu können.

Die Charakterstruktur kann aus den vielen Einzelheiten des täglichen Verhaltens des Patienten erschlossen werden. Man kann sie anhand der Dynamik von Körperstruktur und Ausdruck ermitteln. Sie läßt sich nach der Einstellung des Patienten zur Therapie und zum Analytiker bestimmen. Sobald dann der Charakter vollständig ermittelt und dargestellt ist, muß man seine Zusammensetzung auflösen. Die positiven Ichkräfte müssen von den negativen Funktionen der Ich-Abwehr getrennt werden. Die letzteren werden analysiert, aber sie werden nicht beseitigt, ehe die ersteren gekräftigt sind. Einer meiner Patienten hat dazu eine sehr treffende Bemerkung gemacht. Er sagte, er fühle, wie sich sein Ich aus der Mischung, die sein Charakter sei, herauskristallisiere.

Die Begriffe Charakterstruktur und Charakterpanzer sind nicht gleichbedeutend. Der Charakter ist der mittelalterliche Ritter, sein Panzer ist seine Verteidigung. Wie jeder Panzer schafft auch der Charakterpanzer eine Einschränkung der Beweglichkeit und eine Verminderung der Sensibilität. Die Behinderung der Motilität beeinträchtigt die aggressiven Funktionen des Individuums. In gewissem Maß steigert die Abnahme der Sensibilität die Aggression. Im Gegensatz zu Reich behalte ich die Bezeichnung »Panzer« jenen Charakterstrukturen vor, bei denen es Bestandteil des neurotischen Mechanismus ist, die Empfindlichkeit gegen Schmerz verringern zu können. Das schließt alle prägenitalen Charakterstrukturen aus.

Reich schritt vom Konzept eines Charakterpanzers fort zum Konzept der Muskelpanzerung, wie sie sich in Muskelverspannungen und -verhärtungen manifestiert. Tatsächlich ist es richtiger, zu sagen, daß Charakter- und Körperstruktur lediglich zwei Aspekte der Seinsweise eines Menschen sind. Aber, gleichgültig, welche Definition man vorzieht: das Bindeglied zwischen Psychologie und Biologie war hergestellt. Man kann nun den Charaktertypus eines Menschen entweder durch das Studium seines Verhaltens oder durch eine Analyse der Körperhaltung bestimmen, wie sie sich in der Bewegung offenbart. Dies war ein großer Schritt vorwärts, denn es machte nicht nur den körperlichen Aspekt des Individuums der Analyse und Interpretation zugänglich, sondern es ermöglichte auch den direkten Angriff auf Muskelverspannungen und -verhärtungen als Mittel zur Veränderung des Charakters. Lassen Sie mich dies durch einen Charakterzug veranschaulichen, der Teil einer Charakterstruktur war.

Bei der ersten Sitzung mit einer attraktiven jungen Dame fielen mir ihr starker Kiefer und ihre Kopfhaltung auf. Dieser Kiefer vermittelte einen Eindruck von Grimmigkeit. Zwischen einem Kiefer, der Entschlossenheit ausdrückt, und einem, der grimmig wirkt, besteht nur ein Gradunterschied, aber ich zweifelte nicht an der Richtigkeit meines Eindrucks. Sie war sich des Umstandes bewußt, daß es ihrem persönlichen Leben wie ihrem Familienhintergrund an Freude fehlte. Sie begriff sofort, was ich über die Grimmigkeit in ihr sagte. Mit dem leicht zur Seite geneigten Kopf und den etwas hochgezogenen Schultern hatte ihr Körper einen resignierten Ausdruck, wie der eines Märtyrers, der grimmig sein Schicksal erträgt. Während ich an der gesamten Körperhaltung arbeitete, verbrachte ich einen Teil jeder Sitzung damit, den Kiefer weicher zu machen und Verspannungen im Nacken zu lockern. Jedesmal, wenn ich dieses Gebiet bearbeitete, weinte sie leise; danach hellte sie sich merklich auf. Ich arbeitete beharrlich so weiter und war angenehm überrascht, als ich nach einigen Monaten in ihrem Ausdruck keine Spur mehr von der Grimmigkeit entdecken konnte. Die Charakterstruktur begann ein wenig nachzugeben, aber dieser eine Zug war verschwunden, zumindest vorläufig.

Ich möchte nicht den Eindruck erwecken, als sei die Charakteranalyse und die Auflösung der Charakterstruktur eine leichte Aufgabe. Die Fähigkeit, den Charakter nach der Körperstruktur zu diagnostizieren, erfordert eine Kenntnis der bioenergetischen Prozesse und eine beträchtliche Erfahrung im Beobachten von Patienten. Reich pflegte eine gute Analyse als ein »Durch-die-Mühle-Gehen« zu bezeichnen. Die beste Beschreibung dessen, was eine bioenergetische Analyse bedeutet,

gibt Dante in der *Göttlichen Komödie.* Sie erinnern sich vielleicht, daß der Dichter Dante sich im Wald verirrt. Es gibt keinen Weg zurück, und vor sich sieht er einen wilden Tiger. Hilflos und voll Angst ruft er den Himmel um Hilfe an. Sein Flehen wird von seiner Beschützerin Beatrice erhört; diese schickt ihm den Dichter Vergil, der ihn heimführen soll. Vergil sagt Dante, der Heimweg führe durch Hölle, Fegefeuer und Himmel. Die Hölle ist voller Gefahren und entsetzlicher Szenen. Niemand kann sie ohne sachkundigen Führer durchqueren. Vergil sagt, er sei selber schon hindurchgegangen und wisse den Weg. In der Hölle sieht Dante das Leiden jener, die gesündigt haben und nun gemäß der Art ihrer Vergehen bestraft werden. Dante bleibt von Strafe verschont, aber nicht von der Erkenntnis der Sünde und ihrer Folgen. Mit Vergils Hilfe kommt er durch die Hölle hindurch.
Vergil kann den Analytiker darstellen, der sich schon früher den Problemen seines eigenen Charakters gestellt und sie gelöst hat. Dante ist der Patient. Die Hölle ist das durch die sekundären, neurotischen Triebe des Individuums verursachten Leiden. Im Fegefeuer wird man von diesen neurotischen Tendenzen befreit, so daß man die Wonnen des Himmels kosten und an ihnen teilhaben kann.
Dieses Kapitel läßt sich gut mit einem Dostojewski-Zitat abschließen. In den *Brüdern Karamasow* sagt Vater Sosima seinen Mördern: »Die Hölle ist das Leiden jener, die nicht lieben können.« Jeder von uns muß sich seiner eigenen Hölle stellen und durch sie hindurchgehen, um den Weg zum Himmel und zur Heimat zu finden.

8 Charakterbildung und Charakterstruktur

Kein Aspekt der psychoanalytischen Literatur bietet ein verwirrenderes Bild als der, in dem es um Charakterbildung und Charakterstruktur geht. Fenichel (1945, S. 525) bemerkt: »Die Beschreibung pathologischer Charaktertypen ist ziemlich verwirrend. Die verschiedenen Kriterien, die man zur Klassifizierung verwendet hat, überschneiden sich, und das macht häufige Wiederholungen nötig. Es wäre vorteilhaft, wenn die psychoanalytische Charakterologie uns eine dynamische Klassifikation bescheren würde.«

Schon 1908 erwähnte Freud, es sei wünschenswert, eine allgemeine Theorie der Charakterbildung zu formulieren. Er kam erst 1931 auf diesen Vorschlag zurück, als er, nachdem er die Seele erforscht und sie in die Kategorien von Es, Ich und Über-Ich unterteilt hatte, andeutete, es könnte möglich sein, menschliche Charaktertypen nach der jeweils vorherrschenden »Instanz« zu unterscheiden. Es könnte also einen »erotischen« Typus geben, bei dem die Persönlichkeit von den Triebansprüchen des Es beherrscht wird, einen »narzißtischen« Typus, der um das Ich zentriert ist, und einen »Zwangstypus«, dessen Leben von einem Über-Ich geregelt wird, das die Persönlichkeit beherrscht. Diese Klassifikation hat außer der Autorität Freuds noch einiges mehr für sich. Wenn man sich ihrer nicht mehr bedient hat, so deswegen, weil die Klassifikation auf der Symptomatik beruht und einer genetisch-dynamischen Grundlage ermangelt.

Dem Umstand, daß Freud den Charakter nicht erfaßt hat, liegt seine Tendenz zugrunde, die Neurose mit dem neurotischen Symptom gleichzusetzen. Es hat jedoch, wie Fenichel (1945, S. 463) feststellt, »... in den letzten Jahrzehnten eine fundamentale Veränderung im klinischen Bild der Neurosen stattgefunden. Bei den klassischen Neurosen wurde eine integrierte Persönlichkeit durch unangemessene Handlungen oder Impulse gestört. Bei den modernen Neurosen ist jedoch nicht die Rede davon, daß man es mit einer bisher stimmigen Persönlichkeit zu tun hat, die lediglich durch ein plötzliches Ereignis gestört worden ist, sondern vielmehr mit einer, die offenkundig verzerrt oder verformt oder jedenfalls so an der Krankheit beteiligt ist, daß keine Grenze mehr zwischen ›Persönlichkeit‹ und ›Symptom‹ besteht.«

Heute kommen viele Fälle in die Therapie, die keine auffallenden neurotischen Symptome aufweisen. Doch ist die Neurose deutlich nachweisbar und leicht zu erkennen. Ich denke dabei an ein typisches Beispiel. Eine junge Dame von sechsundzwanzig Jahren kam in die Therapie mit der Klage, sie sei nicht aggressiv genug. Sie war klein gebaut, ziemlich gutaussehend und hatte eine gut ausgewogene Körperstruktur. Sie war gut angezogen, ihr Benehmen war zurückhaltend und ruhig, und ihre Stimme war leise. Sie sagte, sie habe zur Zeit kein sexuelles Problem. Ihre Arbeitsfunktion war nicht so zufriedenstellend, wie sie es gewünscht hätte. Sie sagte, sie fürchte sich vor willensstarken Menschen.

Auf der Couch lag sie still; ihre Atmung war sehr gedämpft. Diese Tatsachen ließen mich vermuten, ihre Neurose sei schwer. Die Haut über ihren Wangenknochen und über der Nasenwurzel war wachsartig, was ihrem Gesicht ein lebloses Aussehen gab. Das Fehlen jeder spontanen Bemerkung oder Bewegung war auffallend. Gelegentlich kreuzte sie die Hände auf der Brust und es fehlte nur noch eine Lilie, damit man hätte denken können, sie läge in einem Sarg. Gerade diese Leblosigkeit war die Neurose. Mir war zunächst nicht klar, wie schwierig es sein würde, an das Leben in diesem Organismus heranzukommen und es an die Oberfläche zu bringen. Aus Gründen, die in einem späteren Kapitel besprochen werden sollen, diagnostizierte ich sie als eine Person mit einer hysterischen Charakterstruktur. Innerhalb dieser umfassenden Gruppe hatte sie eine spezifische Eigenschaft, die man als einer Schneiderbüste ähnlich bezeichnen könnte. Sie arbeitete in der Damenbekleidungsbranche, und sie sagte, sie wolle gern Modezeichnerin werden. Konnte man das nicht als den Wunsch einer Schneiderbüste deuten, lebendig zu werden?

Solche Fälle sind gewöhnlich gegen Symptom- und Widerstandsanalyse sehr resistent. Auf die vielen Fragen, die ich der Patientin in bezug auf ihre Vergangenheit stellte, hatte sie nur die eine Antwort: »Ich weiß es nicht.« Konnte man von einer Schneiderpuppe etwas anderes erwarten? Daß der Charakter schließlich durchbrochen wurde, war der Anwendung einer Technik zu verdanken, die das erstarrte Äußere umgehen und an den biologischen Kern herankommen konnte.

Ich habe diesen Fall erwähnt, um zu zeigen, daß Symptombildung kein notwendiges Zeichen der Neurose ist. Er zeigt auch das Problem der Affektblockierung. In der Frühzeit der Psychoanalyse gab es eine Tendenz, eine Unterscheidung zwischen sogenannten impulsiven und affektblockierten Persönlichkeitstypen zu treffen. Die Unterscheidung ist gültig, obwohl sie keine genetische Grundlage hat.

Das Interesse an Charakterstruktur und Charakterbildung wurde durch die Arbeit von Abraham und Reich angeregt. Abrahams Charakterologie war auf ein Gemisch von Zügen gegründet. Seine Charaktertypen waren keine dynamischen Konzepte, wenn sie auch genetisch determiniert waren. Die Grundlage für eine analytische Charakterologie schuf Reich 1933 mit der ersten Veröffentlichung seiner *Charakteranalyse*. In diesem Buch wird die Frage der analytischen Charakterologie zum ersten Mal in all ihren Aspekten untersucht. Zunächst wird die ökonomische Funktion des Charakters klar erläutert. »Ökonomisch dient sowohl der Charakter im gewöhnlichen Leben als auch der Charakterwiderstand in der Analyse der Vermeidung von Unlust, der Herstellung und Aufrechterhaltung des psychischen (wenn auch neurotischen) Gleichgewichts und schließlich der Aufzehrung verdrängter ... Triebquantitäten« (Reich, [2]1970, S. 74). Zweitens geht die Charakterbildung von den gleichen Kindheitserlebnissen aus, die in der Analyse Widerstand erzeugen oder zur Symptombildung führen. Tatsächlich ist der Charakter der stärkste Widerstand in der analytischen Therapie. »Die ... Situationen, die den Charakterwiderstand in der Analyse hervortreten lassen, sind genaue Klischees jener Situationen der Kindheit, die die Charakterbildung in Gang setzten. So kombiniert sich auch im Charakterwiderstand die Abwehrfunktion mit der Übertragung infantiler Beziehungen zur Umwelt.« Drittens enthält das Buch eine klare Darstellung der Technik der Charakteranalyse. Und viertens bietet Reich ausführliche Fallgeschichten, um einige der wichtigeren Charaktertypen zu veranschaulichen.

Ist es möglich, die verschiedenen Charaktertypen schematisch anzuordnen, so daß wir ein umfassendes Bild der wesentlichen neurotischen Störungen bekommen? Eine solche Anordnung setzt eine Beziehung zwischen den Charaktertypen und einem Entwicklungsmuster voraus. Kann man also eine genetisch-dynamische Theorie der Charakterbildung formulieren, die als ein solches Muster dienen könnte?

Die enge Beziehung zwischen Charakterstruktur und Ich-Entwicklung kam in Abrahams Konzept vom oralen, analen und genitalen Charakter zum Ausdruck. Die meisten Analytiker sind sich darin einig, daß Charaktertypen, wenn sie überhaupt eine Bedeutung haben sollen, zur Ich-Struktur in Beziehung stehen müssen. Diese Grundlage für die Entwicklung einer dynamischen und analytischen Charakterologie ist offensichtlich solide, aber wir stehen vor dem Problem, unsere Konzepte von der Ich-Struktur zu klären.

Der genitale Charakter, wie Abraham ihn beschreibt, ist im wesentlichen unneurotisch. Reich benützt den Begriff »genitaler Charakter« auch als Symbol für Gesundheit im Gegensatz zum neurotischen Charakter. Aber viele Menschen haben eine Libidostruktur, die die genitale Phase der Ich-Organisation erreicht hat, sind aber dennoch neurotisch. Tatsächlich müssen wir, wenn wir Freud in seinen späteren Theorien folgen, die er in *Jenseits des Lustprinzips* und *Das Unbehagen in der Kultur* zum Ausdruck gebracht hat, annehmen, daß absolute emotionale Gesundheit unter den Bedingungen des Lebens in der Zivilisation unmöglich ist.

Ich schlage vor, den Begriff »Charakter« in der analytischen Theorie auf Krankheitszustände zu beschränken. Gesundheit muß durch das Fehlen einer typischen Verhaltensweise gekennzeichnet sein. Ihre Eigenschaften sind Spontaneität und die Fähigkeit, sich den rationalen Forderungen einer Situation anzupassen. Gesundheit ist ein fließender Zustand, im Gegensatz zur Neurose, die ein strukturierter Zustand ist. Wir stehen daher vor der Wahl, ob wir den Begriff »genitaler Charakter« für einen Typus der neurotischen Struktur benützen oder eine andere Bezeichnung für die Neurose suchen wollen, bei der die Ich-Struktur sich bis zur genitalen Stufe entwickelt hat. Ich habe die letztere Möglichkeit gewählt.

In bezug auf die orale oder die genitale Phase der Ich-Entwicklung kann es keinen Zweifel geben. Es besteht jedoch ernsthafter Zweifel an der Existenz einer analen Stufe in der natürlichen Entstehung und Entwicklung der Ich-Struktur. Reich hat in seinen späteren Veröffentlichungen geleugnet, daß sie eine natürliche Phase der Libido-Organisation sei. Aber gerade diese sogenannte anale Stufe war der Ausgangspunkt der charakteranalytischen Studien, und gerade über sie ist in der psychoanalytischen Literatur so viel veröffentlicht worden. Die Tatsache, daß es einen analen Charaktertypus gibt, gründet sich auf Beschreibungen von Freud, Abraham, Jones und anderen. Aber wir haben nicht recht, wenn wir annehmen, was ein anerkannter Krankheitszustand ist, entspreche einer natürlichen Phase in der Ich-Entwicklung des Kindes. Mehrere Überlegungen zwingen mich, dieses Stadium als ein künstlich herbeigeführtes und nicht als einen natürlichen Schritt auf dem Weg zur Genitalität anzusehen.

Der echte Zwangscharakter oder der anale Charakter sind keine Typen, denen man hierzulande in der analytischen Praxis häufig begegnet. Ich habe bei vielen Patienten einige der Züge bemerkt, die Bestandteile dieser Struktur bilden, aber eine so vollständige Ansammlung von Zügen, daß sie dem ähnlich wäre, was die europäischen Autoren beschreiben, war in meiner eigenen Praxis sehr selten. Die wenigen Fälle, die mir vor Augen gekommen sind, waren Menschen, die im Ausland aufgewachsen waren. Zwischen den Einstellungen zu Sauberkeit und Reinlichkeitserziehung in Amerika und Nordeuropa besteht ein großer Unterschied. Ein Bekannter hat mir erzählt, die Mütter in der Schweiz seien stolz, wenn ihre Kinder mit acht Monaten »sauber« seien. Mein eigener ausgedehnter Auslandsaufenthalt hat mich zu der Überzeugung gebracht, daß die übertriebene Sauberkeit, die man in manchen Ländern findet, zwar für den Besucher ein Hochgenuß ist, aber auf Kosten von Spontaneität und Lebensfreude zustandekommt.

Die persönliche Beobachtung von Kindern, die spontan »sauber« wurden, hat mich weiterhin davon überzeugt, daß das Kind kein spezielles Interesse an dieser Körpergegend hat, auch nicht an seinem Kot. Das Leben in der Zivilisation erfordert eine Reinlichkeitserziehung aller Kinder. Das bedeutet natürlich, daß Erwachsene den Ausscheidungsfunktionen einige Aufmerksamkeit schenken. Wenn man Kinder sich selbst überläßt, pflegen sie sich irgendwo zu entleeren und ihr »Geschäft« zu verrichten, aber in einiger Entfernung vom Ort ihrer gewöhnlichen Betätigung. Alles hängt also von der Einstellung der Erwachsenen ab. Können wir das Kind so lange in Windeln hüllen, bis es das Wesen dieser Funktionen verstehen, sein Bedürfnis mit deutlichen Worten ausdrücken und sogar Vorkehrungen treffen kann, um sich selber zu helfen, oder müssen wir so rasch wie möglich handeln, um uns von dieser Last zu befreien? Können wir die Ausscheidungsfunktionen als natürlich ansehen, oder müssen wir ihnen gegenüber Entsetzen und Scham zeigen? Wird der regelmäßige Stuhlgang als Gesundheitsmaß betrachtet? In bezug auf diese Fragen neigt die amerikanische Tradition mehr zur einen, die europäische mehr zur anderen Seite. Man kann die europäische Einstellung angesichts ihres Hintergrunds von Seuchen und Krankheiten verstehen. Die europäische Zivilisation war eine urbane, lange bevor angemessene sanitäre Einrichtungen zur Verfügung standen. Kinder aus primitiveren Kulturen und wärmeren Klimazonen entgehen meist diesem Problem.

Theoretische Überlegungen weisen darauf hin, daß die anale Phase in der normalen Ich-Entwicklung keine normale Phase ist. Freud erinnerte uns an die Anmerkung Abrahams, daß »der Anus embryologisch dem Urmund entspricht, welcher bis zum Darmende herabgewandert ist« (Freud, 1932, S. 107). Der After beginnt zur gleichen Zeit zu funktionieren wie der Mund, nicht einige Zeit später. Der Säugling hat zwar in den ersten Lebenstagen nur geringe Möglichkeiten, seinen After-Schließmuskel zu beherrschen, aber er beherrscht auch nicht alle Bewegungen seines Mundes. Die beiden Enden des Rohrs entwickeln sich gleichzeitig. In der Regel sind beide Enden in gleichem Maß gestört. Die Mutter, die in ihrer Reinlichkeitserziehung streng ist, ist auch beim Füttern unduldsam und streng. Wenn die Störung schwerwiegend ist, bringt sie den ganzen Ernährungstrakt in Unordnung, mit Übelkeit und Erbrechen am oberen Ende und Verstopfung und Durchfall am unteren. Die meisten Kinder, die in einer zivilisierten Umwelt aufwachsen, sind in ihrer Analfunktion in gewissem Maß gestört. Der Versuch auf seiten des Kindes, in zu frühem Alter die Schließmuskeln zu beherrschen, führt zu Verkrampfungen und Verspannungen der Gesäßmuskeln und der Adduktoren im Oberschenkel. Eine Energieblockierung ist die Folge, die später diesen Bereich übermäßig aufbläht und eine Analerotik erzeugt, die rein pathologisch ist. Wir sprechen daher mit Recht von analen Zügen, aber wir haben Unrecht, wenn wir der Analfunktion in der natürlichen Ich-Organisation eine unabhängige Stellung einräumen.

Wenn wir annehmen, daß das Kind angeborene destruktive Tendenzen hat, kann natürlich die Entwicklung von Zähnen als bedrohliches Zeichen betrachtet werden. Auch das Einkoten der Windel kann man als analsadistisches Verhalten deuten. Freuds Todestrieb ist jedoch keine richtige Beurteilung der natürlichen aggressiven Tendenzen im lebenden Organismus.

Das soll nicht heißen, daß sich im Kind keine destruktiven Tendenzen entwickeln. Man kann mit analytischen Methoden dahinterkommen, daß sie auf eine Störung der natürlichen Bedürfnisse und Rhythmen des Kindes zurückgehen, und dies möchten wir gern vermeiden. Es kann also auch eine analsadistische Charakterstruktur entstehen, aber sie entspringt nicht einer natürlichen Phase der Ich-Entwicklung, und man kann sie deshalb auch nicht als generischen Charaktertypus verwenden. Sie erscheint als eine Variante eines dieser Typen.
Freud geht weiter. Er stimmt mit Abraham in der Einteilung der analen Phase in zwei Stufen überein: Die erste enthält »destruktive Tendenzen des Vernichtens und Verlierens«, während später »die objektfreundlichen (Tendenzen) des Festhaltens und Besitzens« vorherrschen (Freud, 1932, S. 106). Es gibt keine Rechtfertigung dafür, diese Tendenzen als biologisch oder als etwas anderes als Abkömmlinge eines speziellen Kulturprozesses anzusehen. Jeder würde zugeben, daß ein zivilisiertes Leben ohne irgendeine Form von sanitären Einrichtungen unmöglich ist. Es wäre ebenso unmöglich, einen Haushalt zu führen, wenn die Kinder nicht zum reinlichen Umgang mit ihren Exkrementen erzogen würden. Aber die Beobachtungen, die zur Entstehung von Abrahams Konzept führten, und denen Freud beistimmte, hängen mit den kulturellen Bedingungen zusammen, die am Anfang dieses Jahrhunderts in einem speziellen Teil Europas bestanden. Zu jener Zeit und an jenem Ort war die Reinlichkeitserziehung ungewöhnlich streng. Sie wurde zu früh begonnen und zu peinlich genau durchgeführt. Die Familien waren groß, das Wäschewaschen war schrecklich umständlich und die Bazillenangst war weit verbreitet. Ich habe viele Kinder hier und heute beobachtet, die keine der von Freud beschriebenen Tendenzen zeigten. Wenn man mit der Sauberkeitserziehung beginnt, sobald das Kind reif genug ist, um die Forderung, die man an es stellt, zu begreifen, wird diese Erfahrung zu einem weiteren Schritt im Erwerben der Fertigkeiten und Fähigkeiten, die den Kulturmenschen ausmachen. Sie unterscheidet sich in keiner Hinsicht

davon, den Umgang mit Messer und Gabel zu lernen, auf seine Kleidung zu achten usw. Die Zeit, zu der diese Reife eintritt, fällt mit dem Beginn der genitalen Phase zusammen.

Selbst heute gibt es noch zu viele Eltern, die auf einer Beherrschung der Schließmuskeln bestehen, wenn das Kind noch zu klein ist. Die Folgen für die Kinder sind katastrophal. Der motorische Nerv, der zum äußeren Schließmuskel des Afters führt, wird erst spät von Markscheiden umgeben (myelinisiert), also ist eine Beherrschung dieses Muskels nicht allzu früh möglich. Die bioenergetische Analyse zeigt, daß Kinder das Gesäß zusammenkneifen, den Beckenboden hochziehen und die Rückseite der Oberschenkel anspannen, um den Stuhl zurückzuhalten. Da dies ein sehr schmerzhafter Zustand ist, entwickelt sich ein ernsthafter Konflikt. Wenn das Kind gegen den Druck kämpft, den die Mutter (der Vater) ausübt, drückt es destruktive Tendenzen aus. Dies ist ein erstes Stadium. Da die Mutter (der Vater) stärker ist, wird sie den Kampf gewinnen, und das Kind ist gezwungen, sich zu fügen. Im zweiten Stadium zeigt es nun Tendenzen des Zurückhaltens. Eingetreten ist nur, daß die Furcht vor dem Stuhlgang stärker ist als der natürliche Stuhldrang. Das Kind bekommt häufig Verstopfung, und die Mutter tritt wieder auf den Plan mit Abführmitteln, Klistieren und anderen Mitteln, um einen neurotischen Konflikt zu lösen. Man kann das ganze Problem durch Verständnis und Geduld vermeiden.

Diese Spaltung von Verhaltensmustern in zwei einander entgegengesetzte Tendenzen ist kennzeichnend für Freud. Auch die orale Phase wird durch das Erscheinen der Zähne in zwei Stufen unterteilt. »Auf der ersten Unterstufe handelt es sich nur um eine orale Einverleibung, es fehlt auch jede Ambivalenz in der Beziehung zum Objekt der Mutterbrust. Die zweite Stufe, durch das Auftreten der Beißtätigkeit ausgezeichnet, kann als die oralsadistische bezeichnet werden; sie zeigt zum erstenmal die Erscheinungen der Ambivalenz« (Freud, 1932, S. 106). Ich habe bei manchen Kindern in den ersten Monaten gesehen, daß sie eine Ambivalenz gegenüber der Brust zeigten, wenn die Mutter ängstlich war, aber auch andere, die diese Spaltung während einer ausgedehnten Stillzeit niemals empfanden. Damit ein Kind in bezug auf ein Objekt, das zugleich Nahrungs- und Lustquelle ist, ambivalent wird, muß ein starker Störfaktor von außen eingeführt werden. In diesem Fall ist es das bewußte oder unbewußte Widerstreben der Mutter, das die gemischten Gefühle im Kind erzeugt. Es ist falsch, unsere Aggressionsorgane als sadistische Elemente zu betrachten. Die Zähne können sowohl aus Liebe als auch aus Haß beißen, die Arme können umarmen wie auch erdrücken, der Penis kann sowohl liebkosen als auch durchbohren.

Bei unserer Betrachtung der Ich-Entwicklung können wir auf die ganze anale Phase und auf die Vorstellung von zwei Stufen der oralen Phase verzichten. Wir können einfach sagen, daß die Entwicklung des Kindes von einem Zustand emotionaler Abhängigkeit fortschreitet zu emotionaler Unabhängigkeit, vom nebelhaften Lust-Unlust-Ich des Säuglings zum kristallisierten Realitäts-Ich des Erwachsenen, von der oralen zur genitalen Phase. Das Wachstum des Organismus ist physisch und psychisch ein kontinuierlicher Prozeß. Wer eng mit dem heranwachsenden Kind zusammenlebt, weiß, daß es unmöglich ist, das Sich-Wandeln wahrzunehmen, obwohl man die Veränderung erkennt. Den ersten Schritt mit Hilfe eines anderen tut das Kind vielleicht mit sieben Monaten, vielleicht geht es mit elf Monaten schon einige Schritte allein, aber erst viel später läuft es allein. Die ersten Wörter sind noch kein Sprechen. Das Wachstum geht auch langsam vor sich und besteht aus unzähligen täglichen Erlebnissen, von denen jedes das Gewahrsein des Organismus von der Realität, sowohl der inneren seiner Gefühle und Bedürfnisse als auch der äußeren Realitäten seiner Umwelt erweitert. Wenn wir die Geschichte eines Menschen analytisch betrachten, sehen wir ein Spektrum, das von der Unreife bis zur Reife geht, wie die Farbe sich bei einer reifenden Tomate verändert. Höhepunkte heben sich nur aus diesem Spektrum heraus, wenn wir Punkte betrachten, die ein

Stück weit voneinander entfernt sind; aneinandergrenzende Gebiete gehen unmerklich ineinander über.

Sehen wir uns diesen Prozeß des Wachsens und Reifens unter dem Blickwinkel der Bioenergetik an. Wir können zu Konzepten gelangen, die für verschiedene Zeiten und auch für andere Kulturen grundlegend und gültig sind. Der neugeborene menschliche Säugling ist biologisch völlig hilflos und in bezug auf die Lebenserhaltung von seiner Mutter abhängig. Er kann sich nicht von einem Ort zum anderen bewegen wie andere neugeborene Säugetierjunge, und er kann sich nicht einmal an seiner Mutter festhalten. Er muß getragen und dabei noch gestützt werden. Langsam erwirbt er Kraft und Koordination. Erst kann er aufrecht sitzen, dann stehen, dann fängt er an, zu gehen. Aber selbst wenn er drei Jahre alt ist und herumrennen und spielen kann, dauert sein Bedürfnis an, gehalten zu werden. Er versucht, sich tragen zu lassen, und man muß ihn tragen. Wenn er hinfällt, möchte er, daß man ihn aufhebt und ihn beruhigt. Biologisch dauert die Abhängigkeit des Menschenjungen lange. Es erreicht die biologische Reife erst mit der Pubertät. Am Ende der Pubertätszeit ist das Körperwachstum fast vollendet; die sexuelle Funktion ist auf genitaler Ebene fest etabliert. Die emotionale Entwicklung geht nicht linear vor sich. Sie verläuft in der Frühzeit am schnellsten und verflacht allmählich bis zum Erwachsenenalter.

Wenn wir in diesem breiten Spektrum mehrere Perioden unterscheiden, dann nur zum Zweck der Diskussion. Das Leben hat nur zwei feste Punkte, Geburt und Tod. Wenn wir von der »oralen Phase« sprechen, beziehen wir uns auf eine Periode im Leben des Organismus, in der er am meisten abhängig ist, in der sein Bedürfnis, Nahrung aufzunehmen, seine Aktivitäten beherrscht. Wenn er wächst und sich entwikkelt, erreicht er allmählich eine Periode des Energiegleichgewichts mit seiner Umwelt. Sobald das Körperwachstum aufgehört hat, ist der Organismus der Notwendigkeit unterworfen, den Energieüberschuß zu entladen, der sich aus den mit der Nahrungsaufnahme verbundenen Aktivitäten ergibt. Es ist eine Eigenschaft des Lebensvorgangs, daß er mehr Energie erzeugt, als er für sein individuelles Wachstum braucht. Wenn das Protozoon diese Stufe erreicht, erhält es sein Energiegleichgewicht durch Zellteilung aufrecht. Beim Metazoon dienen Sexualität und Fortpflanzung diesem Zweck. Wir können diese Phase im Leben des Individuums als genitale Phase bezeichnen.

Lebensvorgänge sind kontinuierlich. Die Genitalität taucht nicht in voller Funktionsfähigkeit auf wie Athene aus dem Haupt des Zeus. Ich weiß nicht, in welchem Alter ein Kind seine Genitalien zum ersten Mal bewußt wahrnimmt, aber es ist gewiß früh in der oralen Phase seines Lebens. Mit einem Jahr und auch schon früher kann ein Junge eine ziemliche Erektion haben. Vom Alter von zwei, drei oder vier Jahren an zeigen Kinder ein erhebliches Interesse an ihren genitalen Aktivitäten. Es ist offensichtlich, daß dies eine Funktion ist, die langsam reift. Aber es gibt ein Alter, das bei jedem Kind verschieden ist, in dem es in die genitale Phase eintritt. Bald danach ist die Genitalität hergestellt, wenn es sich auch noch nicht um eine reife Funktion handelt. Von da an wird der Primat der Genitalien gefördert, während der Organismus Kraft, die Herrschaft über seine Bewegungen und Koordination gewinnt. Je mehr die Oralität abnimmt, desto mehr nimmt die Genitalität zu. Wir setzen Oralität mit Abhängigkeit, Genitalität mit Unabhängigkeit gleich.

In der Zeit von der Geburt bis zum Jugendalter können wir die Veränderungen durch mehrere Ereignisse unterstreichen: das Durchbrechen der Zähne im Alter von sechs bis sieben Monaten, den Beginn der Funktionen des Gehens und des Sprechens, den Erwerb der Beherrschung der Schließmuskeln, das Interesse an und das Spiel mit anderen Kindern, das Durchbrechen der bleibenden Zähne usw. Wenn wir unsere kulturellen Forderungen an das Kind seinem natürlichen Wachstums- und Entwicklungsrhythmus anpassen könnten, würde ein großer Teil der psychischen Erkrankungen vermieden. Jede ernsthafte Störung des Wachstumsprozesses erzeugt ein krankhaftes Charakterproblem, das ein Leben lang bestehen bleiben kann. Sehen wir uns an, welche Form diese Störungen annehmen können.

Wir haben gesagt, daß das menschliche Kind bei der Geburt in bezug auf seine Lebenserhaltung von seiner Mutter abhängig ist. Lebenserhaltung ist für den Säugling und das Kind mehr als Ernährung. Das Kind braucht Liebe, Geborgenheit, narzißtische Zufuhr – wie immer man es nennen mag. Man vergleiche die Studien von René Spitz über die Wirkungen des Entzugs, der das Kind das Leben kosten kann. Die Beziehung des Kindes zu seiner Mutter ist libidinöser Art; es ist ein Energieprozeß daran beteiligt. Der Kontakt des Säuglings mit dem Energiesystem der Mutter erregt die Energie seines eigenen Systems und veranlaßt sie, zum Punkt des Kontakts hinzuströmen. Wenn dieser an der Brust liegt, wird die Energieladung am Mund des Säuglings sehr stark. Die in Längsrichtung verlaufende Pulsation von der Mitte zu den Enden beginnt. Das Realitätsprinzip hat zu wirken begonnen, selbst wenn der Säugling vorläufig von der äußeren Realität von Brust und Brustwarzen gar nichts weiß. Wachstum, Reifung und die Erstellung der bioenergetischen Grundlage für das Realitätsprinzip folgen einem bekannten biologischen Gesetz: Die Entwicklung schreitet vom Kopf- zum Schwanzende fort.

Der Säugling braucht den körperlichen Kontakt mit seiner Mutter ebensosehr wie Nahrung und Luft. Die notwendige Intimität wird am besten durch das Stillen erreicht, das Ersetzen der Brust durch die Flasche schwächt diesen Kontakt erheblich. Aber wenn das Kind kaum auf dem Arm gehalten wird, ist der Verlust des Kontakts mit der Mutter eine schlimme Entbehrung. Das Stillen hat gegenüber der Ernährung mit der Flasche vom bioenergetischen Standpunkt aus noch viele weitere Vorzüge. Das Kind, das an der Brust trinkt, kann seine Nahrungsaufnahme besser steuern als das Flaschenkind. Es kann so viel oder so wenig trinken, wie es will. Wichtiger ist jedoch, daß die Brustwarze durch die Zungentätigkeit gegen

den hinteren Teil des harten Gaumens tief in den Mund hineingezogen wird. Am Gummisauger wird hauptsächlich mit den Lippen gesaugt. Das erstere ist eine aktivere Tätigkeit als das letztere.
Hier stellen sich nun die wichtigen Fragen. Wieviel Kontakt zur Mutter braucht das Baby, damit Gefühle der Entbehrung vermieden werden? Zusätzlich sollte man wissen, wie lange die Mutter damit fortfahren sollte, das Kind zu unterstützen, zu nähren und im Arm zu halten. Meine Antworten werden einige Leser schockieren, aber sie werden auch erklären, warum wir in bezug auf die geistig-seelische Gesundheit so vielen Problemen gegenüberstehen. Genaue Antworten sind vom einzelnen Kind abhängig. Wir können jedoch annäherungsweise eine Vorstellung vermitteln.
Nur das Kind weiß oder fühlt wirklich, wieviel Kontakt es braucht. Manche brauchen mehr als andere. Das Baby drückt sein Bedürfnis durch Schreien aus. Ein Kind kann sich durch stimmliche Laute oder durch Gesten ausdrücken. Jedes Kind, das schreit, braucht Beachtung. Wenn man ein Kind schreien läßt, ohne darauf zu reagieren, erzeugt man ein Gefühl der Verzweiflung und Hoffnungslosigkeit. Wenn man es sich zur regelmäßigen Gewohnheit macht, hört das Baby oder Kleinkind auf zu schreien. *Es nützt ja doch nichts!* Aber dieses Gefühl des »Es nützt ja doch nichts« bleibt erhalten, bis es als Grund für den Widerstand in der analytischen Therapie zutage tritt. Ich sage ohne Zögern, daß man ein Kind nicht mit Liebe »verziehen« kann. Aber die Liebe muß echt sein; d. h. sie muß ein zärtliches Gefühl sein, das auf die Bedürfnisse des Kindes antwortet, und nicht das, von dem die Mutter »glaubt«, das Kind brauche es. Zwar sind die Forderungen des Säuglings unser einziger Anhaltspunkt für seine Bedürfnisse, aber wir haben objektive Mittel, um zu entscheiden, ob diese Bedürfnisse befriedigt werden. Ein glückliches Kind ist ein gesundes Kind; ein zufriedenes Kind ist ein schönes Kind mit glänzenden Augen, einer leuchtenden Gesichtsfarbe, lebhaftem Benehmen und einem kämpferischen Geist.

Wie lange soll die Mutter fortfahren, die Bedürfnisse des Kindes zu befriedigen? Lassen Sie mich diese Frage beantworten, indem ich sage, auch hier bestimmen die Bedürfnisse des Kindes die Antwort. Man muß erkennen, daß die Bedingungen des Lebens in der Zivilisation eine Frau so beanspruchen, daß sie sich ihrem Kind nicht so widmen kann wie eine primitive Mutter. Andererseits sind Babies und Kleinkinder noch nicht zivilisiert, und ihre Forderungen unterscheiden sich nur wenig von denen der Kinder, die in einfachere Kulturen hineingeboren werden. Die Folge ist, daß die Frau von heute oft im Konflikt mit ihren Kindern ist.
Obwohl im Alter von drei Jahren kein wichtiges biologisches Ereignis eintritt, ist dies in der Geschichte des Individuums ein wichtiges Alter. Mütter in primitiven Gesellschaften stillen im allgemeinen ihre Kinder bis zu diesem Alter und tragen sie herum. Mit etwa drei Jahren gewinnt das Kind die Herrschaft über seine Schließmuskeln, eine gute Koordination bei der Fortbewegung und ein angemessenes Verständnis des gesprochenen Wortes. In diesem Alter beginnt das Kind ebenfalls, ein Gefühl der Unabhängigkeit und der Verantwortung für seine eigenen Bedürfnisse zu zeigen. Die analytische Forschung hat gezeigt, daß der Ödipuskonflikt etwa um diese Zeit beginnt. Diese Überlegungen führen zu dem Schluß, daß etwa in diesem Alter die Genitalfunktion hergestellt oder daß der genitale Primat erreicht wird. Bioenergetisch bedeutet dies, daß das Hin- und Herschwingen der Energie in der Längsrichtung nun im Kopf und im Genitale verankert ist. Das Problem, das durch die wachsende Selbständigkeit des Kindes entsteht, hängt biologisch mit seiner sich entwickelnden Genitalität zusammen.
Das Wissen von der Charakterstruktur und den Charaktertypen stammt aus der klinischen Beobachtung. Wo z. B. das Verhaltensmuster des Individuums durch Gefühle der Entbehrung, die starke Angst vor dem Verlust des Liebesobjektes, innere Leere und Verzweiflung gekennzeichnet ist, bezeichnen wir die Charakterstruktur als einen oralen Typus. Diese

Menschen sind in ihren Beziehungen abhängig. Sie sind ausgeprägten Stimmungsschwankungen unterworfen, höchster Heiterkeit und tiefer Depression. Wir wollen uns im nächsten Kapitel eine ausführliche Fallgeschichte dieses Charaktertypus ansehen. Vorläufig können wir sagen, daß die Entbehrung sehr schlimm sein und in den ersten sechs Lebensmonaten eintreten muß, damit sie eine solche Charakterstruktur erzeugen kann. Wenn die Entbehrung weniger schlimm ist oder später auftritt, ist die Ich-Struktur stärker und entwickelter, aber sie wird ein gewisses Maß an Oralität in Form von oralen Zügen zeigen. Die bioenergetische Grundlage dieser Charakterstruktur ist eine Schwäche des longitudinalen Hin- und Herschwingens der Energie. Weder der Kopf noch das Genitale sind stark geladen. Die Realitätsfunktion ist bedingt durch die Haltung der Umwelt. Der orale Charakter akzeptiert die Realität nur, wenn sie günstig ist. Eine ungünstige Umwelt wird abgelehnt, aber es gibt keine Verleugnung der Realität, wie man sie bei der Schizophrenie findet.
Man vergleiche dieses Bild mit dem des Kindes, das erst schwerer Frustration begegnet, nachdem es drei Jahre alt geworden ist. Dies ist die Zeit, wie wir gesehen haben, in der das Kind das Babyalter hinter sich hat und einige Unabhängigkeit zeigt. Da es sprechen und Gesprochenes verstehen kann, erwarten die Eltern, daß es beginnt, ihre Befehle zu befolgen. Es soll zivilisiertes Verhalten lernen. Masturbation und Sexualspiele werden verboten. Man legt Wert auf Höflichkeit und gutes Benehmen. Leider hat das Kind ganz andere Vorstellungen. Seine neugefundene Selbständigkeit und sein bewußtes Interesse an den Genitalien zwingen es in einen Konflikt mit den Eltern hinein. Auch dort, wo man einem Kleinkind nie den »Hintern vollhauen« würde und nur sehr selten einem Baby, kann es vorkommen, daß ein Drei- oder Vierjähriges regelmäßig »Haue« bekommt. Wenn die Genitalfunktion fest etabliert ist, gibt es keinen Rückzug vor der Realität mehr. Das Kind begegnet Frustration, Entbehrung und Druck, indem es sich versteift. Die Energie zieht sich nicht aus dem Kopf oder aus

den Genitalien zurück. Das Kind verbirgt vielleicht sein genitales Interesse, vermindert dessen Ladung oder ist offen trotzig. Es gibt dieses Interesse niemals auf. Das meinen wir, wenn wir sagen, daß sich etwa in diesem Alter die bioenergetische Pendelbewegung an beiden Enden verankert.

Die Versteifung erzeugt Rigidität, sowohl körperlich als auch emotional, und die verschiedenen Charaktertypen dieser Gruppe sind durch die Unbeweglichkeit ihrer Ich-Struktur gekennzeichnet. Weil Rigidität das hervorstechende Merkmal dieser Gruppe ist, nennen wir diesen Typus die rigiden Charakterstrukturen. Diese umfassende Gruppe schließt verschiedene klinische Typen ein: den phallisch-narzißtischen Mann, die hysterische Frau, den Zwangscharakter, den Zwangsneurotiker, den analen Charakter usw. All diese klinischen Untergruppen haben als gemeinsamen Nenner strukturelle Rigidität, sowohl in bezug auf den Charakter als auch in bezug auf den Körper.

Der rigide Charaktertypus unterscheidet sich stark vom oralen Typus. Wo sich der orale Charakter unter ungünstigen Bedingungen von der Realität zurückzieht, verspannt sich der rigide Charakter noch mehr, erhält aber den Kontakt aufrecht. Aus diesem Grund ist seine Arbeitsfähigkeit gewöhnlich gut; und er ist auch Stimmungsschwankungen weniger unterworfen. Die rigiden Charaktertypen stellen die Gruppe dar, die man früher im Gegensatz zu der Impulsivität, die den oralen Charakter kennzeichnet, als affektblockierte Typen bezeichnet hat. Wegen der Rigidität ist die Motilität herabgesetzt, und der Betreffende klagt über Gefühle der Leblosigkeit, aber nicht über innere Leere. Natürlich ist der Grad der Rigidität bei verschiedenen Menschen unterschiedlich, und sie ist auch bei ein und demselben Menschen unter verschiedenen Bedingungen jeweils anders. Fenichel (1945, S. 465) hat diese Verschiedenheit der Reaktionen bemerkt. »In Extremfällen« schrieb er, »ist die Rigidität total; in weniger extremen Fällen bleibt vielleicht eine relative Elastizität erhalten, so daß das rigide Muster besonders ausgeprägt wird, wenn Angst empfunden wird, und etwas entspannter ist, wenn ein beruhigendes oder lustvolles Erlebnis dem Individuum gestattet, die Schranke zu lockern.«

Es war die Erkenntnis dieser charakterlichen Rigidität, die Reich veranlaßte, das Konzept von der Muskelpanzerung zu formulieren und diese Panzerung mit der geistig-seelischen Haltung gleichzusetzen. Aber das Konzept der Panzerung gilt nur für diese Art der Struktur, denn der orale Charkter hat keine derartige Abwehr. Auf solche Weise gepanzerte Menschen empfinden wenig Angst, denn es ist ja gerade die ökonomische Funktion des Panzers, Angst zu binden. Aus dem gleichen Grund ist auch ihr Kontakt mit der Außenwelt begrenzt, und in Gegenwart spontanerer Menschen erleben sich die Betreffenden als leblos, stumpf, unterlegen usw. Diese Erfahrungen bringen sie in die Therapie. Wenn der Panzer in der Therapie durchbrochen wird, wird sofort Angst erzeugt. Bei einer solchen Patientin rief schon das sehr weite Öffnen des Mundes und der Augen eine starke Reaktion hervor. Sie stieß einen Schreckensschrei aus. Es kribbelte sie am ganzen Körper. Sie bat mich, den Versuch nicht zu wiederholen, weil sie zuviel Angst empfunden habe.

Wenn die Panzerung unvollständig ist, hat sie weniger angstbindende Kraft. Emotionale Reaktionen und Symptombildungen sind häufiger und können das Bild beherrschen. Wenn der Druck auf den Gepanzerten zunimmt, kann eine gefährliche Situation entstehen. Eine Frau Ende dreißig kam hilfesuchend zu mir, weil sie an Herzklopfen, Schlaflosigkeit und dem Gefühl litt, sie könnte jeden Augenblick »durchdrehen«. Unter diesen Umständen war es nicht schwierig, die Tür zu öffnen und einen Tränenstrom auszulösen, der dann ein Gefühl der Scham und der Schuld ans Licht brachte, weil sie sich hatte gehen lassen. Ihr ganzes Leben lang hatte die Patientin eine schwere Last von Verantwortung mit einer Haltung grimmiger Entschlossenheit getragen. Ihr Mann war während der letzten sechs Monate krank gewesen, und sie hatte sein Geschäft weitergeführt, Haus und Kinder versorgt und ihn mit bemerkenswerter Seelenstärke gepflegt. Es war also kein Wunder, daß sie dem Zusammenbruch nah war. So bewundernswert eine derartige Seelenstärke ist, sie stellt eine ernsthafte Bedrohung des Menschen dar. Man kann Rigidität nicht ohne die Gefahr eines emotionalen oder körperlichen Zusammenbruchs unbegrenzt aufrechterhalten.

Es gibt einen Zwischentypus der Charakterstruktur, dem die Rigidität fehlt, der aber auch nicht die Stimmungsschwankungen oder den Rückzug vor der Realität zeigt wie der orale Charakter. Man hört keine Klagen über innere Leere, und es bestehen keine starken Entbehrungsgefühle. Das Fehlen jeder Rigidität zeigt sich in einer Tendenz, zusammenzubrechen, wenn der äußere Druck oder die innere Spannung zunimmt: Der Mann kann dann kurz vor der Penetration seine Erektion verlieren. Bioenergetisch ist zu konstatieren, daß das Pulsieren der Energie nicht sicher in Kopf und Genitalien verankert ist. Die Genitalfunktion ist nicht überdeterminiert, wie beim rigiden Charakter, und auch nicht von Bedingungen abhängig wie beim oralen Typus. Sie ist zögernd wie die ganze Persönlichkeit. Es gibt das Vorpreschen und den Rückzug, Anstrengung und Zusammenbruch, die über längere Zeit ein Muster wiederholter Fehlschläge offenbaren. Dies ist die Strukturart, die wir »masochistisch« nennen. Sie führt in die Determinanten der Charakterstruktur einen neuen Faktor ein. Entbehrung erzeugt Oralität, Frustration auf genitaler Ebene führt zu Rigidität. Die erstere ist ein Faktor, die im ersten Lebensjahr am stärksten wirksam ist; Frustration ist ein ödipales Phänomen. In unserer Kultur kann zwischen dem ersten und dem dritten Lebensjahr noch ein dritter Faktor eingeführt werden. Dieser kommt von der Mutter, die übermäßig besorgt und übermäßig wachsam ist. Ein materielles Interesse am Wohlergehen des Kindes tritt an die Stelle der Zärtlichkeit und Zuneigung, die auf die wachsende Unabhängigkeit des neuen Individuums Rücksicht nimmt. Man hat es »erstickend« (smothering) anstatt »bemutternd« (mothering) genannt. Es nimmt die Form von Zwangsfütterung, Angst und

Interesse an der Darmfunktion an und geht mit übergroßer Besorgnis einher, das Kind könnte sich bei körperlicher Betätigung verletzen. All dies geschieht im Namen der Liebe, aber heraus kommt dabei eine Unterdrückung des heranwachsenden Ichs des Kindes. Widerstand und Auflehnung werden dem Kind bald ausgetrieben; Selbstbehauptung und Selbstregulierung werden nicht erlaubt. Unter dem Spruch »Mutter weiß das am besten« wird der Geist des Kindes buchstäblich zerschmettert.

Der Masochismus hat seinen Ursprung in Erlebnissen, die das Ich des Kindes überwältigen, bevor es sich fest in der Genitalität einrichten kann. Die Unterdrückung unterscheidet sich insofern von der Benachteiligung, als die Mutter physische Gewalt anwendet, um ihre Ziele zu erreichen. Es fehlt dem Kind zwar nicht an Beachtung, aber die Aufmerksamkeit konzentriert sich auf seine materiellen Bedürfnisse, wobei seine subtilen geistigen Bedürfnisse vollständig ausgeschlossen werden. Unterdrückung unterscheidet sich auch von Frustrierung, deren Ziel es ist, die Triebbetätigung des Kindes an Formen der Erwachsenen anzupassen. Unterdrückung zielt darauf ab, das Kind gegenüber dem überlegenen Wissen und der Weisheit der Mutter unterwürfig zu machen. Es gibt hier zwar keine tatsächliche Entbehrung, aber die Mutter benützt Mißbilligung und die Drohung, dem Kind ihre Liebe zu entziehen, um es zum Gehorsam zu zwingen. Sie hat dabei kein leichtes Spiel. Bevor die Unterwerfung erreicht wird, treten schwere Wutanfälle, Zornausbrüche usw. auf. Wir werden uns dieses Problem in einem späteren Kapitel eingehender ansehen. Es ist wichtig zu erkennen, daß der Prozeß, der zum Masochismus führt, im zweiten Lebensjahr beginnt. Es ist ein prägenitales Problem und erzeugt eine prägenitale Struktur.

Als masochistische Charakterstruktur bezeichnen wir ein Verhaltensmuster, das sich aus Anstrengung und Zusammenbruch, Versuch und Scheitern zusammensetzt. Die ihm zugrundeliegende Eigenschaft ist Furcht vor Selbstbehauptung in

jeder Form. Der orale Charakter setzt sich unter günstigen Bedingungen durch, der rigide Charakter behauptet sich auf harte, antreibende, zwanghafte Weise. Beim Masochismus herrscht starke Angst in allen Situationen, in denen Aggression erforderlich ist. Zwang ist eine Form der Rigidität, die die Angst bindet. Masochismus als Charakterstruktur ist nicht selten; man findet jedoch häufiger masochistische Züge bei den meisten Neurotikern.
Beim Wachstum und bei der Entwicklung der Ich-Struktur ist das Kind drei Hauptarten von Störungen ausgesetzt, von denen jede ihre charakteristische Spur in seiner Persönlichkeit zurückläßt. Entbehrung führt zu Oralität, Unterdrückung zu Masochismus und Frustration zu Rigidität. Hier ist eine gewisse Entsprechung zu den drei Charaktertypen Abrahams, aber Freud kommt mit seinen Libidotypen der Sache noch näher: dem erotischen, dem narzißtischen und dem Zwangstypus. Freuds Beschreibung des erotischen Typus zeigt, daß er mit dem oralen Charakter identisch ist: »Sie werden von der Angst vor dem Liebesverlust beherrscht und sind darum besonders abhängig von den anderen, die ihnen die Liebe versagen können« (Freud, 1931b, S. 510). Der Zwangscharakter ist kein Masochist, obwohl er starke masochistische Elemente in sich hat. Aber es ist in Wirklichkeit die masochistische Struktur, in der das Über-Ich die Persönlichkeit »unter hoher Spannung« beherrscht. Der narzißtische Typus wurde später als phallisch-narzißtischer Charakter bezeichnet. Er ist ein wichtiges Beispiel für die rigide Struktur.
Es erscheint kaum möglich, daß ein Mensch in unserer Kultur aufwachsen könnte, ohne mehr als einer der üblichen Störungen ausgesetzt zu sein. Die meisten Menschen zeigen eine verschieden zusammengesetzte Kombination von Oralität, Masochismus und Rigidität. Die Charakteranalyse ist nicht von der Reinheit des Typus abhängig, sondern vom vorherrschenden Verhaltensmuster. Wenn wir die Diagnose »oraler Charakter« stellen, heißt das nicht, daß der Betreffende keine masochistischen Züge hat oder keine Rigidität. Die Diagnose

drückt aus, wie der Analytiker die vorherrschenden Tendenzen in der Struktur des Patienten beurteilt. Die charakteranalytische Technik fordert, die analytische Deutung und die therapeutische Arbeit müsse sich beständig auf dieses Hauptproblem richten. Die sekundären neurotischen Tendenzen werden in bezug auf den Einfluß analysiert, den sie auf die Ausprägung der Gesamtstruktur ausüben. Wir können sicher nicht mit Freuds Vorstellung übereinstimmen, daß eine Kombination, nämlich der »erotisch-zwanghaft-narzißtische« Typus »die absolute Norm, die ideale Harmonie« bedeuten würde. Geistig-seelische Gesundheit beruht nicht auf der Ausgleichung widerstreitender Tendenzen, sondern auf der Beseitigung des Konflikts.

Jeder Erwachsene, der in die analytische Therapie kommt, tut dies, weil seine Fähigkeit, auf der Realitätsebene zu funktionieren, in irgendeiner Weise gestört ist. Die Realität des Erwachsenen verlangt, daß ein Mensch in seiner Arbeit zufriedenstellend funktioniert, ebenso in seinen sozialen Beziehungen und in seiner Sexualität. Der Neurotiker leugnet diese Realität nicht. Er wird vielleicht ihre Maßstäbe in Frage stellen, aber er möchte ihnen doch gern in seinem Leben entsprechen. Der orale Charakter funktioniert nicht auf der oralen, sondern auf der genitalen Ebene. Dieses Funktionieren wird jedoch durch orale Tendenzen geschwächt: durch das Bedürfnis nach Sicherheit, die Angst vor dem Verlust des geliebten Objekts usw. Das Bedürfnis des Masochisten nach ständiger Beruhigung und Anerkennung schränkt seine Aggression bei der Arbeit und in der Sexualität ein. Rigidität erzeugt eine Unbeweglichkeit, die die Funktionen beeinträchtigt. Psychoanalyse und bioenergetische Analyse decken das Wesen dieser Störungen auf, ebenso einige der frühen Erlebnisse, die zu ihnen geführt haben. Freud hat dies 1933 dargelegt. »Unsere Aufmerksamkeit (gehört) jetzt den Tatsachen, die uns zeigen, wieviel von jeder früheren Phase neben und hinter den späteren Gestaltungen erhalten bleibt und sich eine dauernde Vertretung im Libidohaushalt und im Charakter der Person erwirbt« (Freud, 1932, S. 106).

Es ist nicht immer leicht, den Charaktertypus zu diagnostizieren. Da die meisten Menschen eine Charakterstruktur zeigen, die zwei oder mehr Elemente enthält, muß man eine Entscheidung darüber fällen, welches der dominante Faktor in der Persönlichkeit ist. Außer einer gründlichen Kenntnis der Dynamik aller Typen braucht man eine erhebliche klinische Erfahrung. Grenzfälle sind recht häufig. Die meisten oralen Charaktere pflegen einen gewissen Grad von Masochismus zu zeigen, und ähnlich haben Masochisten meist orale Züge. Ihnen ist gemeinsam, daß sie prägenitale Strukturen sind. Die Kombination einer prägenitalen Tendenz, Oralität oder Masochismus mit Rigidität kann eine Charakterstruktur erzeugen, die weder das eine noch das andere ist. Es gibt bei Männern einen anerkannten klinischen Charaktertypus, den man den passiv-femininen Charakter nennt. Reich hat zwei Grundlagen für diese Charakterbildung beschrieben: eine, bei der die Mutter die Frustrierende ist, und eine andere, bei der die »übertriebene Strenge des Vaters« den Jungen aus seiner männlich-phallischen Stellung vertreibt. Freud hielt die passiv-feminine Wesensart für eine Art des Masochismus. Meine eigene Erfahrung veranlaßt mich, diesen Typus als eine Variante der rigiden Strukturen anzusehen. Wir werden uns das Problem später ausführlicher ansehen. Hier ist nur der Umstand wichtig, daß dies ein Charaktertypus an der Grenze ist, der manchmal schwierig zu diagnostizieren ist.
Diese Kombination von Tendenzen ist verantwortlich für die vielen klinischen Klassifikationen. Der Begriff »Zwangscharakter« wird in analytischen Schriften häufig benützt. In Wirklichkeit ist dies eine Klassifikation, die auf ein Symptom und nicht auf die dynamische Struktur gegründet ist, die ihm zugrundeliegt. Zwangstendenzen sind bei masochistischen und bei rigiden Charakteren zu finden. Der Zwang selbst ist eine Abwehr gegen den masochistischen Zusammenbruch, das Scheitern oder die Niederlage. Beim Masochisten ist er eine schwache Abwehr, beim Rigiden eine starke. Gerade weil die Abwehr gut ist und Zusammenbruch und Scheitern vermieden

werden, sind wir gerechtfertigt, wenn wir den zwanghaften als einen rigiden Charakter betrachten. In seiner Körperstruktur ist der wahre Zwangscharakter einer der rigidesten, die man zu sehen bekommt.

Der sogenannte »anale Charakter« ist wieder eine Bezeichnung, die auf bestimmten Symptomen oder Zügen beruht. Das Wesen dieser Züge – Ordentlichkeit, Sparsamkeit und Geiz – erfordert beträchtliche Rigidität, um sie beizubehalten. Der orale Charakter hat keinen davon. Masochisten können sie nur in dem Grad besitzen, in dem sie die notwendige Kraft zum Festhalten entwickeln können oder entwickelt haben. Wenn diese Züge überhaupt hervortreten, kann man sicher sein, daß die Struktur von Rigidität beherrscht wird. Tatsächlich leidet der Masochist selten an Verstopfung, über die Menschen mit einer rigiden Struktur häufig klagen.

Rigidität ist immer ein genitales Problem, aber sie kann durch andere Faktoren als genitale Frustration bedingt sein. Ein Individuum mit starken oralen oder masochistischen Zügen entwickelt Rigidität als Mittel, um eine Genitalorganisation zu stützen, die durch die früher erlittene Entbehrung und Unterdrückung geschwächt worden ist. Aber was wir hier vorfinden, ist eine schwach geladene Genitalfunktion, die sich bei der geringsten Frustration versteift. Beim rigiden Charakter ist die Genitalität überdeterminiert.

Innerhalb jeder umfassenden Gruppe von Charaktertypen hängt die Entwicklung jeder speziellen Ausprägung von vielen Faktoren ab. Keine zwei oralen Charaktere, keine zwei Masochisten und auch keine zwei rigiden Charaktere sind genau gleich. Es gibt Variationen im Grad der Oralität, des Masochismus und der Rigidität, die sowohl quantitativ als auch qualitativ sind. Der Charakter, der für jedes Individuum spezifisch ist, ist das Ergebnis aller Erfahrungen, die das Individuum von der Empfängnis bis zum Erwachsenenalter macht. Gewiß sind auch die frühesten Erlebnisse am bestimmendsten. Spätere Erlebnisse geben der Struktur ihre formale Ausprägung.

Unter den Masochisten, die ich behandelt habe, waren folgende Einzelbilder zu sehen: Ein junger Mann hatte als seinen typischen Ausdruck den des »braven Jungen«, ein anderer war das »unschuldige Kind«, ein dritter hatte ein »stupides« Aussehen, ein vierter war »engelhaft«. Dies sind typische masochistische Haltungen. Jede verdeckte natürlich die entgegengesetzten Tendenzen. Orale Charaktere neigen in gehobener Stimmung dazu, ein königliches Gehaben an den Tag zu legen. Die rigiden Charaktere zeigen viel mehr Varianten. Sie sind alle charakteristisch entschlossen, einige grimmig, andere tapfer, manche offensichtlich bitter, andere voller Ressentiment. Manche sind offen trotzig, während andere verschlagen und schlau sind. Diese spezifische Eigenart herauszufinden, ist die Kunst, nicht die Wissenschaft der Analyse.

Zusammenfassend wäre es nützlich, den Unterschied zwischen Entbehrung (Deprivation), Unterdrückung und Frustration zu erklären. Der Säugling und das Kleinkind haben es nötig, in sich aufzunehmen, was sie am Leben erhält, wozu auch Zuneigung gehört. Bioenergetisch sagen wir einfach, der Säugling muß Energie in sich aufnehmen. Wenn diese Energie (Nahrung, Liebe usw.) nicht geliefert wird, besteht Entbehrung. Mit etwa drei Jahren ist das Kind in bezug auf seine Energieaufnahme schon weniger abhängig von den Erwachsenen. Es kann immer noch unter Entbehrung leiden, aber das ist dann weniger schlimm. Es hat nun ein wachsendes Bedürfnis zu geben, seine Zuneigung auszudrücken, Energie abzuführen. Es tritt in die genitale Phase ein, wenn das Bedürfnis nach Abfuhr entsteht, sei es im Spiel mit anderen Kindern, sei es in der liebevollen Zuwendung zu den Erwachsenen seiner unmittelbaren Umwelt. Seine Libido, die bisher nach innen gerichtet war, richtet sich nun nach außen, in die Welt hinaus, und braucht ein Objekt. Das Fehlen eines Objekts oder, was dasselbe ist, der Mangel an Reaktion bei einem Objekt, verursacht eine Frustration. Bioenergetisch bezeichnet man mit Frustration die Unfähigkeit, Energie abzuführen, mit Deprivation das Nichterfolgen von oder den Mangel an

Ladung. Zur Unterdrückung gehört ein Verweigern von Rechten. Das Kind wird in eine passive Lage gezwungen. Sein Wille wird umgestoßen. Das Ich des oralen Charakters ist mehr oder weniger leer, das des Masochisten ist zerschmettert. Der rigide Charakter hat ein rigides Ich, hart und unbeugsam.

II. Teil

9 Der orale Charakter

Im vorigen Kapitel haben wir gelernt, daß die neurotischen Charakterstrukturen durch traumatische Erlebnisse in der frühen Kindheit des Individuums bestimmt werden. Die Kenntnis dieser Beziehungen stammt von der psychoanalytischen Untersuchung neurotischen Verhaltens. Wir haben zwar viele Erkenntnisse über die Genese vieler Charakterzüge, aber die spezifischen dynamischen Faktoren, die die verschiedenen Charaktertypen bestimmen, sind noch nicht vollständig aufgeklärt. Wir wollen in den folgenden Kapiteln diese Faktoren mit Hilfe von Fallgeschichten und klinischen Vorstellungen eingehend studieren.

Das Problem der oralen Charakterstruktur wird zuerst dargestellt, weil sich an ihm deutlicher als an jedem anderen Typus zeigen läßt, wie stark die psychischen Funktionen von den zugrundeliegenden bioenergetischen Prozessen abhängig sind. In der psychoanalytischen Literatur sind viele Bezugnahmen auf orale Züge zu finden. Der Bezug von Oralität zu Depression ist oft beobachtet und psychoanalytisch gedeutet worden. Abraham hat das Konzept vom oralen Charakter eingeführt, aber seine Abhandlung war spekulativ; hier wurden lediglich gewisse Charakterzüge zum Weiterbestehen von Tendenzen in Beziehung gesetzt, die in der frühkindlichen Entwicklungsperiode beobachtet worden waren. Reichs Buch über *Charakteranalyse* enthält keine Fallgeschichte einer Charakterstruktur dieser Art. Zwar ist der orale Charakter nicht der häufigste Typus der neurotischen Charakterstruktur, aber orale Züge und orale Tendenzen sind bei fast allen Menschen zu finden, die sich in eine analytische Therapie begeben wollen. Der Patient, dessen Problem als Grundlage für unsere einleitende Erörterung dienen soll, kam in die Therapie, weil er immer wieder Zeiten ausgeprägter Depression hatte. Er war ein junger Mann Ende zwanzig. Außer seinen wiederholten Depressionen hatte er Schwierigkeiten, einen Arbeitsplatz zu behalten. Als er mich zum ersten Mal aufsuchte, war er arbeitslos; daher wurde der Beginn der Therapie davon abhängig gemacht, daß er eine Beschäftigung fand. Er hatte eine Reihe von Arbeitsverhältnissen gehabt, von denen keines länger als sechs Monate gedauert hatte. Er hatte keinen Beruf, und er war auch nicht in einem bestimmten Bereich erfahren oder ausgebildet.

Als ich ihn in unserem ersten Gespräch über seine Einstellung zur Arbeit befragte, brachte er ein starkes Widerstreben gegen die Notwendigkeit zu arbeiten zum Ausdruck. Ich habe festgestellt, daß diese Einstellung für den oralen Charakter kennzeichnend ist. Ich forderte ihn heraus, indem ich ihn fragte, ob er meine, die Welt sei ihm einen Lebensunterhalt schuldig. Ohne Zögern sagte er »ja«. Gegen eine solche Ansicht läßt sich nichts einwenden, denn sie verrät ein inneres Gefühl der Entbehrung. Ein Mensch mit dieser Einstellung verhält sich wie jemand, der glaubt, er sei um sein angestammtes Recht betrogen worden, und der sein Leben mit dem Versuch zubringt, sein Erbe wiederzubekommen. Man kann bestenfalls beweisen, daß sich dies nicht verwirklichen läßt. Ich stimmte ihm zu, er sei betrogen worden, und bot ihm meine Unterstützung an. Dies nahm die Form einer Bestätigung auf einem Blatt Papier des Rezeptblocks an, der Überbringer habe ein Recht auf einen Lebensunterhalt, den er bei jeder Bank oder Treuhandgesellschaft in den USA beanspruchen könne. Ich unterschrieb und gab ihm den Zettel. Da lachte er. Es war ihm klar, daß seine Forderung, so gerechtfertigt er sie auch finden mochte, niemals eingelöst werden würde. Er erklärte sich bereit, sich eine Arbeit zu suchen.

Die Therapie begann zwei Monate später. Mein Patient hatte in einer kleinen Fabrik eine Anstellung als Produktionsleiter gefunden. Diese Stellung war für ihn die erste, in der ihm Verantwortung und Autorität gegenüber anderen übertragen wurden. Er war auch zum ersten Mal im Arbeitskampf auf der Arbeitgeberseite. Die Arbeit war jedoch nicht leicht. Er mußte um acht Uhr morgens in der Fabrik sein, und oft mußte er so lange dortbleiben, bis die Arbeitszeit für alle zu Ende war. Es dauerte nicht lange, bis er sich zu beklagen begann, wie anstregend seine Arbeit sei. Abends war er müde. Es kostete ihn große Mühe, jeden Morgen aufzustehen, um rechtzeitig zur Arbeit zu kommen. Aber er gab zu, daß er sich besser fühlte als seit vielen Jahren, und daß er keine Depressionen mehr hatte. In dieser Frühphase der Therapie konzentrierte ich mich auf das Problem seiner spezifischen Muskelverspannungen, während das Problem der Arbeit als Notwendigkeit im Leben eines Menschen in seinen täglichen Erfahrungen durchgekämpft wurde.

Bevor wir zur Besprechung der Therapie in diesem Fall übergehen, möchte ich die Herkunft des Patienten darstellen. Wir sollten auch ein Bild der Körperstruktur vor uns haben und ihre spezifischen Verspannungen und Blockierungen etwas kennenlernen.

Der Patient war das älteste von drei Kindern einer Familie, in der es ständig Reibereien gab. Obwohl sein Vater ein selbständiger Handwerker mit eigenem Geschäft war, reichte das Familieneinkommen kaum weiter als zur Deckung der notwendigen Ausgaben. Er hatte zwei jüngere Brüder, von denen einer an einer rheumatischen Herzerkrankung litt.

Der Patient beschrieb die Situation in seinem Elternhaus folgendermaßen: Seine Eltern haßten einander. Seine Mutter war eine schwache Frau, die nach seinem Gefühl versuchte, sich auf ihn zu stützen. Ihn ekelte ihre Hilflosigkeit an. Sein Vater hatte häufig heftige Zornausbrüche, zeigte aber sonst wenig Interesse an der Familie. Der Patient erinnerte sich, daß er als Kind vor seinem Vater Angst gehabt hatte. Er hatte nicht das Gefühl, von einem der Eltern Liebe empfangen zu haben. Er charakterisierte die Haltung seiner Mutter als »klebriges Bemuttern«. Er meinte, keiner von beiden habe eine wirkliche Persönlichkeit gehabt.

Er hatte die üblichen Kinderkrankheiten durchgemacht. Sport und ähnliche Betätigungen interessierten ihn wenig, aber er hatte ziemlich viel gelesen. In der Schule litt er an der Unfähigkeit, sich auf seine Fächer zu konzentrieren, aber er bekam trotzdem gute Noten. Er schloß die High School ab und besuchte ein Jahr lang das College. Mit 18 Jahren verließ er Elternhaus und College, um mit dem Mädchen zusammenzuleben, das später seine Frau wurde. Er bemerkte, er habe nicht gewußt, was er wollte, oder vielmehr, er habe nicht den Antrieb gehabt, etwas zu werden.
Seine Laufbahn beschränkte sich auf eine Reihe von Gelegenheitsjobs mit dazwischenliegenden Zeiten der Arbeitslosigkeit. Das Eheleben war auch nicht allzu erfolgreich. Auch seine Frau hatte zeitweise Depressionen. Sie trennten sich für etwa ein Jahr, hatten aber ihr eheliches Zusammenleben wieder aufgenommen, bevor die Therapie begann.
Zwei Abschnitte seines Lebens heben sich in der Erinnerung des Patienten anschaulich hervor. Mit elf Jahren war er Mädchen gegenüber sehr aggressiv. Dabei wurde er abgewiesen, und danach wurde der Patient, wie er sagte, distanziert. Mit fünfzehn Jahren schloß er sich einer Gruppe junger Sozialisten an, später einer Gruppe von Anarchisten. Man kann annehmen, daß er in diesen Gruppen die ersten sozialen Identifizierungen erlebte.
In Beantwortung einer Frage von mir bemerkte der Patient, die deutlichsten Gefühle in seiner frühen Kindheit, wie er sie in Erinnerung habe, seien Enttäuschung und Einsamkeit gewesen. Von der Adoleszenz an litt er an schweren Kopfschmerzen und an Übelkeit (wahrscheinlich Migräne), die für ihn mit Gefühlen der Hilflosigkeit verbunden waren.
Vor seiner Therapie bei mir war der Patient bei mehreren verschiedenen Analytikern in Behandlung gewesen, bei keinem länger als ein halbes Jahr. Einer von ihnen, sagte er, habe ihn »vernichtet«. Das geschah, als der Analytiker dem Patienten ein wahres Bild seines Ichs entwarf und ihn gleichzeitig gutmütig auslachte. Wenn der Patient in Hochstimmung war,

betrug er sich, als sei er jemand von einiger Bedeutung. Er zögerte nicht, einem von seinen Talenten und Fähigkeiten zu erzählen, die in überhaupt keinem Verhältnis zu seinen Leistungen standen. Infolge der Deflation seines Ichs, sagte der Patient, habe er Symptome wie Durchfall, Verdauungsstörungen, Schlaflosigkeiten und Kopfschmerz entwickelt. Er hatte das Gefühl, die anderen Analytiker hätten ihm wenig geholfen. Die ersten Therapiesitzungen waren analytisch durch die Notwendigkeit gekennzeichnet, ein gewisses Gleichgewicht zwischen den Ansprüchen, auf die der Patient auf Grund seiner Beurteilung seiner Fähigkeiten ein Recht zu haben glaubte, und der Entschädigung herzustellen, die sich auf seine Produktivität gründete. Die Therapiesitzungen dauerten eine Stunde lang und fanden einmal in der Woche statt. Er begann jede Stunde damit, wie gut er sei, und wie wenig er geschätzt werde. Er vertrat seine Sache gut. Er sprach flüssig, und seine Worte waren gut gewählt. Seine Kritik der Beziehungen zwischen Arbeitgebern und Arbeitnehmern und die Analyse seines Chefs waren gut. Er hatte jedoch kein Gefühl für die Kämpfe, die mit dem Versuch verbunden sind, ein kleines Unternehmen zu entwickeln. Er zeigte einen übertriebenen Narzißmus und einen Mangel an Gefühl für die Probleme anderer Menschen.

Hier ist es interessant, die körperliche Struktur des Patienten zu analysieren. Er hatte eine gut entwickelte Gestalt, war etwas größer als der Durchschnitt, mit einem entsprechendem Körperbau. Die stärkste Störung seiner physischen Erscheinung war ein eingedrücktes Brustbein, mit dem eine Auswölbung der unteren Rippen verbunden war, was ihm eine »Hühnerbrust« verschaffte. Die Brustmuskeln traten hervor und wirkten überentwickelt. Die Schultern waren hochgezogen. Der Hals war dünner, als man es bei diesem Körperbau erwartet hätte. Kopf und Gesicht waren regelmäßig geformt, ohne offenkundige Verzerrung. Das Zwerchfell wurde hochgehalten und war kontrahiert, und dies erklärte wahrscheinlich die Auswölbung der unteren Rippen. Der Bauch unterhalb war

flach, und es schien ihm an Fülle zu fehlen; die Beine machten keinen schwachen Eindruck.
Die Atembewegungen waren auf den Brustkorb beschränkt, der beweglich schien. Die Schultern nahmen jedoch nicht an diesen Bewegungen teil. Weder bei der Einatmung noch bei der Ausatmung war der Bauch sichtbar beteiligt; das Zwerchfell blieb zusammengezogen. Ein starkes Strecken der Arme rief ein merkliches Zittern in den Schultern, an Kopf und Hals hervor. Wenn er auf die Couch einschlug, war ein klar umrissener Ausdruck von Wut in seinem Gesicht zu sehen; er fletschte die Zähne, die Nüstern zitterten und die Augen weiteten sich. Aber es fehlte den Schlägen an Resonanz, und der Patient sprang jedesmal hoch, wenn ein Schlag aufprallte. Die Arme, die Schultern und der Körper bewegten sich in einem Stück, als seien sie zusammengefroren. Es war für mich ganz deutlich zu sehen, daß ein extrem starker Ring von Verspannung den Körper am Schultergürtel umgab. Das war am stärksten an den angespannten Brustmuskeln zu erkennen. Es war zwar leicht, den Patienten durch Schlagen in Wut kommen zu lassen, aber die Gemütsbewegung hielt nicht lange an. Nach einigen Bewegungen war er schon außer Atem, keuchte und war müde. Nicht selten weckte das Schlagen Gefühle der Hilflosigkeit und endete in Weinen.
Schon auf Grund der früher aufgetretenen Depressionen wäre die Diagnose von Oralität gerechtfertigt. Man könnte weitergehen und die gesamte Charakterstruktur als oral bezeichnen. Das würde heißen, daß das beherrschende Verhaltensmuster von Oralität bestimmt wäre. Einerseits haben wir die Bemerkungen des Patienten über tiefsitzende Gefühle der Einsamkeit, der Enttäuschung und der Hilflosigkeit. Andererseits ist da der Narzißmus, das offensichtliche Bedürfnis nach Aufmerksamkeit und Lob (die Suche nach narzißtischer Zufuhr) und der Wunsch, gefüttert zu werden. »Die Welt schuldet mir einen Lebensunterhalt.« Der Patient gab zu, daß er in einem Abschnitt seines Lebens ein Vielfraß gewesen und ziemlich fett gewesen war.

Wenn ich die Therapie dieses Patienten beschreibe, ist es gut, die bekannten psychischen Aspekte dieses Problems zu besprechen und auszuführen und sie mit der bioenergetischen Dynamik dieser Charakterstruktur zu vergleichen.
Da ist zunächst die Vorgeschichte von Erfolglosigkeit bei der Arbeit. Man stellt im allgemeinen fest, daß diese Charaktere unfähig sind, bei irgendeiner Arbeit über längere Zeit zu bleiben. Eine andere Patientin erzählte mir, sobald sie einer Stellung sicher sei, müsse sie etwas tun, um entlassen zu werden, sonst müsse sie kündigen. Nicht selten geht dies so weit, daß es sich in einer Auflehnung gegen die Notwendigkeit äußert, überhaupt zu arbeiten; häufiger richtet sich die Auflehnung allerdings gegen die Anforderungen der Arbeitssituation.
Mein Patient zeigte diese Haltung deutlich. Aber die Alternative zum Arbeiten war, wie ich ihm an Hand seiner eigenen Erfahrungen zeigen konnte, Depression. So schwierig es auch für ihn war – und ich stimme dem zu, daß angesichts seiner Probleme die Forderungen der Realität für ihn schwierig waren – es gab keine andere Möglichkeit. Wie bereits erwähnt, beherrschte dieses Problem die Frühphasen dieser Therapie. Er mußte jede Woche wieder zugeben, daß er sich trotz seiner Ressentiments und Klagen nun, da er Arbeit hatte, besser fühlte als vorher. Die Körpertherapie, die seine Verspannungen linderte, seine Atmung verbesserte und sein Energiepotential steigerte, trug sehr stark dazu bei. In dieser Hinsicht war er ein äußerst kooperativer Patient, und er schlug regelmäßig auf die Couch ein, bis er außer Atem war. Allmählich nahm seine Lebenskraft zu, und er konnte eine kontinuierliche Tätigkeit länger durchhalten.
Eines der Probleme, die sich am Anfang erhoben, war ein Abfall der genitalen Potenz des Patienten. Wenn er von der Arbeit nach Hause kam, war er im allgemeinen sehr müde und hatte wenig Lust zu sexueller Betätigung. Das störte ihn erheblich. Ich erklärte ihm, er habe jetzt nur genug Energie, um den Anforderungen seiner Arbeitssituation gerecht zu werden.

Da dies die wichtigere Realitätsfunktion sei, habe es den Vorrang. Wenn er stärker wäre, könne er auch in diesem Bereich eine Verbesserung erwarten. Der Patient war mit meiner Erklärung zufrieden, und wir machten weiter.

In der Liebesbeziehung des oralen Charakters zeigen sich die gleichen Störungen wie in seiner Arbeitsfunktion. Sein Interesse ist narzißtisch, seine Ansprüche sind groß, und seine Reaktion ist eingeschränkt. Er erwartet Verständnis, Mitgefühl und Liebe, und er ist überempfindlich gegen jede Kühle von seiten des Partners oder der Umgebung. Da der andere diese narzißtischen Forderungen nicht erfüllen kann, entwickelt sich im oralen Charakter das Gefühl, er werde abgelehnt, Ressentiment und Feindseligkeit. Angesichts der Tatsache, daß der Partner seine eigenen Bedürfnisse hat, die der orale Charakter nicht leicht befriedigen kann, herrscht fast ständig eine Situation des Konflikts. Die Abhängigkeit ist groß, aber häufig durch Feindseligkeit getarnt.

Das Problem, diesen Patienten in einer fortwährenden Arbeitsfunktion zu halten, wurde durch seine Unzufriedenheit mit seiner Frau kompliziert. Das gab mir natürlich reichlich Gelegenheit, seine neurotischen Tendenzen zu analysieren und auf ihren narzißtischen Charakter hinzuweisen. Aber wenn man in die Vorgeschichte zurückging, fand man nichts Positives, was man an ihre Stelle hätte setzen können. Er haßte seinen Vater und verachtete seine Mutter. Sie war immer schmutzig und ungepflegt. In einer seiner frühesten Erinnerungen sah er sich selber im Kinderbettchen liegen und bitterlich weinen. Sein Vater tauchte mit strengem Gesicht über ihm auf und machte eine warnende, ermahnende Geste. Er drohte dem Kind mit dem Finger, und er sagte »Sch, sch«. Er sollte keinen Lärm machen.

Analyse ist eine Sache, Befriedigung eine andere. Mein Patient hatte das Gefühl, er müsse sich eine andere Partnerin suchen. Seine Frau gebe ihm nicht genug. Das war leicht für ihn, denn seine Ehe war ziemlich locker, und er hatte keine Kinder. Jeder neuen Liaison sah er mit Erregung und Begeisterung entgegen.

Einmal oder zweimal verspürte er größere Lust, aber nicht eine seiner Affären war von Bestand. Immer mehr wurde der Patient zu der Erkenntnis gezwungen, daß sein Problem in ihm selber steckte.

Ich brauche nicht näher darauf einzugehen, daß der Patient im Lauf der Arbeit eines Jahres viele Male nahe daran war, seine Stellung aufzugeben. Er bekam nicht genug Geld, man schätzte ihn nicht hoch genug. Sein Chef war ein Magengeschwür-Typ, der seine Angestellten ausnützte. Aber in seiner Stellung als Produktionsleiter konnte er sehen, daß Fabrikarbeiter, wenn man keinen Druck auf sie ausübt, wenig produzieren. Er behielt die Stellung bei, weil er wußte, daß es die beste war, die er jemals gehabt hatte. Außerdem akzeptierte er jetzt, daß er arbeiten mußte, und er wollte beweisen, daß er eine Stellung mindestens ein Jahr lang behalten konnte.

Die Wechselfälle eines kleinen Unternehmens machten ihm klar, welchen Problemen sein Chef gegenüberstand. Während einer »Durststrecke« sah er, daß er Gehalt bekam, während sein Chef »über die Runden kommen« mußte, um sein Unternehmen am Leben zu erhalten. Dies war ein wichtiger Schritt für den Patienten, weil er sein Ressentiment gegen einige der Ungleichheiten des Gesellschaftssystem verlor. Er erklärte, er habe nicht den Wunsch, mit seinem Chef zu tauschen.

Wie wir später sehen werden, ist es eines der Hauptziele in der Therapie des oralen Charakters, ihn allmählich zum Akzeptieren der Realität zu bewegen. Es wendet ihn nach außen. Ein weiteres Hauptproblem bleibt jedoch bestehen. Die Furcht vor Ablehnung, die im Fall des oralen Charakters eine Angst vor dem Verlust des geliebten Objekts ist, lauert im Unbewußten als große Gefahr und Bedrohung. Das analytische Denken verknüpft die Depression mit dieser Angst. Das Schicksal wollte es, daß diese Drohung im Verlauf der Therapie für diesen Patienten Wirklichkeit werden sollte.

Man kann sich vorstellen, daß es schwierig ist, mit einem oralen Charakter zusammenzuleben. Diese Ehe war nicht gut. Mein

Patient entdeckte eines Tages, daß seine Frau einen anderen Mann liebte. Ich glaube nicht, daß ihn dies unerwartet traf, aber es weckte in ihm eine wilde Wut, die in gar keinem Verhältnis zu den Gefühlen stand, die er für seine Frau hegte. Sie rief mich eines Abends an, um mir zu sagen, daß ihr Mann rasend vor Zorn sei, und daß er ausgegangen sei, um ihren Geliebten zu suchen und umzubringen. Einige seiner Freunde brachten ihn ein paar Stunden später dazu, am Telefon mit mir zu sprechen, und ich beruhigte ihn ein wenig.

Als er am nächsten Tag zu mir kam, war er noch sehr wütend und entschlossen, »den Mann zu verprügeln«. Es war nicht allzu schwierig, darauf hinzuweisen, daß seine Wut fehl am Platz sei. Er hatte mehrmals davon gesprochen, seine Frau zu verlassen. Warum machte es ihm soviel aus, daß sie ihn verlassen wollte? War dies nicht die verdrängte Wut gegen seinen Vater, der ihn gehindert hatte, nach seiner Mutter zu weinen? Als ich ihm dies erklärte, fing er aus der Tiefe an zu weinen.

Sein Haß hatte ihn stark gemacht, aber er wußte nicht, was er damit anfangen sollte. Die Analyse konnte nun die ganze infantile Tendenz in seiner Persönlichkeit aufdecken. Wie ein Kleinkind war er nur an seinen eigenen Bedürfnissen und an seinen eigenen Gefühlen interessiert; er war narzißtisch. Seine Frau verließ ihn, mindestens zum Teil deswegen, weil er ihre Bedürfnisse gar nicht wahrnahm. Genauso, wie er mit ihr nicht glücklich gewesen war, war sie auch mit ihm nicht glücklich gewesen. Vor kurzem hatte er geäußert, er habe das Gefühl, er sei infolge seiner Therapie über seine Frau hinausgewachsen. Sollte er nicht erkannt haben, daß sie einen Sinn in ihrem eigenen Leben finden mußte? Seine Unfähigkeit, etwas für andere zu empfinden oder die Bedürfnisse und Wünsche derer wahrzunehmen, die in einer Beziehung zu ihm standen, war eine Schwäche seiner Persönlichkeit. Er hatte bei der Arbeit vor demselben Problem gestanden. In dieser Situation hatte er durch die Identifizierung mit seinem Chef einen wichtigen Fortschritt in seiner Arbeitsfähigkeit gemacht. Konnte er nun nicht eine ähnliche Besserung seiner Liebesfähigkeit erreichen?

In der Therapie des oralen Charakters muß man dem Patienten die Tatsache nahebringen, daß das, was er als Liebe ausgibt, von anderen als Forderung nach Liebe erlebt wird. Die Aussage »ich liebe dich« sollte gedeutet werden als »ich möchte, daß du mich liebst«. Seine Haltung in der Liebesbeziehung beruht nicht auf dem erwachsenen Verhaltensmuster des Gebens und Nehmens. Sie ähnelt vielmehr dem infantilen Muster von Bedürfnis und Forderung, bei dem der andere als Lieferant benötigter narzißtischer Zufuhr betrachtet wird.

Ich erklärte dies zwar dem Patienten, machte aber nicht sein Ich zunichte, indem ich nachdrücklich auf den Zusammenhängen beharrte. Statt dessen weckte ich sein Mitleid für seine Frau und ihren Geliebten. Das war nicht schwierig, denn mein Patient war, wie alle oralen Charaktere, ein sensibler Mensch. Wir verbrachten mehrere Sitzungen mit diesem Thema, und es erwies sich als der Wendepunkt der Therapie. Er erkannte, daß die Trennung im Interesse aller das beste war, und daß sie glücklicher sein würden, wenn sie getrennt wären. Er hatte eine neue Achtung vor den Problemen anderer gewonnen.

Als sein Ressentiment und seine Wut verschwanden, blieb noch das Problem übrig, was er mit seiner Wut anfangen sollte. Ich legte ihm nahe, diese aggressive Kraft sei zu wertvoll, sie auf destruktive Zwecke zu verschwenden. Man könnte sie einsetzen, um die körperlichen Verspannungen des Patienten herabzusetzen und um seine Struktur zu stärken. Er stimmte zu. Der Wendepunkt in jeder analytischen Therapie tritt ein, wenn die durch die Analyse freigesetzte Aggression bewußt für die Aufgabe eingesetzt wird, die gegenwärtigen Funktionen zu verbessern.

Die körperliche Therapie wurde nun intensiver fortgesetzt. Der Patient fühlte sich von Woche zu Woche stärker und energiegeladener. Er fand eine neue Freundin, und sie gingen eine Beziehung ein, die zur Zeit dieser Niederschrift immer noch besteht. Dann verlor er seine Stellung, was ihn aber nicht sehr beunruhigte, obwohl wir zu diesem Zeitpunkt die Therapie beendeten. Einige Monate später hatte er ein eigenes Unternehmen, und als ich das letzte Mal von ihm hörte, war er bei einer etablierten Firma in leitender Stellung tätig.

Statt diesen Fall zusammenzufassen, möchte ich mehrere Aspekte des Problems untersuchen, das diese Charakterstruktur bietet. Ich kann die Hauptpunkte mit augenfälligen Beispielen aus der Behandlung dieses Falles und anderer Fälle veranschaulichen.

Der orale Charakter ist gekennzeichnet von dem Wunsch zu reden und von der Lust am Sprechen. Das ist typisch. Man findet es bei allen Menschen dieser Art. Er redet gern über sich selbst und sieht sich dabei im allgemeinen in günstigem Licht. Er kann leicht die Mitte der Bühne einnehmen und sein Exhibitionismus verursacht ihm kein Unbehagen. Er unterscheidet sich vom Exhibitonismus der Hysterika oder des phallischen Mannes, der immer eine genitale Bedeutung hat. Beim oralen Charakter ist der Exhibitionismus ein Mittel, Beachtung, Interesse und Liebe zu erlangen.

Mit diesem Bedürfnis nach verbalem Ausdruck ist ein hoher Grad verbaler Intelligenz verbunden. Die intellektuelle Fähigkeit des oralen Charakters spiegelt sich nirgends in Leistungen, aber trotzdem hat er ein übertriebenes Selbstbild. Gewiß ist diese Ich-Inflation eine Begleiterscheinung von Perioden des Wohlbefindens und der Erregung. In Augenblicken der Verzweiflung und der Hoffnungslosigkeit beherrschen Gefühle der Hilflosigkeit und der Unzulänglichkeit das Bild.

Die Neigung zur Depression ist unübersehbar. Wo sie besteht, ist sie kennzeichnend für orale Tendenzen. Wo sie die Persönlichkeit beherrscht, bestimmt sie die orale Charakterstruktur. Die Depression folgt gewöhnlich auf eine Periode gesteigerter Aktivität und scheinbaren Wohlbefindens. Das Muster der Hochstimmung und Depression ist meist zyklisch, was aber nicht immer deutlich sichtbar sein muß.

Der masochistische Charakter leidet nicht an echter Depression, obwohl bei ihm Perioden herabgesetzter Aktivität vorkommen. Der Masochist bleibt in dem stecken, was man als den »masochistischen Morast« bezeichnen sollte. Dies scheint ein reaktionsloser Zustand zu sein; man kann den Masochisten jedoch durch jeden Vorschlag, der Lust verspricht, leicht aufrütteln, und wenn man ihn auf diese Weise geweckt hat, ist er ebenso energiegeladen wie zuvor. Beim oralen Charakter in der Depression ist das anders. Sein Zustand ist sehr widerstandsfähig.

Auf einer tieferen Ebene findet man eine Schwierigkeit bei der Wahrnehmung der eigenen Wünsche vor. Der Mensch mit einem oralen Charakter pflegt oft zu sagen: »Ich weiß nicht, was ich will.« Mir ist oft aufgefallen, wie wahr diese Bemerkung ist. Materielle Wünsche sind selten wichtig. Ich war beeindruckt von einer ähnlichen Bemerkung zweier solcher Patienten, die sagten: »Ich will vor allem meinen Frieden haben.« Es widerstrebt ihnen, die Realität und die Notwendigkeit des Daseinskampfes zu akzeptieren.

Aggression und aggressive Gefühle sind bei der oralen Charakterstruktur schwach. Der orale Charakter strengt sich nicht sehr an, um nach dem zu greifen, was er haben will. Teils beruht das auf einem Fehlen starken Verlangens, teils auf der Angst vor dem Ausgreifen. Diese läßt sich leicht manifest machen. Die Rechtfertigung, die vorgebracht wird, ist das Erleben fortgesetzter Enttäuschungen. Er hofft, das, was er möchte, irgendwie zu bekommen, ohne danach zu greifen, denn auf diese Weise kann er die gefürchtete Enttäuschung umgehen.

Wut kann man beim oralen Charakter nicht leicht hervorrufen. An ihrer Stelle sieht man eine übermäßige Reizbarkeit. Es mag viel Lärm und Wirbel zu sehen sein, aber das starke Gefühl fehlt. Man darf sich nicht durch Phantasien oder Träume von Feindseligkeit irreführen lassen. Ein kraftvoller Ausdruck von Feindseligkeit in Handlung oder Gestik ist schwer hervorzulocken.

Der orale Charakter ist der »anhängliche« Typus. Im Extremfall kann sich dies so äußern, daß er einem anderen Menschen seine Kraft und Energie abzapft und aufsaugt. In allen Fällen ist

die Unfähigkeit, auf den eigenen Füßen zu stehen, wirklich charakteristisch für diese Art der Ich-Struktur.
Ein weiteres Merkmal des oralen Charakters sind Gefühle der inneren Leere. Diese Gefühle sind bei jedem echten Fall vorhanden, gleichgültig, wie das Oberflächenverhalten aussehen mag. Einsamkeit trotz einer bestehenden Liebesbeziehung kommt auch häufig vor. In der therapeutischen Situation sind die Forderungen nach Beruhigung und Unterstützung nicht zu übersehen und dürfen nicht unbeachtet gelassen werden.
Die eben geschilderte Symptomatik ist mehr oder weniger allen Fällen von oraler Charakterstruktur gemeinsam, obwohl natürlich jeder Patient seine Individualität hat. Die spezifischen Details werden sowohl durch quantitative Faktoren als auch durch spätere Erfahrungen bestimmt. Eine orale Charakterstruktur kann manchmal durch ein Verhalten überdeckt sein, das zu einem höher entwickelten Typus der Ich-Organisation gehört. Ob der Charakter durch die höhere Organisation bestimmt wird und orale Züge nur erhalten geblieben sind, oder ob er fundamentaler oraler Art ist, kann man nur nach einer sorgfältigen Beurteilung des Verhaltens feststellen.
Im großen ganzen stimmen die psychoanalytischen Beobachtungen oraler Züge gut mit den oben skizzierten überein. Abraham (1924) erwähnt folgende Züge als oral determiniert: abnorm überentwickelter Neid, neurotische Sparsamkeit, melancholische Ernsthaftigkeit oder ausgeprägten Pessimismus, Anklammerung und Blutsaugerei, einen eigensinnigen Rededrang, intensives Begehren und Bemühen, Feindseligkeit, Ungeduld, Ruhelosigkeit und schließlich einen krankhaft intensiven Appetit auf Nahrung und eine Neigung zu verschiedenen oralen Perversionen. Leider sind viele dieser Züge nicht typisch für den reinen oralen Charakter, sondern beruhen auf der Beimischung von Unterdrückung und Frustration zu einer früheren schweren Deprivation. Feindseligkeit findet man bei allen neurotischen Charakteren. Die Feindseligkeit des oralen Charakters ist im allgemeinen machtlos wie so viele seiner Handlungen.

Ein wirkliches Verständnis der Dynamik dieser Charakterstruktur erfordert die Reduktion aller oralen Züge und Symptome auf eine Grundstörung, aus der alle erklärt werden können. Sobald man das Muster dieser Störung festgestellt hat, ist das Problem der Diagnose und der Therapie stark vereinfacht. Dieses Muster läßt sich am leichtesten durch eine Untersuchung der bioenergetischen Prozesse bestimmen.
Die folgenden Beobachtungen der Körperstruktur, der Qualität der Körperbewegungen und der Lage der Verspannungen im Körper weisen den Weg zu einer Antwort.
Der orale Charakter ermüdet rasch, wenn er eine kontinuierliche körperliche Betätigung wie das Schlagen auf die Couch unternimmt. Viele Menschen dieser Art haben das Gefühl, es fehle ihnen an Energie. Der Umstand, daß die Anstrengung aufgegeben wird, beruht nur zum Teil auf der Ermüdung der Muskeln. Wenn sie sie wieder aufnehmen, dann nicht für lange.
Die Annahme eines Energiemangels wird durch die Tatsache bekräftigt, daß diese Struktur häufig mit niedrigem Blutdruck und einem niedrigen normalen Grundumsatz verbunden ist. Zwar sind Müdigkeit und Energiemangel für diese Struktur nicht kennzeichnend, aber ihr Vorhandensein weist immer auf ein starkes orales Element in der Persönlichkeit des Betreffenden hin.
Die Brust ist gewöhnlich eingefallen, der Bauch ist ohne Spannung und fühlt sich beim Betasten weich und leer an. Das Einfallen (Deflation) des Brustkorbs kann auch die Ursache des eingedrückten Brustbeins sein, das man bei manchen Menschen mit oraler Struktur findet.
Bewegungen des verlangenden Ausstreckens der Arme werden gewöhnlich als unlustvoll erlebt. Wenn diese Bewegung übersteigert und länger aufrechterhalten wird, führt sie oft zu Weinen und zum Gefühl innerer Leere. Stärkerer Betätigung wie dem Schlagen auf die Couch scheint es an Kraft zu fehlen. Der Patient empfindet vielleicht die Schwäche und Machtlosigkeit in seinen Armen und Händen. Die Bewegungen werden nicht durch einen angemessenen Energiefluß unterstützt.

Die Beine werden niemals als stabile Stützen des Körpers erlebt. Man kann zeigen, daß das Gefühl der Schwäche in den Beinen auf einer richtigen Wahrnehmung ihrer Funktion beruht. Die Beine ermüden in Spannungsstellungen rasch. Die Steuerung ihrer Bewegungen ist unzulänglich, und die Koordination ist unzureichend. Der orale Charakter neigt dazu, die Schwäche der Beine dadurch auszugleichen, daß er im Stehen die Knie durchdrückt. Dies gibt dem Bein ein Gefühl der Steifheit, die auf Kosten der Flexibilität erreicht wird. Die Füße sind schwach, und die Betreffenden haben nicht selten Senkfüße. Die spezifische Eigenart, die die Struktur des oralen Charakters kennzeichnet, kann man als »unzusammenhängend« bezeichnen. Dies unterscheidet sich von dem schizophrenen »Auseinanderfallen«, das wir bereits beschrieben haben. Eine solche Patientin sagte, ihre Arme und Beine gingen in alle Richtungen, und sie könne sie nicht wirklich steuern. Eine weitere Folge der Schwäche in den unteren Extremitäten ist der Verlust des Kontakts zum Boden. Fallangst ist bei oralen Charakteren weit verbreitet. Alpträume und Träume vom Fallen kommen bei diesen Menschen in der Kindheit und im späteren Leben häufig vor. Die Angst vor dem Fallen läßt sich in der Therapiesitzung demonstrieren.

Kopfschmerzen sind eine häufige Beschwerde der Menschen mit oralem Charakter. Man kann ihr häufiges Auftreten durch die Verspannungen in Hals und Kopf erklären. Jede Anstrengung, die einen starken Zustrom von Energie zum Kopf erzeugt, kann zu Druck-Kopfschmerzen oder zu Schwindelgefühlen führen, zu denen diese Menschen sehr stark neigen.

Die Muskelverspannungen gehören besonders stark zum oralen Charakter. Man findet immer einen sehr starken Ring von Verspannungen im Schultergürtel und am Halsansatz. Das Schulterblatt ist eng an den Thorax gebunden. Beim Mann sind die Brustmuskeln überentwickelt. Bei der Frau sind die Brüste meist groß, hängen herunter und sind spannungslos. Die langen Muskeln des Rückens sind sehr angespannt, besonders zwischen den Schulterblättern, auf der Höhe der Zwerchfellschenkel und dort, wo sie am Kreuzbein entspringen. Die Muskeln des Beckengürtels sind ebenso stark kontrahiert wie die des Schultergürtels. An der Vorderseite des Körpers scheinen ausgeprägte Muskelverspannungen zu fehlen, aber das liegt nur an dem eingefallenen Zustand von Brust und Bauch. Bei tieferem Betasten spürt man die Verkrampfung des geraden Bauchmuskels.

Vor allem ist das Muskelsystem des Menschen mit oraler Charakterstruktur im Vergleich zum Körperbau unterentwikkelt. Dieses Fehlen der Muskelentwicklung ist typisch oral, wo immer man es findet. Der schizoide Charakter zeigt im Gegensatz dazu oft eine Muskelhypertrophie, und der Masochist einen Zustand, den man am besten als »muskelbepackt« bezeichnet.

Es ist ziemlich leicht, den Würgereflex auszulösen. Das mag auf frühe Ernährungsstörungen mit einer hartnäckigen Neigung zum Erbrechen zurückzuführen sein.

Es versteht sich von selbst, daß die genitale Funktion des Menschen mit oralem Charakter schwach ist. Oralität und Genitalität sind einander entgegengesetzte Tendenzen. Die eine hängt mit der Funktion der Ladung zusammen, die andere mit der Entladung. Der sexuelle Drang des Oralen strebt nach Kontakt mit dem Partner. Entladung ist von untergeordneter Bedeutung. Die Sexualität vertritt das Bedürfnis, aufzunehmen; sich vom Partner zu nähren; d. h. das Geschlechtsorgan dient dem oralen Bedürfnis. Die genitale Entladung ist schwach, sowohl beim Mann als auch bei der Frau. Bei der Frau fehlt oft ein definitiver Höhepunkt oder Orgasmus. Es besteht jedoch niemals Frigidität. Was fehlt, ist die Stärke des motorischen Antriebs, die Gefühle zu entladen.

Einer meiner Patienten, der eine scharfe Wahrnehmung seiner selbst und seines körperlichen Zustands hatte, gab mir einmal eine Zeichnung von der Körperhaltung des oralen Charakters (Abb. 12). Es ist natürlich ein Selbstbild. Ich gebe es hier zusammen mit seinen Anmerkungen wieder, da sie besonders aufschlußreich sind. Zum Vergleich legte er mir auch seine

Abb. 12

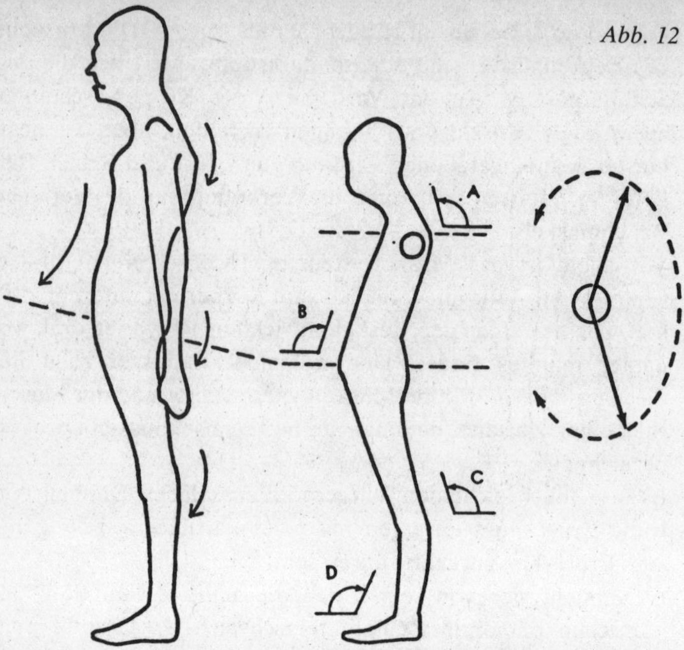

Haltung des Oralen. Die Analyse der Schemazeichnung zeigt stumpfe Winkel (A, B, C, D) an Kompressionsstellen. Die Beine sind von den Knien abwärts kontrahiert und zuwenig geladen.

Auffassung von der natürlichen Körperhaltung vor (Abb. 13). (Siehe auch Schilders [1950] Darstellung des Modells der Körperhaltung.)

Dynamische Analyse der oralen und der natürlichen Körperhaltung

1. Bei der oralen Charakterstruktur ruht das Gewicht des Körpers auf den Fersen. Bei der natürlichen Körperhaltung ruht das Gewicht des Körpers auf dem Fußgewölbe zwischen den Zehenballen und der Ferse.

2. Der orale Charakter neigt zum Hohlkreuz. Die Schultern werden nach hinten gezogen, und dies wird durch ein Vorstrekken des Kopfes ausgeglichen. Unterhalb werden Gesäß und Becken nach vorn gedrückt. Bei der natürlichen Körperhaltung

Abb. 13

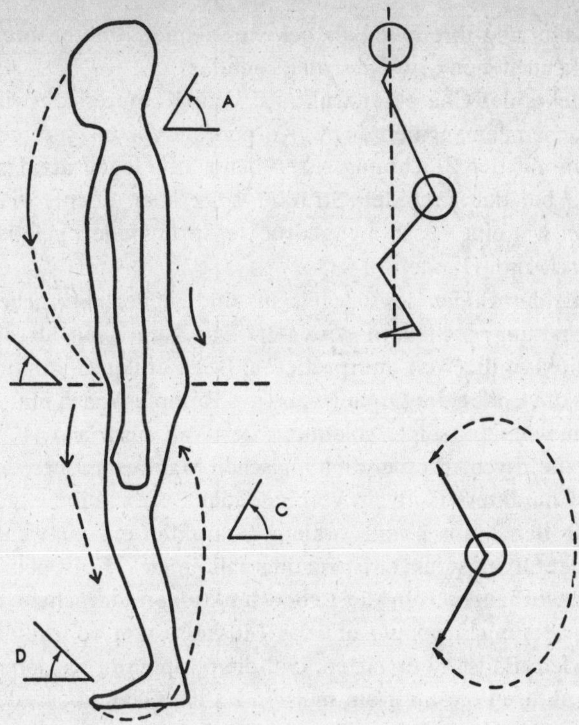

Natürliche Körperhaltung. An Punkten der Spannung sieht man spitze Winkel (A, B, C, D). Die Analyse der Schemazeichnung zeigt eine sprungbereite Bewegungshaltung.

ist der Rücken gerade, wobei das Becken nach hinten »gespannt« ist. Es erinnert an einen hochgereckt getragenen Schwanz oder an den gespannten Abzug eines Gewehrs.
3. Bei der oralen Struktur wird die Bewegung vorwärts durch den Kopf eingeleitet, während sie bei der natürlichen Körperhaltung vom Boden ausgeht.
4. Da beim oralen Charakter die Beine nicht stark genug sind, wird der Körper vom Rückgrat gestützt. Der Rücken steht daher für aggressives Handeln nicht zur Verfügung. Beim Gesunden stützen die Beine, die am Kniegelenk flexibel bleiben, den Körper. Diese Art der Struktur ist durch ihre freie

Aggression und ihre Fähigkeit gekennzeichnet, »hinter ihrem Handeln zu stehen« (to *back up* its actions).

5. Bei der oralen Charakterstruktur sind die Kompressionswinkel zwischen den Segmenten des Körpers stumpf und geöffnet, wie man auf der Zeichnung sehen kann. Im Gegensatz dazu sind sie bei der gesunden Struktur spitz. Der Körper wird gehalten wie eine zusammengedrückte Sprungfeder, geladen und bereit zum Handeln.

6. Die beiden Enden des Organismus sind bei der natürlichen Körperhaltung nach vorn gerichtet. Das kann man als ein Ausgreifen in die Welt interpretieren. Beim oralen Charakter werden die Enden des Organismus (des Rumpfes) nach hinten gezogen, womit er seine Ablehnung der Welt ausdrückt.

Durch alle psychischen und biologischen Manifestationen des oralen Charakters läuft ein verbindender Faden. Bioenergetisch ist der Mensch mit oralem Charakter ein zu wenig geladener Organismus; er ist ein ungefüllter Sack. Es ist genug Energie vorhanden, um die Lebensfunktionen aufrechtzuerhalten, aber nicht genug, um das Muskelsystem vollständig aufzuladen. Es ist zu erwarten, daß die peripheren Regionen und Strukturen darunter am meisten leiden. Die Glieder, der Kopf und der Genitalapparat sind ungenügend geladen. Auch die Haut ist beim Menschen mit oraler Charakterstruktur dünn und leicht verletzlich. Dieses eine Konzept, nämlich das Energiekonzept, genügt, wie ich zeigen werde, um alle Symptomatik, die wir erwähnt haben, zu erklären. Es erklärt aber nicht, warum der Zustand bestehen bleibt.

Warum ist der Mensch mit oralem Charakter unfähig, sich mit Energie anzufüllen? Sie ist in der Umwelt in Form von Nahrung, Sauerstoff, Lust in der Liebe und Arbeitslust verfügbar. Die Antwort ist evident. Die Charakterstruktur selbst stammt von einer Immobilisierung des Aggressionstriebes her. Wenn ein Organismus Angst davor hat, auszugreifen, um zu nehmen, oder dazu nicht fähig ist, hilft die Verfügbarkeit der Mittel nichts. Andererseits hat der Mensch mit oralem Charakter Bedürfnisse, die er befriedigen muß. Seine Haltung gegenüber diesen Bedürfnissen ist infantil. Er erwartet von der Welt der Erwachsenen, sie solle diese Bedürfnisse anerkennen und sie befriedigen, ohne daß er selbst sich anzustrengen braucht.

Ob man psychologisch, also an Angst, oder biologisch, also an Muskelverspannungen und Triebenergie, denkt, der orale Charakter ist durch die Unfähigkeit gekennzeichnet, aggressiv zu sein. Die Schwäche des Aggressionstriebes spiegelt sich in einer Schwäche des Rückens. Die Müdigkeit, über die die Betreffenden klagen, läßt sich oft auf diese Schwäche des Rückens, die in der Lumbalregion lokalisiert ist, zurückverfolgen. Durch diesen Umstand fehlt es dem Menschen mit oralem Charakter als Persönlichkeit am Gefühl des »Rückgrats«. Wir kennzeichnen diesen Charakter als »rückgratlos« im Gegensatz zum Masochisten, der auch kein Gefühl des Rückgrats hat, obwohl seine Muskeln deutlich überentwickelt sind. Dem oralen Charakter fällt es sehr schwer, eine starke Oppositionsstellung einzunehmen, und er hat die Tendenz, eher wegzulaufen, als sich einem Angriff zu stellen.

Sehen wir uns das Bild noch einmal an, um herauszufinden, wie die verschiedenen Züge dieser Charakterstruktur mit diesem Konzept von Aggressionsmangel und innerer Leere zusammenhängen. Der Neid läßt sich durch das Gefühl der Entbehrung erklären. Anklammerung und Blutsaugerei sind beim Erwachsenen das Äquivalent für das Getragenwerden und das Saugen des Säuglings. Die Schwäche der Arme und Beine weist ebenfalls auf eine infantile Struktur hin. Der abnorme Appetit muß als ein Versuch gedeutet werden, sich zu füllen. Ungeduld und Ruhelosigkeit sind eine Folge des unbefriedigten Verlangens. Man sollte nicht überrascht sein, wenn der orale Charakter manchmal Bosheit und Feindseligkeit zeigt. Die Feindseligkeit kommt jedoch nur in der Stimme zum Ausdruck, selten in physischer Form. Die Unfähigkeit, die Arme nach der Welt auszustrecken, führt zu schrecklicher Einsamkeit, und Enttäuschung muß das unvermeidliche Los des Erwachsenen sein, der hofft, seine Wünsche sollten anerkannt und befriedigt werden, ohne daß er sich selbst anstrengt. Wir können auch die Mißerfolge verstehen, die solche Charaktere im Jugend- und Erwachsenenalter heimsuchen. Auf die grundlegenderen Manifestationen müssen wir jedoch näher eingehen.

Was ist der bioenergetische Grund für das zyklische Phänomen von Hochstimmung und Niedergeschlagenheit? Bei meiner therapeutischen Arbeit warne ich diese Patienten, wenn ich beobachte, daß sie in eine Phase der Hochstimmung mit aufgeblähten Vorstellungen vom eigenen Ich hineingehen, vor der bevorstehenden Depression. Eine Patientin, die ich behandelte, sagte, sie habe das Gefühl, etwas Geniales in sich zu haben, und daß ich diesen Umstand nie richtig gewürdigt hätte. Sie war guter Stimmung, aber im übrigen nicht besonders aufgeregt. Ich widersprach ihr nicht. Wer bin ich, daß ich hätte sagen können, diese Eigenschaft besitze sie nicht. Außerdem war sie ein begabtes Mädchen. Andererseits hatte sie nie etwas Außergewöhnliches hervorgebracht. Wenn man fragt, warum sie mir das gesagt hat, ist die naheliegende Antwort, sie suche meine Bewunderung und Zuneigung zu erringen. Das trifft psychologisch zu, aber man sollte auch fragen, was die Grundlage für den Gedanken ist. Ihre Bemerkung rührte von dem Gefühl her, ein Genie zu sein, und sie wurde nicht bewußt gemacht, um meine Bewunderung und Zuneigung zu erlangen. Sie hing mit ihrer guten Stimmung zusammen, war aber auch Vorzeichen für die Niedergeschlagenheit, die zu erwarten war.

Wir können im psychologischen Sinn auch sagen, dieses Verhalten sei ein Versuch, Selbstachtung zu gewinnen und zu behalten. Ich stimme Fenichels (1945, S. 407) Äußerung zu, »deskriptiv bildet eine unermeßliche Steigerung der Selbstachtung das Zentrum aller manischen Phänomene«. Aber damit wird nur ein anderer Begriff in die Gleichung eingesetzt. Wir müssen den Ursprung dieser Steigerung der Selbstachtung verstehen, die, wie wir erkennen müssen, nicht mit der Realität übereinstimmt. Ich habe immer den Eindruck, diese Art von Ich-Einschätzung sei wie ein aufgeblasener Luftballon. Er steigt leicht in die Höhe, aber er platzt auch leicht, und die Depression folgt nach. Depression ist, in diesem Licht gesehen, immer ein sekundäres Phänomen. Wenn man die Hochstimmung vermeiden kann, tritt die Depression nicht ein. Fenichel (1945, S. 408, 410) betrachtet die Depression als etwas Primäres. Historisch ist sie es auch. Er sagt: »Der triumphierende Charakter der Manie entsteht durch die Freisetzung bisher im depressiven Kampf gebundener Energie, die nun nach Abfuhr sucht.« Ich kann nur hinzufügen, daß die Depression kein Kampf ist, sondern eine Herabsetzung von Energieprozessen und Impulsbildung. Die Energie sucht keine Abfuhr; das ist eine genitale Funktion. Sie steigt vielmehr in den Kopf und sucht Kontakt zur Welt. Angesichts der schweren Blockierung, die den Energiefluß in die Arme unterbindet, folgt sie der infantilen Bahn zum Kopf und zum Mund. Das ist es, was die Gesprächigkeit des Menschen mit oralem Charakter im Stadium der Hochstimmung hervorruft. Fenichel ist sich auch der trügerischen Natur der Reaktion bewußt. »Die Manie ist kein echtes Freisein von Depression, sondern ein verkrampftes Leugnen von Abhängigkeiten.«

Der Mangel an Selbständigkeit ist trotz der übertriebenen Selbsteinschätzung zu erkennen. Die Energie fließt aufwärts, nicht abwärts. Die Beine sind zu wenig geladen, und der Kontakt mit dem Boden wird nicht aufrechterhalten. Es tritt kein Zuwachs der genitalen Erregung ein. Wegen dieses Mangels an Kontakt mit dem Boden, der das Gegenstück des psychischen Mangels an Kontakt zur Realität ist, hat man bei diesen Menschen das Gefühl, sie »schwebten in den Wolken«, seien »irgendwo da oben« und »nicht in Fühlung«.

Wenn man das Phänomen bioenergetisch betrachtet, wird das Bild klarer. In der Hochstimmung kehrt der orale Charakter zu einem frühkindlichen Stadium zurück. Er sucht mit dem Mund nach der Brust. In diesem Stadium braucht er nicht selbständig zu sein. Der Säugling kann sich auf die starken Arme der Mutter verlassen, die ihn halten und stützen. Seine Stärke ist die Stärke des mütterlichen Armes. Das Gefühl des Einsseins mit der Mutter ist sehr stark. Ist es nicht verblüffend, daß man ein Kind in jeder Lage halten kann, ohne daß es Angst bekommt, wenn man es nur mit Liebe hält? Man denke an das Affenbaby, wie es durch die Baumwipfel getragen wird, geborgen in seiner Nähe zum Körper der Mutter.

Das übermäßige Reden kann als symbolische Saugbewegung angesehen werden. Wir erkennen, daß der Mensch mit oralem Charakter in seinem Reden Bewunderung und Zuneigung sucht, »narzißtische Zufuhr«. Beim Sprechen kann der Mund auch die aggressive Funktion des Beißens ausdrücken, und zwar in dem, was wir als »beißenden Spott« bezeichnen würden. Die Sprache des oralen Charakters ist jedoch gut bedacht und rational, ausgenommen das übertriebene Bild vom eigenen Ich, das sie malt. Diese Menschen besitzen auch die klare und offene Intelligenz des Kindes. Wir können daher vermuten, woher die Übertreibung kommt, denn dieses Ich-Bild ist wie das Ich des Kleinkindes: diffus, unkristallisiert und omnipotent. Ein echtes Ich entsteht mit einem Gewahrsein der Außenwelt und mit der Verankerung des vertikalen Pendelns der Energie in der Genitalfunktion. Der Säugling hat weder die Fähigkeit zum Geben und Nehmen, noch nimmt er es wahr. Wo das erwachsene Ich eine Funktion der Fähigkeit ist, zu geben und zu nehmen, ist das infantile Ich mit der Fähigkeit verknüpft, aufzunehmen und zu absorbieren.

Die Beobachtung von Säuglingen und Kleinkindern hat uns etwas über ihre Gefühle gelehrt. Wir nehmen an, daß das neugeborene Kind die Brust nicht als etwas erkennt, das zu einem anderen Menschen gehört. Seine Welt ist zunächst auf den unmittelbaren Bereich um den Mund herum begrenzt. Dann dehnt sie sich allmählich auf andere Teile seines Körpers aus. Sehr lange noch ist sie nicht größer als seine persönliche Umgebung. Und in dieser Welt herrscht es, ist es das Allerwichtigste, und das muß auch so sein, denn sein Bedürfnis ist das größte. Das aufgeblähte Ich des oralen Charakters in Hochstimmung entspricht diesem infantilen Ich. Wir spüren seine Unwirklichkeit am Mund eines Erwachsenen, aber man versuche einmal, seinen Patienten davon zu überzeugen. Ich könnte es nicht. Das Mädchen, das behauptete, ein Genie zu sein, konnte ich nur zu den realen Problemen zurückbringen, die vor ihm lagen. Aber in der nächsten Sitzung sagte die Patientin: »Sie hatten recht, als Sie vorhersagten, ich würde in eine Depression verfallen.« Die Blase muß platzen. Die Welt der Erwachsenen kann diesen infantilen Anspruch nicht erfüllen. Früher oder später trifft der orale Charakter auf Ablehnung. Enttäuschung ist das Ergebnis, und eine Depression die Folge. Während der Zeit der Depression ist die Energiebewegung stark herabgesetzt. Darauf folgt eine Erholungsphase, an deren Ende die Impulsbildung wieder anfängt. Depression als bioenergetisches Phänomen ist den Resten eines geplatzten Luftballons ähnlich – einem schlaffen Stück Gummi. Sie ruft einen Verlust der Selbstachtung hervor. Ich kann jedoch der von Fenichel gelieferten psychologischen Deutung nicht zustimmen: »Die Depression ist ein verzweifelter Versuch, ein oral einverleibtes Objekt zu zwingen, Vergebung, Schutz, Liebe und Sicherheit zu gewährleisten.« Sie ist vielmehr das Scheitern eines solchen Versuchs. Es ist leicht, die subjektiven Gefühle des Verlusts und der Leere in der Depression zu verstehen.

Weil beim Menschen mit oralem Charakter das Bedürfnis akzeptiert und geliebt zu werden, so groß ist, kann er sich nicht so panzern wie jemand mit einer rigiden Charakterstruktur, und er tut es auch nicht. Seine Abhängigkeit macht ihn extrem empfindlich gegen seine Umgebung. Unter günstigen Bedingungen, d. h. wenn er angenommen und geliebt wird, blüht der orale Charakter auf. Wenn die Bedingungen ungünstig werden, reagiert er mit Reizbarkeit. Seine Spannungstoleranz ist sehr niedrig. Das Realitätsprinzip ist schwach entwickelt.

Depression kann mit Hilfe zweier Mittel verhindert werden. Wenn die Enttäuschung zum Weinen führen könnte, würde die Impulsbildung erhalten bleiben. Dies ist die natürliche infantile Reaktion auf Entbehrung. Sie funktioniert auch im Leben des Erwachsenen als wirksames Mittel zur Lösung bestimmter

Spannungen. Der Säugling hat kein anderes Mittel, um sich von Spannung zu befreien. Erst viel später, wenn sich die Muskelkoordination entwickelt, wird er fähig, auf Frustrationen mit Wut zu reagieren. Wut und Weinen haben verschiedene Funktionen. Wut richtet sich gegen ein Hindernis, das zwischen einem Wunsch und seinem Objekt steht. Sie zielt auf die Beseitigung des Hindernisses. Wut ist nicht die richtige Reaktion auf den Verlust eines geliebten Objekts. Ein Gefühl des Verlusts erfordert Tränen. Jede der beiden Reaktionen würde jedoch beim Erwachsenen dazu dienen, das Eintreten einer Depression zu verhindern.

Wir werden so zu einer Betrachtung der genetischen Faktoren bei der Entwicklung der oralen Charakterstruktur geführt. Durch die Benennung geben wir zu verstehen, daß diese Neurose ihren Ursprung in traumatischen Erlebnissen hat, die sehr früh im Leben eingetreten sind. Das Konzept vom ungefüllten Sack läßt sich nur durch die Annahme eines Mangels an Befriedigung während des ersten Lebensjahres erklären. Der Säugling, der später eine orale Charakterstruktur entwickelt, ist wie ein Mensch, der nach einer Mahlzeit noch hungrig ist. Offenbar war die Mahlzeit unzureichend. Nicht nur war sie nicht genügend, um dem Betreffenden ein Gefühl des vollen Genusses zu verschaffen, sondern ungenügend, um die Energiebedürfnisse des Säuglings zu befriedigen. Der Säugling hungert nach seiner Mutter und weint. Die Neurose entwickelt sich nicht, solange das Weinen weitergeht, denn es verhindert eine »Erstdepression«. Aber wie lange kann ein Kind weinen? Wir können dies durch ein Beispiel aus einer anderen Situation verdeutlichen, die dieser nicht zu unähnlich ist. Freunde haben mir einmal erzählt, wie sie ihr Baby dazu brachten, früh einzuschlafen. Es wurde eines Abends um sieben ins Bett gebracht, und die Eltern verließen das Zimmer. Es fing an zu schreien und schrie fortwährend, vier Stunden lang oder länger, aber seine Eltern weigerten sich, darauf zu reagieren. Schließlich schlief es ein. Am nächsten Abend, als es um sieben zu Bett gebracht wurde, schrie es nur eine Stunde lang, bevor es einschlief. Danach gab es, wenn man es um sieben zu Bett brachte, keinen Ton mehr von sich und schlief bald ein. Man muß zugeben, daß nicht alle Kinder gleich sind. Manche haben mehr Energie und kämpfen länger gegen die Deprivation. Aber jedes Kind, das bis zur Erschöpfung schreit, hört nur auf, weil das Leid und der Schmerz unerträglich werden. Wenn solche frühen Erlebnisse in der Therapiesitzung wieder durchlebt werden, sagt der Patient gelegentlich: »Ich hab' das Gefühl, mir bricht das Herz.« Meistens wird das unterdrückte Weinen als unerträgliche Spannung im Bauch erlebt. Die Gedärme sind verknotet, als hätte man sie ausgewrungen. Man braucht nur einmal die Reaktionen von Patienten zu beobachten, wenn sich das Weinen vertieft, um dies zu erkennen. Das Kind, das weint, bis es nicht mehr kann, erstickt allmählich die Sehnsucht nach der Mutter in sich. Wenn man die Ansicht teilt, daß sich die Neurose nicht aus einem einzigen traumatischen Erlebnis, sondern aus einem Muster wiederholter Deprivation entwickelt, kann man besser einschätzen, welche Macht die beteiligten Kräfte haben.

Ein oraler Charakter entwickelt sich, wenn das Verlangen nach der Mutter verdrängt wird, bevor die oralen Bedürfnisse befriedigt sind. Das läßt einen unbewußten Konflikt zwischen dem Bedürfnis auf der einen Seite und der Angst vor Enttäuschung andererseits entstehen. Im späteren Leben wird die Verdrängung dadurch beibehalten, daß dieser Konflikt in die Körperhaltung eingebaut wird. Psychologisch kann man von einer Angst sprechen, die Qual des frühkindlichen Leidens, der unbewußten Feindseligkeit, der unterdrückten Sehnsucht wiederzuerleben. Das Ich hat seine bewußte Forderung nach weiterer Zufuhr aufgegeben. Das Kind macht einen tapferen Versuch, unabhängig zu funktionieren, der zum Teil gelingt. Aber auf der Ebene des Unbewußten sind die unbefriedigten oralen Bedürfnisse immer noch wirksam. Sie finden eine zweite Gelegenheit, sich geltend zu machen, wenn nach der Pubertät die Genitalfunktion endgültig etabliert ist. Das ursprüngliche Problem erscheint nun als eine Störung der

Genitalität. Enttäuschung auf dieser Ebene aktiviert den ursprünglichen Konflikt, der sich allmählich ausweitet, bis er die gesamten Funktionen des Betreffenden umfaßt.
Die Verdrängung des Verlangens nach der Mutter bringt ein Kind hervor, das zu früh unabhängig ist. In der Folge neigen diese Kinder dazu, auch im Sprechen und in der Intelligenz frühreif zu sein. Das Laufenlernen kann verfrüht oder verspätet sein, aber diese Kinder sind niemals wirklich sicher auf ihren Beinen. Ihr Gleichgewichtssinn ist mangelhaft. Ihre Mütter klagen, daß sie oft hinfallen, weil sie über Gegenstände stolpern, die offen daliegen.
Ich erinnere mich an ein Kind, dessen Mutter mich konsultierte, weil es eine schwere Verdauungsstörung (Zöliakie) bekommen hatte. Der Junge war etwa drei Jahre alt, ziemlich dünn und unterentwickelt. Als er sprach, war ich verblüfft. Er hatte einen Wortschatz und eine flüssige Ausdrucksweise, die weit über sein Alter hinausgingen. Ich konnte nicht umhin, eine Bemerkung darüber zu machen, wie intelligent er sei. Seine Mutter hob die Hände. Sie rief aus: »Die Leute haben mir gesagt, wie intelligent er sei, seit er stehen kann!« Dann fügte sie hinzu: »Ich will ein gesundes Kind.«
Frühe Erinnerungen oder Träume von Menschen mit oralem Charakter zeigen Gefühle der Verlassenheit oder Hoffnungslosigkeit. Das folgende ist beispielhaft, denn die Erinnerung stieg im Lauf der Therapie wiederholt auf. Der Patient berichtete, er erinnere sich, wie er hinter seiner Mutter hergelaufen sei, die auf einem Wagen die Straße entlanggefahren wurde. Er weinte verzweifelt, dann fiel er erschöpft zu Boden. Seine nächste Erinnerung war, daß seine Mutter, als er aufwachte, zu Hause neben ihm lag. Diese Erinnerung überwand aber nicht das Gefühl, er sei verlassen worden.
Bei dem in diesem Kapitel vorgestellten Fall tauchte eine ähnliche Erinnerung mehrmals auf. Der Patient lag in einem Kinderbett und weinte nach seiner Mutter. Sein Vater erschien, lehnte sich über das Bettchen und ermahnte mit erhobenem Zeigefinger und strenger Miene das Kind, nicht zu schreien,

wobei er »sch sch« sagte. Das Kind fürchtete sich sehr. Jedes Wiederaufsteigen dieser Erinnerung machte den Patienten sehr wütend auf seinen Vater.

Ein anderer Patient hatte eine wiederkehrende Phantasie, die abends auftrat, wenn er das Licht ausmachte. Er sah einen einzelnen weißen Fleck im Zentrum eines schwarzen Feldes. Dieses Bild beunruhigte ihn sehr, und er versuchte herauszubekommen, was es bedeutete. Dann »sah« er eines Abends, als er die Augen weit aufmachte, daß der weiße Punkt ein Schrei war. Dann kam ihm ein Bild von sich selbst vor Augen, wo er in einem Kinderbett in einem dunklen Zimmer lag, allein und voller Angst. Er schrie. Dann fühlte er, wie er »verblich«, während der weiße Fleck größer wurde und das Feld auffüllte.

Ich kann der Ansicht nicht zustimmen, man könne ein Kind dadurch auf die orale Stufe fixieren, daß man seine Bedürfnisse erfüllt. Fenichels Aussage darüber (1945, S. 405) ist unrichtig. »Wenn man sich die Faktoren ansieht, die ursprünglich die orale Fixierung hervorrufen, dann gilt dasselbe wie für andere Fixierungen: Die Determinanten sind außerordentliche Befriedigungen, außerordentliche Versagungen oder Kombinationen beider, insbesondere Kombinationen von oraler Befriedigung mit irgendeiner beruhigenden Garantie der Sicherheit.« Im oralen Stadium seiner Entwicklung ist das Kind nur etwas weniger abhängig von seiner Mutter als der Fötus oder Embryo. Logisch läßt sich der Säugling mit der Frucht vergleichen, die auf einem Baum reift; die Brustwarze entspricht dem Stiel. Eine natürliche Abtrennung der Frucht geschieht, wenn sie ausgereift ist. Dann fällt sie zu Boden, um ein selbständiges Dasein zu beginnen, indem sie in der »Mutter« Erde Wurzeln schlägt. Nur die unreife Frucht leistet Widerstand gegen ihre Trennung vom Baum. Gewiß würde man die Kombination von »oraler Befriedigung mit irgendeiner beruhigenden Garantie der Sicherheit« als optimalen Zustand für das Kind betrachten. Außergewöhnliche Versagung wäre eine Determinante für einen oralen Zug. Es gibt nur eine Kombination, die ohne eine spezifische orale Deprivation eine orale Fixierung hervorrufen könnte. Orale Befriedigung, gekoppelt mit einer fundamentalen Unsicherheit, ist einer der ätiologischen Faktoren bei der Entwicklung eines psychopathischen Charakters. Der psychopathische Charakter hat eine starke orale Fixierung. Außerdem liegt in den meisten ein masochistischer Unterbau vor. Die Dynamik der psychopathischen Charakterstruktur ist jedoch so kompliziert, daß sie einer besonderen Studie vorbehalten bleiben muß.

Die Analogie zwischen dem oralen Charakter und der unreifen Frucht geht noch weiter. Je reifer die Frucht vor ihrer Trennung vom Baum ist, desto mehr natürlichen Zucker enthält sie, und desto süßer ist sie. Die unreife Frucht ist bitter wie der unreife Organismus, der zu früh seine lebenswichtige Verbindung zu seiner Mutter verliert. Der orale Charakter ist bitter, und diese Bitterkeit ist bei jedem Individuum zu finden, das in seiner Struktur ein starkes orales Element hat.

Genau wie die unreife Frucht nicht befriedigend Wurzeln schlägt, so hat auch der unreife menschliche Organismus große Schwierigkeiten, funktionelle Wurzeln in der Realität zu schlagen. Das körperliche Gegenstück zu diesem Problem ist die Unzulänglichkeit der Beine und Füße. Die Funktionen der Stützung und Fortbewegung sind vom Kontakt zum Boden abhängig. Beim oralen Charakter verhindert die Schwäche der unteren Extrimitäten die Entwicklung jener Unabhängigkeit und Aggression, die für das reife Funktionieren des Erwachsenen wesentlich sind. Die bioenergetische Analyse bestätigt immer wieder die funktionelle Identität dieser dynamischen Prozesse mit den ihnen analogen psychischen Vorgängen.

Wenn es auch so aussehen mag, als sei ein Kind durch übermäßige Verwöhnung auf die orale Stufe fixiert worden, ergeben weitere Nachforschungen häufig, daß vorher ein schwerwiegender Mangel an mütterlicher Unterstützung vorgelegen hat. Noch soviel Spielzeug, Kleidung oder Versorgung mit materiellen Gütern kann niemals ein Kind für den Mangel an körperlichem Kontakt mit der Mutter und an Zuneigung ihrerseits entschädigen. Solche Kinder verhalten sich möglicherweise wie verwöhnte Fratzen. Es sieht so aus, als bekämen sie alles, was sie wollen, aber sie sind nicht glücklich. Was sie wirklich wollten, den Kontakt mit dem Körper der Mutter, wurde ihnen versagt; da dieser Wunsch verdrängt wurde, kann sie jetzt nichts mehr glücklich machen.

Das therapeutische Problem, das die orale Charakterstruktur einem aufgibt, ist eines der schwierigsten in der analytischen Therapie, wenn einem die Kenntnis dieser dynamischen Konzepte fehlt. Man kann dem Patienten keine Mutterliebe liefern, nicht einmal einen angemessenen Ersatz dafür. Aber selbst wenn das möglich wäre, würde dadurch das Problem nicht gelöst. Diese Patienten sind keine Kleinkinder mehr, und was erforderlich ist, ist eine erwachsene Funktionsweise. Man muß Wurzeln entwickeln und stärken, um die volle Funktion einer selbständigen Existenz zu ermöglichen. Das geschieht auf zwei Ebenen. Im psychischen Bereich müssen Widerstände analysiert und beseitigt werden, so daß der Patient bei der Arbeit und in der Liebe angemessene Beziehungen herstellen kann. Zugleich ist Körpertherapie nötig, um die Beine zu stärken und guten Kontakt zum Boden zu ermöglichen. Die Selbständigkeit aller erwachsenen Organismen wird durch ihre Abhängigkeitsbeziehung zur universalen Mutter, zur Erde, aufrechterhalten.

Wir haben schon gesehen, daß Energie, um den Organismus zu erfüllen, in der Umwelt verfügbar ist, daß der orale Charakter aber unfähig ist, sie einzufangen. Man muß die Aggression dieser Menschen mobilisieren und verfügbar machen. Das ist kein einfaches Unterfangen, denn auch wenn der Patient vielleicht seinen Mangel an Aggressivität spürt, müssen doch viele tiefsitzende Widerstände und Blockierungen beseitigt werden, um den Trieb zu mobilisieren. Die Angst, abgelehnt und verlassen zu werden, und die Angst vor körperlichen Schmerzen sind real. Wir setzen dagegen die Realität der gegenwärtigen Misere, in der sich der Mensch mit oralem Charakter befindet. Da er die objektive Realität nicht leugnet, wie der schizophrene oder schizoide Charakter, weicht das

Problem schließlich der Geduld, der konsequenten Logik der Realität des Erwachsenen und der Unterstützung durch Erwachsene.

Die Unterstützung des oralen Charakters nimmt zwei Formen an. Erstens muß die therapeutische Umwelt günstig sein. Das gilt für den oralen Charakter noch mehr als für jedes andere neurotische Problem. Es erfordert, daß man den Patienten als Individuum akzeptiert. Er muß spüren, daß der Therapeut auf seiner Seite ist und ihn nicht im Stich lassen wird. Zweitens muß garantiert sein, daß seine Klagen gerechtfertigt sind. Nur unter dieser Bedingung wird er einräumen, daß der Analytiker recht hat, wenn er darauf besteht, daß es notwendig für ihn sei, die Realität der Erwachsenen zu akzeptieren. Der Mensch mit oralem Charakter verändert sich in dem Maß, in dem seine Erwachsenen-Funktionen sich verbessern. Die Charakteranalyse muß systematisch und im Verein mit aller Arbeit an den Muskelverspannungen betrieben werden.

Wir beginnen die bioenergetische Therapie mit den Beinen. Sie werden durch besondere Übungen gestärkt, und man bringt mehr Energie in die Füße hinunter. Die Arbeit an den Beinen steht während der ganzen Therapie an erster Stelle und wird ständig fortgesetzt. Während das biologische Wachstum vom Kopf abwärts verläuft, ist die bioenergetische Therapie vom Boden aufwärts orientiert.

Die Muskelverspannungen im Rücken und in den Schultern müssen gelockert werden. Der Patient wird in den Sitzungen zu Bewegungen des Ausgreifens und des Schlagens ermutigt. Die kontrahierte Öffnung der Kehle sollte erweitert werden, so daß eine größere Energieaufnahme durch das Atmen möglich wird. Alle Körperarbeit wird funktionell auf den Endzweck ausgerichtet: die Steigerung der genitalen Empfindung und die Fähigkeit zu genitaler Entladung. Wenn die genitale Ladung zunimmt, nimmt auch die Ladung im Kopf zu, so daß ein besseres Erfassen der äußeren Realität möglich wird.

Wenn das Ich aufgebläht ist, muß es allmählich abgebaut werden. Erst wenn der Patient wirklich auf den Untergrund stößt, wird es möglich, eine wesentliche und dauernde Verbesserung der Funktionen aufzubauen. Während der ganzen Behandlung muß man den Patienten in Kontakt mit der Realität halten, und zwar bei der Arbeit und in der Liebe. Das mag selbstverständlich klingen; die praktische Durchführung ist nicht so einfach. Der Patient, der sich über die Schwierigkeiten seiner Arbeit beklagt, kann mit seinen Klagen recht haben. Sie dürfen ihm aber nicht als Vorwand dafür dienen, sich von einer Tätigkeit zur anderen treiben zu lassen. Wenn der Mensch mit oralem Charakter darum kämpft, selbst in schwierigen Lagen seine Funktionen aufrechtzuerhalten, gewinnt er Kraft und Selbstvertrauen. Das Sich-treiben-Lassen verhindert die Entwicklung funktioneller Wurzeln, die für das Wachstum so notwendig sind.

Diese Skizze der therapeutischen Aufgabe ist als Leitfaden gedacht, nicht als Formel. Der analytische Prozeß macht es notwendig, daß dem Patienten seine Probleme bewußt gemacht werden, und daß seine eigene Energie für ihre Lösung mobilisiert wird. Es gibt jedoch keinen Ersatz für das intuitive Gefühl des Analytikers für jeden seiner Patienten, und keine Regel kann seine unmittelbare Reaktion bestimmen. Keine zwei Charaktere sind genau gleich. Zwar sind die Unterschiede in der Energie im wesentlichen quantitativ, aber der emotionale Ausdruck dieser Unterschiede im Verhalten hat einen qualitativen Aspekt. Lassen Sie mich das Problem aufzeigen, wie es sich in mehreren verschiedenen Fällen manifestierte.

Eine junge Frau von sechsundzwanzig Jahren, die schon eine Zeitlang in Psychotherapie gewesen war, wies mehr oder weniger alle aufgezählten Züge und Symptome des oralen Charakters auf. Ihre körperliche Gestalt war rundlich, aber das Unterhautfettgewebe war ungewöhnlich weich, und ihre Haut bekam leicht blaue Flecken. Ihre körperliche Betätigung beschränkte sich auf ein Minimum, und die Bearbeitung der Muskelverspannungen erlebte sie als sehr schmerzhaft. Der Würgereflex war sehr schwer auszulösen und mit starker Angst verbunden. Sie äußerte dies als eine Angst, was mit ihrem Kopf passieren würde, wenn sie dem Würgereflex nachgäbe. Es war unmöglich, die Patientin zu dem Versuch zu veranlassen, einen Purzelbaum zu schlagen, selbst mit meiner Hilfe. Sie fürchtete sich verzweifelt, die Beherrschung zu verlieren. Sie klagte über Angst vor dem Sterben, und sie litt an erschreckenden Alpträumen. Es fiel ihr schwer, morgens in Gang zu kommen, und sie kam immer zu spät zur Arbeit. Die starke Angst vor Energiebewegung im Körper, gekoppelt mit der Spannungslosigkeit der Haut, wies auf einen sehr ungenügend geladenen Organismus hin. Nach Monaten der Charakteranalyse und der bioenergetischen Arbeit wurde das Problem anhand der Frage des Zuspätkommens ausgefochten. Sie kam gewohnheitsmäßig zu spät zur Arbeit. Sobald sie die rationale Begründung der Forderung akzeptierte, sie müsse rechtzeitig am Arbeitsplatz sein, trat eine deutliche Veränderung in ihrer Haltung ein. Als nächstes akzeptierte sie die Notwendigkeit körperlicher Betätigung, und mit einer länger durchgehaltenen körperlichen Anstrengung ging eine erhebliche Besserung ihres Zustands einher.

Ein weiterer Patient war ein junger Mann Ende Zwanzig. Er war groß und dünn, und er hatte solche Senkfüße, daß seine Füße nach innen gedreht waren. Am Anfang seiner Therapie hatte er keine Arbeit. Er hatte seine letzte Stellung zwei Jahre vorher aufgegeben. Er lebte im Elternhaus und wurde von seinen Eltern unterhalten. Auf der körperlichen Ebene reagierte er schnell, aber er bemühte sich nicht, Arbeit zu finden. Er beklagte sich bitterlich über die Beziehung zu seiner Freundin. Er hatte das Gefühl, von ihr bei weitem nicht genug Zuneigung, Unterstützung und Verständnis zu bekommen. Wenn sie ihm nur gäbe, was er wolle, könnte er sich Arbeit suchen.

Bald nach dem Beginn der Therapie zog er in ein eigenes kleines Appartement und lebte von etwas Geld, das er von seinem Vater geerbt hatte. Nun wurde deutlich, daß er keinen Schritt tun würde, bevor sein Geld verbraucht wäre. Trotz aller Analysen seiner Angst, sich als Arbeitssuchender vorzustellen, gab er sich nicht wirklich Mühe, eine Stellung zu finden. Das Geld ging zu Ende. Nun erklärte ich ihm, daß er sich der Aufgabe, sich selbständig zu machen, nicht stellen würde, solange ihn noch jemand unterstützte. Ich entzog ihm meine therapeutische Hilfe mit der realistischen Begründung, er könne sie ja nicht bezahlen. Ich ließ ihn nicht im Stich, sondern sagte ihm, wir würden die Therapie wieder aufnehmen, sobald er eine Stellung habe. Dies ist eine heikle Position, aber man muß sie einnehmen, und zwar auf solche Weise, daß der Patient die Grundlage der Handlungsweise begreift. Unterdessen trennte sich auch die Freundin von ihm.

Ich sah ihn ein halbes Jahr später wieder, als er Arbeit gefunden hatte und begierig war, die Therapie wieder aufzunehmen. Was ihn gestärkt hatte, war sein Gefühl, daß die Methode der Körperbehandlung eine echte Lösung böte. Wir begannen mit Nachdruck die körperliche Arbeit. Er beklagte sich nicht mehr. Seine Besserung war für mich verblüffend. Er nahm an Gewicht zu, wurde breiter, und seine Füße wurden gerade. Er entwickelte eine neue Beziehung zu einem Mädchen, aber hier mußte ich ihm helfen, seine Verantwortung in der Situation zu erkennen. Noch vor dem Ende des Jahres hatte er sein Gehalt verdoppelt. Er sagte zu mir, er könnte niemals zu der alten Lebensweise zurückkehren.

Ist es nötig, eine Charakterdiagnose zu stellen, bevor man eine Neurose behandeln kann? Kann man nicht die Widerstände analysieren, wie sie erscheinen, und zum gleichen Ergebnis kommen? Natürlich sollte man Widerstände systematisch analysieren, wenn sie auftauchen, und man tut es auch. Aber eine charakterliche Veränderung tritt nicht ein, bis die Widerstände als Konstellation gesehen werden, die dem Patienten als seine Charakterstruktur einsichtig wird. Wenn dies nicht einträte, bezweifle ich, daß die Zahl der Widerstände, die auftauchen können, jemals ein Ende hätte. Sobald der Charakter klar umrissen ist, erkennt und versteht der Patient seine eigenen Widerstände. Man kommt also früher oder später sowieso zu einer Diagnose. Es ist wie das Zusammenfügen eines Puzzles. Wenn man das Gesamtbild kennt, wird die Aufgabe erheblich erleichtert. Der Erfolg wird nur erreicht, wenn das Gesamtbild zusammengesetzt wird.

Es gibt einen Aspekt der oralen Charakterstruktur, den wir häufig beobachtet, aber noch nicht besprochen haben. Man stellt oft fest, daß ein großgewachsener, magerer, asthenischer Mensch eine orale Charakterstruktur oder ein sehr starkes orales Element in seinem Wesen hat. Ich glaube nicht, daß diese Beziehung zufällig ist. Wenn Form und Bewegung Funktionen der Energiedynamik sind, dann muß auch das Wachstum ihren Gesetzen unterliegen. In psychischer Hinsicht ist der Mensch mit oralem Charakter jemand, der in den Höhen schwebt, also über der Erde. Sein Verhaltensmuster ist das Gegenteil von dem, was wir »erdnah«, »realistisch« nennen.

Vor einiger Zeit habe ich einmal einen Fall von oraler Charakterstruktur einer Gruppe von Psychiatern und Analytikern vorgestellt, die an einem Seminar teilnahmen. Der Patient war ein junger, über 2,10 m großer Mann mit außerordentlich langen, dünnen Beinen. Er war schon immer groß gewesen, auch als Kind. Der Hausarzt hatte gesagt, er sei zu rasch gewachsen, und das leuchtete mir hier zum ersten Mal ein. Keiner seiner Angehörigen war überdurchschnittlich groß. Bei der Besprechung seiner Herkunft sagte er, seine Mutter habe ihn »mein kleiner Mann« genannt, als er noch ganz klein war. Sie hatte ihn immer aufgeputzt. Er war seiner Mutter gegenüber bitter. Man konnte sein übermäßiges Längenwachstum als den Wunsch deuten, rasch groß zu werden, um der kleine Mann seiner Mutter zu werden, oder als einen Versuch, aufzuwachsen, um ihr zu entkommen. Im letzteren Sinn könnte man es als ein »Von-der-Erde-Fortwachsen« interpretieren. Wie immer man es auch deutet, das volle Verständnis dieses Problems ist von einer Kenntnis der Energiedynamik der endokrinen Funktionen abhängig.*

* Man vergleiche mit den Studien von W. H. Sheldon über Körperstruktur und Temperament in: Sheldon 1940 und 1942.

Psychisch und somatisch ist der orale Charakter das Ergebnis einer erzwungenen oder zu raschen Reifung und Unabhängigkeit des wachsenden Organismus. Wenn die Wurzeln schwach und nicht richtig verankert sind, steigt die Energie des Organismus nach oben. Bei Pflanzen würde dies einen langen, dünnen Stengel oder Stamm mit einer verfrühten Entwicklung von Blättern und Blüten hervorbringen. Wir schneiden unsere Pflanzen zurück, um ihre Wurzeln zu kräftigen. Warum sollten wir unseren menschlichen Nachwuchs seiner natürlicherweise langen biologischen Babyzeit berauben? Sie ist die beste Garantie für Gesundheit und Glück im späteren Leben. Man muß die Tendenz beklagen, kleine Kinder zu rasch zum Reifen zu veranlassen. Wenn es nicht so wäre, daß das Stillen bei den amerikanischen Frauen wieder zu seinem Recht kommt, wäre die Lage zukünftiger Generationen in Amerika sehr ernst. Es ist auch ermutigend, daß man Mütter findet, die ihre Kinder länger als ein Jahr stillen wollen. Ihre Berichte darüber, welchen Wert diese natürliche Praxis für das Kind hat, werden vielleicht andere Mütter bewegen, dasselbe zu tun.

Wenn man das Wesen der oralen Charakterstruktur und der Oralität bei der Charakterbildung richtig einschätzen will, sollte man sie mit anderen Typen vergleichen, besonders mit der masochistischen Struktur. Man muß dessen eingedenk sein, daß die Wirkungen der Deprivation, wenn sie keinen oralen Charakter erzeugen, auf den höheren Ebenen der Ich-Organisation bei der Bildung der Charakterstruktur eine wichtige Rolle spielen. Im gleichen Maß, in dem ein Kind in seinen frühesten Jahren ein Gefühl der Entbehrung erlebt, werden Genitalität, Unabhängigkeit und Verantwortungsgefühl geschwächt.

Das Problem der Charakterbildung und -struktur wäre einfach, wenn die biologischen Faktoren des oralen Bedürfnisses und der genitalen Befriedigung die einzigen Determinanten des Charakters wären. Der Masochismus bringt jedoch ein sehr spezielles Element hinein. Wenden wir unsere Aufmerksamkeit nun diesem Problem zu.

10 Der masochistische Charakter – 1

Das Problem des Masochismus ist immer eines der schwierigsten therapeutischen Probleme gewesen, vor das sich der analytische Psychiater gestellt sieht, und ist es immer noch. Wenn der Analytiker mitfühlend und tüchtig ist, reagiert der Mensch mit oralem Charakter gut auf die analytische Deutung. Die Fortschritte sind zwar langsam, aber trotzdem beständig und sicher. Beim Masochisten ist es anders. Nach einer oberflächlichen Besserung findet im allgemeinen ein Rückfall in die alten Symptome und Klagen statt, und dieses Muster wiederholt sich meist während der ganzen Analyse. Man hat diese Reaktion als »die negative therapeutische Reaktion« bezeichnet.

Der Umstand, daß Freud diese »negative therapeutische Reaktion« im Fall des Masochismus nicht überwinden konnte, veranlaßte ihn, das Konzept vom Todestrieb zu formulieren; allerdings gründete sich die theoretische Rechtfertigung für das Konzept auch noch auf andere Beobachtungen. Andererseits wies die klinische Lösung des Masochismusproblems durch Reich den Weg zum Verständnis der biologischen Grundlage der Neurose. Reich veröffentlichte seine Beobachtungen zuerst 1932 in einer Abhandlung: »Der masochistische Charakter«. Später wurde sie zu einem Kapitel in der umfassenderen Untersuchung *Charakteranalyse,* und sie ist bis heute eine der großen Errungenschaften der psychoanalytischen Theorie und Technik geblieben. Ich werde zwar großzügig aus Reichs Artikel zitieren, aber ich rate dem Leser, ihn eingehend zu studieren, um die gründliche psychoanalytische Darstellung des Problems kennenzulernen.

Reichs klinische Widerlegung der Theorie von Todestrieb

entkräftete Freuds Deduktionen nicht vollständig. Wenn wir die Existenz eines primären Masochismus, d. h. eines Todestriebes, leugnen, stimmen wir dennoch der Formulierung zu, klinischer Masochismus sei ein gegen das eigene Selbst gerichteter Sadismus. Das Problem des Mechanismus, durch den ein Trieb sich nach innen gegen das Selbst wendet, wurde von Reich nicht erklärt, obwohl die Bedingungen, die diesen Mechanismus in Gang setzen, und seine Folgen vollständig aufgeklärt wurden.

Der Masochismus wurde ursprünglich als eine Abart des Sexualverhaltens untersucht. Freud hat schon ziemlich früh darauf hingewiesen, daß der Masochismus auch in Formen bestehen kann, denen die masochistische Perversion oder die masochistischen Phantasien vom Geschlagenwerden fehlen. Diese nannte er moralischen Masochismus und femininen Masochismus. Reich löste das klinische Problem nicht dadurch, daß er sich wie üblich auf die masochistische Perversion konzentrierte, sondern durch die Analyse seiner charakterologischen Reaktionsgrundlage. Dadurch führte er den Begriff der masochistischen Charakterstruktur ein, ein Konzept, das trotz der zwanzig oder mehr Jahre, die seit seiner Veröffentlichung verstrichen sind, von analytisch ausgebildeten Therapeuten immer noch nicht ganz verstanden wird. In dem nun folgenden Fall beeinflußt das Fehlen einer masochistischen Perversion oder masochistischer Phantasien vom Geschlagenwerden die Charakterbezeichnung in keiner Weise.

Dieser Patient kam zu mir in die Therapie, nachdem er bereits mehr als fünf Jahre in Behandlung gewesen war. Er war durch seine Erfahrungen während einer Geschäftsreise im Ausland motiviert, die analytische Therapie wieder aufzunehmen. Alle seine früheren Symptome waren in übertriebener Form wiedergekommen. Er bekam starke Angst, die ihn fast lähmte, einen schweren »Hexenschuß«, er erlitt mehrere Grippeanfälle und verlor an Gewicht. Er konnte seine Arbeit nicht weiterführen und war gezwungen, zur Therapie zurückzukommen. Seine Beschwerden waren dieselben wie am Anfang seiner Behandlung. An erster Stelle stand das Gefühl der Angst, das so stark werden konnte, daß der Patient außer sich geriet. Er klagte über ein fast vollständiges Fehlen der genitalen Lust beim Geschlechtsverkehr und sagte, wenn er diese Lust hätte, könnte er besser funktionieren. Manchmal litt er an einer Trägheit, die ihn veranlaßte, stundenlang herumzusitzen und zu grübeln. Er war jedoch aus diesem Zustand leicht herauszuholen. Er klagte auch über negative Gefühle gegenüber anderen: Verachtung, Ressentiment, den Wunsch, andere herabzusetzen. Er hatte zwei körperliche Beschwerden; die eine war der Verlust der Haare, die trocken waren und grau wurden, obwohl er ein junger Mann war, die andere war die Entwicklung von Krampfadern an den Beinen.

Es ist aufschlußreich, die Beschwerden zu analysieren, mit denen ein Patient kommt. Der Masochist leidet an heftiger Angst. Wir haben jedoch gesehen, daß auch der Mensch mit oralem Charakter viel Angst haben kann. Darin unterscheiden sie sich vom passiv-femininen und vom rigiden Charaktertyp, deren höhere Ich-Entwicklung sie befähigt hat, ihre Angst – außer unter besonderen Umständen – zu binden. Die Angst des Masochisten unterscheidet sich jedoch von der des oralen Charakters. Der erstere empfindet Angst, wenn er bei der Arbeit oder in sozialen Beziehungen unter Druck steht, der letztere hat Angst, bevor er der Situation begegnet. Dieser Unterschied ist zwar geringfügig, aber wichtig, denn gerade das Gefühl, ständig unter großem Druck zu stehen, kennzeichnet das masochistische Ich. Die Trägheit des Masochisten ist nicht das Äquivalent der Depression des Menschen mit oralem Charakter. Der Patient Reichs beschrieb sie als den »masochistischen Sumpf oder Morast«, beides sehr passende Ausdrükke. Bewußte negative Gefühle sind bei anderen Charaktertypen niemals in dem Ausmaß zu finden, wie sie der Masochist empfindet oder ausdrückt.

Die Lebensgeschichte dieses Patienten, die er im Anfang seiner Therapie bei mir schrieb, ist sehr aufschlußreich. Außer der Tatsache, daß er vorher viele Jahre in Therapie gewesen war, waren seine Erinnerungen bis zu einem sehr frühen Zeitpunkt recht deutlich. »Toilettenschwierigkeiten« plagten ihn schon sehr früh. Er bemerkt: »Meine Mutter zwang mich unter Androhung von Schlägen, ein bis zwei Stunden auf der Toilette zu sitzen und zu versuchen, etwas zu ›machen‹ – aber ich konnte nicht.« Er erinnerte sich, daß er vom Alter von zwei Jahren an Verstopfung hatte, und daß seine Mutter den Finger in seinen After einführte, um ihn zu stimulieren. Bis zum Alter von sieben Jahren bekam er häufig Einläufe und schrecklich schmeckende Abführmittel. Abgesehen von den Schwierigkeiten der Reinlichkeitserziehung war auch das Essen ein großes Problem. »Wenn ich zurückblicke, war es nicht so, daß ich nicht aß – es war so, daß ich nicht genug aß. Meine Mutter zwang enorme Mengen von Nahrung in mich hinein... Ich kann mich erinnern, daß ich im Alter von drei bis vier Jahren um den Küchentisch herumlief, und meine Mutter hinter mir her mit einem Löffel voll irgendwas, das ich nicht wollte, in einer Hand und einem Gürtel in der anderen, wobei sie drohte, mich zu schlagen, was sie auch oft tat.... Eines der schlimmsten Dinge, die meine Mutter tat, war, zu drohen, sie werde mich verlassen oder aufs Dach steigen und herunterspringen, um sich umzubringen, wenn ich mein Essen nicht aufäße. Sie pflegte tatsächlich aus der Wohnung auf den Flur hinauszutreten, und ich pflegte auf dem Fußboden zusammenzubrechen, hysterisch weinend.«

Vom Alter von zweieinhalb bis vier Jahren litt er an schrecklichen Alpträumen. »Ich wachte voller Schrecken auf und sah, wie das Zimmer unendlich groß wurde und das Gesicht eines Mannes aus der Ecke boshaft nach mir schielte.« Dieses Gesicht erschien im späteren Leben und auch während der Therapie wieder. Mit etwa drei oder vier Jahren und während einiger Jahre danach bemerkte der Patient, daß sich sein Penis in den Hodensack zurückzog. Vom Alter von fünf Jahren an hatte der Patient irrationale Ängste, die sich bis zum Beginn seiner ersten Therapie fast zu paranoiden Symptomen entwickelt hatten.

Obwohl er als Junge körperlich groß und stark war, hatte er große Angst, sich mit irgendjemand physisch zu schlagen. Er verteidigte seine Rechte nicht. Er hatte viele geringfügige demütigende Erlebnisse. Als Kind schlief er im gleichen Zimmer wie seine Eltern. Er erinnert sich, daß er sich fürchtete, wenn er hörte, wie sie Geschlechtsverkehr hatten. Von seinem Vater weiß er kaum mehr als gelegentliche gemeinsame Spaziergänge zu berichten. Seine Mutter benützte den Vater als Drohung, aber der Patient sagt, er sei niemals von ihm geschlagen worden. Mit sieben Jahren sah er den großen Erwachsenenpenis seines Vaters und fühlte sich durch ihn eingeschüchtert.

Die Masturbation begann mit neun Jahren, die Pubertät mit zehn. Bald danach fing es an, daß er beim Masturbieren »schreckliche wahnsinnige Gefühle« hatte, die ihn, wie er schrieb, heute noch plagen. Während der ganzen Adoleszenz masturbierte er regelmäßig, immer mit »schrecklicher Dringlichkeit und Raserei und Schuldgefühlen«.

Ebenfalls bald nach der Pubertät zeigte sich seine emotionale Erkrankung in vollem Ausmaß. »Die erste schreckliche Angst, die ich erlebte, trat etwa im Alter von elf bis zwölf Jahren auf und wurde durch den Gedanken ausgelöst, zu einem Mädchen sexuelle Beziehungen zu haben. Ich wurde immer rot, hatte das Gefühl, zu ersticken, fühlte mich ängstlich und zugleich außer mir. Ich konnte niemals auch nur auf zwei Meter an ein Mädchen herangehen, trotz meiner schrecklichen Sehnsucht, weil ich, wenn ich es tat, gelähmt vor Angst war. Das ging so weiter, bis ich siebzehn war, und es kommt auch heute noch vor, manchmal ebenso schlimm.« Er datiert den Zusammenbruch seiner Funktionen auf das Alter von elf bis zwölf Jahren, als sein sexuelles Elend begann. »Von da an war meine Persönlichkeit so, wie sie jetzt ist – ängstlich, leidend, verlangend usw.« Obwohl er sich in der High School nicht besonders konzentrierte, hatte er einen Notendurchschnitt von fast 90. Im College war er weniger erfolgreich, schaffte den Abschluß aber ohne Schwierigkeiten.

Ich habe aus der Lebensgeschichte des Patienten etwas ausführlicher zitiert, um das reale Leiden und die echte Frustration zu zeigen, die er erlebte. Lassen Sie mich das Bild mit einer Beschreibung seiner körperlichen Erscheinung vervollständigen. Er war gut gebaut, ziemlich muskulös mit einem großen Brustkorb und breiten Schultern. Seine Hautfarbe war dunkel getönt, sein Haar war schwarz, wurde aber schon grau und spärlich. Im Ruhezustand hatte sein Gesicht keinen besonderen Ausdruck; bei emotionaler Anstrengung verzerrte es sich in einer Miene sehr starken Ekels und sehr starker Verachtung. Zugleich spannte sich sein Nacken in einer mächtigen Kontraktion an. Den Ausdruck dieser Kontraktion in Nacken und Gesicht könnte man als extreme Halsstarrigkeit interpretieren. Man merkte, daß der Brustkorb sich mit der Atmung frei bewegte und daß der Bauch weich war. Auch dies veränderte sich unter dem Einfluß starker Gefühle. Die Bauchmuskeln verspannten sich zu einem harten Knoten. Das Gesäß zog sich zusammen, und das Becken wurde vorwärts und aufwärts gezogen. Die Schultern wurden unbeweglich festgehalten, waren aber nicht eckig. Eine sehr ausgeprägte Rigidität bestand in Oberschenkeln und Beinen. Die Knie- und Fußgelenke waren ziemlich wenig flexibel, so daß ein Beugen schwierig war. Die Füße waren fest kontrahiert, mit einem hohen Fußgewölbe. Die Zehen waren nicht ausgebreitet.

Es ist relativ leicht, in diesem Fall aus der Vorgeschichte und den Klagen, mit denen der Patient in die Therapie kam, die Diagnose »Masochismus« zu stellen. Wir werden sehen, daß es ebenso leicht ist, auf Grund der Struktur und Funktion des Körpers zu dieser Diagnose zu gelangen, wenn man versteht, was der Körper ausdrückt. Sehen wir uns dieses Charakterproblem näher an.

Reich faßte die Hauptzüge des masochistischen Charakters folgendermaßen zusammen: »...subjektiv ein chronisches Gefühl des Leidens, das sich, objektiv besonders hervortretend, als Neigung zum Klagen kundgibt; ...chronische Neigungen zu Selbstschädigung und Selbsterniedrigung (»moralischer Masochismus«) und eine intensive Quälsucht, unter der der Betreffende nicht minder leidet als sein Objekt. Gemeinsam allen masochistischen Charakteren ist ein ungeschicktes, ataktisches Verhalten von besonderer Art im Auftreten und im Umgang mit Menschen, das sich bei manchen Fällen bis zur Pseudodemenz steigern kann« (Reich, [2]1970, S. 254). Nach Reich summieren sich diese Züge nur dann zur masochistischen Charakterstruktur, wenn sie alle vorhanden sind und den »Grundton der Persönlichkeit und ihre typischen Reaktionen überragend bestimmen«.

Den folgenden Fall habe ich vor vielen Jahren behandelt, und ich möchte diese Erfahrung hier wiedergeben. Am Anfang erkannte ich die masochistische Charakterstruktur dieses Patienten nicht. Mein Denken war zu jener Zeit an Muskelverspannungen und Energieblockierungen orientiert, und ich hatte mich von charakteranalytischen Konzepten entfernt. Ich begann mit dem Versuch, die Verspannungen im Nacken und an der Schädelbasis zu verringern. Diese Arbeit und das Auf-die-Couch-Schlagen des Patienten brachten einige Besserung. Der Patient sagte, sein Kopf fühle sich besser und leichter an. Das dauerte zwar nur ein oder zwei Tage, aber es ließ sich in jeder Sitzung wiederholen. Jedoch entwickelte sich nichts weiter. Der Patient war sehr zur Mitarbeit bereit, und seine Beschwerden brachte er vernünftig zum Ausdruck. Da ich in dieser Richtung nicht weiterkam, wandte ich meine Aufmerksamkeit anderen Aspekten seiner Körperfunktion zu.

Wenn der Patient versuchte, tief auszuatmen, wie z. B. bei einem tiefen Seufzer, entspannte sich zwar der Brustkorb, aber die abwärts gerichtete Welle staute sich zu einem harten Knoten in der Mitte des Bauches auf. Ich habe schon erwähnt, daß dasselbe unter dem Einfluß eines starken Affekts, z. B. beim Weinen, geschieht. Es erinnerte mich an jemanden, der bei der Stuhlentleerung »drückt«. Der Patient sah aus, als versuche er, etwas gegen einen Widerstand hinauszudrücken. Bei der Besprechung dieser Haltung kam die Geschichte der Erlebnisse des Patienten bei der Reinlichkeitserziehung ans

Licht. Die Autobiographie, aus der ich zitiert habe, wurde erst später geschrieben. Er sagte auch, er spüre diese Anspannung im Bauch bei der Arbeit. Gleichgültig, wie die Bedingungen waren, er fühlte sich bei der Arbeit immer unter Druck, und er mußte »drücken«, um sich Erleichterung zu verschaffen. Wenn der Druck im Bauch zu stark wurde, entwickelte er sich zu einem Gefühl der Panik.

Eine Grundqualität der Funktionsweise dieses Patienten wurde mir klar. In seinem Verhalten wiederholten sich seine frühkindlichen Toilettenerlebnisse. Einerseits waren seine Funktionen, analer und anderer Art, durch einen starken unbewußten Eigensinn blockiert, den man mit »Ich will nicht!« übersetzen könnte. Andererseits machten es die Erfordernisse des Lebens nötig, daß er etwas produzierte, sowohl bei der Arbeit als auch anal. Er mußte sich bewegen (auch sein Darm), ohne Rücksicht auf sein »Zurückhalten«, aber er konnte es nicht auf natürliche Weise. Das einzig mögliche war »Drükken«, Herausquetschen gegen den Widerstand. Angesichts der schweren Verspannungen ist das »Drücken« sowohl verständlich als auch notwendig. Leider vermehrt das Drücken den Widerstand, und dieser Patient war in einem Teufelskreis gefangen. Mein Patient nahm die Verspannung im Nacken als Trotz und Ressentiment wahr, konnte diese aber nicht beherrschen.

Was ich hier als die typische Eigenart der Funktionsweise dieses Patienten beschrieben habe, kann man bei allen masochistischen Charakteren erkennen. Sie sind »Drücker« oder »Quetscher«, und sie ziehen alle den Bauch zusammen, um eine emotionale Entladung zu bewerkstelligen. Es ist typisch für masochistische Patienten, daß sie beim Onanieren oder im Moment der Ejakulation den Penis quetschen. Auf einen größeren Maßstab übertragen, können wir sagen, der Masochist leugnet die Realität nicht, wie es der Schizophrene tut; er weist auch ihre Forderungen nicht ab, wie der orale Charakter. Er akzeptiert die Realität und kämpft zugleich gegen sie; er gibt zu, daß ihre Forderungen vernünftig sind, und zugleich widersetzt er sich ihnen. Er ist in einem so schrecklichen Konflikt wie kein anderer Charakter.

Als ich bei den ersten beiden masochistischen Patienten, die ich behandelte, dieses regelmäßige Muster beobachtete, hatte ich das Gefühl, sie seien in Wirklichkeit anale Charaktere. Keiner von ihnen klagte jedoch über Verstopfung, und auch nicht über sonstige anale Störungen. Sie hatten keinen der anderen Züge, die zu Freuds Beschreibung des analen Charakters gehören: Ordentlichkeit, Sparsamkeit oder Eigensinn. Diesen letzteren konnte man deuten, aber er kam nie sichtbar zum Ausdruck. Dann dachte ich, dies seien in Wirklichkeit Eingeweide- oder Darmfunktionen. Eine weitere Überlegung kam dieser Ansicht zu Hilfe. Beide Patienten hatten »kein Rückgrat«. In jeder Lage, die eine entscheidene Stellungnahme erforderte, bemühten sie sich zwar darum, bald danach »fielen« sie aber wieder »um«. Auch dieses »Umfallen« ist typisch für alle masochistischen Charakterstrukturen. Auch eine andere Deutung ist möglich. Das Fehlen eines »Rückgrat-Gefühls« veranlaßt diese Menschen, ihr Gedärm zusammenzuziehen, um ein Gefühl der Festigkeit zu bekommen. Natürlich hält das nicht stand und kann es auch gar nicht, und der Zusammenbruch (das »Umfallen«) ist unvermeidlich.

Zu dieser Zeit arbeitete ich mit dem Patienten, um den Trotz im Nacken durch den starken Ausdruck des »Ich will nicht« zu mobilisieren. Ich ermutigte ihn auch zum Schlagen, um durch die Freisetzung von Wut das Rückgrat-Gefühl zu entwickeln. Diese Maßnahmen hatten eine gute Wirkung, und wieder gab es eine weitere Besserung am Ende jeder Sitzung, aber sie hielt die Woche über nicht an. Wenn ich den Patienten nach seinem Zustand befragte, bekam ich jedesmal dieselben Klagen zu hören. Vielleicht ein bißchen weniger Angst, ein leichtes Nachlassen der Neigung zum Forcieren, aber immer das Fehlen sexueller Lust, das Vorherrschen der negativen Gefühle, der Mangel an Freude. Allmählich wurde ich ärgerlich. Gewiß, die Klagen waren gerechtfertigt, aber ich spürte ein Gejammer in der Stimme. Dann dämmerte mir, daß gerade dieses Gejammer

auf einen masochistischen Charakter hinwies, und jetzt begannen psychoanalytisches und bioenergetisches Verständnis für mich zusammenzufließen.
Er hatte früher über seine Depressionen geklagt, in deren Verlauf er stundenlang herumsaß und grübelte. Es war leicht zu erkennen, daß dieses Grübeln keine echte Depression war. Er blieb stecken und versank ganz ähnlich, wie er während der Sitzungen in der Mitte seines Bauches steckenblieb. Später beschrieb er eine dieser Verstimmungen. Sie konnte z. B. auf einen Streit mit seiner Frau folgen. Er war dann gewöhnlich hin und hergerissen zwischen dem Wunsch, wieder »Frieden zu machen« und einem ebenso starken Gefühl, er wolle »warten, bis sie zu mir kommt«. Alles, was sie unternahm, holte ihn aus seiner Verstimmung heraus, und gerade darin unterscheidet sich das »Versacken« von einer echten Depression. Außerdem hat der Masochist ein stark geladenes Energiesystem. Es kann einmal zwischen zwei einander entgegengesetzten Impulsen steckenbleiben, aber der Affekt ist leicht zu wecken.
Es war nötig, das Gejammer zu analysieren. Kaum hatte ich darauf hingewiesen, als auch schon Ressentiment gegen mich auftauchte. Ich täte nicht genug, um ihm zu helfen, er empfinde Verachtung für mich – aber all das wurde im Jammerton vorgebracht. Hier war die schüchtern geäußerte masochistische Provokation. »Sie taugen nichts. Sie können mir nicht helfen.«
Er sah deutlich den Zusammenhang zwischen seinem Wunsch, ich »solle es für ihn tun« und der Handlungsweise seiner Mutter, die seinen After stimuliert hatte, um dessen Funktion zu fördern. Wie würde er reagieren, wenn ich seiner Forderung nachkäme? Würde er nicht, bildlich gesprochen, auf mich scheißen? Welchen anderen Sinn könnte ich damit verbinden, nachdem ich schwer gearbeitet und ihm positive Ergebnisse vorgewiesen hatte?
Reich weist darauf hin, daß »die masochistische Quälsucht, die masochistische Klage, die masochistische Provokation und das masochistische Leiden sich sinngemäß aus der phantasierten oder realen Nichterfüllung eines unerfüllbaren, quantitativ

gesteigerten Liebesanspruchs (erklären). Dieser Mechanismus ist für den masochistischen Charakter spezifisch (und) eignet sonst keiner Neuroseform« (Reich, ^{2}1970, S. 261–262). Aber warum ist der Liebesanspruch übersteigert? Reich sagt: »Der masochistische Charakter versucht, die innere Spannung und drohende Angst durch eine inadäquate Methode zu binden, nämlich durch Liebeswerben in Form von Provokation und Trotz« (a. a. O.). Das muß natürlich fehlschlagen. Der masochistische Charakter ist dem Bewußtsein nah, daß es fehlschlagen muß. Es ist schon viele Male geschehen. Er gibt sogar die Tatsache zu. Man kann also hinzufügen, daß er auf einer gewissen Ebene scheitern *will.* Ist dies das Strafbedürfnis, von dem wir so viel lesen? Es gibt zwei weitere Deutungen. Erstens wird durch einen Fehlschlag die eigene Unzulänglichkeit gerechtfertigt. Man kann anderen die Schuld geben. Zweitens wird der Erfolg gefürchtet, denn er rückt den Masochisten ins Rampenlicht und weckt sehr starke Ängste, die mit dem Exhibitionismus verbunden sind.

Während mehrerer Sitzungen analysierte ich das Verhalten des Patienten in bezug auf den masochistischen Sumpf. Er ist wie ein Betrunkener, der in die Gosse gefallen ist. Er winselt um Hilfe, aber wenn man ihm die Hand hinstreckt, wird der Samariter in die Gosse hinuntergezogen und besudelt. Dahinter steckt keine bewußte Absicht, es ist die unvermeidliche Folge des Verhaltensmusters eines Menschen mit masochistischem Charakter. Um das Problem zu verstehen, muß man sich den Masochisten als jemand vorstellen, der zutiefst gedemütigt worden ist und sich minderwertig fühlt. Sein Verhalten läßt sich also deuten als: »Sieh mal, du bist auch nicht besser als ich.« Die Geschichte seiner frühen Kindheit läßt keinen Zweifel daran, welchen Demütigungen er ausgesetzt war.

Diese analytische Arbeit brachte die erste wirkliche emotionale Besserung mit sich. Der Patient bemerkte, er habe in der vergangenen Woche mehrere Perioden des Optimismus erlebt, und dies sei seit mehr als einem Jahr das erste Mal, daß er solche guten Gefühle gehabt habe. Das soll nicht heißen, daß er frei von allen Beschwerden gewesen wäre – die waren auch da. Trotzdem war ich ermutigt. Optimismus ist bei einem Menschen mit masochistischem Charakter selten, denn der masochistische Zustand gründet sich auf Gefühle tiefer Verzweiflung und Hoffnungslosigkeit.

Während der nächsten Wochen gab es eine stetige Besserung. Die optimistischen Gefühle gingen weiter, das Jammern nahm erheblich ab, und der Patient entwickelte die Fähigkeit, mehr Energie im Kopf zu ertragen. Dieses letzte konnte man am Glanz seiner Augen sehen, an der Gesichtsfarbe und an der Kopfhaltung. Das Aufsteigen der Energie zum Kopf läßt ihn sich leichter anfühlen und gibt ihm ein helleres Aussehen. In bezug auf die genitale Lust trat jedoch keine Veränderung ein. Dieser Zeitabschnitt fand infolge einer Diskussion ein Ende, die ich mit dem Patienten über seine Haltung gegenüber seiner Frau hatte. Er hatte sie wegen eines Mangels an Aggression kritisiert, aber sie hatte heftig auf die Kritik reagiert, was zur Folge hatte, daß er ziemlich mürrisch und verstimmt war. Ich war in die Diskussion eingetreten, weil ich nicht glaubte, die Lösung seines Problems liege in der Umwandlung seines Masochismus in Sadismus. Als der Patient zur darauffolgenden Sitzung kam, war er wieder im masochistischen Sumpf. Er war voller negativer Gefühle mir gegenüber. Dazu gehörten Haß, das Gefühl, ich täte nichts für ihn usw. Trotz des Umstands, daß er vor kurzem große Angst vor mir gehabt hatte, als er mich mit offenen Augen direkt ansah, hatte er doch die Vorstellung, ich sei ein »Scheiß«, wie er es ausdrückte. Nach fast einem Jahr der Arbeit behaupteten sich die masochistischen Tendenzen ganz stark. Ich erklärte ihm, trotz meiner Anstrengungen, die ihn aus dem Sumpf zögen, stoße irgendetwas ihn immer wieder hinein. Etwas bis jetzt Unbekanntes. Der Hinweis darauf kam bald.

Er bemerkte, er habe letzte Woche beim Anhören von Beethoven-Musik geweint. Nun hatte ihn echtes Weinen schon viele Male aus dem Sumpf gezogen, diesmal tat es das aber nicht. Und er fügte hinzu, während er geweint habe, sei er eines koboldhaften Gefühls in seinem Inneren gewahr geworden, das sagte: »Du willst ja gar nicht wirklich weinen, du tust es nur, um sie an der Nase herumzuführen.« Nun wurde es mir plötzlich klar. Es war, als lache ihn ein Teufel im eigenen Inneren aus, und mich auch, und mache sich über unsere Anstrengungen lustig, ihn aus dem Sumpf zu befreien. Ich weiß nicht, ob diese einfache Beobachtung mir so großen Eindruck gemacht hätte, wenn ich nicht gerade Dostojewskis *Spieler* ausgelesen gehabt hätte. In dieser Geschichte offenbart der Held, daß der Teufel ihn verspottet. Ich hatte das Gefühl, hier sei das geheimnisvolle Etwas, das meine Arbeit und die Bemühungen des Patienten zunichte machte, und ich nahm die Vorstellung vom Teufel ernst.

Zu meiner Überraschung sagte der Patient, er spüre den »Teufel« in seinem Inneren, und gelegentlich könne er ihn sehen. Der »Teufel«, wie ihn der Patient sah, hatte das Gesicht eines Mannes mit einem Ausdruck von Spott und Hohn, als wollte er zu ihm sagen: »Es wird dir nicht gelingen, du bist wirklich wertlos.« Andererseits fühlte er sich, wenn er den »Teufel« in sich spürte, immer stärker und besser und außerhalb des masochistischen Sumpfes. Bei diesen Gelegenheiten empfand er Verachtung für andere und fühlte sich ihnen weit überlegen. Diese Einstellung wurde der Therapie gegenüber folgendermaßen ausgedrückt: »Leck' mich am A., ich kann da selbst rauskommen, ich brauch' dich nicht. Du bist sowieso wertlos.« Und er erkannte, daß es der »Teufel« in ihm war, der ihn in der Woche zuvor veranlaßt hatte, seine Frau zu kritisieren.

Der Patient erzählte mir jetzt, daß er vom »Teufel« schon immer heimgesucht worden war, seit dem Alter von zwei Jahren. In den ersten Jahren seiner Kindheit hatte er an Alpträumen gelitten. Wenn er abends im Bett lag, sah er oft den »Teufel« in der Ecke seines Zimmers, wie er ihn beobachtete und boshaft nach ihm schielte. Zugleich zog sich das Zimmer von ihm zurück. Diese Erlebnisse erschreckten ihn sehr, und er hatte in ständiger Furcht vor ihnen gelebt.

Etwas anderes, was mir über den Patienten klar wurde, war die Bedeutung seines Gesichts- und Körperausdrucks. Wenn er auf die Couch einschlug, bekam er einen starren Blick, seine Stirn zog sich hoch, und zwei Falten bildeten sich, die von der Stirn aufwärts und nach außen ausstrahlten. Außerdem schielte er so, daß er tatsächlich aussah wie ein »Teufel«. Es besteht kein Zweifel daran, daß der Patient eine Projektion seines eigenen Ausdrucks sah, denn seine Beschreibung des »Teufels« entsprach dem, was ich in seinem Gesicht sah. Wie dies zustandekommt, kann ich nicht erklären, aber wir können jetzt einige Bemerkungen über das Wesen und die Funktion des »Teufels« machen.

Nach der Beschreibung, die der Patient von seiner Mutter gegeben hatte, und anhand der vielen Dinge, die er von ihr erzählte, zweifelte ich nicht daran, daß der Teufel mit seiner Mutter zusammenhing. Er hat mir die tiefen Demütigungen geschildert, die er von ihr zu leiden hatte. Sie kritisierte alles, was er tat, beschimpfte ihn auf erniedrigende Weise und sagte, er sei wertlos. Sie warf ihm boshafte Seitenblicke zu und ahmte ihn nach. Die hartnäckige Überbetonung des Essens und der Defäkation untergruben die Fähigkeit des Kindes, sich auf seine eigenen Gefühle zu verlassen. Aber noch katastrophaler für das sich entwickelnde Ich des Kindes war die Gewohnheit der Mutter, ihren Finger in seinen After einzuführen, um den Stuhlgang anzuregen. Durch diese Koppelung einer erotischen Befriedigung mit einer Demütigung untergrub sie die Selbständigkeit der heranwachsenden Persönlichkeit. Der Vater scheint in dieser Situation eine passive Rolle gespielt zu haben. Er war einfach ein »geheimnisvoller Fremder«, auf den das Kind seine eigenen inneren Gefühle projizierte.

Beim Versuch, sein Ich zu schützen, pflegt das Kind die Methoden seiner Bedrücker zu übernehmen; ich benütze diesen Ausdruck absichtlich. Ich glaube, daß dies in dem Prozeß der Identifizierung zwischen Kind und Elternteil ein wichtiger Mechanismus ist. Wir übernehmen die Taktik des Feindes, um ihn zu besiegen. Jedenfalls schlug der Patient seine

Mutter in ihrem eigenen Spiel. Er wurde listiger, verachtungsvoller, haßerfüllter usw. Nur so konnte er überleben. Wenn das Kind die Mittel des Teufels anwendet, verkauft es tatsächlich seine Seele dem Teufel, der dann von ihm Besitz ergreift. Jetzt ist der Teufel in dem Patienten. Seine zukünftigen Visionen sind Visionen seiner selbst, projiziert auf die Wirklichkeit eines anderen. »Es war das Gesicht eines erwachsenen Mannes, das boshaft zu mir hinschielte, mit offenem Mund, blitzenden Zähnen, hochgezogenen Augenbrauen; das ganze Gesicht glitzerte von einer üblen Ausstrahlung. Das geschah gewöhnlich im Dunkeln, wobei die ›Dunkelheit‹ sich um mich drehte.«
Daß es aus ihm selbst kommt, weiß der Patient nun. »In der letzten Therapiesitzung habe ich das Ding tatsächlich ›einen Teufel‹ genannt und es mit dem unfreiwilligen ›Ordinärsein‹ in Verbindung gebracht, das in mir steckt. Was die Verbindung hergestellt hat, war das ›boshafte‹ Gefühl, das ich zusammen mit meinen negativen Gefühlen und dem boshaften Schielen bekomme. Wenn Sie zum Beispiel etwas über irgendwas zu mir sagen, überkommt mich so ein Gefühl der Bosheit, und eine Stimme sagt bösartig: ›Was verstehst du denn davon – du Stück Dreck?‹ usw. usw. Das scheinen Dinge zu sein, die ich zu meiner Mutter sagen könnte oder sie zu mir.«
Zwei Wochen später sagte der Patient, er identifiziere den boshaften Ausdruck des Teufels mit einem schleichenden Gefühl in den Genitalien und im Körper allgemein. Er erkannte in dieser schleichenden Empfindung die Grundlage seines Angezogenseins von Frauen und verstand dessen Beziehung zur Pornographie.
Es geht über den Rahmen dieses Kapitels hinaus, in eine vollständige Erörterung des Teufelsphänomens einzutreten. Reich hat den Teufel im schizophrenen Prozeß beschrieben. Ich habe in jeder masochistischen Charakterstruktur eine Teufelsfunktion beobachtet. Es ist eine negative Kraft, die sich in Zweifel und Mißtrauen, den Gegenspielern der Herzensempfindungen Glaube und Liebe, ausdrückt. Der Teufel verrichtet seine schmutzige Arbeit, indem er jeden expansiven, nach

außen gerichteten Impuls durch Zweifel oder Mißtrauen blockiert. Beim masochistischen Charakter ist das auf frühkindliche Erlebnisse gegründete Mißtrauen tief eingefleischt und widersteht hartnäckig jedem Angriff. Solange es besteht, muß man auf eine negative therapeutische Reaktion gefaßt sein. Man kann sie nur durch sorgfältige charakteranalytische Aufdeckung beheben. Die Position wird nur vorübergehend aufgegeben. Bei der leichtesten Andeutung von Feindseligkeit wird sie rasch wieder eingenommen. Der Teufel kann aber überwunden werden, wenn die Herzensgefühle, Liebe, Gott, Eros, das Gehirn und die Genitalien beherrschen. Welche Rolle die Augen beim Projektionsvorgang spielen, wurde bei dem folgenden Vorfall in einer späteren Sitzung beobachtet. Der Patient bemerkte mit in einem Ausdruck der Angst weit geöffneten Augen, er sehe den Ausdruck des Teufels in meinem Gesicht. Als ich ihn aufforderte, mich weiter mit offenen Augen anzuschauen, die diesmal aber entspannt sein sollten, verschwand die Projektion.

Bald nach diesen Sitzungen reagierte der Patient auf eine Weise, die ihn zeitweilig vollständig von dem masochistischen Zustand befreite. Er kam mit einem starken Gefühl der Traurigkeit in die Sitzung. Ohne Gejammer äußerte er seinen Kummer über seinen Zustand. Es war kein Gefühl des Außer-sich-Seins zu bemerken. Er sprach einige Worte, und ich hatte eine sehr starke Eingebung, ich müßte abwarten. Im allgemeinen beginne ich die Sitzung aktiv, entweder mit einer Diskussion oder durch Bewegung. Diesmal wartete ich darauf, daß er auf mich zukam.

Innerhalb weniger Minuten fing er ziemlich leise zu weinen an. Das Weinen ging nicht so tief, wie ich es gern gesehen hätte, aber es war nicht forciert. Unter dem Weinen rief er mehrmals spontan »Nein!«. Ich konnte die Pulsationen sehen, als die Energie durch ihn hindurch und in die Beine ging. Das dauerte etwa zwanzig Minuten lang, während ich still dabeisaß.

Dann spürte der Patient gute Gefühle in der Brust, aber er meinte, er könne sie nicht ausdrücken. Ich fragte ihn, ob er wolle, daß ich ihm mit einem Vorschlag helfe. In Beantwortung seiner Bejahung schlug ich ihm vor, die Arme zu heben und um Hilfe zu bitten. Er hob die Arme, aber er konnte nur »Bitte, bitte« hervorbringen. Später setzte er hinzu »Bitte, hilf mir«. Ich fragte ihn, ob er diese Bitte spezifischer an jemand richten könne. Ich hatte eine Bitte an Gott im Sinn. Aber das konnte er nicht. Er sagte, er »traue niemandem«. Dann fing er wieder an, leise zu weinen.

Nach einiger Zeit erklärte ich, er sei wie jemand, der sich in der Wüste oder in der Wildnis verirrt habe und nicht hoffen könne, aus eigener Kraft wieder herauszukommen. Er gab dies zu. War es nicht deshalb geboten, daß er sein Mißtrauen überwinde und um Hilfe bitte? Ja, das sei so, aber er könne es nicht. Wieder weinte er. Ich schlug wieder vor, er solle doch zu Gott beten. Er hatte sofort das Gefühl, das sei unmöglich. Er erzählte mir dann, als Kind habe er zu Gott gebetet und ihn angefleht, er solle seine Mutter und seinen Vater daran hindern, sich zu streiten. Er behauptete, diese Bitte sei nicht erhört worden. Ich entgegnete, jedes Gebet werde in dem Maß erhört, in dem es wahrhaftig empfunden und ausgedrückt werde. Das beruht auf der Tatsache, daß das Gebet das Herz für das äußere Universum öffnet und so dazu dient, Spannung abzuführen und neue Energie zu gewinnen. Wenn man richtig betet, bittet man um Stärke oder um die Befreiung von einer Last. Ich erklärte, wir wüßten nicht, wieviel schlechter der Patient sich gefühlt hätte, wenn er nicht gebetet hätte. Der Patient begann wieder leise zu weinen, diesmal aber tief empfunden. Er stand von der Couch auf und küßte mich auf beide Wangen. Seine Augen waren klar und frei von Mißtrauen.

Ein solches emotionales Erlebnis erweist sich oft als die Kraft, die die Charakterstruktur lockert. Auch in diesem Fall war es so. In psychischer Hinsicht verminderten sich die masochistischen Tendenzen erheblich. In den folgenden Sitzungen fehlte das Gejammer fast völlig, ebenso die Verachtung, und das tiefsitzende Mißtrauen war merklich vermindert. Die körperlichen Verspannungen und Blockierungen, die die Grundlage für

die masochistische Charakterhaltung bilden, werden jedoch durch eine solche analytische Arbeit nicht beseitigt. Sie funktionieren nicht mehr einheitlich als masochistische Charakterstruktur, und daher kann man jetzt jede Energieblockierung einzeln angehen. Die Aufgabe, den Fluß der Energie in den Kopf und in die Genitalien zu verstärken, mußte fortgesetzt werden, und bis dies weiter fortgeschritten war, mußte man mit weiteren Rückfällen in den masochistischen Sumpf rechnen. Aber jetzt kannte der Patient den Weg hinaus, und ein Rückfall dauerte nur kurze Zeit an. Die Therapie ging mehrere Monate mit langsamer, aber ausgeprägter Besserung weiter.
Positive Einstellungen zur Therapie und zum Therapeuten setzten sich immer mehr durch, während der Patient sich in den Sitzungen leichter durchsetzte. Die Mobilisierung der Schultern durch Schlagen auf die Couch gab dem Patienten ein Gefühl der Handlungsstärke. Andererseits machte die Verkrampfung der Oberschenkel, der Beine und Füße mehr Arbeit notwendig.

In diesem Stadium der Behandlung des Patienten entwickelte sich die Technik der bioenergetischen Therapie dahin, eine intensivere Bearbeitung der Verspannungen der unteren Gliedmaßen zu umfassen. Eine starke Ich-Struktur kann nur auf einem sicheren Fundament errichtet werden, und ein solches Fundament fehlte bei diesem Patienten. Außerdem konnte man, solange seine sexuelle Unzufriedenheit andauerte, nicht auf eine anhaltende Besserung zählen. Energieabfuhr, entweder als Genitalfunktion oder in Form von Bewegung, ist abhängig vom Kontakt mit dem Boden. Weder der Senkfuß des Menschen mit oralem Charakter, noch die fest kontrahierten Fußgewölbe des Masochisten bieten ausreichend Stabilität. Außerdem sind beim masochistischen Charakter im allgemeinen die Wadenmuskeln und die Muskeln an der Vorderseite der Oberschenkel überentwickelt. Zugleich sind die Streckmuskeln an der Rückseite der Oberschenkel ziemlich verspannt. Die Folge davon ist die Unfähigkeit, einen normalen Beckenstoß auszuführen.

Der Mensch mit masochistischem Charakter stößt das Becken vor, er kann es nicht schwingen lassen. Er schiebt das Becken nach vorn, indem er das Gesäß zusammenquetscht und die Bauchmuskeln kontrahiert. Man kann verstehen, warum er so wenig genitale Befriedigung erreicht. Gerade der Akt der genitalen Entladung erzeugt im Masochisten die Spannungen, die das Zustandekommen einer effektiven Entladung verhindern. Normalerweise wird das Schwingen des Beckens beim Geschlechtsverkehr von den Beinen gesteuert. Wo die Beine schwach sind, wie beim Menschen mit oralem Charakter, oder immobilisiert, wie bei der masochistischen Struktur, ist eine natürliche Beckenbewegung unmöglich. Im nächsten Kapitel wollen wir nach den Gründen dieser Immobilisierung fragen.

Wir haben festgestellt, daß die Tendenz zum »Umfallen«, d. h. zum Versagen und zum Versinken in einem Sumpfgefühl, für den masochistischen Charakter typisch ist. Er bricht jedoch körperlich nicht völlig zusammen; er fällt nicht zu Boden. Seinem Fall wirkt die Anspannung in den Wadenmuskeln und an der Vorderseite der Oberschenkel entgegen. Bewegung wird der Sicherheit geopfert. Ich erwähne dies jetzt, weil es das Problem war, das ich bei diesem Patienten in der nächsten Phase seiner Therapie in Angriff nahm. Nun bekam ich zum ersten Mal die positiven Ergebnisse, die ich mir wünschte.

Als das Becken allmählich befreit wurde und seine Bewegung nach vorn sich entwickelte, berichtete der Patient über neue Empfindungen genitaler Lust in der Sexualität. Gewiß, sie waren noch nicht beständig, aber es war ein wichtiger Schritt getan, und der Patient erkannte die Brauchbarkeit dieses Vorgehens sofort. Es blieb aber immer noch ein wichtiger Schritt zu tun. Bei jeder Sitzung wartete der Patient darauf, daß ich ihm sagte, was er tun sollte. Obwohl er die spezifischen Übungen kannte, die wir benützten, ebenso die Ergebnisse, die sie für ihn brachten, übernahm er nicht die Verantwortung dafür, die Bewegungen in Gang zu setzen. Man könnte sagen, er wollte immer noch, daß seine Mutter »ihm den Finger in den

After steckte«, damit etwas in Bewegung komme. Erst nachdem dies analytisch durchgearbeitet worden war, trat eine beständige Besserung ein.

Die bioenergetische Therapie ist im Grunde ein analytisches Verfahren. Die Analyse wird sowohl auf der psychischen als auch auf der somatischen Ebene durchgeführt. Der Ausdruck von Gefühlen durch Worte und Bewegungen wird verwendet, um eine Freisetzung des blockierten Affekts herbeizuführen. Eine Darstellung der Therapie mit diesem Patienten wäre unvollständig, wollten wir nicht zumindest die analytische Arbeit erwähnen, die erfolgte, um den Patienten von vielen seiner geringfügigeren masochistischen Züge zu befreien: den Zwang, sich mit Arbeit zu überlasten, seine Angst vor der Lust, seine Unfähigkeit, sich etwas Schönes zum Anziehen zu kaufen, seine Schwierigkeiten beim Ausdrücken von Zuneigung.

Als die Therapie mit diesem Patienten zu Ende ging, war er mit den Ergebnissen zufrieden. Er hatte Einsicht in seine Störung gewonnen, und er hatte das Gefühl, er könne den normalen Situationen des Lebens ohne Angst vor Versagen begegnen. Vor allem hatte er die Herrschaft über seinen Körper gewonnen, und er wußte, wie er den Zusammenbruch seines Ichs und seiner Sexualtriebe verhindern oder überwinden konnte. Jedoch sollte man sich der Mahnung Reichs bewußt bleiben: »Man darf auch nicht vergessen, daß die definitive Lösung des masochistischen Charakters erst dann erfolgen kann, wenn der Patient längere Zeit hindurch ein ökonomisches Arbeits- und Liebesleben geführt hat, also lange nach Abschluß der Behandlung.« (Reich, ^{2}1970, S. 284).

Jetzt sind wir in der Lage, die wichtigeren Züge der masochistischen Charakterstruktur zu besprechen. Das Zentralproblem des Masochismus ist das scheinbare Bedürfnis des Masochisten, zu leiden oder aus Schmerzen Befriedigung oder Lust zu beziehen – oder aus Erlebnissen, die andere als unangenehm ansehen. Gewöhnlich drückt sich dieses Leidensbedürfnis entweder in masochistischen Phantasien aus, die die sexuelle

Erregung begleiten, oder in provozierendem Verhalten, das zur Züchtigung und Demütigung des Masochisten führt. Im ersten Fall ist die Phantasie, z. B. geschlagen oder gefesselt zu werden, eine notwendige Bedingung, damit der Masochist beim Geschlechtsakt zu einer Entladung kommen kann. Von dem provozierenden Verhalten muß man annehmen, es habe eine ähnliche Funktion. Die Demütigung führt zu Traurigkeit, und damit wird ein Zugang zu den tieferen Gefühlen eröffnet. Nach einem Streit mit der Partnerin funktioniert der Masochist sexuell besser.

Analytische Studien hatten ergeben, daß der Masochist ein sehr strenges Über-Ich hat. Das Leidensbedürfnis wurde als ein Versuch gedeutet, das Über-Ich zu besänftigen, die Gewissensbisse eines sich schuldig Fühlenden zu mildern. Dem Verhalten des Masochisten liegen Trotz und Haß zugrunde. Dieser latente Haß beim Menschen mit masochistischem Charakter würde die Strenge seines Über-Ichs oder Gewissens voll rechtfertigen. Aber diese Beobachtungen lösen die Schwierigkeit nicht auf. Es bleibt die Frage, wie es möglich ist, daß sich ein Impuls (der Haß), der ursprünglich nach außen auf die Welt gerichtet ist, nach innen gegen das eigene Selbst kehrt?

Freuds Antwort auf diese Frage war die Annahme eines Todestriebes, d. h. eines primären Destruktionstriebes, der sich ursprünglich gegen das Selbst richtet. Unter dem Einfluß des Eros (der Liebe) richtet sich dieser Trieb nach außen, auf die Welt, als mit Liebe gemischter Sadismus. Nach dieser Auffassung ist der Masochismus die Folge des Zustands, der eine Entmischung dieser beiden Triebe hervorruft, so daß der Todestrieb nun frei ist, sich wieder, wie ursprünglich, gegen das Selbst zu richten. »Wir werden nicht erstaunt sein zu hören, daß unter bestimmten Verhältnissen der nach außen gewendete, projizierte Sadismus oder Destruktionstrieb wieder introjiziert, nach innen gewendet werden kann, solcherart in seine frühere Situation regrediert« (Freud, 1924, S. 377). Diesen Masochismus nannte er »sekundären Masochismus«, um ihn von einem Teil des ursprünglichen Todestriebes zu unterschei-

den, der an dieser Verschiebung nach außen nicht beteiligt ist und von ihm als »primärer Masochismus« bezeichnet wird.
Die Existenz eines Todestriebes ist höchst anfechtbar. Es gibt jedoch im Menschen und im animalischen Leben zwei Energieströme, die Impulse entstehen lassen, welche man als triebhaft bezeichnen kann. Bei unserer Besprechung dieses Problems im 5. Kapitel haben wir diese Triebimpulse als Aggression und zärtliche Gefühle bezeichnet, die letzteren kann man mit Eros gleichsetzen. Wie Freud sagt, können sich diese Triebtendenzen unter bestimmten Bedingungen entmischen und in Gegensatz zueinander geraten. Sehen wir uns an, wie das geschieht.
Wenn wir die Körperstruktur des masochistischen Patienten studieren, fallen uns einige Züge besonders auf. Strukturell haben sie alle die Tendenz, untersetzt zu sein und eine starke Muskelentwicklung aufzuweisen. Männer wie Frauen sind körperlich stark. Es ist nicht die Körperkraft des geschmeidigen, beweglichen Sportlers; sie entspricht mehr der erdrückenden Stärke des Gorillas. Auch in ihrer körperlichen Erscheinung erinnern sie an einen Gorilla, denn ihr Rücken ist meist gerundet, der Hals kurz und dick, und die Oberschenkel muskulös. Bei jedem echten masochistischen Charakter ist das zu sehen, was man »muskelbepackt« nennt, und das erklärt das ataktische Verhalten in Bewegung und Ausdruck. Wenn man der Energiebewegung in einer solchen Struktur nachspürt, die starke Verspannungen im Nacken und im Bereich der unteren Lendenwirbel aufweist, findet man eine Erklärung für das masochistische Verhalten. Abb. 14 *(links)* ist eine Darstellung der Energiebewegungen im Normalen. Man vergleiche sie mit dem Zustand beim masochistischen Charakter (Abb. 14, *rechts*).
Bei der masochistischen Struktur ist der Aggressionstrieb nach innen gebogen, als hätte man beide Enden des Organismus mit einer Riesenzange zusammengedrückt. Infolgedessen sind die zärtlichen Gefühle zwischen den Aggressionsarmen komprimiert und gefesselt. Der Eros, dargestellt durch die durchgezogene Linie, müht sich, aus dieser Fesselung auszubrechen,

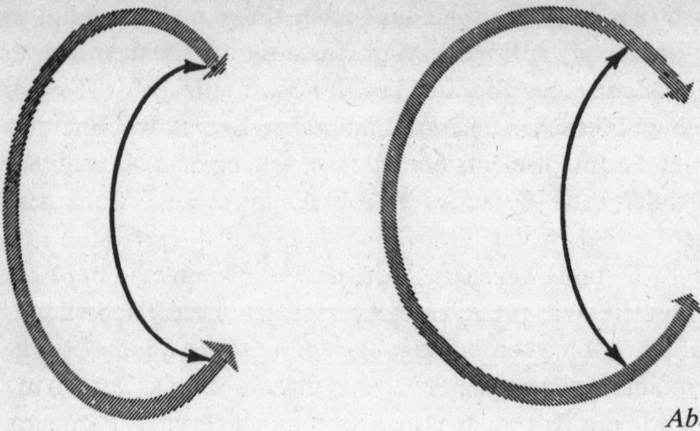

Abb. 14

Bewegung der Energie beim Normalen *(links)* und beim Masochisten *(rechts)*.

scheitert aber und bricht zusammen. Es scheint, als sei es das Versagen des Eros, die Arme der Aggression nach außen gerichtet zu halten, das dafür verantwortlich ist, daß die Aggression sich nach innen wendet. Eine solche Deutung würde Freuds These von einem primären Todestrieb unterstützen. Dadurch würde jedoch nicht die genetische Entwicklung des Masochismus erklärt, und man würde auch nicht dem Umstand gerecht, daß beim Normalen die beiden Triebe einander nicht entgegengesetzt, sondern komplementär sind. Jeder braucht den anderen.

Dieser Fall veranschaulicht besonders gut die genetischen Faktoren, die die masochistische Charakterstruktur hervorbringen. Zunächst müssen wir erkennen, daß der Mensch mit masochistischem Charakter nicht über Gefühle der inneren Leere klagt, er beklagt sich vielmehr über Gefühle des Platzens, des inneren Drucks und der Unfähigkeit, die Spannung abzuführen. Er zeigt keine Zeichen der Entbehrung. Jeder Masochist hat das Gefühl, seine Mutter habe ihn geliebt. Die Art, wie diese Liebe zum Ausdruck kam, hat die Störung erzeugt, nicht der Mangel an Liebe. Der Ausdruck »erstikkend« trifft auf die Mutter des Masochisten zu, nicht auf die des Menschen mit oralem Charakter.

Das Ich des Masochisten ist zusammengepreßt wie in einem Schraubstock. Das gilt fast buchstäblich. Am oberen Ende stellt die Zwangsfütterung, am unteren Ende die Auferlegung einer strengen Reinlichkeitserziehung den Hauptdruck dar. Damit die Aggression sich nach innen kehrt, muß der Druck ausgeübt werden, bevor die Aggression in der Genitalfunktion und in der Geistesfunktion in der Realität verankert ist. Das Kind reagiert sehr heftig auf diesen Druck. Es schreit, es wehrt sich, es zieht sich zurück. Durch Blicke, Gesten und Bewegung appelliert es an seine Mutter, um Mitgefühl und Verständnis zu finden. Dieser Appell an die zärtlichen Gefühle der Mutter wird mit der Begründung übergangen, »Mutter weiß es am besten«, oder sie handle im besten Interesse des Kindes. Wenn dem Kind die Erfüllung seiner geistig-seelischen Bedürfnisse durch eine Überbetonung seiner materiellen Interessen versagt wird, entsteht Masochismus.

Wir haben bereits gesagt, Unterdrückung führe ebenso zu Masochismus, wie Deprivation Oralität hervorruft. Unterdrückt wird die wachsende Unabhängigkeit des jungen Organismus, das sich entwickelnde Ich. Die Unterdrückung nimmt nicht die Form offener Feindseligkeit an. Sie wirkt unter dem Deckmantel der übermäßigen Wachsamkeit, Beschützung und Besorgnis. Schließlich wird Unterwerfung erreicht, und der Masochist wird ein »braver Junge«. Es werden nachdrückliche Maßnahmen angewandt: Nörgeln, Strafen, Appelle an die Liebe des Kindes zur Mutter und schließlich die Drohung mit dem Entzug der Mutterliebe, wenn das Kind nicht gehorcht. Das alles endet für das Kind in einem Zustand schrecklicher Verwirrung: Es wird an seine zärtlichen Gefühle appelliert, die seine Aggression blockieren sollen; die Blockierung der Aggression bewirkt den Ausdruck von Zärtlichkeit. Bei keiner anderen Charakterstruktur ist die Ambivalenz so ausgeprägt, der Konflikt so groß.

Bei der Entwicklung dieser Charakterstruktur wird das Muskelsystem des heranwachsenden Kindes von der natürlichen Funktion der Bewegung abgezogen und auf die Funktion des Festhaltens umgelenkt. Die Muskeln entwickeln sich übermäßig, um negative Impulse zurückzuhalten und natürliche zu beherrschen. Die Zwangsfütterung ruft meist Erbrechen hervor, das dann zurückgehalten wird und schwere Verspannungen in Hals und Kehle hervorruft. Ein vorzeitiges Bestehen auf Sauberkeit in bezug auf die Exkremente zwingt das Kind, die Beckenboden-Muskulatur, die Gesäßmuskeln und die Kniesehnen zu benützen, um die Beherrschung des Afters zu gewinnen, da die äußeren Schließmuskeln noch nicht willkürlich beherrschbar sind. Die schweren Verspannungen im Schultergürtel halten den Haß und die Wut auf die Mutter zurück. Zwar entwickelt sich der Masochismus aus Maßnahmen, mit denen im zweiten Lebensjahr begonnen wird, aber die masochistische Struktur nimmt erst später ihre endgültige Form an. Im allgemeinen gibt es eine Zwischenzeit der Kämpfe, Wutanfälle und der Auflehnung, und erst wenn dieser Widerstand schließlich nachläßt, hat die masochistische Struktur sich ganz ausgeprägt, gewöhnlich nach der Pubertät.

Können wir noch eine weitere Antwort auf die Frage geben, wie und warum das Geschlagenwerden oder die Phantasie, geschlagen zu werden, lustvoll erlebt werden können? Reichs Antwort auf diese Frage war eines der Meisterstücke analytischer Untersuchung. Er zeigte, daß der Masochist nicht nach dem Geschlagenwerden strebt, sondern nach der Lust der sexuellen Abfuhr wie jeder andere. »Der spezifische Lustmechanismus des Masochisten besteht ... (darin), daß er zwar wie jeder andere nach Lust strebt, daß aber ein störender Mechanismus dieses System scheitern läßt und ihn veranlaßt, Empfindungen, die vom Normalen lustvoll erlebt werden, von einer gewissen Stärke an unlustvoll zu perzipieren« (Reich, [2]1970, S. 253). Dieser spezifische störende Mechanismus ist die Verkrampftheit der Muskulatur, die auf der genitalen Ebene die zärtlichen Gefühle daran hindert, das Entladungsorgan stark aufzuladen. Die Folge ist eine Stauung der Energie im Becken, zärtlicher Gefühle im Bauch und von Aggression im Gesäß und in den Oberschenkeln. In diesem Augenblick erlebt der Masochist (in schweren Fällen) Empfindungen des Platzens; er gerät außer sich, und eine Lustentladung *muß* erreicht werden. In dieser Situation ist der Masochist wie das angespannte, launische, jähzornige Kind, das seine Eltern so lange ärgert, bis es schließlich geschlagen wird, wonach das Kind weint, sich beruhigt und einschläft.

Die Eltern spüren häufig das Bedürfnis des Kindes, zu weinen und vielleicht spüren sie sogar den Mechanismus. Im Fall des Kindes steigert das Geschlagenwerden die Spannung so weit, daß ein Festhalten nicht mehr möglich ist. Die blockierte Energie bricht durch und äußert sich in krampfhaftem Weinen und Schluchzen. Dieses Weinen und Schluchzen entlädt die Spannung und ruft die Entspannung hervor, nicht die Tracht Prügel.

Die Situation beim Masochisten ist ähnlich. Die Angst vor starker genitaler Erregung führt dazu, daß die Energie in den Organen des Beckens und im Gesäß festgehalten wird. Hier bleibt sie stecken und kann sich weder in einer Entladung nach außen noch im Rückzug nach innen bewegen. Daraus entsteht ein unerträglicher Angstzustand. Einer von zwei Mechanismen kann eingesetzt werden, um die Spannung herabzusetzen. Durch ein sehr starkes Zusammenpressen der Oberschenkel und des Gesäßes kann die Energie in die Genitalien gezwungen und entladen werden. Das ist die allgemeine masochistische Praxis bei Masturbation und Geschlechtsverkehr. Natürlich ist die Lust der Entladung erheblich reduziert. Der Masochist hat hier eine anale Praxis der genitalen Funktion angepaßt. Die andere Methode würde eine stärkere Entladung herbeiführen, aber dazu muß Kraft angewandt werden, um die Spannung so weit zu steigern, daß ein Festhalten unmöglich wird und ein Durchbruch zur Entladung stattfindet. Das Schlagen des Masochisten oder seine Phantasie vom Geschlagenwerden dient diesem Zweck, der Steigerung der Spannung.

Es ist nicht immer nötig, eine Phantasie vom Geschlagenwerden zu haben. Es ist nötig, daß die Phantasie in dem Betroffenen genügend stark ist, um eine starke Reaktion hervorzurufen, um die zusätzliche Energie zu mobilisieren, die erforderlich ist, um die Blockierung zu überwinden. Die Phantasie neigt meist dazu, die infantile Situation zu wiederholen, die ursprünglich die Angst und Spannung erzeugt hat, und sie mobilisiert die Aggression, die in der Haltung des Festhaltens »eingefroren« ist. Hier zeigt sich der Wiederholungszwang in seiner klarsten Form, aber auch der Grund für ein solches Verhalten ist deutlich ersichtlich.

Die psychoanalytischen Deutungen derselben Handlungen betrachten im Gegensatz zur dynamischen Deutung auf der bioenergetischen Ebene die Situation von der Oberfläche aus. »Die tiefste Bedeutung der passiven Schlagephantasie« scheint zu sein: »Schlage mich, damit ich die Entspannung bekommen kann, ohne für sie verantwortlich zu sein.« Unter psychologischem Blickwinkel ist es richtig, daß »eine Verschiebung der Verantwortung auf den Strafenden« stattfindet. Die Rolle der Gesäßbacken (Nates) erhält eine doppelte psychologische Bedeutung. Freud hatte erklärt: »Die Nates sind die erogen bevorzugte Körperpartie der sadistisch-analen Phase« (Reich, ^{2}1970). Reich hat gezeigt, daß das Sich-aufs-Gesäß-Schlagen-Lassen die Funktion hat, die verletzliche Genitalregion zu schützen.

Die Verkrampftheit des Beckenbodens beim Menschen mit sadistischem Charakter erstreckt sich auch auf den Genitalapparat. Bei dem Patienten, von dem die Rede war, hatte der Penis die Tendenz, sich in den Hodensack zurückzuziehen. Ich habe auch bei anderen Menschen mit masochistischem Charakter dieses Sich-Zurückziehen des Penis gesehen. Im psychischen Bereich besteht eine sehr starke Kastrationsangst. Der Masochist fürchtet sich vor starken Lustempfindungen in den Genitalien. Die Hemmung der gesteigerten Erregung verwandelt diese in Angst. Dann steigert der Mangel an Lust das Verlangen und das Leiden, die den masochistischen Charakterreaktionen zugrundeliegen. Reichs Patienten beschrieben die Angst als ein Gefühl, der Penis könnte schmelzen oder »platzen, wenn er sich noch weiter derart spannte« (Reich, ^{2}1970, S. 277). Einer meiner Patienten empfand bei steigender Erregung Schmerzen im Penis. Er hatte den unbeherrschbaren Drang, den Penis zu quetschen und die Ejakulation zurückzuhalten. Masochistische Feuerphantasien hängen mit dieser Furcht vor genitaler Hitze zusammen.

Der Masochist überträgt ein Reaktionsmuster auf die Genitalfunktion, das aus seiner Erfahrung mit der Analfunktion abgeleitet ist. Er fürchtet sich vor der unbeherrschten Entleerung und bemüht sich, sie zu beherrschen. Diese Beherrschung verhindert die Lust so sehr, daß sie unbefriedigt bleibt. Sein gesteigertes Verlangen treibt ihn, mehr genitale Befriedigung zu suchen. Mit zunehmendem Verlangen nehmen auch Erregung und »Festhalten« zu. Es ist ein Teufelskreis, und der Masochist ist in ihm gefangen. Allzu häufig gerät der analytische Therapeut in den gleichen Kreis mit hinein. Im folgenden Kapitel wollen wir weitere Aspekte dieses Problems und die therapeutischen Maßnahmen untersuchen, die zu seiner Handhabung nötig sind.

11 Der masochistische Charakter – 2

Der masochistische Charaktertypus zeigt in allen Aspekten seines Funktionierens typische Verhaltensmuster. Bei einer bioenergetischen Analyse werden diese Verhaltensmuster beobachtet, beständig analysiert und verändert. Reich hat einige dieser Züge festgestellt. Wir können sie sowohl psychologisch als auch bioenergetisch erweitern.

Unter den Eigenschaften, die den Masochisten kennzeichnen, steht an erster Stelle die subjektive Empfindung des Leidens und des Unglücklichseins, die sich objektiv als eine Tendenz äußert, sich zu beklagen. Das Leiden ist real und die Klagen sind oft gerechtfertigt. Es ist schwierig, den Masochisten davon zu überzeugen, daß die beiden nicht zusammenhängen, daß die Behebung dessen, worüber er sich beklagt, sein Leiden nicht beseitigen würde. Eine junge Frau mit masochistischer Charakterstruktur beklagte sich, ihr Mann sei kalt. Er brachte wenig sexuelles Verlangen nach ihr zum Ausdruck, obwohl er sie, wie sie wußte, liebte. Die Klage war berechtigt, aber wir wissen, daß sie bei ihrer Struktur von der Sexualität wenig Befriedigung hätte. Die häufigste Klage ist, die Therapie helfe nicht wirklich. Der Masochist meint immer, er mache eine maximale Anstrengung, die nicht gewürdigt werde und keinen Erfolg habe. Falls dies zutrifft, muß der Fehler woanders liegen. Dies stellt dem Analytiker ein schwieriges Problem, da man zugeben muß, daß sich der Masochist wirklich Mühe gibt. Es ist charakteristisch für den Masochismus, daß die Situation um so hoffnungsloser ist, je größer die Bemühung. Der Masochist steckt in einer Falle, und je mehr er sich bemüht, desto stärker wird er gefesselt. Da seine Aggression nach innen gewendet ist, darf man nicht vergessen, daß seine Aktivität destruktiv ist. Gerade dieses Versuchen stellt für den Masochisten die Fallgrube dar. Seine Anstrengung ist nicht rational auf die Erfordernisse der Situation gerichtet. Er versucht, Anerkennung zu erringen, durch die Aufrichtigkeit seiner Bemühung Liebe und Zuneigung zu gewinnen. Das tritt klar zutage, wenn man einen Menschen mit masochistischem Charakter auffordert, auf die Couch zu schlagen. Er legt alles, was er hat, in diese Handlung, ohne Rücksicht auf ihre Bedeutung, ihren Zweck oder ihre Folgen. Er ist nicht wütend, obwohl er sich vielleicht den Anschein gibt, wütend zu sein. Man muß den Masochisten davon überzeugen, daß seine Anstrengungen nicht seine eigenen Gefühle ausdrücken, daß er nur tut, was man von ihm erwartet; daß er versucht, dem Therapeuten zu gefallen, seine Anerkennung zu gewinnen.

Um in der Behandlung des masochistischen Charakters Fortschritte zu machen, sollte man damit beginnen, ihn aufzufordern, seine negativen Gefühle zum Ausdruck zu bringen. Ausdrücke wie »Ich will nicht«, »Ich hasse Sie«, kommen leicht heraus. Die zurückgehaltene Aggression stellt das negative Gefühl dar. Auch hier muß man sorgfältig darauf achten, daß das Gesagte wirklich empfunden wird. Um sicherzugehen, frage ich, gegen wen sich die negative Einstellung richtet. Wenn die Antwort den Therapeuten nicht miteinschließt, sollte man ihr mißtrauen, denn jeder Mensch mit masochistischem Charakter hat eine besonders negative Einstellung zur Therapie oder Analyse.

Diese Arbeit, den negativen Charakter des masochistischen Verhaltensmusters aufzudecken, kann ziemlich lange dauern, aber man sollte sie sorgfältig betreiben. Solange diese negative Grundeinstellung besteht, ist es unmöglich, das Leiden merklich zu lindern. In dieser Schicht von Negativität eingeschlossen, mißtraut der Masochist der Welt, der Realität und dem Therapeuten. Keine Liebe oder Anerkennung kann die Schranke durchbrechen, und kein positives Gefühl kann durch sie hindurch ausgedrückt werden. Dies ist auch der Grund für das masochistische Leiden. Er will herauskommen, aber er wagt es nicht; er möchte, daß man ihn befreit, aber er traut es einem nicht zu. Dostojewski macht in den *Brüdern Karamasow* eine Bemerkung, die besonders gut auf den Masochisten paßt; Vater Sosima sagt: »Die Hölle ist das Leiden jener, die nicht lieben können.«

Was die Behandlung des Masochisten so schwierig macht, ist das tiefe Mißtrauen, mit dem der Masochist die Welt betrachtet. Wir haben gesehen, daß es sogar schwierig ist, einen aufrichtigen Ausdruck negativer Gefühle von ihm zu bekommen. Alles ist so durch Mißtrauen vergiftet, daß der Masochist sich schließlich selber mißtraut, seinem Handeln und seiner Besserung. Da dieses Mißtrauen auf Erlebnissen in der frühen Kindheit beruht, die eine solche Einstellung rechtfertigen, kann man von dem Patienten nicht erwarten, daß er sie rasch aufgibt. Angesichts dieses Widerstands muß der analytische Therapeut das Vertrauen und den guten Willen des Patienten gewinnen, wenn er zu einem positiven Ergebnis gelangen soll. Aber es ist wie das Erklettern der steilen Wand einer Klippe. Der Analytiker setzt die Stärke seiner positiven Einstellungen, unterstützt durch sein Verständnis, der eigensinnigen Negativität des Masochisten entgegen. Für jene, die sich mit diesem Problem herumgeschlagen haben, ist ein Scheitern keine Überraschung und keine Abschreckung. Mitleid mit realem Leiden des Masochisten und Anerkennung jedes positiven Ausdrucks müssen der analytischen und bioenergetischen Arbeit zugrundeliegen.

Die Tendenz, sich zu beklagen, ist, wie Reich erklärt hat, der objektive Ausdruck des masochistischen Leidens. Aber es ist mehr die Art und Weise des Klagens als seine Substanz, die es als masochistisch abstempeln. Angesichts der Bemühungen und der Mißerfolge, des Verlangens und des Mangels an Befriedigung muß man dem Masochisten die Rechtfertigung seiner Klagen zugestehen. Es ist das Jammern in der Stimme, die ständige Wiederholung, das Schuld-Zuschieben, was in einem den Verdacht erweckt, mit der Klage solle ein Problem dargestellt werden. Früher oder später wird es im Therapeuten Wut wecken, und seltsamerweise stellt man nach einer solchen

Reaktion eine Besserung im Fühlen und Verhalten des Masochisten fest. Man erkennt, daß dies ein typisches provozierendes Verhalten ist, motiviert durch dasselbe Bedürfnis, das die masochistische Phantasie oder das Sich-schlagen-Lassen erzeugt. Der Masochist provoziert und bringt so die Situation zum Siedepunkt, so daß er emotionale Befreiung erlangen kann.

Es ist wichtig, die bioenergetische Dynamik des Leidens und des Jammerns zu kennen. Die Energie des Organismus ist durch die nach innen gerichtete Aggression gefangen, die die Ventile verschließt. Das im Inneren festgehaltene Verlangen erzeugt das Leiden. Aber die Ausgänge sind nicht vollständig verschlossen. Das wäre der Tod. Sie sind vielmehr stark verengt. Ein kleines Energie-Rinnsal sickert hinaus. Stimmlich bringt dieses kleine Energie- oder Luft-Rinnsal das Jammergeräusch hervor. Wenn der Masochist wirklich seine Kehle auftäte und seine Stimme herausließe, würde er nicht jammern. Er wäre kein Masochist.

Tendenzen zur Selbstbeschädigung und Selbstherabsetzung sind eine weitere masochistische Eigenschaft. Man hat sie psychologisch analysiert und ihnen die Bedeutung unterlegt: »Sieh, wie elend ich bin. Warum liebst du mich nicht?« Sehr häufig werden diese Tendenzen nicht mündlich geäußert. Sie manifestieren sich in der Kleidung und in der Körperpflege. Masochistische Patienten kommen oft schlampig und mit schmutzigen Kleidern in ihre Sitzungen. Ein Patient hat mir einmal gesagt, immer, wenn er sich unzulänglich fühle, ziehe er ein Hemd mit durchgescheuertem Kragen an. Die Verachtung, die der Masochist für andere empfindet, wendet sich auch nach innen, gegen ihn selbst. Auch hier spielt wieder ein provokantes Element hinein: »Liebst du mich so schmutzig und ungepflegt, wie ich bin?« Die andere Seite der Medaille sieht man bei manchen Personen, die ein übertriebenes Reinlichkeitsgefühl haben. Dies ist offensichtlich eine Abwehrreaktion gegen starke masochistische Tendenzen zur Selbstentwertung. Was ist die Energiedynamik solcher Tendenzen? Was ist ihr

genetischer Ursprung? Ich habe im vorigen Kapitel erwähnt, daß der Masochist auf dem Eingeweideniveau funktioniert. Wir haben auch den Mangel an Rückgratgefühl bemerkt. Jetzt können wir sagen, daß sich der Masochist auf der Ebene des Unbewußten wie ein Wurm oder eine Schlange fühlt. Seine Tendenz, sich zu winden, kann man sowohl psychologisch als auch bioenergetisch beobachten. Wiederum auf der Ebene des Unbewußten hat er das Gefühl, er gehöre auf den Boden. Es fällt ihm sehr schwer, seinen Körper wirklich aufrecht zu halten, und die Neigung, zu Boden zu fallen, ist charakteristisch. Diese Eigenschaft ist eine Folge des Zusammenbruchs des Energieschwingens in Längsrichtung, das wir als Grundlage des Realitätsprinzips bezeichnet haben. Der Masochist fürchtet eine starke Selbstbehauptung und eine starke genitale Erektion. Bei seiner Körperhaltung behindern die starken Muskelverspannungen die Entwicklung der aufrechten Haltung, die von einem starken Aufsteigen der Energie herrührt. Infolge der Blockierung des Energieflusses ist dieser stockend und zögernd. Bewegungen kommen nicht direkt und kraftvoll zum Ausdruck, sie sind ungesteuert, tastend und indirekt. Der Patient fühlt sich wie ein Wurm, weil er dieses Phänomen wahrnimmt. Die selbstabwertenden Gefühle des Masochisten sind ein Ausdruck dieser Wahrnehmung. Ich nehme sie buchstäblich als bezeichnend für den wahren Zustand.
Wenn wir nach dem gemeinsamen Nenner jener Früherfahrungen suchen, die den Masochismus erzeugen, finden wir ihn in dem Gefühl der Demütigung. Der Masochist ist ein Mensch, der als Kind tief gedemütigt worden ist. Man hat ihn dazu gebracht, sich unzulänglich und wertlos zu fühlen. Was für Erlebnisse können ein solches Gefühl zur Folge haben? Bei dem im vorigen Kapitel besprochenen Fall waren es Zwangsfütterung ohne Rücksicht auf die Gefühle des Kindes und eine Reinlichkeitserziehung, die sich in das Gefühl des Kindes von der Unverletzlichkeit seines Körpers eindrängte. Diese scheinen die wichtigsten Mechanismen zu sein. Die Verabreichung von Klistieren, die in manchen Familien ein übliches Verfahren

war und wahrscheinlich immer noch ist, schädigt das Kind nur ein bißchen weniger als wenn die Mutter ihren Finger in den After des Kindes einführt. Übermäßige Wachsamkeit beraubt ein Kind seiner Privatsphäre. Die altmodische »Tracht Prügel«, bei der das Gesäß des Kindes entblößt wird, wirkt ähnlich.

Das Demütigende dieser Erlebnisse liegt zum Teil in der entzwungenen Entblößung und dem Eingreifen in Funktionen, die jeder animalische Organismus als etwas Persönliches, Privates betrachtet. Man versuche, einer Katze oder einem Hund mit Gewalt Nahrung einzuflößen, und man sehe sich die Reaktion an. Die Besorgnis, die manche Eltern in bezug auf den Stuhlgang ihrer Kinder zeigen, stammt aus ihren eigenen neurotischen Schamgefühlen in bezug auf diese Funktionen. Es ist fast unmöglich, einen Masochisten zu finden, der nicht das Gefühl hat, die Funktionen der – analen, urethralen und genitalen – Entleerung seien etwas Schmutziges. Als Kind wurde der Masochist gezwungen, sich gegenüber einer Einstellung zu entblößen, der die entblößten Gebiete und ihre Funktionen als unsauber und ekelhaft galten. Das Kind, das man zum Essen zwingt, reagiert häufig damit, daß es die Nahrung erbricht. Das ruft dann bei der Mutter eine Ekelreaktion hervor.

Das kleine Kind wehrt sich heftig, genau wie das Tier, gegen diesen Eingriff in seine natürlichen Funktionen. Und diese Gegenwehr muß unterdrückt werden, bevor sich eine masochistische Charakterstruktur entwickelt. Es wird jedoch nur selten körperliche Gewalt angewandt, um Fügsamkeit zu bewirken. Diese Mütter glauben, im besten Interesse ihrer Kinder zu handeln und schlagen sie in der Regel nicht. Vielmehr wird Fügsamkeit mit Anerkennung belohnt, Auflehnung jedoch mit ausgeprägter Mißbilligung. Sobald sich das Kind unterwirft und das Verhaltensmuster festgelegt ist, sind alle zukünftigen Handlungen des Betreffenden darauf gerichtet, Anerkennung zu gewinnen. Alle Masochisten zeigen ein übermäßiges Bedürfnis, anerkannt zu werden. Sie streben danach, anderen zu gefallen, in der Hoffnung, Anerkennung werde ihnen Liebe bringen. Darin werden sie natürlich fortwährend enttäuscht. Wir beurteilen diejenigen nicht, die wir lieben, und jene, die wir beurteilen müssen, lieben wir nicht. Es ist demütigend für ein Lebewesen, wenn es spürt, daß seine Sicherheit und sein Angenommenwerden von seiner Unterwürfigkeit abhängen. Der Masochist wird nämlich auf die Dauer unterwürfig.

In der Lebensgeschichte jedes Menschen mit masochistischem Charakter wird der Analytiker eine Periode der Auflehnung finden, die durch Wutanfälle und Trotzreaktionen auffällt. In diesem Stadium richtet sich die Aggression noch nach außen. Der Masochismus, wie wir ihn klinisch bei erwachsenen Patienten sehen, entwickelt sich erst nach der Pubertät. Das rebellische Kind zeigt vielleicht viele masochistische Züge, aber es hat kein Gefühl des Leidens. Die zärtlichen Gefühle werden zugunsten von Trotz und Auflehnung unterdrückt. Erst wenn sich das sexuelle Bedürfnis stark bemerkbar macht, schnappt die Falle zu. Denn nun intensiviert sich der Konflikt zwischen Bedürfnis und Trotz, Fügsamkeit und Auflehnung so sehr, daß keine Lösung mehr möglich ist.

Die Beachtung der materiellen Bedürfnisse des Kindes ohne Berücksichtigung seiner zärtlichen Gefühle oder seiner spirituellen Bedürfnisse schafft ein masochistisches Problem. Es ist nicht verwunderlich, daß der Masochist später von geistigen Werten zu sprechen pflegt, aber auf materieller Ebene handelt. Er versucht, im Austausch gegen Mühe und Arbeit Liebe zu gewinnen. Er leugnet die Bedeutung materieller Dinge, aber Besitztümer bedeuten ihm viel. Er ist wirr in seinen Wünschen, verlegen, wenn er sie ausdrücken soll, und er zweifelt daran, jemals Befriedigung erlangen zu können.

Wegen dieser Früherfahrungen konzentrieren sich die Verspannungen des Masochisten auf die beiden Öffnungen des Verdauungstrakts. In seiner Kehle steckt der Konflikt, den die Furcht schafft, man werde ihm Nahrung hineinzwingen oder er könnte erbrechen. Im After und im Mastdarm steckt die Angst, er werde Stuhlgang haben oder es könnte ihm etwas hineingesteckt werden. Die Schultern werden festgehalten, um die

Kehle zu beschützen; das Gesäß und die Oberschenkel werden angespannt, um den After zu schützen. Hinter beiden Verspannungen stecken Impulse, den Inhalt des Magen-Darm-Trakts zu entleeren.

Der masochistische Charakter ist eine prägenitale Struktur. Das Problem beginnt, bevor die genitale Funktion etabliert ist. Man kann ihn auch als einen Aspekt des oralen Problems ansehen, denn er verhindert das natürliche Fortschreiten zur Unabhängigkeit, wenn dies auch nicht durch Deprivation geschieht, sondern durch die Unterdrückung der Gefühle des Kindes. Da der Masochist in einer Umgebung aufgewachsen ist, die dem Ausdruck zärtlicher Gefühle feindlich war, kann er auf die Zärtlichkeit anderer nur mit Mißtrauen reagieren. Hat nicht seine eigene Mutter ihr Spiel mit seiner Zuneigung und Liebe getrieben, um ihn zu demütigen? Sind seine Appelle und sein Flehen nicht unbeachtet geblieben? Dies alles muß der Analytiker bei seiner Annäherung an den Patienten vor Augen haben.

Angesichts der starken Verspannungen an allen Körperausgängen kann der Masochist nur eine Entladung erreichen, indem er etwas hinausdrückt oder hinausquetscht. Sowohl seine Arbeitsfunktion als auch seine Sexualfunktion sind durch diese Reaktionsqualität geprägt. Er »drückt« bei der Arbeit, so daß diese Funktion zwar in einem Maß durchgehalten werden kann, die bei einem oralen Charakter unmöglich wäre, aber keine entspannte und ungezwungene Tätigkeit ist. Er arbeitet mit seinen »Innereien«, aber nicht mit dem Herzen. Infolgedessen fehlt es seinen Unternehmungen im allgemeinen an Spontaneität und Kreativität. Da der Masochist sein »Inneres« in alles legt, was er tut, ist er ein Schwerarbeiter. Das hängt mit seinem starken Bedürfnis nach Anerkennung zusammen. Auf die Dauer läßt dieses ständige Sich-Antreiben die Gedärme sich derart verknoten, daß ein Zusammenbruch unvermeidlich wird.

Die Tendenz, eine Entladung durch Drücken und Anstrengung zu erreichen, ist bei der Sexualfunktion deutlicher sichtbar als

bei der Arbeit. Aber hier ist sie unheilvoller. »Drücken« kann zwar bei einem Arbeitsvorgang etwas zustandebringen, aber es hemmt die Lust der Genitalität. Die Folge ist ein Gefühl des Ressentiments gegen die Partnerin (den Partner). Das Verhaltensmuster enthält Anstrengung und Beschuldigung, Mühe und Ressentiment. Allbeherrschend bei dem ganzen Problem sind die mit der Sexualität verbundenen Schuldgefühle, die Scham der Genitalität und die Angst vor der Selbstbehauptung. Eine Analyse der Masturbationspraktiken masochistischer Patienten bringt immer die gleiche Geschichte ans Licht. Die Masturbation ist nicht auf normale Art ausgeführt worden. Bei beiden Geschlechtern werden Steigerung der Erregung und Abfuhr dadurch erreicht, daß die Schenkel an den Genitalien gerieben werden, während zugleich das Gesäß zusammengepreßt wird. Manchmal werden die Genitalien gegen das Bett gepreßt, aber man bemerkt die Zurückhaltung beim Gebrauch der Hände. Es ist, als sei das Berühren des Genitale verboten, und wahrscheinlich *war* es verboten. Diese Art der Masturbation ruft eine sehr schwache Energieentladung hervor. Der Masochist kann eine starke Entladung nicht ertragen. Ein Patient erzählte mir, im Augenblick der Ejakulation müsse er den Penis stark zusammenquetschen, um den kräftigen Ejakulationsstrahl zu verhindern. Reich hat darauf hingewiesen, daß der Masochist eine anale Art der Entladung mit flacher Kurve der Energieerregung und Energieabfuhr auf die genitale Funktion überträgt. Hinter diesem Verhalten steht die Befürchtung, eine starke Energieentladung würde die starken Verspannungen durchstoßen und große Schmerzen verursachen. Ich zweifle nicht daran, daß es so kommen könnte.
Man hat beobachtet, daß der Masochist in seinem Verkehr mit anderen recht dumm erscheinen kann. Schon eine oberflächliche Analyse würde zutage fördern, daß dies auf einer Verwirrung beruht, über die diese Patienten oft klagen. Sie leiden an einer Blockierung der Fähigkeit, einen Gedanken oder ein Gefühl auszudrücken. Dies steht im Gegensatz zur Flüssigkeit des Ausdrucks, wie sie für den oralen Charakter

kennzeichnend ist. Trotz seiner scheinbaren Unbeholfenheit im Ausdruck ist der Masochist sehr intelligent und sensibel. Er hat eine durchdringende und richtige Wahrnehmung und ein entsprechendes Verständnis für das Verhalten anderer. Im Gegensatz dazu kennt er die Kräfte nicht, die sein eigenes Verhalten bestimmen. Er setzt seine Intelligenz im Dienst seines Mißtrauens ein; sie spielt daher in seinem persönlichen Leben eine finstere Rolle.

Genau wie der orale Charakter durch die Tendenz zu zyklischen Umschwüngen von Hochstimmung und Depression geprägt ist, so ist das Energiemuster des Masochismus vom Abwechseln zwischen Angst und Versinken im Sumpf charakterisiert. Theodor Reik hat es gut beschrieben, als er sagte, es sei wie das Versinken im Triebsand, wo jede Anstrengung einen tiefer einsinken läßt. Es ist keine Sackgasse, sondern ein fortwährender Kampf, kein statischer Zustand, sondern eine ungemein dynamische mobile Daseinsform. Jede Vorwärtsbewegung wird angesichts zunehmender Angst gemacht, bis der Masochist erschöpft wieder in den Sumpf zurückfällt. Hier brütet er, bis neue Impulse, ein neuer Tag oder neue Bedingungen eine neue Anstrengung auslösen. Der Ausweg wäre genitale Abfuhr, aber dieser Weg ist dem Masochisten durch ein unerklärliches Entsetzen versperrt. Es muß eine äußere Kraft angewandt werden, um den Masochisten zu befähigen, die Schraube zu durchbrechen. Manchmal muß er buchstäblich, immer aber im übertragenen Sinn, vorwärtsgepeitscht werden.

Wenn man die Verwirrung, die der Patient an der Oberfläche zeigt, durchstößt, findet man in der tieferen Schicht gute Einsichten und Entschlossenheit. Auf dieser Ebene kennt der Masochist sein Problem und seine tieferliegenden Impulse. Auch hier besteht wieder ein Gegensatz zum oralen Charakter. Dieser hat geschwächte Impulse und ist wirklich verwirrt; der Masochist ist sich der Ambivalenz von Liebe und Haß bewußt, die seinen Zustand bestimmt. Das erklärt die niederschmetternden Schuldgefühle, das terrorisierende Über-Ich, die diese Menschen quälen.

Das Problem des Masochismus kann man nur als Charakterstörung verstehen und behandeln. Ambivalenz, Wankelmut und Ungewißheit prägen jeden Aspekt des masochistischen Verhaltens. Jeder Aggressionsimpuls, jede Bewegung oder Geste zeigt diese Grundstörung. Bevor ein Impuls vollständig ausgedrückt werden kann, wird er von Zweifel und Unsicherheit überholt und entweder zurückgehalten, zurückgezogen oder gegen Widerstand durchgedrückt. Wir sehen meist nur die Impulse, die herauskommen; es bedarf einer Tiefenanalyse, um die blockierte Wut und Heftigkeit zu offenbaren.
Beim masochistischen Charakter herrscht keine innere Leere, vielmehr ist immer ein Gefühl innerer Spannung und Angst vorhanden. Der Betroffene hat das Gefühl, er habe in bezug auf Liebe oder Arbeit viel zu bieten, wenn er es nur herausbringen könnte. Er ist unabhängiger als der orale Charakter, aber seine Selbständigkeit wird durch sein starkes Bedürfnis nach Anerkennung untergraben. Der Masochist ist der willigste Patient des Analytikers, aber er ist auch derjenige mit dem schlechtesten Therapieergebnis. Lassen Sie uns, damit wir die Dynamik dieses Aspekts des masochistischen Problems besser begreifen, die orale Charakterstruktur bioenergetisch mit der masochistischen Charakterstruktur vergleichen.
Der orale Charakter wird von einem Mangel an Aggression bestimmt, der auf der Unterentwicklung der motorischen Komponente seines Energiesystems beruht. Es erscheint als ein relativ schwacher, unkoordinierter und unreifer Muskelapparat. Man sollte die Diagnose »oraler Charakter« nicht stellen, wenn diese Muskelschwäche und -ohnmacht fehlt. Die schizoide Persönlichkeit zeigt, zumindest an der Oberfläche, viele Züge und Haltungen, die denen des oralen Charakters ähnlich sind, aber die betreffenden Menschen haben eine Muskelkraft, die bei oralen Charakterstrukturen nicht vorkommt. In der oralen Struktur herrscht ein Ungleichgewicht: ein hohes Maß geistiger Entwicklung mit einer infantilen motorischen Funktion. Das erklärt, warum der betreffende Mensch »hoch in der Luft schwebt«. Wir können dieses

Ungleichgewicht mit Hilfe des Davidssterns anschaulich machen (Abb. 15, *links*). Das eine Dreieck ist so stark vergrößert, wie das andere verkleinert ist. Dies zeigt die Tendenz der oralen Charaktere zur Hochstimmung, zum Größenwahn, zu Großspurigkeit und Allwissenheit.

Der Mensch mit masochistischem Charakter zeigt eine überentwickelte Muskulatur und eine reduzierte Geistigkeit. Es ist, als habe das Muskelsystem die geistige Seite des Organismus überwältigt und unterdrückt. Der Masochist ist an die Erde gefesselt, schwer, und seine Aggression ist herabgesetzt. Wie wir schon gehört haben, hängt die Überentwicklung der Muskulatur nicht mit Bewegung zusammen, sondern mit deren Zurückhaltung. Es ist also nicht überraschend, daß sie zu einer verminderten Aggression führt.

Abb. 15

Das kleine Dreieck in der Abb. 15 (rechts) stellt die Tendenz zur Selbstentwertung, zu Gefühlen der Wertlosigkeit und Minderwertigkeit dar. Das Ungleichgewicht zeigt sich beim Masochisten ebenso deutlich wie beim Menschen mit oralem Charakter. Das Problem des oralen Charakters beruht auf dem Fehlen einer Muskelentwicklung, die stark genug wäre für die durchgehaltene Anstrengung, wie man sie von einem Erwachsenen erwartet. Wenn erst der Widerstand gegen das Annehmen der Realität gebrochen ist, folgt auf eine gute bioenergetische Körpertherapie rascher Fortschritt, denn die Muskelentwicklung schreitet mit körperlicher Bewegung und Übung zusehends fort. Der Mensch mit oralem Charakter hat ein reales Interesse an der Außenwelt, obwohl er nicht nach ihr ausgreifen kann und Angst davor hat. Und das gilt trotz des oberflächlichen Narzißmus, der sein Verhalten kennzeichnet, genau wie beim Kind, trotz der Egozentrizität seiner Forderungen.

Beim Masochismus stehen wir jedoch vor einem doppelten Problem, denn die natürlichen Triebe kehren sich gegeneinander. Wenn wir die Aggression ermutigen, wirkt sie den zärtlichen Gefühlen entgegen und bringt keine echte Befriedigung. Das spirituelle Gefühl zu befreien, scheint fast unmöglich, da gerade die dazu benötigte motorische Kraft selbst der Kerkermeister ist. Es ist nicht leicht, an das geistige Zentrum des Masochisten heranzukommen, da es in dem tiefen Kerker eingesperrt ist, den sein angespanntes und überentwickeltes Muskelsystem bildet. Aber der Schrei des Geistes nach Befreiung ist ständig zu hören, wenn er auch schwach ist und die Form des Jammerns angenommen hat.

Der therapeutische Zugang zum Problem des Masochismus hat viele Seiten. Man muß einen gewissen Kontakt zu dem eingesperrten Geist herstellen, um ihn in dem bevorstehenden mühsamen Kampf zu unterstützen und aufrechtzuerhalten. Das heißt, dem masochistischen Patienten müssen angesichts seines wiederholten Scheiterns, seiner Hoffnungslosigkeit, seines Mißtrauens und seiner Feindschaft gegenüber dem analytischen Therapeuten von diesem zu allen Zeiten Mitgefühl, Verständnis und Unterstützung entgegengebracht werden. Zugleich darf man ihm nicht erlauben, die Last der Verantwortung für seinen Zustand dem Therapeuten aufzubürden. So schwierig es ist, ein rationales Gleichgewicht zwischen Mitgefühl einerseits und einer kritischen Analyse seines Verhaltens andererseits aufrechtzuerhalten, ist dies nur der Rahmen, innerhalb dessen die therapeutische Arbeit geleistet wird. Die Verkrampfung des Muskelsystems muß aufgehoben werden. Bewegung, die blockiert ist, muß befreit

werden. Die Ambivalenz zwischen Aggression und zärtlichen Gefühlen muß beseitigt und ein gewisses Maß an Triebverschmelzung muß erreicht werden. Das letztere ist eine genitale Funktion.
Wir sind gezwungen, dem Masochisten darin zuzustimmen, daß die Lösung seines Problems in der Entwicklung gesteigerter sexueller Lust und Befriedigung liegt. Aber hier lenkt seine eigene Energiefunktion das Ergebnis, und der Therapeut kann den Patienten nur anleiten und ihm zeigen, wie er die Schwierigkeiten, vor denen er steht, überwinden kann. Wir sind nur in unserem Wissen und Glauben mächtig, können aber nichts an seiner Statt tun. Wenn unser Wissen und Glauben stärker sind als alles Mißtrauen und alle Feindseligkeit, die der Patient aufbringen kann, wird die Therapie erfolgreich sein. Aber Kenntnisse ohne erfolgreiche Anwendung sind wertlos. Haben wir die Mittel, unsere Behauptungen zu beweisen und dem Patienten zu beweisen, daß ein anderes Funktionieren möglich ist?
Die Auflösung von Muskelverspannungen und Verkrampfungen hängt von einer Kenntnis der Dynamik der Körperbewegung ab, die über den Rahmen dieses Buches hinausgeht. Wir können hier jedoch einige Vorschläge in bezug auf die Behandlung des masochistischen Problems machen. Die masochistische Struktur gründet sich auf eine überentwickelte und kontrahierte Muskulatur. Um die schweren Kontraktionen zu überwinden, sind Bewegungen erforderlich, bei denen Streckung und Dehnung erfolgen. Beim Auf-die-Couch-Schlagen wird z. B. ein Gefühl des hohen Sich-Aufrichtens von Kopf und Körper mit einem weiten Ausstrecken der Arme empfohlen. Tiefe Verspannungen, die Schulterblätter und Oberarme fesseln, werden so zum Bewußtsein gebracht. Der ganze Vorgang ist eine Handlung starker Selbstbehauptung. Auf ähnliche Weise müssen Bewegungen eingesetzt werden, die die tiefen Verspannungen im Beckengürtel öffnen und lösen. Die zusammengezogenen Muskeln der Oberschenkel müssen gestreckt und die Beweglichkeit des Beckens muß entwickelt werden. Ferner

muß man die Mittel, mit denen der Patient ein Gefühl der Entspannung und der Fülle im Becken erreichen und aufrechterhalten kann, zu einem Bestandteil seines bewußten Wissens machen.

Das hervorstechendste Merkmal der masochistischen Körperstruktur ist vielleicht der Stiernacken. Masochistische Patienten zeigen einen dicken, muskulösen Hals, der nicht sehr rigide ist. Der starre Nacken ist ein Ausdruck des Stolzes, der bei der masochistischen Struktur fehlt. Die schwere Verkrampfung, die den Hals verkürzt, ist in den tiefliegenden Muskeln lokalisiert, die durch gewöhnliche bewußte Bewegungen nicht erreicht werden. In diesen Muskeln wird der unbewußte Trotz festgehalten, und diese Muskeln blockieren den Ausdruck der sich aufwärts bewegenden Impulse. Wenn man bei diesen Patienten den Würgereflex auslöst, stellt man fest, daß die aufsteigende Welle, die den Impuls des Erbrechens darstellt, in der Kehle festgehalten wird. Sie wird nicht durch die Rigidität blockiert, die man in der Kehle von Menschen mit hysterischem Charakter vorfindet. Sie wird vielmehr durch eine Kontraktion angehalten und unterdrückt, die vom Kopf herunterkommt und die Ausdehnungsbewegung zum Stillstand bringt. Es ist, als sagte der Kopf »nein« zu dem Impuls, zu erbrechen. Dieser Zustand ist identisch mit jenem, der sich im unteren Teil des Körpers entwickelt. Aber in der Anwendung des Würgereflexes haben wir ein Mittel, dem Patienten den Mechanismus bewußtzumachen und ihm zu zeigen, wie man ihn überwinden kann.

In der unteren Körperhälfte ist die Tendenz, den Bauch einzuziehen und den Beckenboden anzuheben, um die nach unten fließende Welle der Erregung anzuhalten, ein weiterer Aspekt desselben Mechanismus, den wir eben beobachtet haben. Das Problem des Masochismus kann nicht gelöst werden, wenn diese Tendenz, den Bauch einzuziehen und zu kontrahieren, nicht überwunden wird. Man kann bewußt daran arbeiten, aber man darf nicht vergessen, daß diese Kontraktion auf der Angst vor dem Schmerz beruht, der entstehen könnte, wenn die starke Erregungswelle den verkrampften Beckenboden und den angespannten Sexualapparat erreicht. Die aktive Kontraktion hat den Zweck, einem Erlebnis vorzubeugen, das schmerzhaft wäre. Der Patient muß sich diesem Schmerz stellen und die Fähigkeit entwickeln, ihn zu ertragen, bevor er seine Angst vor ihm verliert. Es stehen mehrere Mittel zur Verfügung, um dies zu erreichen, die auf der Streckung verspannter Muskeln beruhen. Hier ist das Lust-Unlust-Prinzip wirksam. Je mehr die Fähigkeit wächst, Schmerz zu ertragen, desto mehr steigert sich die Lustmöglichkeit. Die masochistische Charakterstruktur hat nämlich ein prägenitales Verhaltensmuster, das in der Erwachsenen-Realität nicht fest verankert ist.

Wo es dem oralen Charakter wegen schwacher Fußgewölbe und zu wenig geladener peripherer Strukturen am Kontakt zum Boden fehlt, ist der Bodenkontakt des Masochisten durch hochgezogene Fußgewölbe und verkrampfte Muskeln in Beinen und Füßen eingeschränkt. In beiden Fällen, wenn auch aus verschiedenen Gründen, sind die Fundamente unsicher, und die Grundlage für Bewegungen ist stark eingeschränkt. Es ist ebenso notwendig, diese Verspannungen bei jemandem mit masochistischer Struktur zu überwinden und seine Füße zu erden, wie es notwendig ist, die Beine und Füße des Menschen mit oraler Struktur zu stärken.

Am entgegengesetzten Ende des Körpers sind Ausdrucksbewegungen des Gesichts auch eingeschränkt. Ich habe schon erwähnt, daß der typische Gesichtsausdruck des Masochisten Unschuld oder Naivität zeigt. Das kann die Form großäugiger Unschuld, gutmütigen Lächelns oder eines Ausdrucks grinsender Dummheit annehmen. Darunter liegt die Angst, die Verachtung, der Ausdruck von Ekel, und noch tiefer das erschreckte Kind. Diese Ausdrücke sollten an die Oberfläche gebracht und bewußtgemacht und der Schrecken aufgedeckt und abreagiert werden. Keine einzelne Maßnahme lohnt sich mehr als das Auflösen dieser eingefrorenen Ausdrucksformen. Keine bioenergetische Therapie ist wirksam, wenn nicht zugleich eine Tiefenanalyse charakterologischer Art durchgeführt wird. Das werden jene vielleicht übersehen, die von den physischen Aspekten dieser Therapie beeindruckt sind. Bei der Behandlung des masochistischen Problems ist diese konsequente analytische Arbeit von primärer Wichtigkeit.

Analytische Deutungen leiden jedoch an dem allgemeinen Mangel allen Psychologisierens: Laufe ich weg, weil ich Angst habe, oder habe ich Angst, weil ich weglaufe? Nicht selten ist ein und dieselbe Handlung auf zwei verschiedene Weisen deutbar.* Lassen Sie mich ein Beispiel bringen.

Eine Patientin mit einer stark masochistischen Charakterstruktur berichtete folgenden Vorfall aus ihrer Jugend: Wenn sie von der Lehrerin aufgerufen wurde, gab sie absichtlich eine falsche Antwort und wirkte dumm, obwohl sie die richtige Antwort wußte. Die Patientin bot die Erklärung an, sie habe es nicht ertragen können, sich hervorzutun und von der Klasse angeschaut zu werden. Reich hat ein solches Verhalten als Furcht vor Exhibitionismus gedeutet. Theodor Reik andererseits deutet solches Verhalten als negativ exhibitionistisch. Der Masochist macht durch seine Mißerfolge und Beschwerden auf sich aufmerksam. In Wirklichkeit sind beide Deutungen richtig, eine ist nur die Kehrseite der anderen. Der Mensch mit masochistischem Charakter hat verdrängte exhibitionistische Neigungen. Auf der bewußten Ebene finden wir eine große Furcht vor Exhibitionismus und Bloßstellung. Die blockierten Impulse finden aber unweigerlich einen Weg, sich auszudrükken, wenn auch indirekt, unbewußt und auf typisch masochistische Art und Weise. Es mag sein, daß eine falsche Antwort von einer normalerweise intelligenten Schülerin mehr Beachtung findet als eine richtige. Aber die Beachtung erfolgt auf der Ebene des Mitleids mit der Betreffenden, während eine richtige Antwort die Patientin auf positive Weise hervorgehoben hätte. Um diese Schwierigkeit zu vermeiden, machen wir unsere Interpretationen so oft wie möglich auf bioenergeti-

* Man vergleiche mit Freuds Bemerkung über »den berühmten ›Stock mit zwei Enden‹ Dostojewskis« in *Über weibliche Sexualität* (Freud, 1931a, S. 523).

scher Grundlage. Bioenergetisch würden wir dieses Verhalten also als Furcht vor Selbstbehauptung und vor den damit verbundenen Lust- und Weitungsgefühlen erklären.
Beim Masochismus haben wir es mit einer Persönlichkeit zu tun, deren Hauptmerkmale Hinterlist, Ambivalenz und das Manipulieren von Situationen sind. In der Autobiographie im vorigen Kapitel beschrieb der Patient, wie sein Penis sich in den Hodensack zurückzog. Diese Schrumpfungstendenz des Penis ist genau das Gegenteil der normalen exhibitionistischen Tendenzen bei Kindern. Aber der Masochist wendet diese Situation doch zu etwas Gutem für sich, denn er ging zu seiner Mutter, zeigte ihr, was geschehen war, und bat sie, es wieder in Ordnung zu bringen.
Exhibitionismus ist beim kleinen Kind eine Realitätsprüfung. Meistens nimmt er die Form sportlicher Leistungen an, aber er kann auch offenkundig sexuell sein. Das Kind erwartet Anerkennung und Bewunderung, die sein Ich stärken und ihm die Unterstützung seiner Umgebung sichern. Eine positive Reaktion befähigt das Kind, zu höheren Ebenen der Ich-Funktionen fortzuschreiten. Eine negative Reaktion untergräbt die Selbstsicherheit, die für die Selbstbehauptung nötig ist, und macht den Betreffenden bei Tätigkeiten des Erwachsenenlebens von Anerkennung abhängig. Masochismus stammt von Haltungen der Mißbilligung und des Spotts in dieser Frühzeit. Aus diesem Grund hängt Masochismus mit Demütigung zusammen.
Noch einen weiteren Aspekt dieses Problems müssen wir berücksichtigen. Die Entladung, die durch das masochistische Manöver erreicht wird, ist lustvoll, obwohl keineswegs alle verfügbare Erregung freigesetzt wird. Das bringt eine Schwierigkeit für den Masochisten mit sich, denn er würde gern die Lust behalten, aber von dem Preis befreit werden, den er für sie bezahlen muß. In vielen Fällen kann man deshalb erwarten, daß die sexuelle Potenz abnimmt, wenn der Patient das »Drücken« und die Provokation aufgibt. Aber dann ist der Weg für eine Aufdeckung des tieferliegenden Trotzes und für

eine Auflösung der tiefen Verkrampfungen frei. Ich hatte Gelegenheit, dieses Phänomen deutlich zu beobachten: Ich hatte während mehrerer Monate der Therapie bei einem Patienten mit masochistischer Charakterstruktur ausgezeichnete Fortschritte gemacht, als ich plötzlich eines Tages feststellte, daß er in einen sehr schlimmen Zustand des Versinkens im masochistischen Sumpf mit ausgeprägter Betonung aller Symptome zurückgefallen war. Er konnte sich an nichts erinnern, was den Rückfall hätte erklären können. Ich erkundigte mich nach seiner sexuellen Betätigung in der vergangenen Woche. Er erinnerte sich nun an einen Geschlechtsakt mit seiner Frau am Abend vor dem Rückfall. Er erzählte mir jetzt, daß er während des Akts sexuell stark erregt gewesen sei, daß aber kurz vor dem Höhepunkt der Penis aus der Vagina geglitten sei. Dies konnte man als einen Ausdruck von Trotz deuten. Der Patient versagte seiner Partnerin die sexuelle Befriedigung sogar auf Kosten seiner eigenen Befriedigung. Da nach diesem Vorfall kein weiterer Geschlechtsverkehr mehr stattgefunden hatte, war uns beiden klar, daß die nicht abgeführte Energie dann stagniert und einen echten inneren Sumpf erzeugt hatte.

Aus der Kenntnis der Dynamik der Charakterstruktur kann man die Form des Übertragungsproblems und die Art des Widerstands ableiten. Wir können die Haltungen, die der Masochist einnehmen wird, voraussehen. Zunächst sucht er beim Analytiker Anerkennung, in der Überzeugung, daß alles in Ordnung sein wird, wenn er erst einmal diese Anerkennung errungen hat. Wenn dies mißlingt, erwartet er vom Analytiker, daß dieser »es für ihn erledigt«, und darin wird der Analytiker als die wissende und beschützende Mutter angesehen. Auf der negativen Seite sind die Verachtung, der Ekel, die Feindseligkeit und der Trotz, die er ursprünglich der Mutter gegenüber empfunden hat. Der Masochist überträgt seine Abhängigkeit auf den Analytiker als eine unbewußte Forderung, der Analytiker solle »es für ihn erledigen«, und er leistet jeder rationalen Forderung Widerstand, er solle die Verantwortung für sein eigenes Verhalten übernehmen.

Bei der Behandlung des Masochismus ist es nötig, den Ausdruck irgendwelcher positiver Gefühle zu fordern. Nur so kann man das Wesen des trotzigen Festhaltens ganz aufdecken. Es ist zu erwarten, daß der Patient sich gegen eine solche Forderung heftig sträubt. Der Masochist hat große Angst davor, sich zu öffnen. Gelinde gesagt, er fürchtet, daß sein Liebesangebot abgelehnt wird. Er ist als Kind gedemütigt worden, und das will er nicht noch einmal riskieren. Zweifel und Mißtrauen sind ihm in Fleisch und Blut übergegangen. Kann er Freude und Glück finden? Wird es nicht zu weiterem Leiden führen? Das wird es. Er wird inbrünstig weinen und seine Seelenqual zutiefst empfinden. Aber erst nach dem Weinen fühlt er sich friedlich und in gewissem Maß freudig. Der Masochist *muß* leiden. Sobald er das »Drücken« und Erzwingen aufgibt, überkommt ihn Traurigkeit. Wenn der Trotz, der seine Unterwerfung blockiert, aufgehoben wird, sieht sich der Therapeut einem höchst unglücklichen Kind gegenüber. Aber der spezifische masochistische Charakter ist überwunden.
Sehen wir uns das Dilemma des Masochisten noch einmal in bezug auf dieses Problem an. Sein Verlangen, zu lieben und geliebt zu werden, ist an beiden Enden seiner Pendelbewegung blockiert. Oben, im Gehirn, sind Mißtrauen und Zweifel. Diese verhindern das Strömen des Gefühls (wie beim Schluchzen) durch die Kehle. Der Trotz im Nacken ist gegen den Masochisten selbst ebenso wirksam, wie er es einst gegen die Mutter war. Das ursprünglich nach außen gerichtete »Ich will nicht!« verhindert nun das Nachgeben gegenüber dem eigenen Selbst. Und der »Teufel« im eigenen Inneren hat immer überzeugende, rationale Gründe zur Rechtfertigung dieser Einstellung. Unten wird die Tränenflut durch Verspannungen tief im Bauch festgehalten. Der Masochist ist nur so lange außer Gefahr, wie er sein Becken und seinen Bauch fest zusammenzieht. Ein Rinnsal mag dann und wann durchdringen, aber das ist nicht gefährlich. Wenn der Druck zu groß wird, wird entweder durch Gejammer Dampf abgelassen oder durch irgendein anderes

provozierendes Verhalten. Man darf nicht übersehen, welchen Wert diese Funktion als Sicherheitsventil hat.
Was würde geschehen, wenn man dem Patienten dieses Sicherheitsventil nicht zugestehen würde? Denn das tun wir, wenn wir dem Gejammer und dem provozierenden Verhalten des Patienten Einhalt gebieten. Welche Möglichkeiten sind vorhanden?
Wenn wir den Patienten zwingen, seinem ungestillten Verlangen, seiner Traurigkeit und seinem Kummer ins Auge zu sehen, riskieren wir, daß er in Hoffnungslosigkeit verfällt. Gerade gegen diese Hoffnungslosigkeit kämpft der Masochist. Sie erzeugt in ihm eine unbewußte Angst, die sich als Furcht vor dem Ertrinken oder als Angst ausdrücken kann, von dem Meer des Elends in seinem Inneren überschwemmt zu werden. Aber nur indem er diese Hoffnungslosigkeit akzeptiert, wird das Muster des »Drückens«, der Provokation, der Frustration und des Scheiterns durchbrochen. Wenn es hoffnungslos ist, was hat das Kämpfen dann für einen Sinn? Wir müssen jedoch erkennen, daß nur wenig unterhalb der Hoffnungslosigkeit Glaube liegt, unter dem Kummer Freude, und unterhalb des verkrampften Beckenbodens der Genitalapparat und der Weg in die Freiheit.
Kann man bezweifeln, daß der Masochist leiden will und sich zugleich vor dem Leiden fürchtet? Ich zweifle nicht daran. Vielleicht erinnern Sie sich an einen alten Schlager, in dem dieser masochistische Zustand gut zum Ausdruck kam. Es hieß da: »(Ich bin eingeklemmt) zwischen dem Teufel und der tiefblauen See...« (between the devil and the deep blue sea).
In diesem und dem vorigen Kapitel habe ich versucht, die Hauptaspekte des Masochismus als einer Charakterstörung darzustellen. Die masochistische Charakterstruktur ist das Fundament aller Formen des Masochismus – des sexuellen, des femininen oder des moralischen (um Freuds Kategorien zu verwenden). Innerhalb dieses Charaktertypus gibt es individuelle Variationen, die die spezifische Persönlichkeit bestimmen. Der Patient, den ich im vorigen Kapitel beschrieben habe, hob

sich durch seinen boshaften Gesichtsausdruck hervor, der durch einen Ausdruck der Ernsthaftigkeit getarnt war. Was seinen Charakter angeht, war er ein boshafter schielender Teufel, der sich über einen lustig machte und die Bemühungen des Therapeuten verspottete. Lassen Sie mich zwei weitere Patienten beschreiben.

Der erste war ein junger Mann mit einer typischen masochistischen Charakterstruktur. Sein Gesicht war rund und aufgeblasen. Er zeigte gewohnheitsmäßig ein Grinsen, das zusammen mit seinen kleinen Augen seinem Gesicht einen sehr dummen Ausdruck verlieh. Er war weit davon entfernt, dumm zu sein, wie seine ausgezeichneten beruflichen Fähigkeiten bewiesen. Sein Gesichtsausdruck erinnerte mich außerdem an ein Schwein. Die Schweineeigenschaft ist nicht ohne Beziehung zum masochistischen Sumpf, und jeder Masochist war als Kind zumindest ein »guter Esser«. In diesem Fall war der törichte Gesichtsausdruck der Schlüssel zur spezifischen Persönlichkeit. Als Junge hatte dieser Patient kleine Bandenüberfälle auf die Läden in der Nachbarschaft organisiert. Sie klauten Obst, Gemüse und Süßigkeiten. Immer wenn der Patient erwischt wurde, setzte er seine »blöde, dämliche« Miene auf, um seine Häscher zu entwaffnen und seine böse Absicht zu tarnen. Auch zu Hause konnte er unter diesem Vorwand mit Taten und Verhaltensweisen »durchkommen«, die ihm sonst strenge Strafen eingetragen hätten.

Die andere Patientin, eine junge Frau mit masochistischen Phantasien, hatte ein sehr strahlendes, heiteres Gesicht. Ihre Augen waren weit offen, aber kurzsichtig. Ein kleines Lächeln verlieh ihrem Gesicht den Ausdruck überraschter Harmlosigkeit. Hinter diesem Ausdruck verbarg sich ein berechnendes Wesen. Ich hatte bei ihrer Analyse keinen Erfolg, bis ich ihre Tendenz entdeckte und entlarvte, andere Menschen in Situationen zu manövrieren, in denen immer sie die unschuldige Geschädigte war.

Der Mensch mit oralem Charakter fürchtet sich, in die Welt hinein auszugreifen. Der Masochist greift nach der Realität, aber mit solchen Zweifeln, daß er den Anspruch zurückzieht, bevor er sein Ziel erreicht hat. Aber beide Charaktertypen sind darin verwandt, daß sie prägenitale Energiestrukturen sind, daß ihnen Unabhängigkeit und Sicherheit fehlen, und daß sie eine günstige Umgebung brauchen. Im weiteren Sinn ist der Masochismus eine Form der Oralität im Gegensatz zu Strukturen, die auf genitaler Stufe funktionieren. Beim oralen Charakter ist die Energieproduktion im allgemeinen niedrig, so daß trotz Verspannungen und Verkrampfungen im Genitalapparat wenig Leiden empfunden wird. Der Masochist hat eine hohe Energieproduktion mit einer niedrigen genitalen Kapazität. Das führt zu starken Gefühlen der Frustration und des Elends. Die höher organisierten Ich-Strukturen, bei denen die Sexualität auf der genitalen Stufe verankert ist, zeigen eine bessere Ausgewogenheit zwischen überschüssiger Energie und der Fähigkeit, sie abzuführen, zwischen den sensorischen und den motorischen Komponenten, der geistigen und der materiellen Seite ihrer Natur.

Bevor wir mit der Untersuchung der zu dieser Gruppe gehörenden Charaktertypen beginnen, sollten wir uns klarmachen, daß der Masochismus eine Tendenz ist – eine Tendenz, sich zusammenzuziehen, zu zweifeln, zu scheitern und zu jammern. Sie stammt, wie wir gesehen haben, von Erlebnissen her, bei denen die aktive Unterdrückung der Unabhängigkeit und Selbstbehauptung des Kindes das Trauma für die Persönlichkeit dargestellt hat. Wenn diese Tendenz der Schlüssel zur Persönlichkeit ist und ihr Grund-Reaktionsmuster bestimmt, sprechen wir von einer masochistischen Charakterstruktur. Das soll nicht heißen, es handle sich um einen reinen Typus, sondern vielmehr, daß wir auf diese Weise die fundamentalen Energiebeziehungen des Betreffenden einordnen können. Zumindest in unserer Kultur kommt es jedoch selten vor, daß ein Kind sämtlichen aktiven Eingriffen in seine Selbständigkeit und Selbstbehauptung entgehen kann. Ebenso selten ist der Mensch, der nicht in gewissem Grad diese masochistische Tendenz zum Rückzug, zum Zweifeln und zum Klagen hat.

Wenn diese Tendenz nicht vorherrscht, bezeichnen wir sie als einen masochistischen Zug. Er kann schwach oder stark sein. Bei den höher organisierten Ich-Strukturen wird er im psychischen Bereich durch Ich-Abwehr und im somatischen Bereich durch Rigidität kompensiert.

Die Analyse masochistischer Züge wird ebenso ausgeführt wie die Analyse der masochistischen Charakterstruktur, mit angemessener Rücksicht auf ihre Rolle in der Gesamtpersönlichkeit. Wie angemessen sind die Kompensationsmechanismen? Wie stark bedroht der tieferliegende Masochismus das Ich? Diese Faktoren muß man bei einer Beurteilung der individuellen Charakterstruktur bewerten. Wenn die masochistischen Tendenzen offenkundig sind, geht die Charakteranalyse von diesem Punkt aus. Wo andererseits die Kompensationen sehr wirksam sind, treten die masochistischen Tendenzen erst zutage, nachdem die vorherrschende Rigidität im Charakter und im Körper gelockert worden ist.

Wir können das Problem des Masochismus zusammenfassen, indem wir es noch einmal mit dem oralen Charakter vergleichen. Oralität ist die Folge von Entbehrungsgefühlen, an denen der Betreffende im Säuglings- und Kleinkindalter gelitten hat. Masochismus ist die Folge der aktiven Unterdrückung von Selbständigkeit und Selbstbehauptung in dem Alter, in dem das Kind sich seiner oralen, analen und genitalen Funktionen bewußt wird. Das Eingreifen der Mutter in die oralen und analen Funktionen des Kindes und die mütterliche Herrschaft über diese Funktionen sind besonders dafür verantwortlich. Wo der orale Charakter durch ein unbewußtes »Ich kann nicht« gekennzeichnet ist, ist der masochistische Charakter durch das unbewußte »Ich will nicht« bestimmt. Beide sind ich-defiziente Strukturen, weil die prägenitalen Triebe vorherrschen. Die Anerkennung des Stillens auf Verlangen und die Kenntnis der physiologischen Grundlagen für die Sauberkeitserziehung können glücklicherweise stark dazu beitragen, daß in künftigen Generationen der Masochismus nicht mehr so oft vorkommen wird.

12 Der hysterische Charakter – 1

In den Kapiteln 9 bis 11 haben wir zwei Charaktertypen besprochen, die man als ich-defiziente Strukturen betrachten kann. Sie verdienen diese Bezeichnung, weil die Pendelbewegung der Energie, die die Grundlage der Ich-Wahrnehmung darstellt, nicht ihre vollständige Ausdehnung erreicht, so daß sie in der Gehirnfunktion und in der Genitalfunktion verankert wäre. Man kann sie auch als impulsive Typen ansehen, im Gegensatz zu den Charaktertypen, die ein Vorherrschen der Affektblockierung zeigen. Außerdem sind diese beiden Typen der Charakterstruktur häufigen Angstanfällen ausgesetzt, weil die Energieproduktion im allgemeinen die Fähigkeit übersteigt, diese Energie in der Arbeit oder im Sex abzuführen. In diesem Kapitel will ich einen Charaktertypus besprechen, der sich durch wenig Angst, mehr oder weniger starke Affektblokkierung und eine Ich-Struktur auszeichnet, die in einer etablierten Genitalfunktion verankert ist.

Das Konzept des hysterischen Charakters ist zwar eine späte Entwicklung in der Psychoanalyse, Hysterie und hysterische Symptome hingegen waren die Themen, deren Untersuchung Freud zu den anfänglichen Konstruktionen der Psychoanalyse führte. Es wäre daher interessant und wertvoll, als Teil der Analyse dieses Charaktertypus die Dynamik der Hysterie zur bioenergetischen Grundlage des hysterischen Charakters in Beziehung zu setzen. Um dies zu tun, müssen wir zunächst die Psychologie und Biologie der hysterischen Charakterstruktur analysieren.

Fenichel (1945, S. 527) beschreibt das Problem folgendermaßen: »In Anbetracht der Mechanismen der Hysterie ist zu erwarten, daß sich Züge manifestieren, die den Konflikten zwischen starker Angst vor der Sexualität und starken, aber verdrängten, sexuellen Strebungen entsprechen.« Hier wird eine Liste von Zügen angefügt, die zwar in diesen Fällen anwendbar, aber zu vage sind, um den Typus abzugrenzen. »Man hat gesagt, hysterische Charaktere seien Menschen, die dazu neigen, alle nicht-sexuellen Beziehungen zu sexualisieren, und die Tendenz zu Suggestibilität, irrationalen Gefühlsausbrüchen, chaotischem Verhalten, Dramatisierung und Schauspielerei, selbst zur Lügenhaftigkeit und ihrer extremen Form, der Pseudologia phantastica, haben.«

Bei Problemen der Charakteranalyse bietet auf der psychoanalytischen Ebene Reichs Werk den besten Einblick in das Wesen dieser Charakterstruktur. Über den hysterischen Charakter sagt uns Reich: »...als Auffallendstes im Verhalten [ergibt sich] ein aufdringliches sexuelles Gehaben. Es geht einher mit einer spezifischen Art von körperlicher Agilität deutlich sexueller Nuance, was erklärlich macht, daß schon sehr früh die Beziehung der Hysterie des Weibes zur Sexualität bekannt war. Verhüllte oder unverhüllte Koketterie in Gang, Blick und Sprache verrät vor allem bei Frauen den hysterischen Charaktertypus« (Reich, ²1970, S. 222). Die Grundlage dieser Charakterstruktur ist »spezifisch gekennzeichnet durch eine Fixierung an der genitalen Stufe der kindlichen Entwicklung, die durch die inzestuöse Bindung bestimmt wird« (S. 223). Reichs Deutung dieses übertriebenen sexuellen Verhaltens ist klassisch. »...der Hysteriker hat heftig drängende und unbefriedigte, durch Genitalangst gebremste genitale Antriebe; dadurch fühlt er sich inneren Gefahren ausgesetzt, die seinen infantilen Angstvorstellungen entsprechen; die ursprüngliche genitale Strebung wird nunmehr dazu verwendet, die Gefahrenquelle und die Größe und Nähe der drohenden Gefahren sozusagen abzutasten« (S. 224).

Analytiker, die mit Reichs charakteranalytischen Theorien und Techniken vertraut sind, können diesen Typus ziemlich leicht erkennen. Da jedoch die Dynamik der Struktur weder psychologisch noch bioenergetisch gründlich durchgearbeitet worden ist, sind tiefgreifende Veränderungen in Struktur und Funktion nicht leicht zu erreichen. Lassen Sie mich noch ein Wort der Warnung hinzufügen. Die Beschreibung des offenkundigen Verhaltens von Menschen mit hysterischem Charakter stammt aus der Beobachtung von Individuen, deren Entwicklung vor zwanzig, dreißig oder noch mehr Jahren stattgefunden hat. Außerdem unterscheidet sich die europäische Kultur in vieler Hinsicht von der amerikanischen. Die Kokette, die Gefallsüchtige und der Vamp sind in Amerika nicht die üblichen Typen. Die Hysterie, wie sie um 1890–1900 bekannt war, als Freud ihre Mechanismen untersuchte, ist heute selten. Weitreichende Veränderungen in unseren Sexualsitten haben die Oberflächenerscheinung von Charaktertypen verändert.* Ähnlich sieht man heutzutage in der Praxis eine gut erforschte Charakterstruktur selten, die in der Kultur, aus der die Psychoanalyse kommt, weit verbreitet war. Es ist der Zwangscharakter, wie er in der psychoanalytischen Literatur ausführlich beschrieben wird. Wenn auch die äußerlichen Merkmale der hysterischen Charakterstruktur heute weniger sichtbar sind, so ist doch die Libidostruktur fundamental immer noch dieselbe. Wir wollen uns einen spezifischen Fall ansehen.

Eine junge Dame Anfang dreißig kam in die Therapie mit einer Beschwerde. Ihre Liebesbeziehungen wuchsen nicht und entwickelten sich nicht weiter. Sie war einmal mit einem jungen Mann verheiratet gewesen, den sie viele Jahre lang gekannt hatte, aber diese Ehe scheiterte und dauerte weniger als ein Jahr. In den darauffolgenden Jahren hatte sie eine Reihe von Affären, aber aus dem einen oder anderen Grund gingen alle auseinander. Der eine Mann erwies sich als impotent, ein anderer war zu jung, ein dritter war finanziell von seiner Familie abhängig usw. Der Rat einer Freundin und ihre eigene Erkenntnis, daß etwas nicht stimmte, veranlaßten sie, sich nach

* Otto Fenichel bemerkt dazu: »Die klassische Hysterie arbeitete mit dem Abwehrmechanismus der eigentlichen Verdrängung, der jedoch ein einfaches Verbot jeglicher Besprechung der anstößigen Triebe voraussetzte. ... Die Veränderung der Neurose spiegelt die Veränderung der Moral wider.« (Fenichel, 1945, S. 464).

fachkundiger Hilfe umzusehen. Sie hatte eine gute Stellung, war am Tanz interessiert und litt unter keinen körperlichen Beeinträchtigungen. Tatsächlich war diese Patientin symptomfrei, und ihre Beschwerde war sehr allgemeiner Natur.
Die Untersuchung der Patientin erbrachte mehrere sehr interessante Anhaltspunkte. Am offenkundigsten war, daß das Gebiet im Gesicht zwischen den Backenknochen und über der Nasenwurzel wie tot aussah. Die Haut war ziemlich gespannt und trocken und sah leichenhaft aus. Die Augen sahen erschrocken aus. Der Mund war fest geschlossen, aber die Lippen waren etwas vorgewölbt. Die Schultern waren hochgezogen, gerade und sehr steif. Die Arme waren dünn und ließen die Schultern knochig erscheinen. Die obere Körperhälfte oberhalb des Beckens war mager, und sie hielt sie sehr steif. Der Brustkorb war ziemlich weich, aber der Rücken war sehr starr. Die Hautfarbe war an diesem Teil des Körpers weiß. Im Gegensatz dazu war der Teil ihres Körpers vom Becken abwärts voll und weich. Die Haut war hier gebräunt, und die Beine waren ziemlich behaart.
Auf Grund dieser Körperstruktur waren mehrere bioenergetische Deutungen möglich. Die Spaltung zwischen der oberen und der unteren Körperhälfte ließ einen an den Körper eines Kindes denken, der auf dem Becken einer Frau saß. Gewiß war die obere Hälfte rigide und festgehalten, während der untere Teil sexuell und nachgiebig wirkte. Vom Hals aufwärts sprach der Ausdruck von tiefer Angst. Die dünnen Arme und die knochigen Schultern sahen ohnmächtig aus, und dieser Eindruck wurde noch verstärkt, wenn man die Patientin aufforderte, mit den Armen eine aggressive Bewegung zu machen, z. B. auszugreifen oder auf die Couch zu schlagen. Eine weitere Folgerung war möglich, die einen Bezug zum Scheitern der Liebesbeziehung dieser Patientin hatte. Der Mangel an Aggression im oberen Teil des Körpers ließ einen vermuten, ihr Sexualverhalten sei durch Unterwürfigkeit geprägt, mit der Hoffnung, dadurch die Liebe eines Mannes zu gewinnen, und zugleich dem in den Augen sich ausdrückenden Schrecken zu

entgehen. Mit einer solchen Haltung erfüllt sich die Hoffnung der Betreffenden niemals, wie dieser Fall veranschaulichen wird. Die Patientin verstand dies sofort, als ich sie darauf hinwies, aber das änderte nichts. Sie gab auch ihren Mangel an Aggression in ihren Beziehungen zu anderen bei der Arbeit zu, und ebenfalls, daß sie Angst davor hatte, ihre Rechte zu verteidigen.

Beim Geschlechtsakt kam diese Patientin im allgemeinen zu einem Höhepunkt; zwar war die Lust je nach den Umständen verschieden, aber sie fühlte sich nicht unbefriedigt. Das stimmt mit dem Fehlen von Angst überein, steht aber im Gegensatz zu den Gefühlen des Menschen mit masochistischem Charakter. Sie jammerte oder klagte nicht über ihren Zustand, außer daß sie bemerkte, nach der Arbeit des Tages sei sie oft müde.

Die Geschichte der Patientin trägt zu unserem Verständnis bei. Sie war ein Einzelkind. Ihr Vater war vor ihrer Geburt an Tuberkulose gestorben. Als Säugling wurde sie gestillt, wurde aber abgestillt, weil ihre Mutter arbeiten gehen mußte. Sie hatte, als dies geschah, den ganzen Tag geschrien, aber am nächsten Tag nahm sie die Flasche ohne Protest an. Sie lebte eine Zeitlang bei einer Tante, dann mußte ihre Mutter sie in Pflege geben. Mit zwei Jahren bekam sie Lungenentzündung. Mit etwa drei Jahren wurde sie in einem katholischen Kloster untergebracht. Eine frühe Erinnerung aus dieser Zeit ist, daß sie mitansah, wie ein Hund mit einer Mistgabel getötet wurde. Die Disziplin im Kloster war sehr streng. Sie hat mir viele Male von einer Schwester erzählt, die versuchte, sie zu ersticken und ihr, während sie gebadet wurde, den Kopf unter Wasser zu halten. Sie war einsam, sehnte sich nach ihrer Mutter und litt häufig an Krankheiten.

Als sie sieben Jahre alt war, heiratete ihre Mutter wieder und nahm die Tochter wieder zu sich. Diese fürchtete sich vor ihrem Stiefvater, der streng und unnachgiebig war. Als sie ein junges Mädchen war, fuhr ihre Mutter einen Sommer lang fort. Die Patientin führte ihrem Stiefvater den Haushalt und erinnerte sich, daß er darauf bestanden hatte, sie müsse mit ihm im gleichen Bett schlafen. Er näherte sich ihr nicht sexuell, obwohl er versuchte, sie eng an sich zu drücken. Eine Kusine brachte ihr bei, wie man masturbiert, aber sie erzählte ihrer Mutter davon und wurde gewarnt, das führe zu Laster und Wahnsinn. Sie masturbierte danach dennoch, aber nur nach einem Kampf mit sich selbst und unter großer Angst.

Ihr Familienleben war weit davon entfernt, glücklich zu sein. Ihre Mutter und ihr Stiefvater stritten sich oft, meistens über Geld, aber auch, weil er eigene Kinder wollte, die aber nicht kamen. Ihre Mutter versuchte einmal, Selbstmord zu begehen. Die Patientin hatte immer Angst vor ihrem Stiefvater, und obwohl sie Mitleid mit ihrer Mutter hatte, versuchte sie auch, die Liebe ihres Stiefvaters zu gewinnen und das brave Mädchen zu sein, das sie nach seinem Willen sein sollte. Der vordringliche Eindruck war, daß er um jeden Preis besänftigt werden mußte. Die Wohngegend, in der sie aufwuchs, war recht rauh, und sie kam mit den anderen Kindern nicht gut aus. Mehr als einmal wurde sie von einem anderen Mädchen an die Wand gedrängt und geschlagen, ohne daß sie auch nur versuchte, sich zu wehren. Sie hatte das Gefühl, es nütze nichts, zurückzuschlagen, weil sie immer die Augen zumachte, wenn sie sich mit jemand prügelte, und mit ihren Schlägen niemals traf.

Sie erinnerte sich an ihre Jungmädchenjahre als an eine Zeit, in der sie entschlossen war, eine gewisse Selbständigkeit zu erringen. Sie war ernsthaft und still, machte nicht viele Scherze und ging nicht mit Jungen aus. Sie wollte Schauspielerin werden, aber nach dem Abschluß der High School beschloß sie, eine feste Stellung anzunehmen und zu beweisen, daß sie ihren Lebensunterhalt verdienen konnte. In den Jahren danach konnte sie gut arbeiten, aber das Problem, ein befriedigendes Liebesleben zu führen, erschien ihr immer schwieriger. Sie hatte mit zwanzig Jahren zum ersten Mal Geschlechtsverkehr mit einem Jungen, den sie seit einem Jahr kannte, und sie hatte große Angst. Sie wollte vor allem geliebt und beschützt werden. Ihre Sexualität war für den Mann bestimmt, den sie heiraten würde. Wie wir schon gehört haben, heiratete sie auch, aber die

Ehe endete rasch mit einer Scheidung. Alle anderen Beziehungen erwiesen sich als ebenso enttäuschend.
Aus dieser kurzen Vorgeschichte kann man leicht ersehen, daß diese Patientin zutiefst von Angst erfüllt war. Ihre auffallendsten Gemütszustände waren: Angst und Einsamkeit. Eine analytische Therapie, die auf eine *Umkehrung* des in diesem Fall vorhandenen tiefverwurzelten Unterwerfungsmusters abzielte, mußte dynamisch sein. Ich begann sie mit einem kombinierten Angriff: charakteranalytisch einerseits und muskulär andererseits. Ich möchte kurz die Entwicklung der Behandlung skizzieren, denn sie zeigt mehr vom Wesen des Problems, als ich auf andere Weise würde vermitteln können.
Die ersten Sitzungen waren dazu bestimmt, Energie zu mobilisieren und die Unbeweglichkeit der Schultern und die Leblosigkeit des Gesichts zu überwinden. Das Atmen machte keine Schwierigkeiten, aber der Hals gab nicht nach, und der Rücken beugte sich nicht. Angesichts der Leichtigkeit, mit der sich der Brustkorb bewegte, war ich auf keine großen Schwierigkeiten bei der Lockerung der Verspannungen gefaßt, aber ich unterschätzte gerade den Ausdruck, der so charakteristisch war. Außerdem war der Rücken überaus rigide. Trotzdem riefen diese frühen Therapiesitzungen (während der ersten zwei bis drei Monate) in der Erscheinung der Patientin eine merkliche Veränderung hervor. Die Gesichtsmuskeln entspannten sich ein wenig, besonders wenn sie sanften Manipulationen ausgesetzt waren, und damit nahm die Gesichtshaut eine bessere Farbe an und sah lebendiger aus. Der Patientin wurde bewußt, daß sie die Schultern hochzog, und sie bemühte sich außerhalb der Therapie, sie zu senken. Druck auf die verspannten Muskeln war zu schmerzhaft und konnte nicht weiter ausgeübt werden. Die Patientin fühlte sich auch besser. Sie wurde ein klein wenig aggressiver, wenn auch nicht sehr ausgeprägt.
Nach dieser frühen Periode trat im Zustand der Patientin neun bis zehn Monate keine wesentliche Besserung mehr ein.

Anfänglich war ich überrascht darüber, daß die Ergebnisse ausblieben. Ich habe seither gelernt, daß man damit rechnen muß. Es bedeutet nicht, daß die Therapie unproduktiv ist. Die Oberflächenprobleme sind gelöst, und nun dringt man weiter in die Tiefe vor. Die Analyse von Form und Bewegung wird weitergeführt und mit der allgemeinen charakteranalytischen Arbeit integriert. Zugleich werden Muskelverspannungen bearbeitet und durch Bewegung wird Energie mobilisiert. Es tritt eine gewisse Besserung ein. Manchmal war dies ganz offenkundig, aber man hat nicht den Eindruck, daß sie wesentlich oder mehr als eine vorübergehende Erscheinung ist. Wenn sie anhalten sollte, um so besser. Man sollte nicht damit rechnen. Diese Phase der Therapie endet, wenn der Charakter in seinem psychischen und biologischen Ausdruck unverhüllt, gleichsam nackt, als zentrale Störung des Organismus dasteht. Zu diesem Zeitpunkt werden beide, Therapeut und Patientin, der Art der Patientin, zu sein und zu handeln, d.h. ihrer Charakterstruktur, vollständig gewahr. Nun wird es zum ersten Mal faktisch möglich, jene tiefen Veränderungen herbeizuführen, auf die die Patientin hofft.

Im vorliegenden Fall wurde alles versucht, um die Energie in den Kopf zu bringen.* Durch Bewegungen des Ausgreifens und Schlagens wurden die Schultern mobilisiert. Reaktiv hatten sich zunehmend Verspannungen im Hals entwickelt, besonders im Nackenbereich. Die Verspannungen in Hals und Schultern traten als Hauptblockierung in der oberen Körperhälfte hervor. Es war offensichtlich, daß der Kopf seinen leichenhaften Ausdruck verlieren würde, wenn die Energie durch den Hals und in den Kopf gelangen könnte. Eine

* Dieser Fall wurde während jener Phase meiner Arbeit analysiert und behandelt, bevor ich mit der systematischen bioenergetischen Praxis der Arbeit vom Boden aufwärts begonnen hatte. Ich bin sicher, daß die ganze Geschichte der Therapie mit den neueren Prinzipien und Methoden anders wäre. Aber das war erst möglich, nachdem ich die Segment-Verspannungen ganz erforscht hatte und zu einem tieferen Verständnis der Charakterstruktur gelangt war. Ich führe diesen Fall hier an, weil er Teil dieses Erforschungsprozesses war und viel zu meinem Verständnis der hysterischen Charakterstruktur beitrug.

Bearbeitung dieser Verspannungen rief Weinen und gelegentlich Schreien hervor. Die Patientin empfand sehr stark das Bedürfnis und den Wunsch, zu schreien, aber während dieser Periode der Therapie wurden die Schreie nicht als befriedigende Lockerung erlebt. Wir hatten beide das Gefühl, da sei noch mehr, aber wir konnten nicht herankommen.

Die Verspannung des Nackens ergriff auch die Schädelbasis. Man hatte das Gefühl, die Patientin halte »um des lieben Lebens willen« fest. Auch der Kiefer war recht angespannt. Die Bearbeitung dieser Muskeln war so schmerzhaft, daß es nicht möglich war, viel zu tun, um die Verspannungen zu lockern. Die Augen waren trüb, gelegentlich wirkten sie sogar leblos. Wenn die Patientin die Augen weit öffnete, empfand sie beträchtliche Angst, aber sie wußte nicht, was diese Angst hervorrief, und diese Handlung löste auch keinen unwillkürlichen Schreckensschrei aus. Der Schrecken war vorhanden; im Augenblick war jedoch nicht an ihn heranzukommen.

Wie schon erwähnt, führte ich parallel zu der intensiven biologischen Therapie, die den Energiefluß in Gang bringen sollte, eine extensive charakteranalytische Untersuchung der Patientin durch. Wir haben bereits die Interpretation der allgemeinen Körperstruktur zur Kenntnis genommen. Nun war, neben der offensichtlichen Leblosigkeit des Gesichts, der Ausdruck um den Mund herum bedeutsam. Ich konnte mich des Eindrucks nicht erwehren, daß er an ein Fischmaul gemahnte, das zum Einziehen des Wassers geöffnet ist. Es war auch eine Saugbewegung, aber man mußte sie gemäß dem Charakter der Patientin deuten. Ich stellte folgende Beziehung her. Hier war ein Fisch, der gefangen werden wollte und Angst davor hatte. Das ist das typische Verhalten des Menschen mit hysterischer Charakterstruktur, und es tritt besonders deutlich in seinen sexuellen Beziehungen zutage. Reich hat es so beschrieben: »...wenn das durch das sexuelle Gehaben erstrebte Ziel in die Nähe rückt, weicht der hysterische Charakter regelmäßig zurück, oder er begibt sich in eine passive, ängstliche Haltung« (Reich, [2]1970, S. 222).

Dies alles kam eines Tages in einer Sitzung zum Höhepunkt, als mein Ärger über diese Haltung mich veranlaßte, der Patientin gegenüber einen schärferen Ton anzuschlagen. Ich wies sie auf die Leblosigkeit ihres Gefühlslebens hin. Sie wolle lieben und geliebt werden, aber sie ordne sich lediglich passiv unter. Sie wolle respektiert werden, aber sie verteidige ihre Rechte nicht. Ich führte ihr viele Umstände ihres Lebens noch einmal vor Augen, um ihr zu zeigen, daß sie gerade vor dem, was sie wollte, Angst hatte. Sie sei wirklich ein armer Fisch!

Die Patientin machte ein paar schwache Versuche, sich gegen meine Bemerkungen zu verteidigen. Sie wurde nicht wütend auf mich (das war eine Reaktion, die ich auszulösen gehofft hatte), sondern sie zog sich auf der Couch in einer Haltung der Resignation zurück. Auch dies deutete ich ihr als einen Teil ihrer allgemeinen Unterwürfigkeit und als ihre typische Reaktion in der Übertragungssituation. Hier ist ein Beweis dafür, daß das, was wir als Widerstand gegen die psychoanalytische Deutung oder als Übertragung in der Beziehung zwischen Analytiker und Patient bezeichnen, nichts weiter ist als die spezifische Charakterhaltung des Patienten, wie sie durch seine Struktur bestimmt ist. In diesem Moment hätte man die Patientin bewußtlos schlagen können, ohne daß sie einen Schrei hätte ausstoßen wollen oder können. Trotzdem konnte ich meine Haltung ihr gegenüber nicht erweichen. Natürlich weinte sie nicht. Sie ging in einem Schockzustand aus der Sitzung.

Alsbald eintretende Ereignisse sollten beweisen, daß ein solches dezidiertes Handeln sowohl rechtzeitig als auch notwendig war. Es diente dazu, die tiefverwurzelte emotionale Krankheit aufzudecken. In dieser Hinsicht ist der Therapeut wie ein Chirurg, und wie in der Chirurgie besteht ein Risiko. Wenn die Indikation gegeben ist und die Bedingungen richtig sind, kann ein solches Handeln auch lebensrettend sein.

In der folgenden Sitzung, eine Woche später, versuchte ich, die Wirkung des Zusammenstoßes etwas abzumildern. Die Leblosigkeit des Gesichtsausdrucks schien sich nur noch vertieft zu haben. Ich fuhr mit der Arbeit an den Muskeln fort wie bisher. Als ich die Patientin eine Woche später wiedersah, sah sie grau aus. Ich war beunruhigt. Sie erzählte mir dann, daß sie zwar ein neues Projekt begonnen habe, aber sich für nichts begeistern könne. Aber sie war auch zu einer wichtigen Erkenntnis gelangt. Sie wußte, daß ihre Haltung, wie sie es ausdrückte, besagte: »Lieber will ich sterben als mich wehren.« Ich hatte gehofft, diese Erkenntnis würde sich in der Bemühung, den Charakterpanzer aufzubrechen, vielleicht als entscheidend erweisen, und ich wurde nicht enttäuscht. In dem Augenblick ging es jedoch darum, das tatsächliche Sterben, das in der Patientin stattfand, zu überwinden. Ich erkannte meinerseits, daß ich das Problem unterschätzt hatte. Die Leblosigkeit der Patientin ging viel tiefer, als ich mir vorgestellt hatte. Der Ausdruck von Gesicht und Kopf durfte nicht leichtgenommen werden.

Mir standen mehrere Techniken zur Verfügung, um die Tendenz zum Sterben anzuhalten und umzukehren. Einmal fühlte ich mich dadurch ermutigt, daß sich die Patientin des Problems bewußt war, denn das konnte eine Mobilisierung ihrer verfügbaren Energien bedeuten. Die wichtigste dieser Techniken war jedoch die Auslösung des Würgereflexes. Ich kannte ihren Wert aus langer Erfahrung mit ihrer Anwendung. Man konnte auch Energie mobilisieren, indem man die langen Rückenmuskeln bearbeitete, speziell im Bereich der Zwerchfellschenkel. Näher kann man an die Energiezentren des Körpers nicht herankommen. Die Bearbeitung der wichtigen Muskelverspannungen am Hals, sowohl an der Schädelbasis als auch am oberen Ende des Brustkorbs, ruft im allgemeinen positive Gefühle hervor. Die Verkrampfung der Muskeln an der Schädelbasis ist insbesondere für Gefühle der Hoffnungslosigkeit verantwortlich. Ich setzte diese Arbeit mehrere Wochen lang fort, und bei der Patientin war eine merkliche, wenn auch nur allmähliche Besserung festzustellen. Es war damals ein Schwimmen gegen den Strom, aber es gelang uns.

Zu diesem Zeitpunkt brachen die ersten spontanen Bewegungen bei der Patientin durch. Sie entwickelten sich infolge der Bearbeitung der Skalenus-Muskeln und erschienen als eine Wellenbewegung vom Brustkorb zum Bauch, wo sie endete. Es war ein Versuch, die obere und die untere Hälfte des Körpers zu vereinigen, deren Getrenntheit ein wichtiger Faktor in der Charakterstruktur der Patientin war. Ich wurde mir noch einer weiteren Facette dieses Problems bewußt. Zuviele der Bewegungen und Handlungen der Patientin wirkten mechanisch. Ich hatte den starken Eindruck, daß sie sich durch die tägliche Routine des Lebens und auch durch ihre Therapie hindurchzwang. Der innere Antrieb zum Handeln schien schwach zu sein. Zwar ist das »Forcieren« so lange nötig, wie der spontane Fluß der Energie nach außen blockiert ist, aber das »Forcieren« selbst ist ein Teil der Blockierung. Mechanische, forcierte Bewegungen verraten eine innere Haltung des Isoliertseins, des Mangels an Kontakt zum Leben und zur Welt, der emotionalen Leblosigkeit. Ich war daher sehr ermutigt, zu sehen, daß sich bei dieser Patientin der Funke der Spontaneität zeigte.

Den Erfahrungen der vergangenen Woche zum Trotz hatte ich immer noch das Gefühl, ich müßte den Charakterpanzer dieser Patientin noch besser in den Griff bekommen, um eine wesentliche Besserung herbeiführen zu können. Ich konnte keinen Druck auf die Muskeln ausüben, weil die Patientin es als zu schmerzhaft erlebte. Ihr Körper, besonders der Rücken und die Schultern, fühlten sich so spröde an, als könnten sie bei Gewaltanwendung brechen. Wie konnte ich die Patientin veranlassen, etwas mehr Schmerz zu ertragen, damit ich die äußerst verspannten und verkrampften Bereiche erweichen konnte? In gewissem Maß bestand der Schmerz aus Angst, die man analytisch vermindern konnte. Aber wenn ich die Patientin dazu bringen könnte, die Notwendigkeit für den Schmerz als Teil ihrer Therapie zu akzeptieren, könnte mehr erreicht werden.

Das Element der Sprödigkeit wurde zur Grundlage einer neuen Deutung. Sie fürchtete, man könne ihr wehtun, weil sie das

Gefühl hatte, jede Verletzung könnte sie zerbrechen. Irgendetwas an ihr schien aus Glas gemacht zu sein.
Ein weiterer Aspekt ihres Charakters war das Gefühl der Isoliertheit, des Mangels an Kontakt mit dem Leben. Dies wurde einem durch eine Art der Bewegung vermittelt, die zur Realität zu passen schien, aber jeder emotionalen Beziehung zu ihr entbehrte. Wir haben schon gesagt, daß sie mechanisch, automatenhaft, leblos war. Es ist, als hätten die Bewegungen in einem Vakuum stattgefunden.
Ich habe den Ausdruck ihres Mundes als dem eines Fischmauls ähnlich bezeichnet. Das hatte eine doppelte Bedeutung. Einerseits spitzte sie den Mund nach dem Leben, andererseits hatte sie große Angst vor dem Gefangenwerden. Nun konnte man alle diese Aspekte zu einem Gesamtporträt zusammensetzen. Sie war ein Fisch im Goldfischglas. In dem Augenblick, in dem mir diese Vorstellung kam, erkannte ich, daß sie alles erklären konnte: die Sprödigkeit, die Isoliertheit, die Leblosigkeit trotz scheinbarer Bewegung und scheinbaren Lebens, das Gefangenwerden und ihre Angst davor. Es würde notwendig sein, ihr wehzutun, das Goldfischglas, das sie vom Strom des Lebens isolierte, zu zerbrechen, und sie würde den Schmerz akzeptieren müssen. In diesem Augenblick wurde mir bewußt, wieviel Angst hinter dem Schmerz steckte. Die Patientin gab zu, daß sie mit einer Grimasse des Schmerzes reagierte, bevor sie wirklich einen starken Schmerz verspürte.
Diese Deutung leuchtete der Patientin ein. Sie hatte jedoch nicht die dramatische Wirkung, auf die ich gehofft hatte. Sie stimmte zu, der Schmerz sei »irgendwie notwendig«, aber die Barriere blieb bestehen. Ich erinnerte mich meinerseits an die Bemerkung Dostojewskis in einem der letzten Abschnitte von *Schuld und Sühne:* »Er wußte freilich nicht, daß ihm das neue Leben nicht wohlfeil zu stehen komme, daß er es teuer erkaufen und mit einer großen, edlen Tat dafür zu bezahlen habe.« Um die Patientin bereitwilliger zu machen, Schmerz fast bis zur Grenze des körperlich Erträglichen zu akzeptieren, führte ich die Vorstellung von Sünde und Buße ein. Ich gab der

Patientin zu verstehen, sie sei eine Sünderin. Nun begegnete ich zum ersten Mal einer wütenden Reaktion von seiten der Patientin. Warum ich sie eine Sünderin nenne? Was habe sie getan? Ich erwiderte, könnte man nicht sagen, es sei eine Sünde, auf dieser Erde ohne Liebe zu wandeln, ohne Liebe auszudrücken? Und sei das nicht die größte Sünde? Ihre Reaktion war sehr stark. Sie weinte bitterlich und bemerkte dann, sie habe jahrelang mit dem Gespenst der Sünde gelebt. Mit Mühe habe sie sich von ihrer Last befreit, und nun wolle ich sie wieder hineinstoßen. Sie lehnte sich zwar auf, aber sie mußte zugeben, daß ich recht hatte. Ihr Weinen vertiefte sich und dauerte an.

Lassen Sie mich noch etwas mehr über das hier angewandte Konzept sagen. Wenn ein Kind die Qualen einer schwierigen Kindheitssituation nur dadurch überstehen kann, daß es sich weitgehend abtötet, kann ihm niemand einen Vorwurf machen. Gewiß war die Vorgeschichte dieser Patientin von der Art, daß eine solche Reaktion zu erwarten war. Unter den gegebenen Umständen ist ein solches Handeln vernünftig. Sobald jedoch die Unabhängigkeit des Erwachsenenalters erreicht ist und die unerträgliche Situation nicht mehr besteht, sollte jede Anstrengung unternommen werden, diese Störung zu überwinden. Dazu ist es nötig, den Prozeß umzukehren, zu der Qual zurückzukehren, sie wieder zu durchleben und sie in einer anderen Richtung zu lösen. Natürlich leidet der Patient dabei, aber das Leiden ist hier vernünftig und notwendig. Es ist die Hitze, die die Erstarrungen schmilzt und die Wiedergeburt eines neuen Ichs ermöglicht.

Nach der oben geschilderten analytischen Arbeit versuchte ich, mehr Energie freizusetzen. Ich begann wieder, die Muskeln am Halsansatz, die Skalenusmuskeln, zu bearbeiten. Ich überarbeitete sie gründlich und ging dann weiter nach vorn, zum Kinn. Dann milderte ich, indem ich die Kinnmuskeln massierte, das Vorspringen des Kinns. Diese letztere Maßnahme rief einen Tränenausbruch hervor, der allmählich immer stärker wurde. Energie strömte durch den Hals aufwärts. Ein Ausdruck tiefer

Verletztheit trat ins Gesicht und in die Augen, und ich spürte die Qual, die der Leblosigkeit des Gesichts zugrundelag. Das Weinen dauerte eine Zeitlang, und ich tröstete die Patientin. Als der Tränenstrom nachließ, überkam sie eine dramatische Veränderung. Das ganze Gesicht war lebendig: Haut, Augen, Mund usw. Es war ein Ausdruck der Freude in diesem Gesicht, den ich vorher noch nie dort gesehen hatte. Die Patientin fühlte sich glänzend. Ich rechnete nicht damit, daß dieser Zustand länger als 24 Stunden anhalten würde. Er zeigte jedoch den Weg in die Zukunft.

In den darauffolgenden Sitzungen erweiterte sich das Gewahrsein, das die Patientin von ihrem Körper und seinen Funktionen hatte. Der physische Schmerz und das Gefühl der Sprödigkeit nahmen allmählich ab. Die Patientin bemühte sich immer stärker, ihre Energie durch Schlagen auf die Couch und durch andere Bewegungen zu mobilisieren. Ihre Arme wurden stärker; ihre Schultern wurden fülliger. Das Weinen fiel ihr nun leichter, aber die tiefen Verspannungen gaben nur langsam nach. Von dieser Zeit an verlief die allgemeine Besserung der Patientin stetig und blieb dauerhaft. Ihre Aggression wurde verfügbarer. Ihre Arbeitssituation besserte sich wesentlich. Sie ging eine Liebesbeziehung mit einem jungen Mann ein, in der sie nicht länger die sexuelle Unterwürfigkeit als Mittel einsetzte, um Liebe zu gewinnen.

Nach den oben erwähnten bedeutsamen Interpretationen ging die Therapie mit dieser Patientin noch etwa ein Jahr lang weiter. Sie wurde beendet, als die Patientin sich verlobte. Sie hatte das Gefühl, sie könne in ihrem neuen Gefühl von Stärke und Mut ungefährdet allein weiterleben. Ich konnte den Fall nach Beendigung der Therapie mehrere Jahre lang verfolgen. Die Patientin hatte geheiratet und ihrem Mann ein Kind geboren. Trotz der Probleme, die im Kielwasser neuer Verantwortlichkeiten unweigerlich entstehen, hat diese Patientin die Gewinne, die sie in der analytischen Arbeit gemacht hatte, nicht nur behalten, sondern sogar noch vermehrt.

Aufgrund unserer Studie dieser Patientin können wir die

wichtigen Merkmale der hysterischen Struktur definieren und sie dann an Hand anderer Beobachtungen und Fälle überprüfen. Wie wir gesehen haben, nannte Reich als das »Auffallendste im Verhalten« ein »aufdringliches sexuelles Gehaben«, das mit »einer spezifischen Art von körperlicher Agilität« einhergeht. Das Beweismaterial, auf das Reich diese Folgerung gründete, war am Anfang dieses Jahrhunderts allenthalben zu finden. Heute sind solche Haltungen selten, abgesehen von der Erscheinung des »Pullovermädchens« (sweater girl). Aber wenn auch das aufdringliche sexuelle Gehaben der Koketten oder Gefallsüchtigen selten ist, so ist der Einsatz sexueller Betätigung als Abwehr gegen Sexualität oder Liebe heute ebenso verbreitet wie damals. Wenn das flirtende Benehmen den Zweck hatte, »die Gefahrenquellen und die Größe und Nähe der drohenden Gefahren sozusagen abzutasten«, so hat die sexuelle Unterwerfung des heutigen hysterischen Charakters die gleiche Bedeutung.

Wir haben das Sexualverhalten dieser Patientin als ein Unterwerfungsverhalten mit dem Zweck gedeutet, Gunst und Liebe des Mannes zu erringen. Der bioenergetische Sinn der Körperstruktur war ähnlich. Der untere Teil des Körpers vom Becken abwärts war zwar weich und nachgiebig, aber die obere Hälfte war rigide und festgehalten. Wenn die Genitalien auch ihre Zustimmung gaben, so sagte das Herz doch »nein«. Sie werden vielleicht fragen: »Wo ist die drohende Gefahr? Wovor fürchtet sich die Patientin, da sie doch den Geschlechtsverkehr akzeptiert?« Die drohende Gefahr ist das tiefe gefühlsmäßige Sich-Einlassen. Sollte das Herz seine großen Gefühle in den Genitalapparat ergießen, würde dieser schwere Ängste entwikkeln, denn der Mensch mit hysterischem Charakter ist von schweren genitalen Rigiditäten oder Verkrampfungen bestimmt, die nur die Abfuhr mäßiger Energiemengen zulassen. Die akzeptierte psychoanalytische Erklärung ist »die Fixierung an der genitalen Stufe der kindlichen Entwicklung, die durch die inzestuöse Bindung bestimmt wird«. Solange diese inzestuöse Bindung nicht gelöst ist, wird die Liebe in zwei

unvereinbare Komponenten aufgespalten: zärtliche Gefühle und Sinnlichkeit. Der hysterische Charakter kann diese beiden Emotionen nicht in wesentlichem Maß zu einem einheitlichen Gefühl für einen Menschen vereinigen.
Fenichel (1945, S. 527) gründet den hysterischen Charakter auf dieselben Konflikte, die der Hysterie zugrundeliegen. »Angesichts der Mechanismen der Hysterie ist zu erwarten, daß sich Züge manifestieren, die den Konflikt zwischen starker Angst und starken, aber verdrängten sexuellen Antrieben entsprechen. Was unterscheidet diesen Typus der Charakterstruktur vom oralen oder masochistischen Charakter? Beim letzteren ist der Konflikt zwischen sexuellen Antrieben und Sexualangst sogar noch stärker, und zwar so sehr, daß der Masochist zuweilen in einem Zustand wahrer Panik sein kann. Beim hysterischen Charakter sind die sexuellen Antriebe verdrängt; d. h. sie sind weitgehend unbewußt. Beim Masochisten ist das Verlangen höchst bewußt, aber das Zurückhalten ist verdrängt; d. h. der Masochist ist sich gewöhnlich nicht bewußt, daß er sexuelles Empfinden zurückhält. Das masochistische Quetschen, Rollen und Drücken, um eine Entladung zu erlangen, wird nicht als Manöver zur Überwindung des Widerstands empfunden. Der Masochist ist überrascht, wenn man ihn auf dieses Festhalten hinweist; der Mensch mit hysterischem Charakter ist überrascht, wenn man auf die sexuelle Bedeutung seiner Handlungen hinweist.
Lassen Sie mich es noch anders formulieren. Der Masochist kommt in die Therapie, weil er frei sein möchte; er identifiziert sich mit seinen Impulsen. Die Hysterikerin sucht Hilfe, weil etwas außer Kontrolle geraten ist; sie möchte diese Kontrolle wiederherstellen. War dies nicht das fundamentale Problem, das die hysterischen Symptome darstellten, die Freud in jenen frühen Zeiten behandeln sollte? Wir müssen dennoch fragen, wie es für den Menschen mit hysterischem Charakter möglich ist, sich bewußt mit Zurückhaltung und Kontrolle zu identifizieren, während sich der Masochist mit dem Impuls und mit der Freiheit des Ausdrucks identifiziert. Man kann diese Frage auf

vielen Ebenen beantworten. Ich vergleiche dieses Problem gern mit einem, das zwischen Völkern und Nationen besteht. Die Besitzenden sind alle für Recht und Ordnung; die Besitzlosen sind die Revolutionäre. Der hysterische Charakter ist eine genitale Struktur; der orale und der masochistische Charakter sind prägenital. Sobald sich die genitale Funktion fest etabliert hat, ist im Organismus eine erwachsene Energie-Ökonomie wirksam. Die Pendelbewegung der Energie, die das Realitätsprinzip ist und die Grundlage der Ich-Wahrnehmung darstellt, ist nun an den beiden Enden des Organismus, im Gehirn und in den Genitalien, verankert. Es ist vorstellbar, daß unter sehr ungewöhnlichen Umständen eine Regression stattfinden kann. Solange jedoch diese beiden Verankerungen unangetastet bleiben, ist der Organismus in bestimmten Grenzen fähig, die Menge der Energieproduktion gemäß der Energieabfuhr zu regeln. Ebenfalls solange dieses Gleichgewicht erhalten bleibt, kann der Mensch mit hysterischem Charakter Angst vermeiden, die Kontrolle aufrechterhalten und jederzeit einen gewissen Kontakt zur Realität haben.

Ich habe im vorigen Absatz gesagt, der Hysteriker komme in die Therapie, weil etwas außer Kontrolle geraten ist. Das bedeutet, daß sich Angst entwickelt hat. Der neurotische Regelmechanismus hat versagt. Man sollte fragen: Warum ist dies geschehen? Was für Umstände führen dazu? Bevor ich diese Fragen beantworte, sollte ich darauf hinweisen, daß jemand mit einem hysterischen Charakter heute auch eine analytische Therapie beginnen kann, weil seine Kontrollfunktionen zu wirksam sind. Energieproduktion und Impulsbildung können so sehr abgenommen haben, daß ein befriedigendes Funktionieren unter den Bedingungen des heutigen Lebens nicht mehr möglich ist. Unsere Wettbewerbsgesellschaft fordert einen ziemlich hohen Grad von Aggression. In etwas fortgeschritteneren Kreisen erwartet sie auch von der Frau die Fähigkeit, das sexuelle Erlebnis zu genießen. Das sind neue Kulturfaktoren, die das Neurosenbild der Psychoanalyse verändert haben, und die zumindest teilweise auf der Verbreitung psychoanalytischer Vorstellungen beruhen. Kehren wir zu den oben gestellten Fragen zurück.

Zwei Faktoren können das Gleichgewicht zwischen Energieproduktion und Energieabfuhr zerstören. Eine gesteigerte Energieproduktion ohne eine entsprechende Steigerung der Fähigkeit, diese Energie abzuführen, ruft Angst hervor. Dies geschieht häufig bei jungen Mädchen am Anfang der Adoleszenz. Es tritt während einer guten analytischen Therapie ein, wenn die Freisetzung verdrängter Affekte die Energieproduktion steigert, bevor eine entsprechende Veränderung der Fähigkeit erreicht worden ist, diese Energie abzuführen. Es geschieht, wenn das Niveau der emotionalen Ladung sehr stark ansteigt, wie z. B. am Beginn einer Liebesbeziehung, wenn die Gelegenheit zur Abfuhr nicht sofort zur Verfügung steht. Dies ist die normale Angst vor der Liebe, sie kann krankhaft werden, wenn sie den Patienten mit starken Verdrängungskräften in Konflikt bringt. Das Problem der Hysterie hängt mit diesem Prozeß zusammen. Andererseits erzeugt jede ausgeprägte Abnahme der Energieabfuhr ohne eine gleiche Veränderung in ihrer Produktion Angst. Schon 1894 hat Freud in einer Besprechung der Angstneurosen darauf hingewiesen, daß die Einbuße an Befriedigung beim Geschlechtsverkehr durch die Ausübung des Coitus interruptus immer Angst hervorruft. Desgleichen kann jede Unterbrechung eines normalen Geschlechtslebens schwere somatische Angst auslösen, wenn keine anderen Mittel der Energieabfuhr zur Verfügung stehen.

Das Problem der Hysterie und des hysterischen Anfalls hängt mit dem ersteren Zustand zusammen. Eine plötzliche scharfe Zunahme der Energieproduktion, die auf der Freisetzung starker verdrängter Affekte beruht, hat große Angst zur Folge. Die Angst wird in ein somatisches Symptom konvertiert (oder an es gebunden), und der Konflikt wird auf die psychische Ebene übertragen. Der hysterische Anfall ist das psychische Gegenstück zu dem Versuch, einen starken Angstzustand zu verdrängen. Freud erkannte die Folge dieses Satzes, als er sagte: »...es ergeben sich viele Gesichtspunkte, welche die Angstneurose geradezu als das somatische Seitenstück zur Hysterie erscheinen lassen« (Freud, 1894a, S. 341). Dieser spezifische Zustand kann jedoch nur bei diesem Charaktertypus eintreten. Angst ist beim Masochismus ein häufiges Erlebnis; sie führt entweder zu Provokation und Entladung oder sie endet in der Stagnation des masochistischen Sumpfes. Beim oralen Charakter wird der Angst durch Rückzug entgegengewirkt. Bei keiner dieser Strukturen wird der Zustand explosiv. Die Flüssigkeit der Energieprozesse, der Mangel an Verankerung, das Fehlen von Rigidität verhindern, daß sich eine explosive Situation entwickelt.

Der hysterische Anfall ist ein explosives Phänomen. Die plötzliche Entwicklung eines Energieüberschusses kann in einem sogenannten hysterischen Ausbruch das Ich überwältigen, oder sie kann in einen Körperteil gelenkt und isoliert werden und dort eine hysterische Symptomatik erzeugen. Ruhigstellung ruft das auffallende Bild einer hysterischen Lähmung hervor. Wenn die Energie nicht effektiv ruhiggestellt werden kann, ruft sie unwillkürliche Bewegungen hervor (klonische Zuckungen, Tics usw.). Ich werde in einem anderen Zusammenhang noch mehr über das Problem der Hysterie zu sagen haben. Bei diesem Prozeß ist wichtig, daß die explosive Situation vom Sich-Aufbauen einer Kraft in einem starren, rigiden System oder Behälter abhängt. Gerade diese systematische Rigidität ist aber das wahre Wesen der hysterischen Charakterstruktur. Es ist nicht nur eine spezifische Verspannung oder Verkrampfung, wie sie bei der oralen oder der masochistischen Struktur zu finden ist; die Rigidität des Menschen mit hysterischem Charakter ist ein Gesamtkörpervorgang, der den Organismus wie mit einem Panzer umgibt. Ich hatte früher bereits gesagt, daß der hysterische Charakter zu den rigiden Charakterstrukturen gehört. Hier kann man nun sagen, daß er auch ein gepanzerter Strukturtypus ist.

Der Begriff der Panzerung wurde von Reich eingeführt, um einen Zustand zu bezeichnen, in dem Angst in einen Schutzmechanismus eingebunden ist, der den eindeutigen ökonomischen Zweck hat, einerseits als Schutz gegen die Reize der Außenwelt zu dienen, andererseits gegen libidinöse innere Antriebe. Man denkt sofort an die Rüstung der mittelalterlichen Ritter, die als Abwehr gegen bestimmte äußere Kräfte diente. Reich zeigte später, daß der Charakterpanzer sein somatisches Gegenstück in einem Muskelpanzer hat, der bioenergetisch dieselbe Funktion hat, wie sie der Charakterpanzer psychisch hat. Wir benützen zwar den Ausdruck »Charakterpanzer« als synonym mit »Charakterwiderstand«, aber wir sollten den *Panzer* nicht mit dem *Charakter* selbst verwechseln. Jeder Neurotiker versucht, sich gegen die Gefahren und Drohungen von außen und von innen zu panzern. Tatsächlich gelingt es dem Oralen und dem Masochisten bestenfalls nur zum Teil. Beide Typen sind daher Angstanfällen ausgesetzt und haben noch andere Mechanismen entwickelt, um mit dieser Angst fertigzuwerden. Der Mensch mit oralem Charakter zieht sich aus der Realität entweder in die Phantasie oder in die Depression zurück; der Masochist flüchtet in eine brütende Einsamkeit. Im Grunde sind beide im wesentlichen ungepanzerte Typen und infolgedessen sehr empfindlich gegenüber ihrer Umwelt. Die Fähigkeit, sich zu panzern, steht nur Charakterstrukturen zur Verfügung, die auf einer genitalen Funktion gegründet sind.

In dem in diesem Kapitel vorgestellten Fall wurde der Charakterpanzer als Goldfischglas gedeutet, in dem der Fisch schwamm. Der Panzer gab Schutz, erzwang aber Isolierung. Und er schränkte die innere Motilität des Organismus ein. Wir haben gesehen, daß der Panzer somatisch durch Muskelverspannungen und -verkrampfungen repräsentiert wird. Man muß jedoch zwischen Panzerung und Muskelverspannung unterscheiden. Jede Panzerung gründet sich auf Muskelverspannung. Aber nicht jede Muskelverspannung ist eine Panzerung. Das letztere hängt davon ab, ob die Verkrampfung dem Schutz gegen äußere Reize dient und Angst wirksam bindet. Die schweren Muskelverspannungen, die man bei Schizophrenen, beim oralen Charakter und sogar beim Masochismus findet, stellen keine Panzerung dar. Individuen, die an diesen Störungen leiden, sind sowohl sensibel als auch angstbeladen. Was ist also das wahre Wesen eines echten Muskelpanzers? Die bioenergetische Untersuchung der hysterischen Charakterstruktur zeigt, daß sie auf einer totalen Rigidität des Körpers beruht. Der Rücken ist starr und unbeugsam. Der Hals ist angespannt, und der Kopf wird aufrecht getragen. Das Becken ist mehr oder weniger nach hinten gezogen und wird ganz festgehalten. Wichtiger noch, die Vorderseite des Körpers ist hart. Die Rigidität des Brustkorbs und des Bauches ist wesentlich für einen Panzer. Die Vorderseite ist die weiche und verwundbare Seite des Körpers, sein empfindlicher Aspekt, der Bereich der zärtlichen Gefühle. Wenn diese Seite ungeschützt ist, dient alle sogenannte Panzerung des Rückens zu nichts.

Man kann die Hypothese aufstellen, die aufrechte Stellung des Menschen, die diesen Aspekt des Körpers offenlegt, habe die Entwicklung eines Schutzpanzers erfordert. Es könnte so scheinen, als sei dies tatsächlich der Fall, abgesehen von dem Umstand, daß die Befreiung der vorderen Gliedmaßen für die Aggression beim Menschentier, im Vergleich zu ihrer Verwendung bei den niederen Säugetieren zur Stützung und Fortbewegung, das Gleichgewicht wiederherstellt. Solange die Arme für Angriff und Verteidigung verfügbar sind, besteht keine Notwendigkeit zur Panzerung. Genetisch entwickelt sich die Panzerung durch die Immobilisierung der Aggression im Kind. Die Aggression wird nicht wie beim Masochismus nach innen, gegen das eigene Selbst gekehrt, sondern zur Abwehr benützt. Psychisch ist der Panzer der Ausdruck des Sich-Versteifens, um einen Angriff zu parieren, anstatt zurückzuschlagen. Dynamisch wird die Verspannung an der Vorderseite dadurch erzeugt, daß der Betreffende die Schultern und das Becken zurückzieht, wodurch alle Muskeln hier gestreckt und zur gleichen Zeit kontrahiert werden. Wenn Vorder- und Rückseite des Körpers so in eine starre Schicht angespannter Muskeln eingehüllt sind, kann man sagen, der Organismus sei gepanzert.

Auf welche Weise dient der Panzer dazu, Angst zu binden? Wird die Energie in die kontrahierten Muskeln eingesperrt? Ich war lange dieser Ansicht, denn durch die Lockerung der Kontraktionen läßt sich einige Energie mobilisieren. Die praktische therapeutische Erfahrung hat mich jedoch zu der Erkenntnis gezwungen, daß durch die einfache Lockerung der Muskelverspannung keine große Veränderung in der Charakterstruktur zustandegebracht wird. Dies ist ein notwendiger Teil der Arbeit, aber nur ein Teil. Die Strukturveränderung entwickelt sich durch einen Wandel der Dynamik der Charakterstruktur; was den hysterischen Charakter verändert, ist die Befreiung der Aggression von ihrer Abwehrfunktion. Man kann keinen Panzer beseitigen, ohne verdrängte Wut freizusetzen, die dann stark in die Arme und Hände strömt. Wenn die Schultern beweglich werden, entspannt sich die Wand des Brustkorbes, die Atmung vertieft sich, und die Energieproduktion nimmt zu. Das würde zum Auftreten von Angst führen, wenn nicht die analytische Arbeit durch die Analyse der Sexualfunktion den Weg für die Energieabfuhr bereitet hätte. Durch Anwendung der bioenergetischen Technik der Erdung der Beine wird der Weg für die Entladung vorbereitet, bevor die Wut freigesetzt wird.
Jetzt sind wir in der Lage, den Mechanismus zu verstehen, durch den der Panzer die Angst bindet. Er tut es durch eine Herabsetzung der Atmung vermittels einer unbewußten Lenkung der Muskeln an der Vorderseite des Körpers. Zwar ist das Zwerchfell relativ frei, aber die Rigidität der Gesamtstruktur schränkt die Ein- und Ausatmung ein. Das erklärt, warum der erste Schritt zur biologischen Behandlung der Neurosen eine Technik war, die auf der Herstellung einer vollen und freien Atmung beruhte. Eine gesteigerte Sauerstoffaufnahme vermehrt die Energieerzeugung und verstärkt die Impulsbildung. Mit Hilfe dieser Technik konnten die Impulse stark genug werden, um die Verdrängung zu überwinden und als Gewahrsein und Handeln an die Oberfläche gelangen. Zwar läßt sich diese Technik allgemein anwenden, aber sie ist besonders

brauchbar für jene Charakterstrukturen, die auf der Erhaltung eines Gleichgewichts zwischen Energieproduktion und Energieabfuhr beruhen. In der bioenergetischen Therapie wird jedoch die Atmungsfunktion mit dem Gesamtverhalten des Organismus koordiniert und wird nicht als isolierte Funktion behandelt.

Obwohl das Verhältnis von Energieproduktion zu Energieabfuhr bei verschiedenen Menschen verschieden ist, ist es bei jedem hysterischen Charakter relativ festgelegt. Dieser Typus umfaßt Individuen, die man als »angepaßte« Menschen bezeichnen könnte. Die Gefahr der Struktur liegt in dem Umstand, daß starke unbewußte Antriebe vorhanden sind, aus dem Panzer auszubrechen, sich von seinen Einschränkungen zu befreien, ganz lebendig zu werden. Viele Menschen mit hysterischem Charakter suchen unbewußt Situationen, die sie erregen und ihre innere Ladung vermehren. Dies ist die bioenergetische Erklärung des flirtenden Verhaltens der Hysterikerinnen. Unter solchen Umständen kann starke Angst die Folge sein, und eine typische hysterische Reaktion kann sich zeigen.

Wenn die Struktur infolge früher Erlebnisse stark orale oder masochistische Züge trägt, ist die Rigidität, die sich schließlich entwickelt, stark genug, um diese tieferliegenden Schwächen auszugleichen. Dies war die Situation bei dem früher in diesem Kapitel vorgestellten Fall. Das Spitzen des Mundes, das ich in Übereinstimmung mit charakteranalytischen Prinzipien auf genitaler Stufe gedeutet habe, zeigt zur gleichen Zeit orale Wünsche, und man kann es auch als einen oralen Zug betrachten.

Die Rigidität, der man bei der analytischen Arbeit begegnet, ist sehr unterschiedlich. Als Panzerungsvorgang beginnt sie bei den Oberflächenmuskeln, im Gegensatz zu den Verkrampfungen oraler und masochistischer Strukturen. Unter Umständen jedoch kann der Organismus, wenn die Frustration groß und die Lebenslage ungünstig ist, starrer, weniger flexibel werden, und der Prozeß kann sich dann in die Tiefe hinein erweitern.

Der Verlust der Elastizität führt zu Sprödigkeit, die Ausweitung des Erstarrungsprozesses in die Tiefe kann tatsächlich mit ihren eisigen Fingern den Kern berühren. Wenn eine Verringerung der Impulsbildung auf Dauer die Folge ist, ist der Organismus wirklich abgestorben. Der vorher angeführte Fall war ein besonders gutes Beispiel für diesen Zustand. Das andere Extrem ist ein Organismus, bei dem der Panzer sehr oberflächlich und leicht ist. Solche Menschen zeigen einen Grad von Gesundheit und Anmut, um den andere sie häufig beneiden. Aber es ist nur schwer vorstellbar, wie ein Organismus in unserer Kultur ganz ohne eine Störung seiner biologischen Funktionen davonkommen könnte.

In diesem Kapitel habe ich mich bemüht, das Wesen der hysterischen Struktur zu erklären. Die Rigidität der Körperstruktur ist der Bereich, in dem der hysterische Anfall ausbricht. In bezug auf diesen Charaktertypus sind noch einige weitere Fragen zu beantworten. Sie werden der Gegenstand des folgenden Kapitels sein.

13 Der hysterische Charakter – 2

Psychologische Autoren haben den hysterischen Charakter mit dem genitalen Konflikt in Verbindung gebracht, der aus der ungelösten ödipalen Situation entsteht. In der *Charakteranalyse* sagt Reich: »Die genitalen Inzestvorstellungen sind zwar verdrängt, haben aber ihre Besetzung in vollem Ausmaß beibehalten, sind nicht ... durch prägenitale Strebungen ersetzt« (Reich, ^{2}1970, S. 223–224). Jede Frau mit hysterischem Charakter nähert sich der Sexualität mit einer aus der ödipalen Situation herstammenden Haltung. Diese drückt selbst eine Ambivalenz gegenüber dem Sexualobjekt aus, von der man durch Analyse zeigen kann, daß sie der Haltung des Mädchens gegenüber seinem Vater entspricht.

Wenn wir den Ursprung der ödipalen Situation nicht bestreiten, sondern ihr Vorhandensein in unserer Kultur als Tatsache hinnehmen, müssen wir anerkennen, daß das erste genitale Objekt des weiblichen Kindes sein Vater ist. Dieses Strömen der Libido in Richtung auf das erwachsene männliche Wesen tritt jedoch erst ein, nachdem die Genitalfunktion sich in dem Kind vollständig etabliert hat, d. h. wenn es zwei oder drei Jahre alt ist. Vor dieser Zeit beruht die Objektbindung auf dem infantilen Ich mit seinen starken oralen, narzißtischen Forderungen. In der ödipalen Situation hängt viel von der Rolle ab, die der Vater in der Kindheit und Jugend des Mädchens wirklich gespielt hat. Ein strenger, autoritärer Vater kann in dem kleinen Mädchen große Angst vor den Männern hervorrufen. In einem solchen Fall wird nicht nur das genitale Verlangen gehemmt, sondern die Wut, die infolge der Frustration entsteht, wird blockiert und ihrerseits verdrängt. Die Hemmung und Verdrängung von Wut auf den Mann beim hysterischen Charakter wird nicht genügend gewürdigt. Wichtiger hat man den Konflikt mit der Mutter genommen, die das kleine Mädchen als Rivalin in bezug auf die Zuneigung des Vaters ansieht. Davon ist so vieles wohlbekannt, daß ich zögere, diese Grundeinsichten noch einmal zu wiederholen, aber ich glaube, daß durch einen Wandel in der Deutung des Problems eine wichtige Klärung erreicht werden kann.

Wenn wir erkennen, daß eine ambivalente Einstellung zum Mann die Grundlage der hysterischen Charakterstruktur ist, läßt sich vieles erklären. Einerseits wird das Verlangen durch eine Angst blockiert, die ihre Wurzeln in der ursprünglichen Ablehnung der Sexualität des Kindes durch den Vater hat; andererseits wird die Wut durch das verdrängte Verlangen gehemmt. Man könnte das Problem dadurch vereinfachen, daß man sagte, das Verlangen werde ebenso durch verdrängte Wut blockiert, wie die Wut durch verdrängtes Verlangen blockiert wird. Die Versteifung, die die Verdrängung dieser einander entgegengesetzten Impulse hervorruft, von denen einer an der Vorderseite, der andere an der Rückseite des Körpers wirkt, erzeugt den starren Panzer des hysterischen Charakters. Jede Verdrängung agiert als Abwehr gegen die entgegengesetzten Impulse. Die Wut kann nicht freigesetzt werden, solange sexuelles Verlangen nach dem Vater oder dem Vaterersatz (dem Analytiker in der Übertragungssituation) unterdrückt wird. Verdrängte Wut und verdrängter Stolz blockieren den Zugang zum unterdrückten Verlangen.

Wie funktioniert jemand mit einem hysterischen Charakter in dieser Situation? Das verdrängte Verlangen verhindert eine direkte Annäherung an den Mann. Offenkundig sexuelle Gesten, zu denen eine gewisse Beweglichkeit der Hüften und der Gebrauch der Augen gehören, sind zwar im allgemeinen unbewußt, dienen aber dazu, den Mann zu sexuell aggressivem Handeln zu verlocken. Die Charakterstruktur des durchschnittlichen Mannes macht ihn, wie wir sehen sollen, für diese Rolle sehr geeignet. Was folgt, ist das typische Verfolgungsmuster, das im allgemeinen zur Unterwerfung der Frau führt, denn diese hat sie unbewußt während der ganzen Zeit beabsichtigt.

Manchmal wird ein gespielter Widerstand mit Gewalt überwunden. In dem italienischen Film *Bitterer Reis* wurde dies dramatisch dargestellt. Ein junges Mädchen, kokett und seiner sexuellen Reize gewiß, flirtet mit dem Freund eines anderen Mädchens. Ihr Handeln scheint einfach dazu dienen zu sollen, ihn ihrer Rivalin abspenstig zu machen. Als die junge Frau ihm eines Tages aufs Feld folgt, greift er sie plötzlich an und verprügelt sie schwer mit einem Stock, den er zu diesem Zweck aufgehoben hat. Dann ist sie ihm sexuell zu Willen und wird seine gehorsame Mätresse. Es ist typisch für die hysterische Charakterstruktur, daß sie der Gewalt nachgibt, direkt oder indirekt. Dies vermehrt dann die latente Wut auf den Mann. In dem erwähnten Film veranlaßt sie das Mädchen, seinen Liebhaber zu töten. Nicht jede Verfolgung endet mit der Unterwerfung der Frau. Manchmal wendet sich eine in die Ecke gedrängte Frau gegen den Mann und drückt ihre Wut mit dem Furor einer Wildkatze aus.
Was bedeutet dieses Verhalten psychologisch? Die Frau unterwirft sich nicht aus Liebe. Im gleichen Maß, in dem Liebe in der sexuellen Beziehung eine Rolle spielt, verliert sie das Stigma des Neurotischen. Da die Unterwerfung unbewußt beabsichtigt war, dient sie zu dem Zweck, die Verantwortung für den Geschlechtsakt dem Mann zuzuschieben. Das könnte masochistisch erscheinen; der Mensch mit hysterischem Charakter ist aber nicht passiv. Unter der scheinbaren Unterwürfigkeit steckt eine aggressive Haltung, die zu sexueller Entladung führt. Der Umstand, daß die Hysterikerin vom Mann verfolgt wird, macht meist die narzißtische Kränkung wieder gut, die das kleine Mädchen erlitten hat, weil der Vater seine sexuelle Liebe abgelehnt hat. Wenn die Fopperei noch weiter getrieben werden kann, dient sie dazu, sich für die ursprünglich von seiten des männlichen Geschlechts erlittene Kränkung zu rächen. Und genauso wie der neurotische Mann vielleicht seine Handlung für eine Eroberung halten mag, wird die Hysterikerin ihr Verhalten und seine Folgen vielleicht in demselben Licht sehen. Die sexuelle Unterwerfung stellt die ödipale Beziehung

wieder her, aber auf eine Art und Weise, die für die Frau befriedigend ist. Der Mann zeigt durch seine Aggression sein Interesse und sein Verlangen, durch seine Verfolgung gibt er seine Kraft und Macht kund, indem er die Unterwerfung annimmt, übernimmt er die Verantwortung. Wir haben bei dem im vorigen Kapitel besprochenen Fall bemerkt, daß die sexuelle Unterwerfung als Mittel eingesetzt wurde, um den Schutz des Mannes zu erlangen.

Sexuelle Unterwerfung, die eine aggressive Haltung verdeckt, ist das unterscheidende Merkmal des hysterischen Charakters. Das Reaktionsmuster scheint zu sein: Aufreizen, Widerstand, dann Unterwerfung. In dieser Hinsicht sind wir weit entfernt vom kokettierenden Verhalten der Hysterikerin vor fünfzig bis dreißig Jahren, das den genitalen Kontakt ausschloß. Die sexuelle Unterwerfung verändert jedoch das fundamentale Problem keineswegs. Die Unterwerfung beruht auf Angst, derselben Angst, die dem Verhalten von Frauen mit hysterischem Charakter in früheren Zeiten zugrundelag, wenn auch nicht so groß oder so stark. Es ist die Angst vor starker genitaler Erregung, vor dem Überwältigtwerden, vor dem Verlust der Beherrschung. So seltsam es erscheinen mag, die sexuelle Unterwerfung hat den Zweck, eine zu große genitale Erregung zu verhindern, die die Folge wäre, wenn das sexuelle Verlangen offen und unmittelbar erlebt und ausgedrückt würde. In dieser Hinsicht steht die Genitalität im Dienst der Abwehr der Sexualität.

Es ist ein Merkmal des hysterischen Charakters, daß das Becken trotz der Rigidität und Panzerung des Körpers mehr oder weniger weich und sexuell lebendig ist. Die spezifischen Verspannungen des hysterischen Charakters sind oberflächlich: die wichtigsten liegen in den Vaginalmuskeln und den Adduktoren der Oberschenkel. Frauen mit oralem und masochistischem Charakter fehlt jenes Hüftenschwingen, das einem Mädchen den sogenannten »Sex appeal« verleiht. Nun ist es in manchen Fällen leicht, eine übertriebene Motilität zu erkennen, die ohne Zweifel kokett und ein Kennzeichen des hysterischen Charakters ist. Aber solche Fälle sind heutzutage selten. Eher scheinen die Mädchen unserer heutigen Kultur weniger Beweglichkeit des Beckens zu haben, als man bei einem natürlich-lebenden Organismus erwarten würde. Trotzdem gilt die erste Feststellung weiterhin, daß der hysterische Charakter eine Körperstruktur hat, bei der Rigidität des Körpers mit einem sexuell lebendigen Becken gepaart ist. Auf diese Weise ist für sexuelle Abfuhr gesorgt, während die Rigidität gleichzeitig die genitale Ladung einschränkt. Angesichts dieser begrenzten Ladung kann sich das Becken scheinbar frei bewegen. Die oberflächlichen Verspannungen können jedoch ziemlich stark sein. Sie schränken notwendigerweise die Bewegung und die Vollständigkeit der Entladung ein.

Der Mensch mit hysterischem Charakter funktioniert so lange symptomfrei, wie das Gleichgewicht zwischen Energieproduktion und Energieabfuhr aufrechterhalten wird. Aber solange dieses Gleichgewicht auf einer Stufe besteht, die nicht der vollen Kapazität nahekommt, ist das Leben relativ unaufregend und sinnlos. Je niedriger das relative Niveau der Energieproduktion und -abfuhr ist, desto näher steht das Individuum dem Tod. Wo die Energieproduktion aufhört, hört auch die Impulsbildung auf, und die Bewegung kommt schließlich zum Stillstand. Wir haben bei dem im vorigen Kapitel erörterten Fall gehört, daß tatsächlich, wenn die Energieproduktion sich stark verringert, im Gesicht des Betreffenden ein Ausdruck des Todes zu sehen ist. Kehren wir zur Frage der Erregung zurück. Der Betreffende merkt nicht immer bewußt, daß er auf einem reduzierten Energieniveau funktioniert, aber Gefühle der Langeweile, das Gefühl, festgefahren zu sein, und Unzufriedenheit sind häufig. Nach der Intensität zu schließen, mit der die Menschen nach Erregung in der einen oder anderen Form streben, kann man annehmen, daß ihr Alltagsleben recht langweilig ist. Dies alles ist natürlich bekannt. Es ist in diesem Zusammenhang wichtig, weil es erklärt, warum das oben erwähnte Gleichgewicht bestenfalls unsicher ist. Der hysterische Charakter möchte es ständig in

Richtung auf mehr Energie und tiefere Gefühle umstoßen. Es sind dieser Wunsch und dieses Bedürfnis, die die Betreffenden zum Flirten, zur romantischen Liebe, zu außerehelichen Beziehungen treiben.

Für den Menschen mit hysterischem Charakter ist es nicht allzu schwierig, das Niveau seiner Energieproduktion zu erhöhen; alles, was das Gefühl der Erregung steigert, tut es. Die häufigste Methode ist ein neues Liebesverhältnis. Das Problem besteht dann darin, wie die überschüssige Energie abgeführt werden soll. Genitale Verspannungen und Verkrampfungen werden mit der Flut der gesteigerten Erregung nicht beseitigt. Die Hemmung der Beckenbeweglichkeit ist nicht aufgelöst worden. Gewiß, die gesteigerte Erregung, die eine Folge der Neuheit des neuen Erlebnisses und des Eroberungsgefühls in der neuen Beziehung ist, führt zu stärkerer sexueller Aufladung, erhöhter Lebendigkeit und einem Wonnegefühl. Da die Fähigkeit zur Energieabfuhr mit der gesteigerten Ladung nicht Schritt gehalten hat, muß die Energieökonomie zu ihrem früheren Niveau zurückkehren. Die Erregung nimmt ab, die Energieproduktion fällt; die Neuheit der Liebesaffäre ist vorbei, und eine neue Liaison muß angestrebt werden.

Die Kräfte, die darauf hinwirken, den Status quo aufrechtzuerhalten, sind mächtig. Es genügt niemals, dem Patienten das Problem bewußtzumachen. Zunächst muß die Energieproduktion gesteigert werden, dann muß der Betreffende lernen, diese vermehrte Energie zu ertragen und abzuführen. Da mehr Energie verfügbar gemacht wird, als der Betreffende abführen kann, ist mit der Entstehung von Angst zu rechnen. Wenn Energieproduktion und -abfuhr als *ein* Problem behandelt werden, wird diese Angst auf ein Mindestmaß beschränkt. Die Störung des Energiegleichgewichts hat noch eine weitere Wirkung. Das Becken, das sich auf einer gegebenen Ebene von Energie und Gefühl relativ ungehindert bewegen kann, wird auf einer höheren Ebene gelähmt. Ein Genitalapparat, der eine gewisse Energiemenge abführen kann, funktioniert nicht mehr, wenn diese Menge merklich gesteigert wird. Wir erwarten also, wenn die Liebesgefühle des Herzens im Sexualimpuls mobilisiert werden, daß die entstehende Angst das sexuelle Verlangen abtötet, jede sexuelle Entladung verhindern oder vielleicht die Frau veranlassen wird, sich gegen den Mann zu wenden. Bei der Behandlung des hysterischen Charakters macht man häufig die Erfahrung, daß eine erfolgreiche analytische und bioenergetische Arbeit dazu führt, daß der Geschlechtstrieb nachläßt. Wenn man darauf achtet und es steuert, ist diese Reaktion nicht von Dauer.

Diese Beobachtungen lehren uns, daß Menschen mit hysterischem Charakter sich heutzutage nicht so sehr vor dem genitalen Ziel fürchten wie vor den tiefen Liebesgefühlen, die aus dem Herzen kommen. Ihre Sexualität beschränkt sich auf die Genitalien und umfaßt nicht den ganzen Organismus. Wir finden in der Persönlichkeit eine Spaltung zwischen den zärtlichen Liebesgefühlen und der Genitalität. Unsere heutige Hysterika hat sich, im Gegensatz zur Hysterikerin von vor dreißig Jahren, die nach Abraham das genitale Ziel ablehnt, mit ihren genitalen Strebungen identifiziert. Die Frau mit hysterischem Charakter aus jener Zeit war eine romantische Träumerin. In beiden Fällen identifiziert sich die Betreffende nur mit einem Aspekt ihrer Sexualität: entweder unterwürfiger Genitalität oder romantischer Liebe. Die Neurose besteht im Widerstreit zweier Aspekte eines Impulses. Solange sich der Mensch mit hysterischem Charakter mit der Genitalfunktion identifiziert, bleibt ihm die in früheren Zeiten beobachtete Symptomatik erspart. Erst wenn die genitale Abfuhr blockiert ist, werden die Bedingungen günstig für die Entwicklung der typischen hysterischen Symptome.

Wenn man versucht, an das Herz des Hysterikers heranzukommen, die Gefühle tiefer Liebe zu mobilisieren, begegnet einem ein höchst entschlossener Widerstand. Die bioenergetische Untersuchung zeigt, daß diese Abwehr in Form von Muskelverspannungen im Hals und im Kiefer lokalisiert ist; diese verleihen den betroffenen Strukturen Steifheit und Unbeweglichkeit. Der ganze Hals fühlt sich starr an, und die Zähne werden zusammengebissen. Eine Analyse dieses Ausdrucks sagt uns, daß er von Stolz und Entschlossenheit bestimmt ist. Ich habe noch nie jemanden mit einem hysterischen Charakter gesehen, der diese Züge von Stolz und Entschlossenheit nicht gehabt hätte, und bei dem dieser entschlossene Stolz nicht der Schlüssel zu seinem Charakter gewesen wäre. Die orale und die masochistische Charakterstruktur haben diese Eigenschaft gewiß nicht. Man könnte sagen, bei ihnen ist der Mangel an Stolz als Charakterfehler zu sehen. Selbstverständlich gibt es einen natürlichen Stolz, aber der Stolz des hysterischen Charakters ist mehr oder weniger festgelegt, unbeweglich und entschlossen. Außerdem kann man die Intensität dieses steifen Stolzes quantitativ mit dem Maß korrelieren, in dem der Charakter eine Tendenz zu hysterischer Symptomatik hat.*

Ich beziehe mich nicht gern auf fiktive Personen aus der schönen Literatur, um die Gedanken zu bekräftigen, die ich hier vorgetragen habe. Das in diesem Buch vorgelegte Material stammt von klinischen Fällen. Bei dieser Frage von Stolz und Hysterie lohnt es sich jedoch, die Namen einiger weiblicher Gestalten aus den Romanen Dostojewskis zu erwähnen. Man denkt sofort an Nastassia Filipowna aus *Der Idiot,* an Lisaweta Nikolajewna aus *Der Spieler* und Katja Iwanowna aus *Die Brüder Karamasow.* In jedem Fall haben wir es mit einer schönen und stolzen Frau zu tun, der von seiten eines Mannes ein tiefes Unrecht zugefügt worden ist. Bei allen kommt Hochmut vor dem Fall. Diese Namen sind erwähnenswert, weil kaum deutlichere Beispiele für die hysterische Charakterstruktur zu finden sind.

Genauso, wie man keinen hysterischen Charakter ohne dieses Gefühl des Stolzes finden kann, findet man bei diesen

* Manchmal ist jedoch die Energieproduktion des Hysterikers so gering, daß der Kopf nicht steif aufrechtgehalten werden kann; der Hals ist nicht so steif, und der Stolz ist nicht so deutlich sichtbar. Das war so bei dem von mir analysierten Fall. Wenn der Stolz auch nur latent ist, so ist er dennoch ein mächtiger Faktor. Sobald das Energieniveau steigt, kommt er an die Oberfläche.

Charakterstrukturen immer ein tiefes Gefühl der Gekränktheit. Dieses unbewußte Gefühl, gekränkt worden zu sein, ist so stark, daß es das Verhalten in Richtung auf eine unbewußte Einstellung bestimmt, keine Kränkung mehr erleiden zu wollen. Tatsächlich sind Stolz und Entschlossenheit Aspekte dieser Haltung. Lassen Sie mich erklären, warum dies typisch hysterisch ist.

Der Mensch mit oralem Charakter ist viel tiefer verletzt worden als derjenige mit einem hysterischen Charakter, aber es fehlt ihm der Stolz dieses letzteren. Der Grund dafür ist sehr einfach, wenn man sich daran erinnert, daß der orale Charakter als eine »besitzlose« Struktur bezeichnet worden ist. Das Liebesbedürfnis des oralen Charakters ist so groß, daß seine schwachen Abwehrversuche rasch zusammenbrechen. Das ist eines der Kennzeichen der oralen Charakterstruktur. Der Masochist kann nicht stolz sein, weil er sich unzulänglich fühlt. Er ist masochistisch, weil er danach strebt, zu leiden. Die Verletzung, die der Orale erlitten hat, war eine Deprivation auf der oralen Stufe und in einem Alter, wo noch keine Abwehr möglich war. Der Masochismus entwickelt sich aus demütigenden Erlebnissen, die das Ich zerschmettern. Sein Gegenaspekt ist der Sadismus, den man psychologisch als Rachemechanismus deuten kann. Die Kränkung, die die Hysterika erlitten hat, war die Ablehnung ihrer Liebe auf genitaler Ebene. Dies geschieht, weil diese Liebe zuerst dem Vater angeboten wird, der natürlich nicht auf sie reagieren kann. Es geht hier nicht um eine einmalige Erfahrung, sondern um die Tatsache, daß das kleine Mädchen wegen der ödipalen Situation zwischen starken Impulsen sexueller Liebe und der Angst vor Ablehnung eingeklemmt ist.

Zu diesem Zeitpunkt werden die zärtlichen Gefühle, die von Herzensempfindungen herrühren, und die genitalen Empfindungen zu einem einzigen Strom der Gefühle vereinigt. Das kleine Mädchen unterscheidet nicht zwischen Liebe und Sexualität. In diesem Alter ist eine solche Unterscheidung unnötig. Wenn dem Kind diese Differenzierung aufgezwungen wird, spaltet es seinen einheitlichen Impuls auf. Ich bin überzeugt, daß das Kind, während es heranreift, diese Unterscheidung auf rationalerer Weise trifft, nämlich der Situation entsprechend. Der gesunde Erwachsene kann viele Menschen lieben, aber dieselbe Liebe in ihrem vollständigsten Ausdruck, zu dem genitales Verlangen gehört, ist einem Partner vorbehalten. Die schädigende Wirkung auf das Kind ist die Folge der Erkenntnis, daß man zärtliche Gefühle und genitale Empfindungen nicht gegenüber ein und demselben Menschen haben darf. Die letzteren werden also verdrängt, und diese Verdrängung des genitalen Empfindens beim heranwachsenden Kind ist für die Latenzperiode verantwortlich.

Mit dem sehr starken Aufwallen der Sexualität in der Pubertät wird das genitale Empfinden wieder geweckt. Da dieses neue genitale Empfinden dem Leben zusätzliche Bedeutung und Erregung zu verleihen scheint, strebt das Mädchen danach, sich dieses genitale Gefühl auf Kosten der tieferen, mit Empfindungen des Herzens verbundenen Liebesgefühle zu bewahren. Bei allen hysterischen Charakteren besteht ein doppeltes Gefühl der Kränkung: eines hat mit Erlebnissen in der frühen Kindheit zu tun, ein zweites stammt aus der Adoleszenz. Freud hatte diese zweifache Determiniertheit der Hysterie in seiner 1896 veröffentlichten Studie *Zur Ätiologie der Hysterie* schon erkannt. Von den beiden Determinanten ist die frühere wichtiger. Die spätere bestimmt jedoch den charakterlichen Aspekt und muß beständig analysiert werden.

Das Gefühl der Kränkung, das von Erlebnissen aus dem späten Kleinkind- oder dem frühen Kindesalter stammt und zur Hemmung des genitalen Empfindens führt, ist verantwortlich für die analytische Auffassung von einem Kastrationskomplex bei der Frau. Ich stelle ohne Zögern fest, daß keine Frau, bei der nicht eine frühere Störung der Genitalfunktion vorliegt, Penisneid empfinden würde. Man darf es nicht als selbstverständlich ansehen, daß die Verdrängung des genitalen Empfindens, die beim Kind im Alter von drei bis sechs Jahren eintritt, allein auf den Konflikt der ödipalen Situation zurückzuführen ist. Eine hysterische Charakterstruktur kann sich bei Mädchen entwickeln, die in ihrer frühesten Kindheit ohne Vater aufgewachsen sind – und sie tut es auch. Natürlich fehlt auch in solchen Familien der Mann niemals ganz; er ist entweder physisch oder im Geist vorhanden, aber das Fehlen des Vaters schließt den Ödipuskonflikt als einzigen Faktor aus. Die anderen Faktoren stammen von der sexualfeindlichen Einstellung in unserer Kultur. Die zeigt sich in der Vereitelung der kindlichen Masturbation, der Einschränkung der Sexualspiele bei Kindern, der Ablehnung der kindlichen Sexualneugier usw. usw. Das heranwachsende Kind sieht sich der Tatsache gegenüber, daß die Realität des sozialen Lebens seinem Geschlechtstrieb feindlich ist. Das Kind reagiert auf diese Situation so, als ob die Frustrierung des Sexualimpulses vom Vater ausginge. Je nach der Strenge dieser Versagung verdrängt das Kind unter Umständen sein genitales Empfinden bis zur Pubertät. Zu den schwersten Fällen von Rigidität, die ich gesehen habe, gehören Mädchen, die ihre Kindheit im Kloster zugebracht haben. Das Fehlen eines persönlichen Freiraums, das die Fortsetzung der infantilen Masturbation verhindert, die strenge Disziplin, die auf Furcht beruht, und die Trennung der Geschlechter schaffen eine Situation, die für das Kind extrem frustrierend ist.

Das Kind erlebt die Frustrierung seines Sexualimpulses nicht als eine Versagung der Genitalität. Da dieser Impuls direkt vom Herzen zum Genitale strömt, wird die Ablehnung als Abweisung der Liebe erlebt. Das erklärt das tiefe Kränkungsgefühl. Tatsächlich ist diese Wahrnehmung des Kindes richtig, denn Liebe, die sich nicht in körperlichem Kontakt manifestiert, befriedigt die Grundbedürfnisse des Organismus nicht. Jeder physische Kontakt zwischen Eltern und Kind wird vom Kind als sexueller Kontakt erlebt. Erst wenn die Einheit von zärtlichen Gefühlen und genitalem Empfinden zerstört ist, verliert die Beziehung zwischen Eltern und Kindern ihre sexuelle Qualität. Da das Kind gekränkt worden ist, weil es seine Liebe zum Ausdruck gebracht hat, lernt es allmählich, seine Verletzlichkeit gegenüber derartiger Kränkung herabzusetzen. Es tut dies, indem es sich »versteift«, als wollte es sagen: »Ich werde meinem Gefühl der Liebe zu dir nicht nachgeben, dann kannst du mich nicht mehr kränken, indem du mich ablehnst.« Stolz ist die Haltung, die dieses Gefühl ausdrückt. Die »Versteifung« findet an der Rückseite des Körpers statt, von der Schädelbasis bis zum Kreuz. Im Verlauf dieses Prozesses versteift sich der Hals, so daß der Kopf sehr aufrecht getragen wird. Da die Analyse in der umgekehrten Richtung zur Entwicklung der Charakterstruktur vorgeht, begegnet man bei der Therapie des hysterischen Charakters als erstem großen Widerstand diesem Stolz. Der Mensch mit hysterischem Charakter kann nicht wirklich in das analytische oder therapeutische Verfahren einwilligen, solange dieser Stolz nicht bloßgelegt und analysiert worden ist. Natürlich ist der Umstand, daß die Patientin zur Therapie kommt, ein Zeichen dafür, daß sie die Rigiditäten überwinden möchte, die ihre Funktionen stören. Der Analytiker muß der Patientin zeigen, daß er sich der zugrundeliegenden Kränkung bewußt ist, bevor er von der Patientin erwarten kann, daß sie ihre Abwehr fallen läßt.

Fassen wir die Hauptzüge der hysterischen Charakterstruktur zusammen. Die Ich-Funktion gründet sich ebenso auf die Realität, wie sich die Sexualfunktion auf die Genitalität gründet. Aber diese sind bei der hysterischen Charakterstruktur überdeterminiert. Sie werden durch die Versteifung der aggressiven motorischen Komponente aufrechterhalten, die in den Dienst einer Abwehrfunktion gestellt wird. Der Stolz, der sich in dem steif aufgerichteten Hals manifestiert, und die Entschlossenheit, die sich im angespannten Kiefer zeigt, sind Ich-Aspekte dieser Charakterhaltung. Die Verspanntheit des unteren Rückens und die zurückgezogene Stellung des Bekkens sind die sexuellen Entsprechungen der Ich-Haltung. Die Aggression gerät in Gegensatz zu den zärtlichen, sensiblen und spirituellen Seiten der Persönlichkeit. Der Mensch mit hysterischem Charakter fürchtet sich davor, sich zu verlieben. Er hat auch vor dem Fallen im allgemeinen Angst, und diese Fallangst manifestiert sich in der Rigidität der Beine. Fallangst und Träume vom Fallen treten bei den rigiden Strukturen deutlicher zutage als bei den weniger hoch entwickelten Ich-Strukturen.

Wir haben auch gesehen, daß diese Antithese von Aggression und Sensibilität sich in einer Spaltung der Sexualfunktion spiegelt. Die aggressive Komponente darf sich ausdrücken, während die zärtlichen Gefühle unterdrückt werden. Der Mensch mit hysterischem Charakter ist zur Abfuhr, also zum Erreichen einer Klimax, fähig. Wenn die Rigidität überhaupt ausgeprägt ist, ist das Gefühl stark vermindert. Da die Aggression zur Abfuhr benützt wird, ist sie keine offenkundige sexuelle Aggression, sondern eine sexuelle Verlockung des Mannes. Dieses Vorherrschen der Aggression in der Sexualfunktion ist ein Phänomen der Pubertät. Ihr ist eine Periode von mehr oder weniger vollständiger sexueller Latenz vorausgegangen, in der das Gegenteil zutraf: Zärtliche Gefühle beherrschten die Persönlichkeit. Das typische »Wildfang«-Benehmen von Mädchen in der Vorpubertät gehört zu einem Strukturtypus, den wir aggressiv-maskulin nennen und der ein Mischtypus ist.

Innerhalb dieses umfassenden Reaktionsmusters gibt es individuelle Unterschiede, die den spezifischen Charakter des Individuums bestimmen. Das Fortbestehen oraler Züge, die von früher Deprivation herrühren, ist leicht zu erkennen. Bei dem Fall, der als Beispiel für diesen Charaktertypus besprochen worden ist, konnte die Deutung des Ausdrucks um den Mund sowohl auf der oralen als auch auf der genitalen Stufe vorgenommen werden. Dieser Ausdruck zeigt einen oralen Zug im Rahmen einer genitalen Struktur. Ähnlich sind beim hysterischen Charakter auch masochistische Tendenzen zu finden. Sie dürfen das Bild nicht beherrschen, sonst hätten wir es mit einem masochistischen Charakter zu tun. Die Rigidität selbst kann geringfügig oder stark sein. Das hängt davon ab, wieviel Aggression das Kind hatte, als es in die genitale Phase seiner Entwicklung eintrat, und wieviel Frustration es in diesem Stadium leiden mußte. Oralität und Masochismus sind Tendenzen, die die verfügbare Aggression vermindern. Rigidität stellt die Aggression ruhig, indem sie sie in den Dienst der Abwehr stellt.

Die Untersuchung und Analyse mehrerer verschiedener hysterischer Charaktere würde die fundamentale Ähnlichkeit ihrer bioenergetischen Strukturen offenbaren, trotz erheblicher Unterschiede ihrer oberflächlichen Erscheinung. Eine junge Mutter kam wegen mangelnder Befriedigung und mangelndem Glück in ihren Beziehungen zu ihrem Mann in die Therapie. Sie klagte ferner darüber, daß sie im Umgang mit ihren Kindern reizbar und keine gute Mutter sei. Das sind vage Beschwerden, aber sie waren für die Patientin störend genug, so daß sie für eine ernsthafte Untersuchung ihrer Probleme motiviert war. Sie war ziemlich klein und zart in ihrer körperlichen Gestalt, aber sie hatte einen großen Kopf und ein breites, ausdrucksvolles Gesicht. Die Augen waren lebendig, die Nase klein und gerade, der Mund leicht unsymmetrisch mit einem großen Unterkiefer. Ein kleines Hälschen verband diesen Kopf mit einem zartgliedrigen Körper; dieser war gleichmäßig proportioniert, mit Ausnahme der Schultern, die merklich zusammengezogen waren. Ich erwähne diese Details ihrer körperlichen Erscheinung, weil sie mir unmittelbar Eindruck machten, als sie auf der Couch lag und ich sie beobachtete. Sie sah wie eine jener »Kewpie-Puppen« aus, die man auf Coney Island sehen kann. Die Schultern waren nicht nur zusammengezogen, sondern stark nach vorn gezogen, so daß sie in der Bewegung aussahen, als hätten sie künstliche Gelenke. Etwa den gleichen Eindruck machten die Beine. Es war also erstaunlich, daß sie mit diesem offensichtlichen Mangel an Kraft in Armen und Beinen einen Haushalt mit zwei kleinen Kindern führte.

Alles, was ich über die Lebensgeschichte dieser Patientin erfuhr, bestätigte diese Deutung ihres Charakters als »puppenhaft«. Sie war ein Einzelkind und war verwöhnt worden, wie sie selber sagte. Schon als Kleinkind sah sie »wie ein Engel« aus. In ihrer Autobiographie beschrieb sie die Haltung ihrer Mutter folgendermaßen: »Sie wollte, daß alle mich gern hatten. Ich sollte immer süß und lieb sein und niemals wütend werden – oder sie werden dich nicht liebhaben.« Ihre Mutter nörgelte an ihr wie an ihrem Vater herum. Sie bemerkte, ihr Vater habe einen angespannten Kiefer gehabt. Mit acht Jahren erkrankte sie an Poliomyelitis, wobei Hals, Kiefer und Beine betroffen waren. Es ist auch interessant, daß sie sich als Kind gegen die Angriffe anderer Kinder wehrte, indem sie biß.

Als ich die Patientin auf ihr puppenhaftes Wesen hinwies, hatte sie sofort das Gefühl, ich hätte recht. Später in der Autobiographie fiel ihr wieder ein, daß eine Lehrerin sie als »Puppe« bezeichnet hatte. Trotz ihrer puppenähnlichen Erscheinung hatte diese Patientin eine ziemlich gute Sexualabfuhr, einen guten Realitätskontakt und eine gute Arbeitsfähigkeit. Die Rigidität ihres Körpers, ihres Brustkorbs, des Rückens und des Beckens bestätigte die Diagnose »hysterischer Charakter«. Entsprechend dieser Diagnose interpretierte ich den starren Kiefer als einen Ausdruck der Entschlossenheit, das »nette kleine Mädchen« zu sein, das sie nach dem Willen ihrer Mutter immer hatte sein sollen. Ein leichtes Verziehen des Mundes beim Lächeln und ein Zwinkern mit den Augen ließen mich vermuten, daß hinter dieser Fassade ein Kobold steckte. Diese Beobachtungen befähigten mich, ihr Problem rasch zu analysieren. Sie tat die Arbeit einer Erwachsenen, indem sie ihren Haushalt führte, aber sie versuchte, das »nette kleine Mädchen« zu sein, »alles richtig zu machen« und »bei allen beliebt« zu sein. Ihre Entschlossenheit galt diesen Zielen. Kein Wunder also, daß sie reizbar war. Ich war überrascht darüber, daß sie bisher so gut durchgekommen war. Trotz der Schwäche der Arme und Beine hatte diese Patientin eine Ichstärke, die an dem starren und entschlossenen Kiefer abzulesen war.

In der ersten Sitzung bemühte ich mich, den Kiefer zu lockern. Das rief sofort eine Reaktion hervor: Die Patientin weinte bitterlich. Ich hatte nun keine Schwierigkeiten damit, sie zu veranlassen, Wut auszudrücken. Sowohl verstandes- als auch gefühlsmäßig erkannte sie die Gültigkeit meiner Deutungen.

Darum konnte ich in den folgenden Sitzungen die bioenergetische Arbeit kraftvoller fortsetzen. Jedesmal wurde die »Puppe« lebendiger, der »Kobold« in ihr zog sich immer weiter zurück, und die körperliche Erscheinung der Patientin veränderte sich entsprechend. Arme und Beine wurden kräftiger, die Schultern verbreiterten sich sichtbar, und im Gesicht entwikkelten sich mehr Zeichen der Reife. Die Beschwerden, deretwegen sie in die Therapie gekommen war, wurden allmählich beseitigt. Im Lauf dieser Arbeit wurde die hysterische Einstellung zur Sexualität und zum Mann aufgedeckt und analysiert.
Während diese Patientin mit ihrer puppenhaften hysterischen Struktur für die bioenergetische Analyse und Therapie sehr zugänglich war, erwies sich der Fall des in einem der früheren Kapitel erwähnten Mädchens mit dem »Charakter einer Schneiderpuppe« als viel schwieriger. Zum einen hatte die Gesichtshaut etwas Wachsähnliches, was auf eine viel schwächere Lebenskraft hinwies als die gerade besprochene Patientin sie hatte. Ähnlich wie eine Schneiderpuppe oder eine Puppe – diese Eigenschaft gemahnte ans Panoptikum. Dies wurde ferner bekräftigt durch eine augenfällige Geste: Die Patientin kreuzte, auf dem Rücken liegend, die Arme über der Brust; man brauchte ihr nur noch die Lilie an die richtige Stelle zu legen. Aber auch hier hatten wir es, trotz der Rigidität und der Leblosigkeit, mit einer Charakterstruktur zu tun, die auf der Grundlage einer stabilen Genitalfunktion organisiert war.
Zwei Aspekte dieses letzteren Falles sind sehr interessant. Diese Patientin hatte zwar einen Zustand ziemlich befriedigender Sexualabfuhr erreicht, aber erst relativ spät. Als Jugendliche hatte sie eine Zeit häufiger und promiskuöser sexueller Betätigung genitaler Art durchgemacht. Es war, als hätte sie fast jeder Bitte eines jungen Mannes um Geschlechtsverkehr entsprochen. Keiner dieser Akte führte zu einer befriedigenden Energieabfuhr, obwohl sie nicht frigide war. Später, als eine befriedigende Sexualabfuhr eintrat, hörte ihre Promiskui-

tät auf. Ich habe diese Verhaltensänderung bei einer Reihe von Fällen gesehen; sie hatte auch immer die gleichen Gründe. Dies stützt Reichs Behauptung, eine befriedigende Sexualität sei die beste Garantie für ein natürlich-moralisches Sexualverhalten. Wenn man die Promiskuität deuten will, muß man sie als eine Suche nach einem verlorenen Zustand bei verschiedenen Partnern ansehen, einem Zustand, in dem das Individuum sexuelle Abfuhr erlebt hatte. Zugleich ist sexuelle Promiskuität immer passiv und stellt eine Unterwerfung dar, die ihre Grundlage in der Angst vor dem Mann haben muß. Die fortgesetzte Analyse brachte in diesem Fall die Erinnerung an mehrere heftige Prügeleien mit dem Vater ans Licht, die etwa am Beginn der Pubertät stattgefunden hatten. Er hatte die Patientin heftig geschlagen, weil sie zu später Stunde mit Jungen ausgegangen war.

Ich hatte nicht die Möglichkeit, die therapeutische Arbeit mit dieser Patientin zu Ende zu führen. Die Analyse hatte offenbart, daß ihre passive Haltung das Warten auf einen Mann war, der durch seine Liebe zu ihr das schlummernde Leben wecken würde. Sie war »Dornröschen«. Als sich jedoch im Lauf der Therapie das Leben in ihr regte, entwickelte sich ausgeprägte Angst. Sie wurde als ein klebriges Gefühl erlebt, das der Patientin sehr unangenehm war. Man könnte dieses »Klebrige« als eine Manifestation der bindenden Kraft des Eros ansehen. Die Patientin hatte Angst davor, sich gefühlsmäßig an einen Mann zu binden. Das Problem der Übertragung konnte als Mittler für die Durcharbeitung dieser Haltung dienen und tat es auch. Wie ich schon sagte, ich habe die Therapie nicht zu Ende geführt. Die Patientin ging fort, um zu heiraten, und zog in eine weit entfernte Stadt. Das war an sich schon ein großer Schritt vorwärts. Bevor sie sich verabschiedete, sagte die Patientin mir, sie habe durch die Therapie viel gewonnen.

Frigidität im Sinn des Fehlens jeglicher genitalen Empfindung ist ein rein hysterisches Problem. Man kann sie fast ein Konversionssymptom oder den Ausdruck hysterischer Anästhesie oder Lähmung nennen.* Frauen mit oraler oder masochistischer Charakterstruktur sind niemals frigide. Sie gelangen vielleicht nicht zur genitalen Abfuhr, aber das Empfinden fehlt niemals. Die frigide Frau zeigt in ihrem Verhalten möglicherweise offenkundige sexuelle Gesten. Sie ist sich dieser Gesten natürlich nicht bewußt, da sie kein genitales Empfinden hat. Das Problem ist interessant; im folgenden Fall wird es unter bioenergetischem Blickwinkel analysiert.

Die Patientin war ein Mädchen von achtzehn Jahren. Sie kam in die Therapie, weil sie das Gefühl hatte, ihr Mangel an sexueller Reaktion auf den Mann stelle eine Störung ihrer Persönlichkeit dar. Dieses Gewahrsein beruhte nicht auf irgendeiner Gefühlserfahrung, in der ihre Frigidität als schlimmer Mangel empfunden worden wäre. Zum einen war sie jung. Zum anderen hatte sie die Hoffnung, wenn nur der richtige junge Mann des Weges käme, würde sie nicht versagen. Aber sie war gescheit genug, um zu wissen, daß ihre gegenwärtige Funktionsweise krankhaft war. Dieses Problem hatte noch ein weiteres Element. Wenn sie mit einem Jungen ausging, hatte sie oft Angst, ihr Vater folge ihr. Dies war keine Halluzination, sondern eine Befürchtung.

In der psychoanalytischen Literatur sind mehrere Vergleiche zwischen dem Problem der Frigidität und dem Märchen von Dornröschen zu finden. Ich zweifle kaum daran, daß dieser Vergleich zu recht gezogen wird. Tatsächlich ist bei jeder Frau mit hysterischem Charakter die Hoffnung zu finden, ein idealer Liebhaber werde kommen und die durch Verdrängung gefesselte weibliche Sexualität befreien. Das Phantasieleben des Individuums kompensiert die neurotische Störung immer. Aber das sagt uns in Wirklichkeit wenig über das Problem der Frigidität, d.h. wenn wir sie als das Fehlen jeglicher genitaler

* Otto Fenichel schreibt über dasselbe Problem: »Schließlich gibt es die Fälle totaler Frigidität, deren genitale Erogeneität völlig blockiert ist. In diesen Fällen drückt das »nichts fühlen« die Vorstellung aus: »Ich will nichts damit zu tun haben«, die ein besonderer Fall der allgemeinen Abwehr ist, die in der Entfremdung vom eigenen Körper besteht. Diese Entfremdung ist dieselbe wie die bei den Sinnesstörungen der Hysterie.« (Fenichel, 1945, S. 173)

Empfindung definieren. Wir müssen sie dann als einen Aspekt des umfassenden Problems ansehen, nämlich der Hemmung des sexuellen Empfindens ganz allgemein.
Würden Sie erwarten, Frigidität in Verbindung mit einem hohen Energieniveau im Organismus vorzufinden? So seltsam es erscheinen mag, diese Erfahrung habe ich gemacht. Wo das Energieniveau aufgrund schwerer Rigidität eher niedrig ist, wirkt diese Rigidität selbst als Röhre, die Empfindung ins Genitale leitet. Die klinische Beobachtung von Patienten mit einem niedrigen Energiehaushalt wie z. B. die Patientin im vorigen Kapitel, bei der der Tod das Gesicht kennzeichnete, zeigen niemals diese genitale Anästhesie, die das Merkmal der totalen sexuellen Frigidität ist. Diese junge Frau nun war lebhaft, hatte ein ausdrucksvolles Benehmen, eine warmherzige, angenehme Persönlichkeit und ein rasches Lächeln. Ihr Gesicht war anziehend, ihre Körpergröße durchschnittlich, ihre Gestalt hübsch und gut proportioniert. Sie war körperlich stark und beweglich. Angehörige des anderen Geschlechts würden sie sicherlich erregend finden. Weder in ihrer Arbeitsfähigkeit noch in ihren Beziehungen zu anderen Menschen war etwas, das uns irgendwie einen Hinweis auf den Sinn ihrer Störung geben könnte.
Gerade dieser scheinbare Widerspruch zwischen hoher Energieproduktion mit einer guten Verankerung in der Realität und dem Fehlen genitalen Empfindens macht dieses Problem vom bioenergetischen Standpunkt aus so interessant. Es ist unser Grundpostulat, daß die Genitalfunktion das Realitätsprinzip ausdrückt, und wir haben versucht zu zeigen, daß die charakterliche Haltung jedes Individuums zur Realität sich in seiner Genitalfunktion manifestiert. Der hysterische Charakter ist ein genitaler Charakter, da er im Gegensatz zu den prägenitalen Typen steht. Wir haben gesehen, daß die Pendelbewegung des Ichs an beiden Enden ihrer Bahn sicher verankert ist: in der Genitalfunktion und im realistischen Denken. Ist dieser Fall von Frigidität eine Ausnahme? Können wir diesen scheinbaren Widerspruch erklären?

Meine Antwort auf diese Frage ist, daß hier kein Widerspruch besteht. Diese Patientin hat in dem Sinn eine Genitalfunktion, daß Ladung und Entladung erfolgen, obwohl sie es nicht wahrnimmt. Die Situation ist jener analog, in der Reich sich befand, als er versuchte, das Problem des Masochismus zu begreifen. Reich schrieb: »Erst ein Zweifel an der Korrektheit und Genauigkeit der Aussagen der Patienten ermöglichte einen Durchbruch in das Dunkel...« (Reich, [2]1970, S. 253). Dort ging es um die Frage, wie die Phantasie des Geschlagenwerdens oder das wirkliche Erlebnis als lustvoll empfunden werden kann. Trotz aller gegenteiligen Aussagen von Masochisten haben wir, Reichs Analyse folgend, gesehen, daß weder das Geschlagenwerden noch die Phantasie davon die Quelle der Lust ist. So müssen wir in diesem Fall absoluter sexueller Frigidität nach Aussage der Patientin sowohl an ihrer Aussage als auch an der Möglichkeit einer solchen absoluten Frigidität zweifeln. Wir können übereinkommen, daß jegliche etwa auftretende genitale Erregung unter das Niveau bewußter Wahrnehmung verdrängt wird. Wenn eine solche Verdrängung besteht, wird die Funktion, gegen die sie sich richtet, auf die Stufe unwillkürlicher autonomer Prozesse herabgesetzt, deren man gewöhnlich nicht gewahr wird. Aber bisher haben wir in dieser Analyse das Problem der Frigidität noch nicht gelöst; es ist vielmehr der Widerspruch aufgehoben worden, und wir müssen nun die Frage neu formulieren. Durch welchen Mechanismus kommt es zustande, daß ein starkes libidinöses Strömen keine genitale Erregung hervorruft, die stark genug wäre, um wahrgenommen zu werden? Wenn wir das Problem so ausdrücken, wird sichtbar, daß es die Zentralfrage des hysterischen Symptoms ist oder genauer des chronischen Symptoms oder Zustands der hysterischen Anästhesie. Die psychischen Elemente dieses Problems hat Freud im vorigen Jahrhundert analysiert. Man vergleiche Freuds Abhandlung von 1896 »Zur Ätiologie der Hysterie« oder sogar seine zusammen mit Breuer 1893 verfaßte erste Abhandlung »Über den psychischen Mechanismus hysterischer Phänomene«. In der früheren Abhandlung wies Freud darauf hin, daß sich die Hysterie auf Grund einer Spaltung des Bewußtseins in ein hypnoides und ein normales Bewußtsein entwickle. »Während des [hysterischen] Anfalles ist die Herrschaft über die gesamte Körperinnervation auf das hypnoide Bewußtsein übergegangen.« (Freud, 1893, S. 95). Im hypnoiden Zustand sind die verdrängten Erinnerungen enthalten »mit ihrer vollen Affektbetonung, durch lange Zeit« (S. 88). In der späteren Abhandlung werden weitere Elemente dieses Mechanismus erläutert. Die »verdrängten Erinnerungen« sind infantile Sexualerlebnisse; sie »bleiben zunächst wirkungslos, und wirken pathogen erst später, wenn sie im Alter nach der Pubertät als unbewußte Erinnerungen geweckt werden« (Freud, 1896, S. 449). Das Symptom wird durch die Bemühung der Abwehr einer peinlichen Vorstellung aus dem neueren Erleben bestimmt, die in assoziativer und logischer Verbindung zu den unbewußten infantilen Erlebnissen steht. Freud betont, die infantilen Erlebnisse müßten vor dem achten Lebensjahr stattgefunden haben, damit sich eine Hysterie entwickelt. Es wird zwar über das Wesen dieser Zeitgrenze keine genaue Aussage gemacht, abgesehen von ihrer Beziehung zum »Wachstumsschub der zweiten Dentition«, aber wir können annehmen, daß, wenn das Bewußtsein vor diesem Zeitpunkt nicht affektiv gespalten wird, kein späteres Erlebnis eine solche Spaltung hervorrufen wird. Freuds brillante Einsichten heben das wesentliche Problem hervor, das der Mechanismus des Unbewußten selbst ist.

Wir haben diese Erörterung auf bioenergetischer Stufe begonnen. Kehren wir zu ihr zurück. Auch hier kann Freud uns helfen. In seiner Schrift »Über die Berechtigung, von der Neurasthenie einen bestimmten Symptomenkomplex als ›Angst-Neurose‹ abzutrennen« sagt er: »...hier wie dort [bei Angstneurose und Hysterie] eine psychische Unzulänglichkeit, der zufolge abnorme somatische Vorgänge zustandekommen. Hier wie dort tritt an Stelle einer psychischen Verarbeitung eine Ablenkung der Erregung in das Somatische ein« (Freud,

1894a, S. 342). Dies bedeutet, daß die Hysterie im Grunde ein Problem der Angst ist. Die hysterische Prädisposition ist die Neigung zur Angst, beruhend auf einem Energiehaushalt, in dem die Energieproduktion auf dem Niveau der Energieabfuhr gehalten wird. Alles, was die Energieproduktion über dieses Niveau hinaus steigern würde, könnte zu Hysterie führen (der hysterische Anfall als Angstreaktion). Jede Situation, die eine Abnahme der Energieabfuhr unter das Niveau der Energieproduktion verursachen würde, könnte eine Angstneurose erzeugen. Dies ist das Wesentliche der Bemerkungen Freuds aus dem Jahr 1896 über die Angst. Die spezifischen Situationen, die er anführte, waren: Abstinenz, Koitus interruptus, Angst bei Menschen im Klimakterium usw. Im Fall der heranreifenden Mädchen, die zum ersten Mal mit dem sexuellen Problem zusammentreffen, ist die Angstneurose »in fast typischer Weise mit Hysterie kombiniert« (S. 325).
Beim hysterischen Chrakter ist die Energiemenge, die den Genitalapparat wie das Gehirn mit jeder Pendelbewegung erreicht, herabgesetzt. Das Wesen dieser Bewegung selbst erfordert, daß weder das eine noch das andere Ende mit mehr Energie geladen werden kann. Wir können noch weiter gehen, als den Genitalapparat mit dem Gehirn gleichzustellen. Das Geschlechtsorgan, das nur ein Teil des gesamten Sexualapparats ist, entspricht dem Vorderhirn. Psychische Unzulänglichkeit entspricht daher genitaler Unzulänglichkeit. Das eine existiert nicht ohne das andere. Der beteiligte Prozeß ist eine Einschränkung an jedem Endpunkt der Pendelbewegung. Wenn die Energieproduktion hoch ist, kann diese Verringerung nur eintreten, wenn Energie von der Pendelbewegung weg in andere Kanäle als Hirnrinde oder Genitale abgelenkt wird; irgendein »abnormer somatischer Vorgang« ist die Folge. Diese Bemerkung Freuds erinnert an Reichs Feststellung, der Mensch mit hysterischem Charakter habe eine »spezifische Art von körperlicher Agilität deutlich sexueller Nuance«. Aus dieser Studie können wir ableiten, daß eine Ablenkung der Erregung Energie vom Genitale und von der Hirnrinde

abgezogen hat, wenn ein starker Libidostrom keine ebenso starke genitale Erregung erzeugt.*

Wenn wir zu unserem Fall der sogenannten absoluten sexuellen Frigidität zurückkehren, bei dem die Energieproduktion ziemlich hoch ist, sollten wir damit rechnen, Manifestationen der abgelenkten Energie in Form von Körperbewegung zu finden. Zu den offenkundigsten dieser Manifestationen gehört eine Art des Lächelns, manchmal auch Lachens, das der Betreffende nicht beherrschen kann und das durch einen Blick oder eine Berührung ausgelöst wird. Auffallender sind die ständigen kleinen Bewegungen des Körpers, die sofort Angst auslösen, wenn sie unterdrückt werden. Der allgemeine Eindruck ist, diese Körper seien sehr lebendig und unrigide. Aber sie sind offensichtlich sowohl psychisch als auch muskulär gepanzert. Der Kiefer ist ziemlich stark und entschlossen. Aber man findet nicht die plattenartige Panzerung auf Brust oder Rücken, die für die vorigen Fälle charakteristisch war. Muskelverspannungen bestehen überall, aber sie sind überraschend flexibel. Man muß sie sich wie einen Kettenpanzer vorstellen, der viel wirksamer ist als die plattenartige Panzerung der rigideren Strukturen.

Dieser flexible, netzartige Panzer macht die Verschiebung der Verspannungen möglich. Er ist therapeutisch schwerer angreif-

* Ein weiterer Folgesatz dieser Theorie kann hier erwähnt werden, wenn auch seine vollständige Ausarbeitung einer anderen Gelegenheit vorbehalten bleibt. Das Unbewußte muß mit diesem Abnehmen der Ladung zu tun haben. Beim Menschen mit hysterischem Charakter sind es gerade genitale Erlebnisse, die verdrängt, und genitale Empfindungen, die gehemmt werden. Therapieergebnisse bestätigen diesen Zusammenhang. Wenn die genitale Ladung zunimmt, kehrt die Erinnerung an sexuelle Erlebnisse in der Pubertät oder in der Kindheit zurück. Um dieses Phänomen zu erklären, braucht man nicht zu postulieren, daß die Erinnerung in den Muskelverspannungen eingesperrt ist. Die Ausweitung der Energiebewegung beeinflußt immer beide Enden. Wenn sie sich nach unten ausweitet, weitet sie sich auch nach oben aus. Es ist daher nicht überraschend, daß die Repräsentation des Körpers im motorischen Bereich der Kortex die Form eines auf den Kopf gestellten Menschen hat: Der tiefste Punkt des Körpers nimmt in der kortikalen Repräsentation des Körpers den höchsten Punkt ein. Das Unbewußte hat sowohl eine psychische als auch eine bioenergetische Bedeutung.

bar als der starre plattenartige Panzer. Wenn man z. B. durch Bearbeitung des Brustkorbs die Atmung mobilisiert, kann die Abwehr auf den Hals übergehen, um die Energieabfuhr zu verhindern. Der große Vorteil dieser Art von Panzerung besteht darin, daß sie mehr Bewegung innerhalb des Panzers erlaubt. Außerdem funktioniert ihre maschenartige Struktur wie Poren, durch die eine gewisse Energiemenge entladen werden kann. Eine solche Panzerung ermöglicht eine größere Energieproduktion, während sie zugleich dazu dient, Angst zu binden und Verletzungen zu verhindern. Trotzdem vermindert sie die Empfindung und schränkt den Ausdruck von Impulsen ein. Nur ein solcher Panzer kann das genitale Empfinden bei einem hoch geladenen Organismus so weit verhindern, daß es unterhalb der Wahrnehmungsebene bleibt. Der größere Teil der Energie wird in die Muskulatur abgeleitet, wo sie eine Reihe kleiner Bewegungen innerhalb des Panzers auslöst und schließlich durch die Poren abgeführt wird. In diesem Sinn überflutet die genitale Libido beim hysterischen Charakter den ganzen Organismus wie ein »flexibler« oder sich verschiebender Masochismus.*

Das Problem des maschenartigen, flexiblen Panzers hat noch einen anderen Aspekt. Da die einheitliche Energiebewegung unterbrochen wird, um starkes genitales Empfinden zu verhindern, ist die Bewegungsform, die entsteht, eher segmentär als einheitlich. Eine Patientin sagte mir, sie fühle, daß sich ihr Becken beim Geschlechtsverkehr von einer Seite zur anderen und wieder zurück bewege. Sie beschrieb es als ein »Sich-Winden«. Angesichts eines maschenartigen Panzers, segmentärer Bewegungen in Form des Sich-Windes und eines starren

* Man vergleiche dies mit Ferenczis Bemerkungen zu demselben Problem: »Diese scheinbar harmlosen Betätigungen können nämlich sehr gut zu Verstecken der Libido werden... Merkt dann der Patient, daß diese Befriedigungsmöglichkeiten dem Analytiker entgehen, so heftet er alle seine pathogenen Phantasien an diese, verschafft ihnen auf kurzem Wege immer wieder die Abfuhr in die Motilität und erspart sich die mühe- und unlustvolle Arbeit, sie zum Bewußtsein zu bringen«. (Ferenczi, 1919a, S. 6)

Kiefers fühlt man sich an eine Schlange erinnert. Reich bezieht sich offenbar auf diese Art des Panzers als den hysterischen Charakter, denn sie stimmt mit seiner Beschreibung dieses Typus überein, der, wie er sagt, »eine spezifische Art von körperlicher Agilität deutlich sexueller Nuance« hat. Der Orgasmusereflex andererseits beugt den Körper zu einem Bogen, der von den Schultern zum Becken reicht.
Das Problem der Frigidität als absoluter sexueller Frigidität ist das Problem des Vermeidens genitaler Erregung vermittels Bewegungen des Sich-Windens, die selbst ein Ausdruck von Negativität sind. Das Sich-Winden ist eine natürliche Reaktion auf Schmerz oder Unlust, wenn die Fluchtmöglichkeit blockiert ist und der Organismus nicht erstarrt. Zweifellos entwickelte sich das Sich-Winden unter Bedingungen, die es der Patientin nicht ermöglichten, sich unlustvoller Erregung zu entziehen. Diese Bedingungen entsprechen jenen, unter denen ein Erwachsener einem kleinen Kind gegenüber sexuell aggressiv wird. Die Kombination von sexueller Erregung und Angst hält das Kind in einer angsterfüllten Situation fest. Das Kind windet sich. Wir kommen also auf Freuds früheste Aussagen über die Ätiologie der Hysterie zurück. Man darf dabei jedoch eine wichtige Unterscheidung nicht außer acht lassen. Freud untersuchte den hysterischen Anfall und das hysterische Symptom. Die hysterische Charakterstruktur, die die Grundlage sowohl des Symptoms als auch des allgemeinen Verhaltens bildet, hat einen umfassenderen Ursprung.
Das Sich-Winden im Zusammenhang mit sexueller Erregung beschränkt sich nicht auf Erlebnisse, bei denen ein Kind sexueller Aggression von seiten eines Erwachsenen ausgesetzt ist. Man denke an den Fall eines fünfjährigen Kindes, das gerade mit großer Lust masturbiert und dann von einer zornigen Mutter dabei überrascht wird. Wenn das Kind starke Angst empfindet, könnte es »einfrieren«, wie wir sagen. Diese Reaktion bringt meist die starre, plattenartige Panzerung hervor. Wenn die Angst weniger groß ist, weil die Mutter weniger bedrohlich ist, das Kind aber dem unangenehmen

Erlebnis ausgesetzt ist, seine Handlungen erklären zu müssen, kann die Kombination von Erregung und Angst bewirken, daß das Kind sich windet. Dieser Reaktionstypus wird zur Grundlage des flexiblen, maschenartigen Panzers.

Beide Arten der Panzerung haben den Zweck, die Energieproduktion einzuschränken. Sie bewirken dies durch eine Herabsetzung der Beweglichkeit und der Atmung. Der plattenartige Panzer ist einschränkender und weniger wirksam. Da er ein Ausdruck eines »Gefriervorgangs« ist, entsteht er bei Organismen, denen es an einer sehr hohen Ladung fehlt. Der stärker geladene Organismus friert nicht so leicht ein. Hitze ist eine Funktion der Energieladung. Diese Unterscheidungen sollen die charakterologische Ähnlichkeit dieser beiden Strukturen nicht verbergen. Die Art des Panzerungsvorgangs selbst muß uns zu erkennen geben, daß die sexuelle Aggression als Abwehr eingesetzt wird.

Aus dem besprochenen Fall von Frigidität dürfen wir nicht schließen, daß eine Frau mit hysterischem Charakter und einem flexiblen Panzer unbedingt frigide sein muß. Das Gegenteil ist viel häufiger der Fall. Die flexible Panzerung ist im allgemeinen mit einem hohen Grad genitaler Potenz verbunden. Ich behaupte jedoch, daß sich die sogenannte absolute genitale Frigidität nur bei dieser Charakterstruktur entwickeln kann.

Die Tendenz, sich zu winden, die diesem Strukturtypus zugrundeliegt, hilft ein Phänomen erklären, das analytische Autoren mit genitaler Erregung in Verbindung gebracht haben. Viele Mädchen und Frauen zeigen eine ausgeprägte Reaktion beim Anblick einer Schlange. Man hat dies als Angst vor dem Penis gedeutet, den die Schlange symbolisiert. In Wirklichkeit haben die Betreffenden dem Penis selbst gegenüber keine solche Reaktion. Besonders die lebendige Schlange erzeugt bei diesen Frauen das Gefühl, das eine Mischung aus Faszination und Abscheu ist. Können wir nicht sagen, daß es die eigenartigen Bewegungen der Schlange sind, die bei diesen Personen verdrängte Empfindungen des Sich-Windens reaktivieren, zusammen mit Gefühlen sexueller Erregung und Angst, die damit verknüpft sind? Und daß diese von sehr frühen Erlebnissen herrühren, die verdrängt worden sind? Ich glaube, man kann zeigen, daß diese Reaktion auf Schlangen auf diesen Typus der Charakterstruktur beschränkt ist.

Bei der Analyse des Individuums können wir die Panzerung nicht immer als rigide oder flexibel bezeichnen. Ein gewisses Maß des Sich-Windens kann man bei allen rigiden Strukturen entdecken. Die Charakteranalyse beruht auf vorherrschenden Tendenzen. Das soll nicht heißen, daß andere Züge übersehen würden. Sie sind Teil der Konstellation, die den individuellen Charakter bildet. Wir müssen die hysterische Charakterstruktur als eine Klassifikation betrachten, zu der wir weibliche Persönlichkeiten mit einer rigiden Ich-Struktur zählen, die entweder eine flexible, maschenartige Panzerung oder einen unflexiblen, plattenartigen Panzer zeigen und Aggression als Abwehr einsetzen. Der Mensch mit dem unflexiblen Charakter benützt die Genitalität, um tiefere sexuelle Gefühle abzuwehren, während jener mit dem flexiblen Charakter oberflächliche sexuelle Bewegungen benützt, um die genitale Erregung zu verringern. In beiden Fällen haben wir es mit einem Abwehrmechanismus zu tun, der das Gefühl oder die Energieladung und -entladung einschränkt.

Die Art der Panzerung richtet sich nach dem gesamten Muskelzustand des Organismus. Wo der Panzer unflexibel ist, umgrenzt er ein Rohr, das weiter oder enger, weicher oder härter sein kann. Gelegentlich erkennt eine Patientin diese Struktur. Eine Patientin meinte, sie sei in eine »Hülse aus Nirostastahl« eingeschlossen, die eben unterhalb der Körperoberfläche liege. Innerhalb dieses Rohrs strömt die Energie in Längsrichtung des Körpers. Wenn die Röhre starrer wird, werden Atmung, Gefühl und emotionaler Ausdruck entsprechend herabgesetzt. Aber auf Grund der Tatsache, daß Kopf und Genitalien immer zusammenhängen, werden die Funktionen von Realität und Genitalität ständig aufrechterhalten.

Die Rigidität der Ich-Struktur hängt von diesem Vorgang der

muskulären Panzerung ab. Diese Panzerung unterscheidet sich von den spezifischen Verspannungen beim oralen oder masochistischen Charakter insofern, als sie total ist und das Muskelsystem ganz umfaßt. Sie verhindert den Zusammenbruch, der den Masochisten kennzeichnet, und liefert eine Verankerung in der Realität, die beim oralen Charakter fehlt. Aber sie ist ein neurotischer Abwehrmechanismus, der bei der Frau eine hysterische Charakterstruktur erzeugt.

Rigidität der Ich-Struktur und Panzerung sind eine Folge genitaler Frustration. Deprivation führt zu innerer Leere und Oralität, Unterdrückung zu schwerer innerer Verspannung und Masochismus. Genitale Frustration in der ödipalen Phase erzeugt ein Sich-Versteifen. Es ist, als sage das Kind: »Weil du meine Liebe ablehnst, werde ich mich fesseln, um sie dir nicht noch einmal anzubieten. Auf diese Weise kann ich nicht gekränkt werden.«

Da weder der Orale noch der Masochist sich auf einer Ich-Ebene bis zur genitalen Stufe entwickeln, sind sie nicht in der Lage, ihre Liebe anzubieten. Der Mensch mit oralem Charakter möchte vielmehr geliebt werden; der Masochist möchte anerkannt werden. Natürlich zeigt jeder Mensch einige orale und einige masochistische Züge. In dem Maß, in dem sie in der Ich-Struktur vorhanden sind, schwächen sie jede Rigidität ab, die das Kind später vielleicht entwickelt. Bei der Charakteranalyse eines Patienten müssen diese Elemente in der allgemeinen Struktur definiert werden. Das Vorhandensein oraler und masochistischer Züge erzeugt keinen gemischten Charaktertypus. Wir müssen noch einmal betonen, daß die Charakteranalyse sich auf vorherrschende Verhaltensmuster gründet. Aber man stellt nicht selten fest, daß entweder das orale oder das masochistische Element ebenso stark ist wie die Rigidität. In solchen Fällen haben wir echte gemischte Charaktertypen vor uns. Diese sollen im 15. Kapitel besprochen werden.

Die Rigidität der Ich-Struktur ist eine Eigenschaft der Realitätsfunktionen, die die Genitalität mitumfaßt. Sie ist zwar eine

Folge genitaler Frustration, kann sich aber nur bei einer Ich-Struktur entwickeln, die im wesentlichen bis zur genitalen Stufe fortgeschritten ist. Soll man sagen, Rigidität sei an sich schon krankhaft? Da Frustration eine Lebenserfahrung ist und bleiben wird, müssen wir sagen, daß die Fähigkeit, sich zu versteifen, um Frustration zu ertragen, eine natürliche Abwehrreaktion des Organismus ist. Sie wird nur krankhaft, wenn sie zum Charakter, d. h. zur einzigen Reaktionsweise wird, deren das Individuum fähig ist. Das rigide Ich ist unflexibel; es verweigert das gesunde Geben und Nehmen, es leidet an einem Mangel an Anpassungsfähigkeit. Ähnlich können wir sagen, der Zusammenbruch des Masochisten sei nur deshalb krankhaft, weil er seine einzig mögliche Reaktion auf Druck ist. Dem Masochisten fehlt die Fähigkeit, sich in Drucksituationen zu versteifen. Der Mensch mit oralem Charakter ist nicht deswegen krankhaft, weil er geliebt werden will. Die Struktur ist neurotisch, weil diese die einzige Reaktion ist. Angemessenere Haltungen, um die verschiedenen Realitätsanforderungen des Lebens zu erfüllen, sind nicht entwickelt worden. In diesem Licht wird die Charakterneurose als die Einschränkung des Verhaltens auf spezifische Verhaltensmuster angesehen, wobei die weite Spanne emotionaler Reaktionen, die das erwachsene und reife Ich kennzeichnen, ausgeschlossen bleibt.

Wenden wir uns nun der Untersuchung des Problems der charakterlichen Rigidität beim Menschen zu.

14 Der phallisch-narzißtische Charakter

Charaktertypen werden psychologisch durch ihre Ich-Struktur unterschieden, d. h. durch ihre Einstellung zur Realität. Bioenergetisch kann man sie nach ihrer Genitalfunktion unterscheiden. Der orale und der masochistische Charakter werden als prägenitale Typen eingeordnet: Ihr Kontakt zur Genitalität ist unsicher, ihre Einstellung zur Realität ist infantil oder kindlich. Beide sind ungepanzerte Strukturen. Demgemäß müssen wir alle Charakterformen, die in der Genitalität verwurzelt, mehr oder weniger gepanzert und mehr oder weniger sicher in ihrer Beziehung zur Realität sind, in einer Kategorie zusammenfassen. In demselben Maß, in dem eine genitale Charakterstruktur neurotisch ist, manifestiert sich die Neurose psychisch und somatisch als Rigidität. Aus diesem Grund bezeichnen wir diese Art der neurotischen Charakterstruktur als rigide. Wir haben gesehen, daß zu dieser Kategorie der hysterische Charakter gehört, der die Form ist, die diese Störung bei Frauen annimmt. Das männliche Gegenstück zum hysterischen Charakter, d. h. die Form, die die Rigidität bei Männern annimmt, nennt man den phallisch-narzißtischen Charakter.

Bevor wir dazu übergehen, diesen Charaktertypus zu untersuchen, wäre es angebracht, zu erklären, warum zwischen einem männlichen und einem weiblichen Typus der rigiden Struktur unterschieden wird. Bei der Besprechung des oralen und des masochistischen Charakters wurde kein Unterschied zwischen den Geschlechtern gemacht. Das Problem der Oralität und das Problem des Masochismus unterscheiden sich bei den Geschlechtern nicht. Das ergibt sich auch aus dem Umstand, daß beide prägenitale Strukturen sind. Andererseits ist das genitale Problem für den Jungen anders als für das Mädchen. Die durch

die Rigidität verursachte Grundstörung beeinflußt zwar das Funktionieren beider Geschlechter in gleicher Weise, aber das manifeste Verhaltensmuster ist je nach dem Geschlecht verschieden.
Reich sagte, der phallisch-narzißtische Charakter sei formuliert worden, um einen Typus zu schaffen, der »zwischen [den Formen] der Zwangsneurose und denen der Hysterie« stehen sollte (Reich, [2]1970, S. 235). Die Hysterie ist jedoch kein Charaktertypus, sondern ein Symptom. Das Symptom wird zwar im allgemeinen mit dem Charakter in Zusammenhang gebracht, dieser Zusammenhang besteht aber nicht notwendigerweise. Die hysterische Lähmung kommt bei Männern nicht vor. Die Symptombildung ist von besonderen Bedingungen abhängig, während die Dynamik der Charakterstruktur ein bleibendes Phänomen ist. Die Unterscheidungen, die Reich zwischen dem Zwangscharakter und dem phallisch-narzißtischen Charakter traf, beruhten auf Zügen und nicht auf der Dynamik der beteiligten energetischen Prozesse. »Ist der Zwangscharakter überwiegend gehemmt, verhalten und depressiv, der hysterische Charakter nervös, agil, ängstlich, sprunghaft, so der typische phallisch-narzißtische im Auftreten selbstsicher, manchmal arrogant, elastisch, kräftig, oft imponierend« (a. a. O.). Meine Erfahrung mit vielen Patienten hat gezeigt, daß diese Züge nicht so scharf abgegrenzt sind. Arroganz ist oft das Kennzeichen von Menschen mit starken zwanghaften Zügen. Elastizität und Agilität können verwechselt werden. Diese Verwechslung ist in der folgenden Bemerkung Reichs deutlich. Über den phallisch-narzißtischen Charakter schrieb er: »In den Gesichtszügen treten häufiger Härte und scharfe männliche Linien, sehr oft aber auch trotz athletischem Habitus feminine, mädchenhafte hervor (sogenanntes ›Milchgesicht‹« (a. a. O.).
Reich und andere Analytiker benützten die Bezeichnung »hysterischer Charakter«, um sowohl männliche als auch weibliche Charaktertypen zu benennen. Ich ziehe es vor, den hysterischen Charakter auf die weibliche Struktur zu beschrän-

ken. Der Grund dafür ist, daß die Beschreibung des männlichen hysterischen Charakters dem passiv-femininen Strukturtypus ähnlich ist, der ein Mischtypus ist, und enger mit dem Masochismus verwandt ist als mit dem genitalen Strukturtypus. Man kann den passiv-femininen Typus als eine der Unterabteilungen des masochistischen Problems ansehen, als das, was Freud den femininen Typus des Masochismus nannte. Wir wollen diesen Typus im folgenden Kapitel besprechen. Der phallisch-narzißtische Charakter bezeichnet eine Persönlichkeitsstruktur, die in der Realität gegründet und in der Genitalität verankert ist, und zwar mit Hilfe von Ich-Abwehrmechanismen, die bei den prägenitalen Strukturen fehlen.

In bezug auf die Unterscheidung zwischen dem Zwangscharakter, der im wesentlichen ein europäischer Typus ist, und dem phallisch-narzißtischen Charakter werde ich zeigen, daß der Unterschied nur graduell ist und keiner eigenen Bezeichnung bedarf. Das heißt also nicht, daß das Konzept vom Zwangscharakter ungültig ist. Unter dem Gesichtspunkt der Symptomatik kann man einen Zwanghaften vom typischen phallisch-narzißtischen Charakter unterscheiden, und wenn eine Analyse als Symptom- oder Widerstandsdeutung durchgeführt wird, hat eine solche Unterscheidung ihren Wert. Bioenergetisch gesehen sind beide rigide, gepanzerte Strukturen, die sich nur gradweise unterscheiden. Sehen wir uns jedoch zunächst einen typischen phallisch-narzißtischen Charakter an, dann sind solche Varianten, die zu zwanghaftem Verhalten führen, leichter zu verstehen. Dies ist ein Fall, den ich vor einigen Jahren behandelt habe.

Ein junger Mann Anfang Dreißig kam wegen ejaculatio praecox in die Therapie. Freunde hatten ihm von meiner Arbeit erzählt, und er hoffte, ich könnte seine Sexualfunktion verbessern. Er kam etwa eine Minute nach dem Eindringen zum Höhepunkt, und da dies immer viel früher war, als seine Partnerin zu ihrem Höhepunkt gelangte, störte ihn dies. Außerdem hatte er Reichs Buch *Die Funktion des Orgasmus* gelesen, und er meinte, er sollte beim Geschlechtsverkehr mehr Lust empfinden als er erlebte. Er war Rechtsanwalt von Beruf, ziemlich erfolgreich bei seiner Arbeit und zuversichtlich im Hinblick auf seine Zukunft. Als er die Therapie begann, plante er, zu heiraten. Die Tatsache, daß seine Verlobte in Analyse gewesen war, beeinflußte ebenfalls seinen Entschluß, sich in Behandlung zu begeben.

Ich erwähne diese Fakten ausführlich, weil der typische Vertreter des phallisch-narzißtischen Charakters nicht oft in die analytische Therapie kommt. Sie sind im allgemeinen erfolgreich in ihrer Arbeit, ziemlich gut an ihr soziales Milieu angepaßt und wirken auf das andere Geschlecht sexuell attraktiv. Wie Reich sagt, ist einer ihrer wichtigsten Züge »aggressiver Mut«, der häufig Erfolg und die »Erringung führender Positionen« zur Folge hat. Andererseits »(erfüllt) dieses aggressive Verhalten selbst eine Abwehrfunktion«. Wenn wir diesen Umstand akzeptieren, ist Reichs Begriff vom »genitalen Charakter« eine Idealisierung; der Mann mit phallisch-narzißtischem Charakter kann von fast vollständiger Gesundheit bis zu schwerer Neurose viele Erscheinungsformen zeigen. Reich erkannte dies, denn er schrieb: »Die sozialen Leistungen sind dank der freien Aggression bei den relativ unneurotischen Vertretern des Typs stark, impulsiv, energisch, treffsicher und meist produktiv; je neurotischer der Charakter, desto mehr erscheinen die Leistungen verrannt, ohne es in Wirklichkeit immer zu sein, und einseitig« (Reich, [2]1970, S. 236). Diese Beschreibung paßte auf den Patienten, von dem ich spreche, und daher war der Umstand, daß er sich einer analytischen Therapie unterzog, etwas ungewöhnlich.

Der Patient zeigte das selbstbewußte Auftreten, das man von einem ziemlich erfolgreichen Rechtsanwalt erwarten würde. Er hatte Selbstvertrauen, war freimütig und dennoch auf der Hut. Er war mittelgroß, sein Körper war gut entwickelt und gut proportioniert. Er berichtete, er habe schon immer Sport getrieben und tue es auch jetzt noch. Sein Gesicht war ausdrucksvoll, die Augen lebhaft und offen, der Mund war ungezwungen und neigte zum Lächeln, der Kiefer war eher fest und entschlossen. Auf der Couch bemerkte man die breiten Schultern, den vollen Brustkorb, die schmalen Hüften und die ziemlich angespannten Beine. Er neigte zur Bauchatmung; der Brustkorb wurde in der Einatmungshaltung festgehalten.

Ich fing an, indem ich den Patienten auf die Unbeweglichkeit seiner Brust hinwies. Ich ermutigte ihn, zu versuchen, den Brustkorb sich mit der Atmung mitbewegen zu lassen, und nach einiger Zeit gelang es ihm auch. Sein Gesicht zeigte eine gewisse Besorgnis. Manchmal ist es möglich, in der ersten Sitzung einen dramatischen Effekt zu erreichen – das geschah hier. Ich bat den Patienten, die Augen weit zu öffnen, die Stirn hochzuziehen und dann den Kiefer fallenzulassen. Er schrie auf wie von Schreck ergriffen. Die Reaktion kam blitzschnell. Er sagte mir, er habe das Gefühl, er würde einen sehr erschreckenden Gegenstand sehen. Als der Patient den Gesichtsausdruck wiederholte, kam der gleiche Schrei, aber es war kein Gegenstand zu sehen. Dieses eindrucksvolle Ereignis zeigte, daß das Selbstvertrauen des Patienten eine tiefsitzende Angst verdeckte und selbst eine Abwehr gegen diese Angst war.

Nachfolgende Sitzungen waren ziemlich stark affektgeladen. Eine Zeitlang erzeugte das Atmen bei dem Patienten starke Gefühle des Strömens, die sich als Ziehen und Kribbeln in Armen und Beinen manifestierten. Einmal wurden die Ströme so stark, daß seine Hände in einer Parkinsonschen Kontraktur erstarrten. Schlagen rief starke Wutgefühle gegen jemanden hervor, von dem sich später herausstellte, daß es der Vater des Patienten war. Als der Patient die Wut als etwas erlebte, das sich spezifisch gegen seinen Vater richtete, fiel ihm wieder ein, daß er von ihm Schläge bekommen hatte, weil er sich zu weit von zu Hause entfernt hatte. Diese ersten Sitzungen brachten, wie in so vielen Fällen, eine deutliche Besserung bei dem Patienten hervor. Er fühlte sich lebendiger und war in besserer Stimmung als seit langer Zeit. Diese Besserung hält gewöhnlich nicht an, weil sie ein Zeichen der Lockerung von Spannungen ist, die an der Oberfläche des Hauptcharakterpanzers oder der

Hauptblockierung liegen. Sie liefert jedoch die Motivation für die schwierige Aufgabe der Umstrukturierung des Charakters, die folgt.

Die erste Phase dieser Therapie war sehr ermutigend. Der Patient selbst war begeistert. Er stellte sich vor, all seine Schwierigkeiten würden binnen kurzem beseitigt sein. Wir nahmen die Arbeit nach dem Sommerurlaub wieder auf, den der Patient höchst angenehm verbracht hatte. Die spezifische Arbeit ging weiter wie vorher. Diesmal rief das Atmen keine besonderen Empfindungen hervor. Das Schlagen war genauso entschieden wie eh und je, aber es traten wenig Wutgefühle auf und keine Erinnerungen. Im Gegensatz zur ersten Phase vergingen Monate ohne jeden Fortschritt. Als diese Therapie begonnen wurde, hatte ich die Dynamik der Charakterstruktur noch nicht vollständig ausgearbeitet. Die Analyse wurde in bezug auf die Haltung des Patienten und auf seine beruflichen, sozialen und sexuellen Erlebnisse durchgeführt. Obwohl uns beiden klar war, daß der Patient sich weder in der Arbeit noch in der Liebe völlig hingab, waren meine Bemühungen, seinen Charakter zu verändern, und die Gefühle im Kern seines Wesens aufzuschließen, erfolglos. Und so vergingen sechs Monate.

Wenn man in einer analytischen Therapie in eine Sackgasse dieser Art gerät, liegt es oft daran, daß zwar das allgemeine Verhaltensmuster verstanden wird, daß man aber die zugrundeliegende Dynamik des Verhaltens und die spezifische Qualität der individuellen Struktur nicht begreift. In diesem Fall wußten sowohl der Patient als auch ich, daß er ehrgeizig war. Wir wußten auch, daß er Angst davor hatte, sich tief mit einer Frau einzulassen, und daß er an ejaculatio praecox litt. Alle Elemente der phallisch-narzißtischen Charakterstruktur waren klar umrissen. Aber die Rigidität von Körper und Seele ließen sich nicht ändern. Die eine Emotion, die nicht zum Ausdruck kam, war Weinen, und ich konnte diese Emotion nicht auslösen. Der Schlüssel zur Persönlichkeit zeigte sich, als es so aussah, als könnte die Therapie vielleicht scheitern.

Ich fragte den Patienten, ob er es für möglich halte, daß die Behandlung fehlschlagen könnte. Seine Antwort war »nein«. Als ich ihn in bezug auf diese Antwort befragte, sagte er, es sei ihm noch nie eine Unternehmung mißlungen. Er war nie in einer Prüfung in der Schule durchgefallen; mehr noch, seine Noten waren weit überdurchschnittlich. Gesellschaftlich und beruflich war es ihm immer gelungen, zu erreichen, was er wollte. Wie brachte er das fertig? Durch Beharrlichkeit. Wenn er nach einem Ziel strebte, das ihm sehr wichtig war, hatte er keine Ruhe, bis er das Gefühl hatte, er tue alles, was nötig sei, um den Erfolg seiner Bemühungen zu sichern. Soviel ich erfahren konnte, nachdem ich diesen Punkt etwas ausführlicher besprochen hatte, war es keine Zwangsvorstellung. Die Vorstellung des Scheiterns war dem Patienten unerträglich, aber nur, wenn das Ziel wichtig war. In einem solchen Fall erzeugte der Gedanke an einen Mißerfolg starke Angst, und der Patient verdoppelte seine Anstrengungen, um den Erfolg sicherzustellen. Die Entschlossenheit, Erfolg zu haben, beruhte ebenso auf der Angst vor dem Scheitern wie auf dem Lohn des Erfolgs. Dieser Verhaltensrahmen war weit genug gesteckt, um eine ziemlich große Flexibilität zu ermöglichen. Ziemlich viel Mißerfolg konnte akzeptiert werden, ohne daß dies Angst erzeugte, und zwar durch einen Mechanismus, der die Wichtigkeit von Zielen verschob. Dieser Mechanismus wirkte außerdem in den wichtigeren Bereichen des Strebens.
Jetzt verstand ich, warum die Therapie im vergangenen Halbjahr keine Fortschritte gemacht hatte. Seiner Wesensart gemäß arbeitete der Patient darauf hin, ein spontanes Gefühl zu erreichen. Es ist derselbe Widerspruch, der in der Bemerkung steckt: »Versuche, dich zu entspannen«. Der Patient war entschlossen, zu lieben; d.h. seinen zärtlichen Gefühlen nachzugeben. Aber die Entschlossenheit bedeutete einen festen, harten Kiefer, verspannte Schultern, einen versteiften Rücken. Gerade diese Haltung war der Hauptwiderstand gegen die Therapie, die hauptsächliche Charakterblockierung und der Ausdruck der wichtigsten Muskelverspannungen.

Wenn der Schwung und die Entschlossenheit des Patienten die Faktoren waren, die für seinen gesellschaftlichen und beruflichen Erfolg verantwortlich waren, so waren sie andererseits auch für den Hauptaspekt seiner Neurose verantwortlich.

Meine Reaktion bestand darin, dem Patienten einfach zu sagen: »Versuchen Sie's nicht. Das ist keine Schule mit Plus- und Minuspunkten für Verhalten oder Leistung. Meine Aufgabe ist es, Sie von dem Druck zu befreien, nicht, ihn zu vermehren. Sie werden hier so akzeptiert, wie Sie sind, nicht unter der Bedingung, daß Sie tun, was ich will.« Ich war erstaunt über die Wirkung, die diese beruhigenden Worte auf den Patienten hatten. Seine Augen füllten sich mit Tränen, und er begann, leise zu weinen. Hier war der spontane Ausdruck eines weichen Gefühls, auf den wir hingearbeitet hatten. Er kam als ein Phänomen der Lockerung zustande. Ich glaube nicht, daß dieser Patient geweint hätte, solange er sich in der Therapie unter Druck gefühlt hätte. Das ergibt sich aus dem Wesen der rigiden Struktur. Druck, Verantwortung und Bemühen erzeugen eine Versteifung oder Zunahme der Rigidität. Da das Weinen, an dem der ganze Körper beim Schluchzen beteiligt ist, eine krampfartige Lockerung von Verspannungen ist, fällt es rigiden Organismen recht schwer, zu weinen. Daraus folgt das allgemeine Prinzip, daß man bei einer rigiden Struktur den Betreffenden nur zum Weinen bringen kann, indem man den Druck fast bis zum Bruchpunkt steigert und ihn dann rasch aufhebt. Unter diesen Umständen ist das Weinen oft ein sehr lustvolles Erlebnis.

In den darauffolgenden Sitzungen konnte der Patient einige der psychischen Faktoren und früheren Erlebnissen erläutern, die bei ihm zur Blockierung des Weinens geführt hatten. Er glaubte nicht, Weinen sei ein Zeichen von Schwäche oder Weibischkeit. Viele Männer bringen diese Gefühle zum Ausdruck, und wir sind damit vertraut. Der Patient wollte weinen, aber es tat weh. Er fühlte den Schmerz als einen schweren Krampf in der Kehle. Wenn er angefangen hatte, zu weinen, war die Vertiefung des Weinens von schmerzhaften und krampfhaften Empfindungen in den Eingeweiden begleitet. Der Patient sagte, er habe das Gefühl, das Problem sei eine spezifische Schwierigkeit, seinen Kummer auszudrücken. Dann kam ihm der Gedanke, daß in seiner Kindheit in der Familie so viel Leid herrschte, daß er dem Leiden seiner Eltern nicht noch sein eigenes Elend hinzufügen konnte. Tatsächlich hatten Vater und Mutter dem Kind gegenüber bei sehr vielen Gelegenheiten ihr Unglück zum Ausdruck gebracht, und der Junge hatte jedesmal solches Mitleid empfunden, daß er beschloß, sein Bestes zu tun, um sie ein wenig glücklich zu machen. Er erkannte sofort, daß er selbst heute noch unter diesem Verantwortungsgefühl litt, wenn es auch mit einem tieferliegenden Ressentiment gekoppelt war.

Auch die Bedeutung der breiten Schultern wurde klar. Hochgezogene und eckige Schultern sind ein Zeichen von verfrühter Verantwortlichkeit. Es ist, als würden die Schultern gestrafft, um eine besonders schwere Last zu tragen. Bioenergetisch lenkt die Blockierung in der Kehle einen Teil der Energie horizontal in die Schultermuskeln ab. Im Rücken wird das Einströmen der Wut in die Arme und in den Kopf etwa auf der Höhe des siebten Halswirbels ebenso blockiert, woraus sich eine Kontraktion der Muskeln des Schultergürtels ergibt. Wenn diese Blockierungen sehr stark sind, führen sie zur passiv-femininen Charakterstruktur. Sobald der Patient diese Deutung begriffen hatte, wurde es möglich, die Verspannungen in den Schultern allmählich zu lockern. In einer Sitzung nach der anderen brachte der Patient Wut und Ressentiment zum Ausdruck, insbesondere gegen die Mutter, weil sie ihm diese Lasten auferlegt hatte. Zugleich konnte er sich immer mehr vollerem und freierem Weinen hingeben.

Die Angst vor Mißerfolg hängt mit diesem Verantwortungsgefühl zusammen. Der Patient selbst war sich dessen bewußt, daß sein Wunsch nach Erfolg als letztes Ziel die Befriedigung der Wünsche seiner Eltern betraf, und daß seine tiefste Motivation der Wunsch war, die Anerkennung und Liebe seiner Eltern, besonders seiner Mutter, zu gewinnen. Außer an diese allgemeine Motivation, Erfolg zu haben, erinnerte sich der Patient, daß sein Vater einmal am Anfang der Schulzeit zum Ausdruck gebracht hatte, wie enttäuscht er sein würde, wenn er (der Patient) nicht die besten Noten bekäme. Der Patient wußte noch, wie schockiert er über diese Äußerung gewesen war, so sehr, daß er beschloß, nicht mehr nach Hause zu kommen, falls er in diesem Schuljahr in der Schule versagen sollte. Ich analysiere diese Faktoren hier etwas ausführlicher, weil die Frage des Ehrgeizes beim phallisch-narzißtischen Charakter bei der Untersuchung dieses Strukturtypus immer im Vordergrund gestanden hat. Abraham z. B. verknüpft den Ehrgeiz dieses Charaktertypus mit Urethralerotik und gibt zu verstehen, phallische Struktur sei gleichbedeutend mit urethralen Zügen. Auch Fenichel (1945, S. 139, 233) bindet den Ehrgeiz über die Gefühle der Scham an die Urethralerotik. »Das Ziel des auf Urethralerotik beruhenden Ehrgeizes ist, zu beweisen, daß es nicht mehr nötig ist, sich zu schämen.«

Es kann kein Zweifel bestehen, daß zwischen Urethralerotik und dem Ehrgeiz, der den phallischen Charakter kennzeichnet, eine Beziehung besteht. Man wird an die Jungen erinnert, die am Rinnstein stehen und ausprobieren, wer am weitesten pinkeln kann. Die Funktion des Wasserlassens kann eine aggressive Qualität annehmen, und das tut sie beim phallischen Charakter. Das Bettnässen kann nach Fenichel eine »aggressive, trotzige Bedeutung annehmen und darauf abzielen, die Eltern zu kränken.« Vielleicht das beste spezifische Beispiel für diese Funktion ist die Handlungsweise von manchen Affen im Zoo, die ihre Wut auf die Zuschauer dadurch ausdrücken, daß sie auf sie urinieren. Mein Patient erinnerte sich an einen Vorfall aus seinem fünften Lebensjahr, der diese analytischen Beobachtungen bestätigt. Sein Vater hatte ihn ziemlich hart getadelt, weil er seinen Penis hergezeigt hatte. Am nächsten Tag, als die übrigen Familienmitglieder fort waren und er allein im Haus war, ging er durch die Zimmer und urinierte mit einem Gefühl der Vergeltung auf den Fußboden. Aber selbst wenn man einen gewissen Zusammenhang nachweisen kann, beweist dies bei weitem noch keine direkte Kausalbeziehung zwischen Ehrgeiz und Urethralerotik. Wir müssen das Bindeglied finden und die genaue Art der Beziehung feststellen.

Der phallisch-narzißtische Mensch ist durch seinen »Schwung«, d.h. durch seine Aggression, gekennzeichnet. Dies ist ein dynamischer Faktor, der auf einer Energiefunktion beruht. Reich kannte diesen Faktor, als er 1933 die *Charakteranalyse* schrieb. Er bemerkte: »Konstitutionell dürfte es sich bei diesen Formen um eine überdurchschnittliche Produktion libidinöser Energie überhaupt handeln, die um so intensivere Aggression möglich macht« (S. 241). Wenn diese Feststellung richtig ist, sind wir gezwungen zu fragen, was an diesem Prozeß neurotisch ist. Oder die Feststellung trifft zu, gerade weil sie eine Erscheinung beschreibt, und die Neurose liegt in dem Umstand, daß die Realität anders ist als der äußere Augenschein. Anders ausgedrückt, der phallisch-narzißtische Mensch handelt so, als sei er sexuell sehr potent. Solche Männer prahlen mit ihren Eroberungen und Kräften (diese werden an der Zahl der Geschlechtsakte pro Nacht gemessen). In Wirklichkeit ist die orgastische Potenz, d. h. die Fähigkeit, Lust zu erleben, im gleichen Verhältnis verringert. Der Grund für die Häufigkeit der Geschlechtsakte ist tatsächlich die Unfähigkeit, bei einem Akt Befriedigung zu erlangen. Ebenso wird die Aggression des phallisch-narzißtischen Charakters übertrieben, um eine konstitutionelle Schwäche zu kompensieren. Wenn wir Aggression mit Ausgreifen gleichsetzen, können wir die Charaktertypen folgendermaßen beschreiben: Der orale Charakter hat Angst vor dem Ausgreifen, der Masochist streckt die Arme aus und zieht sie wieder zurück, der phallisch-narzißtische Charakter packt zu. Dieses Zupacken beruht auf der Angst vor Versagen oder Verlust. Aber wenn die sexuelle Libido weniger stark ist, als vorgespiegelt wird, und wenn die Aggression schwächer ist, als sie erscheint, wie können wir dynamisch den Schwung, den Ehrgeiz und die scheinbar »überdurchschnittliche Produktion libidinöser Energie« erklären?

Wir haben den phallisch-narzißtischen Charakter als genitalen Typus eingeordnet. Das bedeutet, daß die Pendelbewegung der Energie in der Gehirn- und Genitalfunktion fest verankert ist. Es bedeutet auch, daß dieser Strukturtypus nicht zu wenig geladen ist wie der orale Charakter, und auch nicht von Schuldgefühlen geplagt ist wie der Masochist. Da die charakterbestimmende Störung relativ spät eintritt, etwa im Alter von drei Jahren, ist der Mechanismus der Abwehr oder Reaktion auf die traumatischen Erlebnisse anders als bei anderen Typen. Sobald die Genitalität erreicht ist, erzeugt Druck in Form von Versagungen oder Strafen eine Versteifung des Organismus. Es ist derselbe Vorgang, den wir bei der hysterischen Charakterstruktur gesehen haben. Die Muskulatur zieht sich zusammen, um die Ich-Struktur zu stützen, und bildet dabei eine Röhre um den Körper. Eine andere Patientin beschrieb diese folgendermaßen: »Ich hatte plötzlich eine Vision von einem glänzenden Stahlrohr, groß wie ein Mannloch, das meinen Körper umgab. In diesem Rohr fühlte ich mich lebendig.« Als ich ihre Wahrnehmungen und Empfindungen analysierte, fügte sie hinzu, daß sie sich früher an der Außenseite ihres Körpers gefühlt habe. Die Innenseite fühlte sich gefangen, und sie konnte nicht an sie herankommen. Nun hatte sie mit ihrem innersten Wesen Kontakt aufgenommen, und sie war höchst gespannt und erregt. Die Menschen mit dem, was ich als rigide Struktur kategorisiert habe, besitzen alle diesen röhrenförmigen Panzer, entweder platten- oder maschenartig. Die Tiefe der Panzerung und der Durchmesser der Röhre stehen in umgekehrtem Verhältnis zueinander. Eine weite Röhre ist mit einer oberflächlichen Panzerung verbunden. Eine enge Röhre ist die Folge der Verkrampfung der tieferen Muskelschichten, und sie ist rigider und unflexibler. Ich brauche nicht darauf hinzuweisen, daß diese hohle, röhrenförmige Struktur als physischer Schutz gegen jeden Druck wertvoll ist, der die Tendenz hat, die Pendelbewegung der Energie zu gefährden. Wenn wir das Wesen dieses Panzers erst einmal begriffen haben, lassen sich die meisten Aspekte der phallisch-narzißti-

schen Charakterstruktur erklären. Die starre, röhrenförmige Struktur lenkt den Energiestrom in das Gehirn und in die Genitalien und überlädt diese Strukturen oft. Zugleich vermindert die Rigidität die psychische und somatische Flexibilität des Organismus. Die Überladung rührt daher, daß sich der Energiestrom, bevor er die Ausgänge erreicht, nicht in die natürlichen Sammelbecken ergießt. Diese Sammelbecken oder Reservoire sind unten der Beckenbereich und oben der Kopf. Nach den Einschnürungen der Taille und des Halses folgen die Erweiterungen von Kopf und Becken. Die Entwicklung eines natürlichen Reservoirs in geringer Entfernung stromaufwärts von den Genitalien verhindert, daß diese überladen werden und sich zu früh entladen. Auf dieselbe Weise wirkt das Gehirn als Reservoir und hält einen Impuls zurück, um ihn der kritischen Beurteilung des Ichs zu unterziehen. Es ist unmöglich, sich ohne diese Reservoire eine Realitätsfunktion vorzustellen. Genau dasselbe Prinzip wird verwendet, um die Flutwelle von Flüssen zu beherrschen, die von starken Regenfällen oder vom Tauwetter im Frühling angeschwollen sind.
Wir würden also erwarten, daß der Mensch mit einer rigiden Struktur wegen der Einschränkung dieser Reservoire eine größere Impulsivität zeigen würde als Menschen mit prägenitalem Charaktertypus. In einem gewissen Sinn ist dies auch so. In seiner genitalen Aggression zeigt der phallische Mann stärkere Impulse als jeder andere neurotische Charakter. Und dasselbe gilt auch in bezug auf den Drang nach materiellem Erfolg. Diese Aggressivität wird jedoch auf Kosten von Flexibilität und Spontaneität erlangt. Gerade die Rigidität der Struktur begünstigt die Genitalität und die Realität – zur gleichen Zeit, zu der sie diese Funktionen einschränkt. Wir sehen das Bild eines Mannes, der genital aggressiv ist und dennoch zu früh ejakuliert. Die genitale Entladung tritt ein, lange bevor alle überschüssige Energie abwärts gelenkt und mit dem Penis in Verbindung gebracht worden ist. Ein einziger Geschlechtsakt genügt daher nicht, um die Spannung abzuführen. Der phallische Mann hält sich für potent, weil er an ein und demselben

Abend vieler Akte der Penetration und Entladung fähig ist. Die Stärke der Aggression ist jedoch nicht nach dem äußeren Anschein zu messen. Außerdem bezieht der phallische Mann oft nur wenig Lust aus seinen sexuellen Erlebnissen, weil die Befriedigung von dem Grad der vor der Entladung aufgebauten Spannung abhängt.

Den Ehrgeiz des phallischen Mannes muß man auch durch diese dynamischen Prozesse erklären. Angesichts der ständigen Kanalisierung von Energie zu den Ausgängen, während zugleich die Befriedigung durch die Entladung eingeschränkt ist, kann man das Anhalten des Drangs verstehen. Es ist auch leicht zu erklären, warum der phallische Mann nach der »Eroberung« von Frauen strebt. Da die sexuelle Befriedigung unvollständig ist, entsteht ein Gefühl der Unzufriedenheit mit der Sexualpartnerin. Es besteht die bewußte oder unbewußte Hoffnung, eine neue Partnerin würde vielleicht größere Lust verursachen. In der Hitze der durch die Jagd und durch die neue Beziehung hervorgerufenen Erregung geschieht dies auch oft. Aber wenn diese Bedingungen wieder verschwinden, wird die alte Situation wiederhergestellt, die sexuelle Lust nimmt ab, und so wird die Verfolgung wieder aufgenommen. Dieser Vorgang, der auf der genitalen Ebene abläuft, ist typisch oder charakterbedingt. Der phallische Mann findet auf keiner Ebene der Betätigung tiefe Befriedigung, und er ist zu fortwährender Verfolgung und Eroberung gezwungen. Wir müssen diesen Ehrgeiz vom Wachsen und der schöpferischen Tätigkeit des Gesunden unterscheiden.

Wenn dies so ist, welcher Zusammenhang besteht dann zwischen phallischem Ehrgeiz und Urethralerotik? Jede Zunahme der Energie innerhalb einer starren, röhrenförmigen Struktur wird sofort als Zunahme des Drucks auf die beiden Enden der Röhre übertragen. Die bioenergetische Gestalt des Säugetierorganismus ist röhrenförmig und an der Vorderseite konkav. Das soll nur heißen, daß wir nach dem Prinzip des Wurms gebaut sind: als Rohr im Rohr. Bei der natürlichen, weichen und flexiblen Form sind unten das Genitale und oben das Gesicht, insbesondere der Bereich um Nasenwurzel und Augen, die beiden Enden des Rohres. Beim Gesunden ist dieses Rohr ganz weich und biegsam und kann sich im Durchmesser ihrer Segmente ausdehnen und zusammenziehen. Wenn das Rohr seine Elastizität verliert, verliert es seine Krümmung. Der Verlust der Elastizität erklärt den Umstand, daß der Druck der Energie sofort nach unten übertragen und von den Organen unterhalb verspürt wird. Das Geradewerden führt auch dazu, daß das Becken hinten fixiert wird. Durch die Rigidität und das Zurückziehen des Beckens wird der Druck auf der Blase gespürt, er ruft den Wunsch hervor, Wasser zu lassen. Das erklärt die Tatsache, daß der phallische Mann vor und nach dem Geschlechtsakt das Bedürfnis hat, zu urinieren. Urethralerotik ist also mit sexueller Erregung verknüpft. Und da das »untere Muster« am oberen Ende seine Entsprechung hat, kann man sehen, daß die Beziehung zwischen Antrieb, Ehrgeiz und Urethralerotik sich von der Dynamik der Körperstruktur herleitet.

Diese Folgerungen werden durch die Aussagen dieser Patienten bekräftigt. Bei dem oben dargestellten Fall gab es den Vorfall, wo das am Masturbieren gehinderte Kind auf den Fußboden pinkelte. Das kann man nicht als eine vorsätzliche Handlung ansehen. Vielmehr hatte die Energie, der der Zugang zum Genitale versperrt war, die Blase aufgeladen. Genauso wie die Retraktion des Beckens die Blase in den Weg des Energieflusses bringt, kann auch das Becken auf solche Weise nach vorn gebracht werden, daß die Blase nicht unter Druck steht. Ein anderer Patient, der ein sehr blockiertes und immobilisiertes Becken hatte, erinnerte sich, daß er das Problem des Bettnässens dadurch in den Griff bekommen konnte, daß er sein Becken in der nach vorn gedrehten Stellung feststellte. Auf diese Weise konnte er nachts durchschlafen und wurde nicht von der Furcht beunruhigt, das Bett naßzumachen.

Es besteht noch eine weitere Beziehung zwischen der Urethralerotik und dem phallischen Charakter, die geklärt werden sollte. Die Gesetze, die den Blutkreislauf beherrschen, sind von denen abgeleitet, die den Fluß von Flüssigkeiten in einer Röhre regieren. Diese Gesetze erklären auch einen Teil der Dynamik bioenergetischer Prozesse im Organismus, da alle bioenergetischen Phänomene innerhalb eines flüssigen Mediums ablaufen. Eine Flüssigkeit, die unter Druck durch eine starre Röhre fließt, bewegt sich fortwährend und strömt am Ausgang ununterbrochen aus. Wenn das Fließen in einer elastischen Röhre vor sich geht, pulsiert die Flüssigkeit, und die Ausstoßung geschieht diskontinuierlich. Das Ausfließen des Urins hat etwas von der ersteren Qualität. Die Bewegung von Blut und Samenflüssigkeit, also von stark geladenen Flüssigkeiten, ist pulsierend. Wenn die Ejakulation beim Mann die Form eines kontinuierlichen Samenflusses annimmt und wenn ihr das Pulsieren fehlt, fühlt sie sich an wie das Wasserlassen. Dieser Mangel an Pulsation bei der Ejakulation ist charakteristisch für viele rigide phallische Männer.

Das Problem verfrühter Ejakulation ist eines der Hauptsymptome der rigiden männlichen Struktur. Es gibt noch ein weiteres, das weniger häufig ist, aber auf derselben Grundlage zu erklären ist. Das Phänomen der Zwangsvorstellung ist, soweit ich es beobachten konnte, auf Menschen mit rigider Struktur beschränkt. Es wird häufig als Spannung in der Stirn erlebt und stellt dynamisch eine Überladung der Frontallappen des Gehirns dar. Bei diesem Symptom kann man die starke Gleichartigkeit von Genitalfunktion und geistig-seelischer Funktion studieren.

Ich hatte Gelegenheit, einen Studenten der Ingenieurwissenschaften wegen Schlaflosigkeit zu behandeln, der auch an einer Zwangsvorstellung litt. Diese war nicht das Hauptsymptom, aber es lieferte die Grundlage für das psychologische Verstehen des Charakters. Außer der Zwangsvorstellung hatte der Patient eine Phobie gegen Menschenmassen und gegen Leute, die hinter ihm saßen. Ein weiteres Symptom waren Anfälle von ausgeprägtem Zittern beider Beine; er hatte deswegen schon mehrere Neurologen konsultiert. Ich muß zugeben, daß ich am Anfang dieser Behandlung noch nicht alle Symptome mit einer bioenergetischen Struktur in Verbindung gebracht hatte, was die Erklärung jedes Aspekts dieses einen Problems ermöglicht hätte. Ich führte die Therapie auf der Grundlage der Widerstandsanalyse durch, die zwar effektiv, aber weder so wirksam noch so folgerichtig ist wie die charakteranalytische Methode.

Worin bestand in diesem Fall die Zwangsvorstellung? Der Patient konnte sich nicht von dem Bild einer jungen Dame befreien, die während ihrer beider Adoleszenz sein Schatz gewesen war. Die Beziehung endete nach sieben Jahren, als sich das Mädchen in einen anderen verliebte. Während der sieben Jahre war zwar die sexuelle Betätigung häufig, führte aber niemals zum Geschlechtsverkehr. Mit dem neuen Freund hatte das Mädchen jedoch Geschlechtsverkehr. Sie sagte nun meinem Patienten, ihre Beziehung sei deshalb zerbrochen, weil sie nie Verkehr miteinander gehabt hätten. Seine Zwangsvorstellung von dem Mädchen hatte eine doppelte Gefühlsqualität. Manchmal sah er sie mit Gefühlen der Reue, weil er sie nicht intimer gekannt hatte, und manchmal mit heftiger Wut, weil sie ihn verlassen hatte. Die Herkunft des Patienten war insofern ungewöhnlich, als sie für heutige Verhältnisse extrem puritanisch war. Das Kino wurde als Versuchung des Teufels angesehen, und Lust im allgemeinen wurde für sündhaft gehalten. Sein Leben im Elternhaus wurde von einer strengen väterlichen Autorität beherrscht.

Ich muß erwähnen, daß bei diesem Fall noch ein weiteres Symptom vorhanden war, das im späteren Teil der Therapie in den Vordergrund trat. Der Patient litt an ziemlich häufigen Anfällen von Gelbsucht, mit Schmerzen im rechten Oberbauch, Unpäßlichkeit und Schwäche. Diese Anfälle folgten gewöhnlich auf irgendeine emotionale Beunruhigung oder, wovon der Patient überzeugt war, eine Wetteränderung, die durch vermehrte Feuchtigkeit und fallenden Luftdruck gekennzeichnet war. Der Patient geriet durch diese Anfälle mehr aus dem Gleichgewicht als durch alle anderen Aspekte seines Zustands. Sie waren von Gefühlen der Hoffnungslosigkeit und Verzweiflung begleitet. Ein solcher Anfall machte zwar den

Patienten einen Tag lang bettlägerig, aber nie für längere Zeit arbeitsunfähig. Die Gallenblase und die Gallenwege wurden zwar nicht geröntgt, aber angesichts der *vorübergehenden* Natur des Anfalls, der gelegentlich von lehmfarbigen Stühlen begleitet war, diagnostizierte ich den Zustand als Gallenflußstörung oder als Krampf entweder am Schließmuskel des Gallengangs oder an einer anderen Stelle der Gallenabflußwege.

Trotz der Dringlichkeit der Beschwerden des Patienten war die Anfangsphase der Therapie von solchem Widerstand gekennzeichnet, daß der Patient die Behandlung zweimal unterbrach. Als wir sie zum dritten Mal wieder aufnahmen, stellte ich zur Bedingung, daß es nun keine Unterbrechungen mehr geben dürfe. Das veränderte natürlich den Widerstand nicht, der angesichts offensichtlicher Gesamtbesserung andauerte. Der Patient erlebte die therapeutische Arbeit als Bedrohung, und meine besten analytischen Bemühungen waren erforderlich, um seine Angst zu überwinden. Sein Konflikt in bezug auf die Therapie und seine Angst vor ihr und vor mir dauerten an, bis ein ganz einfaches Ereignis plötzlich seine Einstellung änderte. Um seine Aggression zu fördern, veranstaltete ich ein Tauziehen mit ihm, wobei wir ein Handtuch benützten. Er reagierte mit einer Entschlossenheit und Energie, die mich überraschten. Ich setzte meine größere Stärke ein, um ihn zu veranlassen, sich anzustrengen; dann ließ ich ihn gewinnen. Er strahlte, als hätte er einen wichtigen Sieg über mich errungen. Von der Zeit an verschwand seine Angst vor mir und vor der Therapie. Der Widerstand verschwand nicht ganz, aber jetzt war der Patient zur Mitarbeit bereit, während er vorher offen feindselig gewesen war.

Trotz dieser Feindseligkeit fühlte sich der Patient durch meinen spezifischen Einblick in seine Probleme fortwährend zur analytischen Therapie hingezogen. Ich habe schon erwähnt, daß er mehrere Neurologen wegen des Zitterns seiner Beine konsultiert hatte. Keiner konnte irgendeine organische Schädigung finden, die das Phänomen erklärt hätte. Es ist keine so seltene Erscheinung, und die meisten Patienten zeigen im Verlauf der Therapie ein solches Zittern. Man kann es als einen Ausdruck von Angst deuten, aber die einzige wirkliche Erklärung ist bioenergetischer Art. Energie, die in die untere Körperhälfte hinunterströmt, wird entweder genital oder durch die Beine in den Boden abgeführt. Wenn der genitale Ausgang blockiert oder geschlossen ist, haben die Beine eine besonders starke Ladung zu ertragen, die sie nur durch Bewegung abführen können. Dieses Zittern der Beine ist energetisch dem Zittern ähnlich, das bei den Gemütszuständen starker Wut und starker Angst auftritt. In jedem dieser Fälle dient das Zittern zur Entladung von Energie, die nicht durch zielgerichtetes Handeln abgeführt wird, und jedesmal dient das Zittern als Sicherheitsventil. Als ich dies meinem Patienten erklärte, war er sehr erleichtert.

Bei diesem Patienten war der Konflikt in bezug auf genitale Gefühle sehr stark. Einer sehr strengen religiösen Erziehung stand ein sehr starker Sexualtrieb gegenüber. Wenn die Schuldgefühle vorherrschten, wurde der Patient am meisten von seiner Zwangsvorstellung geplagt. Wenn der genitale Impuls zur Entladung in der Masturbation durchbrach, waren sowohl die Schuldgefühle als auch die Zwangsvorstellung stark vermindert. Im späteren Verlauf dieser Therapie, als der Patient eine stetige und befriedigende sexuelle Beziehung einging, verschwand die Zwangsvorstellung vollständig. Der orale Charakter hat keinen bewußten Konflikt mit seinem genitalen Impuls, und zwar deswegen, weil sein Genitale von oraler Libido überflutet ist. Eine eingehende Analyse jedes Falles, in dem das orale Element den Charakter beherrscht, zeigt, daß der genitale Impuls die Bedeutung des Strebens nach Nähe zum Partner hat, nach Geliebt- und Gewärmtwerden. Der Betreffende mag seine Promiskuität oder seinen Mangel an Abfuhr oder tiefer Befriedigung in Frage stellen, aber nach meiner Erfahrung zweifelt er nie an seinem Recht (nach welchen Maßstäben auch immer) auf genitale Betätigung. Auch masochistische Charaktere stecken in keinem bewußten

Konflikt in bezug auf ihre sexuellen Impulse. Das mag jenen seltsam erscheinen, die gewohnheitsmäßig glauben, Masochisten würden von bewußten Schuldgefühlen überwältigt. Der Masochist identifiziert sich mit seinem Impuls, während er zugleich seine Umgebung oder sich selbst in Frage stellt. Moralische Rechtfertigung ist nur beim phallischen Mann oder bei der hysterischen Frau ein Problem.

Nun lassen Sie mich die Struktur dieses Patienten beschreiben. Sie werden sehen, daß sich all seine Probleme aus der Dynamik dieser Struktur erklären lassen. Der Patient war etwas größer als mittelgroß, dünn und ziemlich drahtig. Auch sein Gesicht war mager, mit einem intensiven Ausdruck und lebhaften Augen. Seine Schultern waren gerundet, und Kopf und Hals waren vornübergeneigt, als trüge er ein Joch auf dem Rücken. Zweifellos hatte er viel Energie: Seine Bewegungen waren rasch und entschlossen. Er klagte nicht über Müdigkeit. Obwohl die Körperstruktur eher dünn wirkte, war die Muskulatur gut entwickelt und hatte einen guten Tonus, so daß man bei seinem Aussehen eher den Eindruck von Schmalheit als von Kraftlosigkeit hatte. Die unteren Teile der Extremitäten, Handgelenke, Hände, Fußknöchel und Füße, waren ziemlich stark. Die Muskulatur am Rücken war viel verspannter und unnachgiebiger als an der Vorderseite des Körpers.

Psychologisch und bioenergetisch würde man die Charakterstruktur dieses Patienten als phallisch-narzißtisch diagnostizieren. Mehr als einmal äußerte der Patient seine Überzeugung, Frauen fühlten sich von ihm angezogen. Er sagte mir auch, er glaube, einen großen Penis zu haben. Zugleich hatte er Phantasien davon, Frauen mit Keulen zu schlagen oder sie mit seinem Penis zu durchbohren. Er zeigte die für diesen Charaktertypus übliche Aggression und den üblichen Ehrgeiz. Seine Bewegungen waren ziemlich anmutig, und er war geschickt im Sport. Aber an der Rigidität der Körperstruktur war nicht zu zweifeln. Die Struktur war nicht massiv, wie sie bei manchen rigiden Typen ist, vielmehr bildete die Muskulatur eine Art Röhre vom Kopf bis zum Genitale, so daß die Energie direkt in beide Endsysteme geleitet wurde. Wenn die Rigidität ausgeprägt und das Rohr eng ist, wie in diesem Fall, wird die Ladung an beiden Enden übergroß. Die Zwangsvorstellung ist eine Folge der kontinuierlichen Aufladung der Stirnregion, während die Entladung zugleich blockiert oder eingeschränkt ist. Der Patient erlebte die Zwangsvorstellung als Zusammenschnürung oder Spannung in der Stirn. Ähnlich ist die Übererregung der Genitalien eine Folge der Unfähigkeit, die Spannung vollständig abzuführen, so daß sich der Penis leicht wieder auflädt und meist seine Steifheit behält. Die gesunde Genitalfunktion unterscheidet sich vom phallischen Typus der Genitalität durch den Umstand, daß bei der ersten die Vollständigkeit der Entladung im Vordergrund steht, und nicht die Stärke der Erektion. Genauer gesagt, es ist der Unterschied zwischen orgastischer Potenz im Gegensatz zu erektiver Potenz.

Hier haben wir also einen phallischen männlichen Narzißten mit seiner Überbewertung der sexuellen Potenz, mit seiner Zwangsvorstellung, seiner Schlaflosigkeit und seinen Anfällen von Gallenkrämpfen. Die ersten beiden hängen offensichtlich mit der Überladung an beiden Enden der Röhre und dem bewußten Zurückhalten der Entladung zusammen. Er war ständig sexuell erregt, und er sah jedes weibliche Wesen als mögliches Sexualobjekt an. Er quälte sich mit Schuldgefühlen, was sich in seiner Zwangsvorstellung manifestierte. Wie konnte er schlafen, wenn er die Erregung in Kopf und Genitalien nicht entlud? Aber wie können wir die Anfälle von Gelbsucht erklären? Im Augenblick müssen wir uns noch mit einer psychologischen Erklärung zufriedengeben. Er war neidisch – neidisch auf Männer, die Freundinnen hatten, mit denen sie Beziehungen haben konnten. Der Prototyp dieses Mannes war sein Vater, der seinem Sohn zwar sexuelle Lust verbot, aber den Ehestand als patriarchalischen Besitz genoß. Dieser Patient war voller Wut auf seinen Vater, die er nicht auszudrücken wagte. Sie zeigte sich in der Übertragung von Feindseligkeit auf den Analytiker. Und sie erklärt, warum unser Wettkampf so bedeutsam war. Da er den Analytiker besiegt hatte, konnte er seiner Feindseligkeit gegenüber dem Vater ins Auge sehen. Die Anfälle von Gelbsucht muß man nun als die Folge des Versuchs deuten, seinen Neid und seine Feindseligkeit zu verdrängen. Er hatte niemals einen Anfall, wenn er aggressiv war. Wenn er übermüdet war, oder wenn sich das Wetter so änderte, daß der Luftdruck fiel, brach seine Aggression zusammen, und er bekam einen Anfall. Als diese Probleme analysiert waren, begann er ein aktiveres Geschlechtsleben. Der Umstand, daß er sein Elternhaus verließ, förderte seinen Fortschritt in der Therapie. Ich konnte immer mehr echte Aggression freimachen und herausholen. Interessant ist, daß er sich nach einiger Zeit intensiver sexueller Betätigung verliebte und heiratete. In diesem Stadium waren all seine Symptome verschwunden.

Das Problem der Zwangsvorstellungen hängt eng mit dem weiteren Problem der Zwanghaftigkeit zusammen. Zwanghaftigkeit ist krankhafter als Zwangsvorstellungen, wenn auch weniger störend. Analytische Autoren sehen die Zwanghaftigkeit als Abwehrreaktion gegen Zwangsvorstellungen an. Wir sollten erwarten, daß sie bioenergetisch zusammenhängen. Tatsächlich ist zwanghaftes Verhalten auf psychischer Ebene die extreme Form der Rigidität. Dieselbe übermäßige Rigidität kennzeichnet die somatische Struktur und befähigt uns, die bioenergetische Grundlage solchen Verhaltens zu verstehen.

Wenn die natürliche Röhre des Körpers starrer wird, hat sie die Tendenz, sich geradezurichten und sich zu verkürzen. Wenn Haare ihre natürliche Gewelltheit verlieren, werden sie kürzer und gerader. Die Begradigung der natürlichen Kurven des Körpers ruft ein Zurücktreten der Ausgänge hervor. Die Enden der Energie-Pendelbewegung ziehen sich etwas von ihren normalen Ausgängen im Genitale und in der Stirn zurück und überladen den Scheitel und den After. Da diese keine natürlichen Energieausgänge sind, muß die Energie festgehalten und darf nicht entladen werden. Der Zwangscharakter hält seine Impulse in einem Maß zurück, das bei keiner anderen Struktur zu finden ist. Er verliert die Haare oben auf dem Kopf wegen der Spannung und hat unten einen sehr fest verschlossenen After. Er hat extreme Verstopfung und zeigt dic typischen Züge der Pedanterie, des Geizes und der Ordnungsliebe, die so gut beschrieben worden sind: »In der äußeren Erscheinung ist der Zwangscharakter von einer starken Gehaltenheit und Beherrschtheit ... was sich in manchen Fällen bis zur kompletten Affektsperre steigern kann« (Reich, ^{2}1970, S. 229). Reich hat die charakteranalytischen Probleme des Zwangscharakters gut untersucht und analysiert. Vom bioenergetischen Standpunkt aus bietet der Zwangscharakter dieselben Probleme wie ein beliebiger rigider Charakter, und zwar in dem Maß, das der Stärke der Rigidität entspricht. Die Verschiebung von der Aggression zum Festhalten veranschaulicht in fortgeschrittenem Stadium die fundamentale Tendenz aller rigiden Strukturen, die Aggression zur Abwehr einzusetzen. Der phallische Mann zeigt sein Festhalten bei dem Versuch, seine Ejakulation zu steuern und seine erektive Potenz zu behalten. Aus diesem Grund wird der Zwangscharakter der Kategorie der rigiden männlichen Strukturen zugerechnet.

Es wäre ein Irrtum, zu glauben, der Zwangscharakter habe seine Genitalität aufgegeben, so sehr er auch anale Züge zeigt. Reich erkannte: »Bei der typischen Zwangsneurose erfolgt dennoch ein Stück weiterer Entwicklung zur phallischen Phase«. Er glaubte, »die Genitalität wurde aktiviert, aber ... bald wieder aufgegeben« (a. a. O., S. 230). Bioenergetisch kann man sagen, daß die Genitalität nicht ohne einen Rückzug von der Realität aufgegeben werden kann. Tatsächlich reduziert der Zwangscharakter die Ladung an den Genitalien unter Umständen so weit, daß diese Funktion das Verhalten des Individuums nicht mehr beherrscht. Dies ist eine Frage des Grades, die für die Hauptkategorien der Ich-Struktur nicht grundlegend ist. Innerhalb der umfassenden Kategorie rigider Charakterstrukturen kann man Genitalität der Analität gegenüberstellen, so daß man in der Struktur um so weniger Zwanghaftigkeit findet, je genitaler der Charakter ist.

Reich hat die Rigidität des Zwangscharakters gut beschrieben:

»Die Affektsperre stellt einen einzigen großartigen Krampf des Ichs dar, der nicht so sehr von körperlichen Krampfzuständen begleitet ist, als sich vielmehr ihrer bedient. Alle Muskeln des Körpers, besonders aber die des Beckenbodens und Beckens, der Schultern, auch des Gesichtes, sind in chronischer Hypertonie. Dem entstammt die leicht maskenartige ›harte‹ Physiognomie bei Zwangscharakteren (und) die so häufige körperliche Ungelenkigkeit« (Reich, ^{2}1970, S. 232).

Wir können nun zwei Varianten der rigiden Charakterstruktur beim Mann beschreiben. Es sind beides neurotische Typen und daher deutlicher in ihren extremen Manifestationen. Die eine ist die kleine, ziemlich schmale Körperstruktur mit einem starken Gefühlsleben, d. h. hoher Affektladung. Bei diesen Organismen ist im Verhältnis zur Körpermasse viel freie Energie vorhanden, die genitale Betätigung ist stark. Der oben beschriebene Patient gehörte zu dieser Variante. Im Gegensatz dazu steht ein Typus der rigiden Körperstruktur mit größerem Knochengerüst und einer viel schwereren Muskulatur. Diese Menschen haben einen festen Kiefer, der aggressiv vorgeschoben ist; die Schultern sind breit, die Taille ziemlich schlank, die Hüften stark angespannt. Diese Körperstruktur vermittelt den Eindruck von Kraft und Härte. Das Ich ist ebenso hart, unbeugsam und kalt. Da die Härte die Verdrängung von emotionalem Ausdruck repräsentiert, sind diese Menschen durch ihre Affektsperre gekennzeichnet. Man kann sagen, ihr affektives Leben sei in der Struktur eingefroren. Der erste dieser Typen ist typisch phallisch-narzißtisch, der zweite ist zwanghaft.

Im Extremfall hat der Zwangscharakter die Festigkeit eines Felsens. Ein solcher Patient, den ich eine Zeitlang in Behandlung hatte, machte auf mich den Eindruck, er sei wie der Fels von Gibraltar. Dies ist eine andere Art von Rigidität, als wir sie beim phallischen Mann finden; sie ist viel schlimmer und dringt tiefer in Richtung auf das Zentrum vor. Die Dynamik des zwanghaften Verhaltens bei diesen Menschen ist leicht zu verstehen. Die Festigkeit der Struktur erlaubt keine Spontaneität der Bewegung oder des Ausdrucks. Jede aggressive Bewegung erfordert eine große Anstrengung (natürlich auf der Ebene des Unbewußten), um die in der Härte und Festigkeit der Struktur enthaltenen Widerstände zu überwinden. Es ist nur wenig Abwechslung im Ausdruck möglich, so daß die Körperbewegungen eine mechanische, gezwungene Qualität haben. Die genitale Betätigung weist dieselbe Forciertheit auf, es fehlt ihr aber die Ladung, die diese Funktion beim phallischen Charakter kennzeichnet.

Diese Beschreibungen schildern zwei Extremtypen der Rigidität beim Mann. Der eine neigt zu Zwangsvorstellungen, der andere zu Zwangshandlungen; beim einen ist die genitale Betätigung sehr stark, beim anderen durch schwere anale Verspannungen geschwächt. Diese Art des Zwangscharakters hat wenige Zwangssymptome, da der Zwang alle Handlungen beherrscht. Das ist auch eine Art, keine Symptome zu haben. Zwischen den Extremen sind Fälle zu finden, in denen beide Tendenzen miteinander in Konflikt stehen. Dies sind die wahren Zwangsneurotiker, bei denen der Sexualitäts- und Genitalitätsbesessenheit ausgeprägte zwanghafte Züge entgegenwirken. In diesen Fällen ist das Zwangssymptom eine Abwehr gegen die darunterliegende Zwangsvorstellung mit der zu ihr gehörigen Angst.

Eine Tiefenanalyse erlaubt uns, noch eine weitere Deutung dieser Strukturen vorzunehmen, die einen Einblick in die Genese dieser Typen ermöglicht. Der echte Zwangscharakter zeigt sowohl passive Tendenzen als auch Tendenzen zu unbewußtem homosexuellem Verhalten. Der phallische Mann ist aggressiver und identifiziert sich stärker mit seiner eigenen Genitalfunktion. Da beide Typen die genitale Stufe ihrer Entwicklung erreicht haben, können wir fragen, welche Faktoren die verschiedenartige Entfaltung bestimmen. Soweit ich feststellen kann, hängt dies davon ab, welcher Elternteil den größeren frustrierenden Einfluß ausübt. Wenn der Vater die Hauptbedrohung darstellt, entwickelt das Kind eine akute Kastrationsangst, bei der eine starke genitale Ladung durch

Angst vor Strafe blockiert wird. Der Wunsch des Kindes, den Vater zu überwinden, wird ein weiterer psychischer Faktor in der Entstehung seines Ehrgeizes. Der phallische Junge identifiziert sich mit seinem Vater, den er als seinen Feind ansieht. Wenn jedoch die Hauptfrustration von der Mutter ausgeht, ist die daraus folgende Verdrängung der Sexualität schlimmer. Das Kind steht einer bedrohlichen Situation gegenüber. Die genitale Betätigung wird durch die Angst vor dem Verlust der Liebe und Unterstützung der Mutter blockiert. Da Mütter dieser Art ihre Kinder beherrschen möchten, findet man bei diesen Fällen auch bereits früher erfolgte aktive Eingriffe in die Analfunktionen. Außerdem neigt der Vater meist dazu, die Haltung der Mutter zu unterstützen und seine Macht und Autorität mit in die Waagschale zu werfen, um das Kind aus seiner genitalen Position zu vertreiben. Oberflächlich besteht eine Identifikation mit der väterlichen Autorität, aber sie verdeckt lediglich eine tieferliegende Identifikation mit der frustrierenden Mutter.

Bei beiden Arten der rigiden männlichen Struktur ist die unbewußte Angst vor Strafe für genitale Betätigung der Schlüssel zur Neurose. Angesichts dieser Angst ist der phallische Vertreter des männlichen Geschlechts trotzig, rebellisch und aggressiv. Die Aggression ist natürlich überdeterminiert und erfüllt für den Betreffenden den Zweck, auszuprobieren, wieviel er sich leisten kann, bevor er Vergeltung auslöst. In diesem Sinn hat die Aggression psychisch die Bedeutung von Abwehr und ist das Gegenstück zur Aggression der Hysterikerin. Der Zwanghafte andererseits fügt sich und paßt sein Verhalten den Forderungen der Autorität an. Er zieht sich von genitaler Betätigung zurück, aber er gibt die genitale Position nicht auf. Seine Unterordnung ist niemals vollständig, denn er hat sich nicht unterworfen; er hat sich nur versteift und verhärtet. Wenn die Aggression beim Anal-Zwanghaften durchbricht, ist sie sadistisch und gegen die Frau gerichtet. Der echte phallische Mann ist zärtlicher Gefühle für die Frau durchaus fähig.

Bei der Behandlung der rigiden Charakterstrukturen ist die bioenergetische Therapie besonders lohnend. Da es sich hier um Menschen mit einer hochentwickelten Ich-Struktur handelt, begegnet man bei der üblichen psychoanalytischen Arbeit erheblichem Widerstand. Solange sie von störenden Symptomen frei sind, können sie verblüffend viel Druck aushalten. Wenn man andererseits ihre körperlichen Verkrampfungen und Versteifungen analysiert, kann man bei der Körperarbeit, die erforderlich ist, um die Verspannung zu lockern, mit beträchtlicher Mitarbeit rechnen. Die analytische Arbeit sollte immer so vor sich gehen, daß Einsicht und Gewahrwerden mit Bewegung einhergehen. Die Bewegungen des Körpers pflegen Erinnerungen und Träume hervorzurufen, aus denen man die Vergangenheit rekonstruieren kann. Die Deutung geht hin und her zwischen dem psychischen und dem somatischen Bereich, wie eben jeder Aspekt der Persönlichkeit sich dem Analytiker darstellt. Um einer allenfalls auftretenden Tendenz zur Spaltung entgegenzutreten, werden alle Manifestationen psychischer und somatischer Art als Ausdruck einheitlicher bioenergetischer Prozesse angesehen.
Unter der Überschrift vom phallisch-narzißtischen Charakter haben wir einige der grundlegenden Probleme der rigiden männlichen Charakterstruktur erörtert. Die Rigidität kann nach Grad und Art verschieden sein. Die verschiedenen Grade gehen vom Gesunden, gekennzeichnet durch seine Wärme und Spontaneität, bis zu Zwangscharakteren, die kalt und maschinenähnlich sind. Da es sich hier um genitale Strukturen handelt, geht auch die Genitalität von der vollen orgastischen Potenz bis zu ihrem fast vollständigen Fehlen (beim Anal-Zwanghaften). Bei keinem dieser Menschen fällt die Erektion wieder in sich zusammen, d. h. sie verschwindet nicht wieder, wie sie es zuweilen beim Masochisten tut. Charakterologisch muß man den Anal-Zwanghaften als genitale Struktur betrachten, so sehr auch die genitale Ladung herabgesetzt sein kann. Gleichermaßen ist auch die Rigidität röhrenartig oder fest. Dies ist die Grundlage der Aufteilung in zwei Gruppen, die der

Phallisch-Narzißtischen und die der Zwanghaften. Der erstere Charakter beruht auf einer Identifizierung mit dem männlichen Elternteil, während dem letzteren eine Identifizierung mit der Mutter zugrundeliegt. Diese Identifikation hängt mit der elterlichen Autorität zusammen, die in der genitalen Phase der Entwicklung des Kindes die am meisten frustrierende Kraft darstellte. Rigide Typen können also im Rahmen ihrer Struktur aktiv oder passiv sein. Der rigide Typus wird außerdem durch die Beimischung von Elementen aus früheren Entwicklungsperioden kompliziert. Diese erscheinen als orale oder masochistische Züge, die dem rigiden Charakter seine krankhafte Individualität verleihen.

Bei der Erörterung der bisher vorgestellten Charaktertypen haben wir angenommen, man könne das neurotische Muster diagnostizieren und kategorisieren. Diese Annahme wird gemacht, obwohl man in der Praxis bei jedem spezifischen Fall Schwierigkeiten begegnen kann. Ein Mensch, der in seiner Charakterstruktur nicht einige Züge hat, die von Deprivation auf der oralen Stufe stammen, der keine masochistische Empfindlichkeit auf Grund der Unterdrückung seines Ichs, keine krankhafte Rigidität oder alle drei hat, ist wirklich eine Seltenheit. Die Charakterdiagnose hängt von dem Faktor ab, der die Persönlichkeit beherrscht und das Verhaltensmuster bestimmt.

Trotzdem gibt es Charakterprobleme, die bei der Klassifizierung große Schwierigkeiten machen. Es kann sich eine Mischung neurotischer Tendenzen entwickeln, die jeder Klassifizierung trotzt, weil kein einzelner beherrschender Faktor zu erkennen ist. Tatsächlich erzeugt gerade diese Situation ein Verhaltensmuster, das sich qualitativ von den bereits besprochenen unterscheidet. In der psychoanalytischen Literatur hat man einen klinischen Typus anerkannt, der eine Mischung von Tendenzen ist. Dies ist die passiv-feminine Charakterstruktur, und sie verdient besondere Beachtung. Wir wollen das nächste Kapitel der Besprechung dieser Struktur und einer Betrachtung ihres weiblichen Gegenstücks widmen.

15 Der passiv-feminine Charakter

Wenn die Charakterstruktur von Gefühlen der Abhängigkeit, der inneren Leere und der Depression beherrscht ist, die mit Hochstimmung abwechselt, nennen wir sie den oralen Charakter. Bioenergetisch ist sie gekennzeichnet durch eine Schwäche der Aggressionsfunktion, einen Mangel an Kraft in den Beinen und durch eine Ich-Struktur, die weder in der Realität noch in der Genitalität sicher verankert ist. Der masochistische Charakter ist scheinbar aggressiv, aber aufmerksame Beobachtung zeigt, daß das Verhalten eher provozierend als aggressiv ist. Das beherrschende Muster ist nicht Hochstimmung und Depression, sondern Versuch und Scheitern, Selbstbehauptung und Zusammenbruch, die in einem sumpfähnlichen Zustand enden. Bioenergetisch ist die masochistische Struktur hoch geladen, aber die Muskelverspannungen sind so stark, daß es dem Betreffenden physisch unmöglich ist, eine längerdauernde Handlung durchzuhalten. Beide Strukturen kann man als prägenitale Strukturen bezeichnen – ich-defizient, impulsiv und angstbeladen.

Im Gegensatz dazu beruht das, was ich als rigiden Typus der Charakterstruktur bezeichnet habe, auf tätiger Aggression und auf der genitalen Ebene auf dem Vorhandensein eines Panzers, der sowohl emotional als auch muskulär erkennbar ist. Das Ich ist sicher verankert; seine Stärke ist jedoch dem Grad der Rigidität umgekehrt proportional. Das Verhalten wird beherrscht und ist der Realitätsfunktion starr unterworfen. Angst ist im allgemeinen nicht vorhanden, aber der rigide Charaktertypus ist nur sehr selten ein reiner Typus. Gewiß zeigen die Patienten, die diese Struktur aufweisen, häufig sowohl masochistische als auch orale Züge in unterschiedlicher Stärke. Trotzdem ist die Charakterdiagnose gerechtfertigt, wenn das gesamte Verhaltensmuster eindeutig von Rigidität und Aggression beherrscht ist. Der Charakteranalytiker wird in der Praxis bei jedem Fall den relativen Anteil von Oralität, Masochismus und Rigidität abschätzen und beurteilen, welche Rolle jeder dieser Faktoren in der Gesamtpersönlichkeit spielt.

Es ist möglich, eine Mischung von Charakterzügen vorzufinden, die sich der einfachen Klassifizierung entzieht. Das hat keine große Bedeutung, wenn man es mit einer Kombination von Oralität und Masochismus zu tun hat, d. h. einem oralen Charakter mit masochistischen Zügen oder einem masochistischen Charakter mit oralen Zügen. Beide Elemente können nicht gleich stark sein, weil das eine auf einem zu wenig geladenen System, das andere hingegen auf einem hochgeladenen System beruht. Beide sind prägenitale Strukturen, und die Charakteranalyse geht nach der Deutung und Lösung spezifischer Probleme auf angemessener Ebene vor sich. Beide Patienten kommen mit der Beschwerde in die Therapie, sie hätten Angst. Die analytische und bioenergetische Arbeit ist darauf gerichtet, eine Linderung der Angst und eine bessere Beziehung zur Realität zu bewirken.

Wenn ein Mensch eine Struktur zeigt, bei der prägenitale und genitale Triebe ziemlich gut ausgewogen sind, ist das Bild verwirrend. Eine solche Lage besteht bei der Charakterstruktur, die man passiv-feminin nennt. Das Problem, dem sich der analytische Therapeut gegenübersieht, ist schwierig und verdient hier eine ausführliche Besprechung.

In der Abhandlung mit dem Titel »Das ökonomische Problem des Masochismus« (Freud, 1924, S. 371) unterscheidet Freud drei Arten der masochistischen Störung: den erogenen Masochismus (mit Perversion), den femininen und den moralischen Masochismus. Der feminine Masochismus wird von Freud nicht weiter untersucht; wir müssen daher unsere Aufmerksamkeit anderen analytischen Autoren zuwenden, um etwas über diesen Zustand zu erfahren.

Fenichel erwähnt dieses Problem in *The Psychoanalytic Theory of the Neuroses* bei der Besprechung der Perversionen. Ein prägenitaler Partialtrieb wetteifert mit dem genitalen Primat. Da jedoch der Vollzug des perversen Aktes zur genitalen Entladung führt, erkannte der Autor, daß der genitale Primat bei den Betreffenden nicht fehlt. Der passiv-feminine Mann ist ein Individuum, bei dem bestimmte weibliche Züge so offenkundig sind, daß sie eine Seite der Persönlichkeit bestimmen. Aber wir möchten betonen, daß wir hier nicht das Problem der Homosexualität besprechen.

Welche Merkmale lassen einen dazu neigen, die Diagnose »passiv-femininer Charakter« zu stellen? Ein Mann von etwa vierzig Jahren kam zu mir, nachdem er viele Jahre lang in analytischer Therapie gewesen war. Er hatte eine weiche, modulierte Stimme und sanfte Manieren. Sein Gesicht hatte keine harten Züge, insbesondere fehlten die tiefen Furchen von der Nase zum Mund. Er war Möbeldesigner von Beruf. Die großen Probleme seines Lebens rührten von einem entschlossenen Widerstand gegen Autoritäten her und von der Unfähigkeit, eine befriedigende Liebesbeziehung zustandezubringen.

In einem anderen Fall klagte ein Mann Anfang Vierzig über seine Unfähigkeit, in einer Gruppe zu sprechen. Außerdem hatte er Schwierigkeiten, ein befriedigendes Arbeitsleben zu führen und eine Liebesbeziehung einzugehen. Auch er hatte ein sanftes, rücksichtsvolles Wesen, eine weiche, modulierte Stimme und ein gut aussehendes Gesicht ohne harte Linien.

Reich hat bestimmte Eigenschaften als kennzeichnend für diesen Typus bezeichnet: »... Übertriebene Höflichkeit und Zuvorkommenheit, Weichheit und Neigung zur Hinterlist« (Reich, [2]1970, S. 183). Bei der Besprechung eines bestimmten Falles schrieb Reich: »Phänomenologisch erschien er als Typus des passiv-femininen Charakters: Sein Gehaben war stets überfreundlich, demütig; er entschuldigte sich in einem fort wegen nichtigster Vorkommnisse. ... Dazu war er unbeholfen, schüchtern, umständlich« (Reich, [2]1970, S. 110).

Andere Autoren betonen besonders die »passiv-rezeptive« Haltung oder die Unterwürfigkeit. Es ist schwierig, durch ein Studium der Literatur die spezifischen Persönlichkeitszüge, abgesehen von der charakterlichen Passivität, herauszubekommen, die die Bezeichnung »feminin« in der Anwendung auf einen Mann rechtfertigen würde. Ich schlage daher vor, die Züge aufzuzählen, die ich bei den von mir behandelten Fällen beobachtet habe. Dann können wir sie im Zusammenhang mit einem bestimmten Fall besprechen.

Das wichtigste physische Merkmal, das diesen Typus auszeichnet, ist die weiche, weiblich klingende Stimme. Sie wirkt weiblich, weil ihr tiefe Resonanz und Schärfe fehlen. Auch der Gesichtsausdruck ist meist weich und plastisch. Die Art der Bewegung ist niemals brüsk oder selbstbewußt. Der Körperbau kann entweder rundlich mit ziemlich schmalen Schultern sein oder V-förmig mit breiten Schultern und schmalen Hüften. Die Hände sind im typischen Fall weich und ziemlich schwach. Soviel ließ sich etwa an der äußeren körperlichen Erscheinung dieser Patienten ablesen. Das Benehmen hat Reich gut beschrieben.

Die analytische oder bioenergetische Arbeit geht leicht vonstatten, begegnet aber bald einem typischen Widerstand. Einerseits kommt eine Fülle von Material ans Licht, das der Patient über seine frühe Kindheit liefert, wenn auch ohne jeden Affekt, andererseits ist der Patient eifrig und bereit, alles zu tun, was man von ihm verlangt, aber wiederum ohne jede aktive Teilnahme. Der Widerstand erscheint gerade als dieser Mangel an Ich-Beteiligung an der therapeutischen Bemühung, verdeckt durch die Tarnung einer »übertriebenen positiven Übertragung«. Aber diese positive Übertragung ist ein ebenso realer und gültiger Ausdruck des Ichs wie der negative Widerstand, der darunter liegt. Der bioenergetische Ansatz berücksichtigt bei diesen Fällen beide Aspekte, und wenn man therapeutisch richtig vorgeht, gelangt man zu befriedigenden Erfolgen.

Der erste Fall war der des Möbeldesigners. Er hatte die typische weiche Stimme und das sanfte Benehmen, und er war sehr höflich und zur Mitarbeit bereit. Der Körperumriß war eher gerundet als eckig, und die Schultern waren schmal. Er war viele Jahre lang in Analyse und Psychotherapie gewesen, bevor ich seine Behandlung übernahm. Er hatte zwar das Gefühl, ihm sei geholfen worden, aber seine tiefsitzende Unzufriedenheit und seine tiefsitzenden Probleme waren unberührt geblieben.

Als er die Therapie bei mir begann, hatte er gerade zum dritten Mal geheiratet, und zwar eine Frau, die viele Jahre jünger war als er. Diese Beziehung verursachte ihm einige Probleme. Während der ersten paar Monate war er sexuell sehr erregt, aber bald darauf nahm sein sexuelles Verlangen nach dem Mädchen ab, und er war gezwungen, bei der sexuellen Betätigung die Initiative zu ergreifen. Andere Frauen zogen sein Interesse an, und er merkte, daß er ständig die Brüste aller Frauen anschaute, die er zu Gesicht bekam. Dieses Interesse für die weibliche Brust war eine alte Leidenschaft. Außerdem hatte er starke voyeuristische Tendenzen; er war darauf aus. Frauen zuzusehen, wenn sie sich auszogen.

Seine familiäre Herkunft und seine Kindheitsumgebung waren charakteristisch. Er beschrieb seinen Vater als einen Mann »von der alten Schule, autoritär, pedantisch, leicht reizbar; er legte sich gewöhnlich bei der Erziehung der Kinder ins Zeug, wenn er zu Hause war«. Von seiner Mutter sagte er: »Soweit ich mich erinnere, war sie immer etwas nervös und reizbar, aber sie hatte viel Charme und war in gewisser Weise tüchtig. Sie interessierte sich immer für Kunst – insbesondere im Hinblick auf den Schmuck des Heims.« Er hatte eine jüngere Schwester, die der Liebling seines Vaters war. Sie war aggressiver als der Patient. Er war neidisch und eifersüchtig auf sie gewesen, aber er hatte sie auch gern und bewunderte sie. Er erinnerte sich, oft mit ihr gestritten zu haben. Er hatte das Gefühl, sie habe einen Vorteil, den er ihr übelnahm. Mehr als einmal während der Therapie brachte er sein Ressentiment gegen die scheinbare Vorherrschaft der Frauen in der amerikanischen Gesellschaft zum Ausdruck.

Eine Erinnerung hebt sich aus seinen Kindheitserlebnissen heraus. Er erinnerte sich, daß er mit vier oder fünf Jahren

»kleine weiße Würmer« gehabt hatte, die ihm am After einen Juckreiz verursachten. Er sagte: »Ich empfand es als ziemlich lustvoll, wenn meine Mutter sie mir herausnahm.« Spätere Kindheitserinnerungen waren erfüllt von Angst und Schuldgefühlen wegen seiner Onanie. Er fing etwa mit fünf Jahren an zu masturbieren. Er erinnerte sich, daß seine Mutter ihn ermahnt hatte, seinen Penis nicht zu berühren. Er setzte die Onanie während der ganzen Kindheit und Adoleszenz fort, aber immer mit großer Angst und starken Schuldgefühlen. Er hatte eine Erinnerung aus der Zeit, als er etwa sechs Jahre alt war, die ihm lebhaft vor Augen stand. Als er eines Abends ins Bett ging, sah er das blasse Gesicht eines Mannes draußen im Dunkeln, das in sein Fenster blickte. Er trug einen großen Schrecken davon.

Das Erlebnis des Ausstoßens des Samens, während er eines Tages onanierte, brachte ihn völlig aus dem Gleichgewicht. Er hatte noch nichts davon gehört, und er meinte, mit ihm sei etwas ganz und gar nicht in Ordnung. Ein andermal, als er beim Anblick des Blutes, das aus einem Schnitt an seiner Hand quoll, ohnmächtig wurde, brachte ein Lehrer dies in Verbindung mit seiner Onanie. In der Adoleszenz war er von Gedanken an den Tod besessen. Zweimal kamen Jungen, mit denen er eng befreundet war, bei Unfällen ums Leben. Er war sicher, er würde auch bald sterben.

In der Kindheit wurde er von der Dunkelangst geplagt. Er fürchtete sich oft stundenlang, nachdem er zu Bett gegangen war. Seine Eltern pflegten abends auszugehen, und die Dienstmädchen schliefen am anderen Ende der großen Wohnung. Sein Interesse am weiblichen Körper geht weit in die Kindheit zurück. Er sagte: »Ich kann mich erinnern, daß ich mich schon für den weiblichen Körper interessierte, als ich noch sehr klein war und noch ein Kindermädchen hatte. Ich kann mich erinnern, daß mich die Rundheit ihrer Arme und alles, was ich sehen konnte, erregte, obwohl sie sich nicht vor uns Kindern auszog.«

Die sexuellen Erlebnisse im Jugendalter beschränkten sich auf gelegentliche »Petting-Parties«. Der Geschlechtsverkehr begann im Alter von siebzehn Jahren mit Prostituierten »ohne viel echte Befriedigung«. Prostituierte waren viele Jahre lang weiterhin die Quelle seiner sexuellen Erfahrung. Er hatte auch große Angst davor, sich bei ihnen eine Geschlechtskrankheit zu holen. Als es ihm später gelang, ein regelmäßiges Geschlechtsleben zu führen, war er nie sicher, ob er das Mädchen liebte, und er pflegte die Beziehung immer zu beenden, sobald das Mädchen Forderungen an ihn stellte.

Eine der häufigsten Klagen dieses Patienten lautete, er sei immer müde, und es fehle ihm an Begeisterung. Trotzdem arbeitete er in seinem Beruf schwer. Zweimal in seinem Leben konnte er jedoch eine Menge Energie mobilisieren und sehr aktiv und aggressiv sein. Die erste Gelegenheit war eine Geschäftsunternehmung, die Werbung für eine Reihe von Maschinen, der er sich zwei Jahre lang mit beträchtlichem Erfolg widmete. Diese Tätigkeit übte er auf Kosten aller Sexualkontakte mit Frauen aus, da er ihr all seine Aufmerksamkeit und Energie widmete. Die zweite war das Interesse an einer Bewegung gegen den Krieg; bei dieser Tätigkeit bewies er großartige Führungseigenschaften. Auch dieses Interesse fiel in sich zusammen, und er erkrankte schwer an einer Entzündung der Rückenmarkshäute.

Ich sollte noch erwähnen, daß der Patient einmal in einer Liebesaffäre, die zwei Jahre dauerte, eine aggressive sexuelle Rolle spielte und sehr an dem Mädchen hing. Das Mädchen seinerseits war in der Beziehung ziemlich passiv und ging auch mit anderen Männern aus. Er empfand seine Bindung als »klebrig« und weigerte sich trotz quälender Eifersucht, das Mädchen zu heiraten.

Die bioenergetische Arbeit mit diesem Patienten dauerte etwas länger als ein Jahr; während dieser Zeit kam er etwa zweimal in der Woche zu mir. Die ersten Sitzungen waren von Klagen erfüllt, er sei müde und habe keine Energie. Auf der Couch und in Bewegung sah der Körper schwer und belastet aus. Das Schlagen erfolgte mechanisch. Augen und Gesicht hatten einen stumpfen Ausdruck. Die Atmung war gedämpft. Am Ende der

Sitzung konnte man dem Patienten eine leichte Besserung ansehen. Gesicht und Augen erhellten sich, der Körper hatte eine lebendigere Haltung, und gelegentlich vertiefte sich die Stimme. Aber jede Sitzung begann wieder mit denselben Klagen. Die Besserung hielt nicht an. Aus dieser Haltung ging hervor, daß der Patient starke masochistische Züge hatte.

Im Gegensatz zu Menschen mit masochistischem Charakter klagte dieser Patient niemals über Angst. Im Gegensatz auch zum phallischen Typus waren die oberflächlichen Muskelverspannungen nicht sehr ausgeprägt. Die Haut war spannungslos, und unterhalb des Nabels war sie weiß und kalt und leblos. Einmal, als der Patient die Augen bewegte, bemerkte er, sie seien »hölzern« und »ohne Leben«. Bei diesen ersten Sitzungen hatte ich den Eindruck, dem Organismus fehle es an Motilität. Er wurde nur leicht depressiv; er sprach zwar von Selbstmord, aber er glaubte eher, er werde noch viele Jahre weiterleben, um schließlich wie sein Vater an einem Gehirntumor zu sterben. Der Patient hatte ein körperliches Symptom, das ihn beunruhigte. Er klagte über eine taube Stelle in der Kopfhaut, die einen Durchmesser von etwa 7,5 cm hatte und rechts oberhalb der Stirn lag. Er rieb immer an ihr herum, als wollte er sie zum Leben erwecken. Beim Betasten stellte sich heraus, daß diese Stelle mit trockenerer und schuppigerer Haut bedeckt war als der entsprechende Bereich auf der anderen Seite, aber sonst nichts.

Ich bemühte mich in der Therapie, Energie zu mobilisieren und die Motilität zu fördern, aber das war nicht einfach. Die einzige wirkliche Reaktion, die ich auslösen konnte, erreichte ich durch die Anwendung des Würgereflexes, aber selbst dabei begegnete ich einer ausgeprägten Unempfindlichkeit in der Kehle. Ich bekam nur eine Reaktion, wenn ich die Schnürmuskeln des Rachens kräftig drückte. Der Patient konnte keine Manipulation ertragen, die schmerzhaft war. Er zog sich aus der Situation zurück. Anhaltende willkürliche Bewegungen erzeugten bei ihm ein Gefühl der Übelkeit, und er brach sie ab. Dann suchte ich meine Zuflucht beim Würgereflex. Ein- oder zweimal spürte der Patient beim Würgereflex, wie Energie nach oben in seinen Kopf und besonders in den toten Bereich der Kopfhaut strömte.

Die fortgesetzte Therapie schien allmählich eine Besserung zu bringen, weniger Erschöpfung und etwas mehr Energie. In einer Sitzung bemerkte der Patient, er fühle sich in seinen Bewegungen feminin. Als ich ihn veranlaßte, seinen Körper zu strecken und die Arme auszubreiten, verschwand dieses Gefühl. Der Patient bemerkte auch, er sei sich eines Mangels an Energie im Beckenbereich und in den Genitalien bewußt. Diesem Umstand schrieb er seinen Mangel an Entschlußfähigkeit und Stärke zu. Im Gegensatz zum phallisch-narzißtischen Charakter, bei dessen Vertreter das Becken geladen, aber verkrampft ist, war das Becken dieses Patienten weich und gerundet. Der männliche Beckenstoß fehlte, was mit seinem allgemeinen Aggressionsmangel übereinstimmte.

Man sollte fragen: Wo war die Energie dieses Organismus gebunden? Da der Patient keinen oralen oder masochistischen Charakter hatte, möchten wir gern wissen, was mit seiner Aggression geschehen war. Gewiß zeigte er bestimmte masochistische Züge in seinen ständigen Klagen über Müdigkeit, in seinem Ausweichen in die Entzündung der Rückenmarkshäute und in der Schwere seines Körpers. Seine Fixierung auf die Analfunktion offenbarte sich in der Erinnerung daran, daß seine Mutter die Würmer aus seinem After entfernt hatte. Aber der echte Masochist ist niemals passiv oder feminin. Der Masochist strebt danach, voll aggressiv zu sein, wenn dies auch in Zusammenbruch und Mißerfolg endet. Was Freud als femininen Masochismus bezeichnete, sollten wir richtiger den passiv-femininen Charakter nennen.

Der Mensch mit passiv-femininem Charakter bricht nicht zusammen, aber er macht auch keine starken aggressiven Gesten. In diesem Fall trat tatsächlich nach einer sehr entschlossenen Ich-Durchsetzung, die eine Zeitlang andauerte, ein Zusammenbruch ein. Ich denke hier an seine Aktivitäten als Kriegsgegner, die als Rebellion gegen die Autorität und letzten Endes gegen den Vater gedeutet werden müssen. Der wahre Masochist erhebt sich niemals zu einem solchen Niveau durchgehaltener Rebellion. Dieser Patient hatte genug Rigidität, um einen sich wiederholenden Zusammenbruch zu vermeiden, aber sie immobilisierte leider all seine Aggression. Er konnte sich nur weiter abmühen.

Ich hatte den starken Eindruck, die Energie sei in der Region des Brustkorbs blockiert; dieser war fest und bewegte sich nicht mit der Atmung mit. Da auch die Bauchmuskeln angespannt waren, war die Atmung stark eingeschränkt. Die Bearbeitung der Wände des Brustkorbs mit den Händen erzeugte starke Angstgefühle. Die Verspannungen waren tief in der Zwischenrippenmuskulatur lokalisiert. Es ist zu beachten, daß dieser Patient über Herzklopfen klagte, das er während vieler Jahre von Zeit zu Zeit empfand. Aber ich trieb die Arbeit an der Wand des Brustkorbs nicht gewaltsam voran. Dieser Druck war zu schmerzhaft, und man mußte noch mehr über die Dynamik der Struktur in Erfahrung bringen. Angesichts der starken Verkrampfungen der Kehle und der tiefen Verspannungen im Becken bei diesem Patienten wäre es unklug gewesen, den inneren Druck zu steigern, ohne für ein adäquates Abfuhrventil zu sorgen.

Weitere Arbeit mit dem Würgereflex, mit dem starken Ausdruck negativer Gefühle und mit dem Schlagen brachten nicht den gewünschten Erfolg. Ich konnte bei dem Patienten nicht genug Aggression mobilisieren, um einen starken Gefühlsausbruch zu bewirken.* Trotz einer allmählichen Besserung brachte der Patient ständig dieselben Klagen vor. Dieses Jammern wies, wie wir gesehen haben, auf das masochistische Element in der Charakterstruktur hin, das konsequente und beharrliche Bearbeitung verlangte. Ich bemerkte jedoch einen

* Diesen Fall habe ich vor einigen Jahren behandelt, zu einer Zeit, als ich die Techniken des körperlichen Ansatzes erst allmählich entwickelte. Unsere Verfahren sind heute anders und entsprechend der dazwischenliegenden jahrelangen Erfahrung wirksamer. Ich berichte über den Fall, wie er sich wirklich entfaltete, denn er verschaffte mir Einblick in die Dynamik dieser Charakterstruktur.

weiteren Ausdruck bei diesem Patienten, der anzeigte, wie schwer die Störung war. Bei fast jeder Anstrengung ließ der Patient ein Stöhnen hören. Das hatte eine physiologische Grundlage in der Störung der natürlichen Atembewegungen. Aber die psychische Bedeutung dieses Lautes beunruhigte mich. Unausgesprochen schwang in dieser Lautäußerung eine Haltung der Resignation mit. Es war, als sagte der Patient: »Ich bin ein alter Mann, und das Leben ist mir zu anstrengend.« Gewöhnlich stöhnt man, wenn die Anstrengung so groß ist, daß sie dem Maximum dessen entspricht, was der Organismus leisten kann. Wenn nun das Stöhnen bei jeder Anstrengung auftrat, konnte man annehmen, daß der Patient bei seiner Arbeit seiner physiologischen Leistungsgrenze nahe war. Da selbst dies für einen Erfolg nicht ausreichte, war mit Hoffnungslosigkeit und Verzweiflung zu rechnen.

Man sollte die Gefühle der Hoffnungslosigkeit und Verzweiflung bei dem Menschen mit passiv-femininem Charakter, der sich nicht homosexuell betätigt, um einen Ausweg zu haben, nicht unterschätzen. Psychisch ist die Aggression (die Bewegung nach vorn) durch die starke Kastrationsangst blockiert; die Regression wird durch die ebenso starke Angst vor Homosexualität blockiert. Beim echten Homosexuellen ist die bioenergetische Dynamik anders. Die Genitalität ist aufgegeben worden, wenn man auch behaupten kann, sie sei niemals fest etabliert gewesen. Die passiv-feminine Struktur ist, im Unterschied zum Homosexuellen, in der Genitalität verankert, aber durch Angst immobilisiert. Bei Masochismus und Oralität kann das Problem auf der prägenitalen Ebene gelöst werden. Bei dieser Charakterstruktur wird die Situation durch den Umstand kompliziert, daß weder eine Vorwärts- noch eine Rückwärtsbewegung möglich ist. Es ist, als habe der passiv-feminine Charakter die genitale Stufe der Ich-Organisation erreicht, sei aber von Angst gelähmt. Das Problem ist nun gerade diese Lähmung.

Charakterprobleme sind immer schwer zu überwinden. Die Schwäche der Struktur muß gestärkt werden, während zur gleichen Zeit die kompensierende Rigidität herabgesetzt wird. Bei diesem Patienten war die Schwäche das masochistische Element mit seiner Drohung des Zusammenbruchs, gegen die die Rigidität ein Gefühl der Sicherheit und der Stützung bot. Diese beiden Störungen müssen sorgfältig analysiert werden, und man muß geeignete Mittel anwenden, um sie zu überwinden. Das masochistische Problem ist ähnlich wie das im Kapitel über Masochismus besprochene. Die Rigidität des passiv-femininen Charakters hat eine eigene Verdrehtheit, da die normale genitale Aggression der rigiden Struktur blockiert ist.

Wir wissen, daß dieser Patient einen sehr autoritären Vater hatte, vor dem er sich fürchtete. Als Kind hatte er es nie gewagt, seinem Vater gegenüber Auflehnung zu zeigen oder sich anders zu verhalten, als dieser es wünschte. Seine Verhaltensweise bestand darin, alles anzufangen, von dem sein Vater wünschte, er solle es tun, dann aber allmählich von der Tätigkeit abzukommen und sie schließlich ganz aufzugeben. Sein Vater schalt ihn heftig wegen seines Versagens und nannte ihn tölpelhaft, schwerfällig, dumm usw. Eine jüngere Schwester andererseits wurde ziemlich stark vorgezogen. In seiner Haltung gegenüber dieser Schwester und gegen Frauen im allgemeinen offenbarte sich ein wichtiger Aspekt seines Charakters.

Bei vielen Anlässen erzählte mir der Patient von seinem starken Interesse für die weibliche Brust. Brüste faszinierten ihn, und er konnte nicht umhin, sie anzuschauen. Seine Neigung zum Voyeurismus hatte ihre Grundlage in dieser Anziehung. Er wollte Frauen zuschauen, wie sie sich auszogen. Der Geschlechtsakt als solcher interessierte ihn nicht. Er sah die Brust nicht nur gern an, sondern er liebkoste sie auch gern. Dann machte er eine Geste mit den Händen, in die er die Brust nahm und sie schüttelte. Ich forderte ihn auf, dieser Geste nachzugeben. Als er die Bewegung verstärkte, schob sich sein Kiefer vor, und seine Hände packten zu, als würde er die Brust gern abreißen. Zum ersten Mal empfand der Patient spontan starken Haß und brachte ihn zum Ausdruck.

Seiner Schwester gegenüber hatte der Patient starke ambivalente Gefühle. Er war neidisch und eifersüchtig auf sie, aber er hatte sie auch gern und bewunderte sie. Er hatte das Gefühl, sie habe einen Vorteil, den er ihr übelnahm. Nun war klar, was daraus zu schließen war. Die Brust war ein Symbol für den Penis, aber sie war nicht mit der Angst behaftet, die der Patient im Hinblick auf seinen eigenen Penis empfand. Sein Neid und sein Ressentiment ließen sich durch sein Gefühl erklären, die Frau sei nicht kastriert worden, wie es ihm nach seinem Gefühl geschehen war. Die Brust ist jedoch auch eine Quelle des Lebens, und sie ist daher ein eigenes Machtsymbol.

Der Konflikt mit dem autoritären Vater wurde auf die Schwester und auf andere weibliche Gestalten übertragen. Die Frau wurde zu seiner Rivalin und Feindin, und die Identifizierung mit ihr fand auf dieser Grundlage statt. Warum fand diese Übertragung statt? Wir können nur sagen, daß der Konflikt zwischen dem genitalen Impuls und der Kastrationsangst, die eine völlige Lähmung hervorrief, irgendwie gelöst werden mußte. Es fand eine Art Regression zur Brust statt, aber nicht auf infantiler Stufe. Der passiv-feminine Mann will kein Säugling sein, er will eine Frau sein. Zugleich verschiebt er all den Haß auf die Frau, der durch die Angst vor dem Vater entstanden ist. Aber er gibt die genitale Position nicht auf. Auf der Ich-Ebene zeigt er weibliche Tendenzen. Auf der genitalen Ebene ist er männlich, aber passiv.

Bei der Charakteranalyse dieser Struktur fällt einem auf, daß der Patient von dem strengen Vater spricht, dabei aber keine Wut zeigt. Der Haß kann zwar der Frau gegenüber ausgedrückt werden, aber er führt zu nichts, weil er ein Abwehrmechanismus ist. Der Konflikt mit dem Mann muß zuerst durch die Analyse der Übertragungssituation gelöst werden. Dem Patienten muß bewußtgemacht werden, daß seine Höflichkeit, seine Fügsamkeit und sein eifriges Bemühen, den Analytiker zufriedenzustellen, einen tiefsitzenden Haß auf den überlegenen Mann verdecken. Aber das Problem wird durch den Umstand kompliziert, daß diese Patienten dann dem Analytiker zustimmen, ohne daß sich etwas ändert. Sie sind so darauf bedacht, einen zufriedenzustellen, daß man sie dazu bringen kann, verstandesmäßig zuzustimmen, aber sie fühlen es nicht. Damit man eine affektive Reaktion bekommt, muß der Druck auf den Patienten ebenso stark sein wie der ursprüngliche Druck, der vom Vater ausgegangen ist. Man kann dies charakteranalytisch oder bioenergetisch bewerkstelligen, aber beide Methoden sind gleich schmerzhaft.

Wir haben gesagt, psychisch finde eine Übertragung der Opposition vom Vater auf eine weibliche Gestalt statt. Die genitale Position wird nicht aufgegeben; nicht alle Energie wird abgezogen. Es wird jedoch genug Energie abgezogen, um den Konflikt zu mildern und die Lähmung zu verhindern. Wenn diese Energie wieder mit genügender Intensität nach unten verlagert wird, wird der ödipale Konflikt reaktiviert. Es tritt ausgeprägter Widerstand auf. Die Übertragungssituation lädt sich auf. Um dies zu erreichen, muß die Arbeit an den Beinen soweit getrieben werden, bis sie wehtut. Die Aggression muß mobilisiert werden, und wenn dies durch Schlagen geschieht, sollte der Patient schlagen, bis er fast zusammenbricht. Die Verspannungen, die die Bewegung des Beckens und des Kiefers nach vorn verhindern, müssen gelockert werden, und auch dies bereitet Schmerzen. Es versteht sich von selbst, daß diese Maßnahmen mit einer tiefen Charakteranalyse koordiniert werden müssen, so daß dem Patienten die Notwendigkeit des Vorgehens ganz klar ist.

Beim passiv-femininen Mann sind die tiefliegenden Muskeln stark verspannt, während die Muskulatur an der Oberfläche relativ weich ist. Dies erklärt die weichen Bewegungen solcher Männer. Die Immobilisierung der genitalen Aggression behindert die normale Entwicklung männlicher Muskulosität, es sei denn, diese Entwicklung tritt als sekundäres, kompensatorisches Phänomen auf. Es gibt also zwei Faktoren, die die femininen Tendenzen erklären. Zunächst findet die normale männliche Entwicklung nicht statt, und diese wird dann von einer späteren Identifizierung mit der Frau überlagert.

Die Therapie fand in dem besprochenen Fall ein Ende, bevor ich die Einsichten, die ich gewonnen hatte, in die Praxis umsetzen konnte. Sie erwiesen in darauffolgenden Analysen ihre Gültigkeit.

Die passiv-feminine Struktur ist auch eine Folge des Konflikts zwischen geschwächten genitalen Impulsen und schwerer genitaler Frustration. Auch hier dient die Rigidität als immobilisierende Kraft, was zur fast vollständigen Unterdrückung der männlichen Aggression führt. Lassen Sie mich das mit einem anderen Fall veranschaulichen.

Auch dieser zweite Patient war viele Jahre lang in verschiedenen Arten analytischer Therapie gewesen. Die Erfahrung hat bestätigt, daß diese Fälle schwierig zu behandeln sind. Die Fortschritte sind ausnahmslos langsam. Er hatte mehrere Beschwerden: eine war die Unfähigkeit, in Gruppen frei zu sprechen, eine weitere war ein Gefühl der Dumpfheit und »Wolkigkeit« zwischen den Augen, das ihm zeitweise die Konzentration sehr erschwerte. Er hatte große Schwierigkeiten, eine befriedigende Liebesbeziehung herzustellen, und er litt an einer Affektion der Nasennebenhöhlen.

Das passiv-feminine Wesen dieses Patienten trat deutlich zutage in einer weichen Stimme, der die männliche Klangfarbe fehlte, in einem Benehmen, das überaus höflich und sanft war, und in einem Gesichtsausdruck, der manchmal jungenhaft, manchmal asketisch wirkte. Linien von Kämpfen und Entschlossenheit fehlten dem Gesicht, dessen Züge ausgesprochen regelmäßig waren. Man sollte noch erwähnen, daß ein Merkmal, das der Stimme diese besondere Qualität verleiht, das weiche Rollen des R-Lautes ist.

Es konnte kein Zweifel an der Diagnose bestehen. Seine Vorgeschichte zeigte das Fehlen von aggressivem Verhalten, abgesehen von einer Zeit des Kriegsdienstes und einer früheren Periode des College-Sports, in der der Patient einem Team angehörte. Interessant ist die Feststellung, daß die Aggression dieses Patienten, obwohl er sich vor einer Gruppe nicht ausdrücken konnte, nur dann zutage trat, wenn er zu einer

Gruppe gehörte. Als Offizier in der Armee hatte er sich den Respekt sowohl seiner Vorgesetzten als auch seiner Männer erworben.

Die Körperstruktur dieses Patienten war ganz anders als die des vorigen. Er war hochgewachsen, mit sehr breiten, eckigen Schultern, von denen aus der Körper zu den schmalen Hüften und dünnen Fußknöcheln hin immer schmaler wurde. Die Füße waren schmal und hatten hohe, stark zusammengezogene Fußgewölbe. Der Patient sagte mir, im Alter von etwa vier Jahren habe er an beiden Beinen Schienen tragen müssen, um irgendeine Mißbildung zu korrigieren. Er wußte nicht genau, um was für eine Mißbildung es sich handelte. Er hatte sich jedoch niemals auf seinen Beinen und Füßen sicher gefühlt.

Konnte es irgendetwas geben, das männlicher aussah als diese breiten Schultern und schmalen Hüften? Waren sie eine Kompensation für die passiv-feminine Struktur? Oder waren sie ein Ausdruck dieser Struktur? Ich hatte früher einmal zu der ersten Ansicht geneigt, aber die Erkenntnis, daß hochgezogene Schultern ein Ausdruck von Furcht sind, veranlaßte mich, meine Meinung zu ändern. Man reagiert auf Schrecken, indem man tief Luft holt, den Bauch einzieht und die Schultern hochzieht. Dadurch wird der Brustkorb aufgeblasen und die Energie hier immobilisiert. Wie wir gesehen haben, ist dies ein Kennzeichen des passiv-femininen Charakters, so daß die breiten eckigen Schultern ein Ausdruck der Passivität sind und keine sekundäre Entwicklung. Die schmalen Hüften sind die Folge schwerer Verspannungen im Becken und in den Oberschenkeln, die die Beckenkapazität und die genitale Ladung vermindern.

In diesem Fall konnte man von der Körperstruktur auf eine starke orale Komponente schließen. Die Schwäche der Beine, besonders die mageren, schmalen Füße, die keinen Kontakt zum Boden haben, sind kennzeichnend für eine orale Störung. Dasselbe gilt für schwache Hände und Handgelenke. Außerdem hatte dieser Patient einen dünnen Hals, der in keinem Verhältnis zu den breiten Schultern stand. Wichtiger war der

Mangel an Ladung im Kopf, der sich aus dem Gefühl der Stumpfheit und Verschwommenheit in der Stirn erschließen ließ.

Die Familiengeschichte war typisch. Sein Vater war ein erfolgreicher Mann, der von seinen Söhnen erwartete, sie sollten stark und männlich sein. Der Patient hatte das Gefühl, er habe dieser Forderung niemals entsprechen können. Trotz einer starken Identifikation mit seiner Mutter erlebte der Patient in seiner Beziehung zu ihr nie ein Gefühl der Nähe. Er hatte einen älteren Bruder und eine jüngere Schwester. Die engste Familienbeziehung hatte er zu seiner Schwester. Ich konnte seine Identifikation mit dem Weiblichen und seine Feindseligkeit gegen das Weibliche analysieren und herausstellen, aber das brachte wenig Veränderung in seinem Charakter hervor. Das traf auch bei dem vorigen Fall zu, und auch aus dem gleichen Grund – weil es eine Abwehrbildung war. Der wesentliche Konflikt besteht in bezug auf den überlegenen Mann oder den Therapeuten.

Bei diesem Typus des passiv-femininen Charakters schwächt das starke orale Element in der Struktur den genitalen Trieb sehr. Dieser Charaktertypus unterscheidet sich vom oralen Charakter durch einen besseren Kontakt zur Realität, eine geringere Tendenz zu Perioden der Depression und der Hochstimmung und eine ausgeprägte Verminderung der typischen Redefreudigkeit. Die Pendelbewegung der Energie ist in der Genitalfunktion verankert, wenn auch die Ladung schwach ist. Viele Männer mit dieser Struktur leiden an vorzeitiger Ejakulation. Dem psychischen Problem liegt eine schwere Kastrationsangst zugrunde.

Die Entwicklung einer Struktur dieser Art wird durch die orale Deprivation im Säuglingsalter und die spätere genitale Frustrierung bestimmt, die die Aggression lähmt. Diese Menschen erreichen als Kinder das genitale Stadium der Ich-Entwicklung, aber mit einer inhärenten Schwäche, die auf das starke orale Element zurückgeht. Wenn in dieser Zeit die Genitalität und die Aggression des Kindes gefördert werden, wird sich die orale Störung allmählich verringern. In diesen Dingen muß man quantitativ denken. Die Frustration, die die Aggression eines solchen Kindes dämpfen könnte, ist nicht so stark, daß sie bei einem gesünderen Organismus dieselbe Wirkung hervorrufen würde. Der schwächere Organismus gibt seine Genitalität nicht auf; eine Regression in diesem Sinn findet nicht statt; er gibt seine Aggression auf und nimmt eine passive Haltung ein. Es findet, wie analytische Autoren erklärt haben, eine Verschiebung vom Penis auf die Brust statt; diese wird als Ersatzpenis betrachtet. So wird die Kastrationsangst vermieden. Der Mechanismus ist derselbe wie bei dem ersten angeführten Fall. Weibliche Züge erscheinen auf Grund der Hemmung der natürlichen männlichen Aggression und nur sekundär durch die spätere Identifizierung mit dem Weiblichen.

Der Passiv-Feminine ist durch seinen Mangel an emotionalem Ausdruck und durch seine relative körperliche Unbeweglichkeit gekennzeichnet. Einerseits fehlt ihm die Impulsivität der prägenitalen Charaktere, andererseits fehlt ihm auch die Aggression, die den phallischen Mann kennzeichnet. Die Rigidität, die seine Genitalfunktion gewährleistet, immobilisiert seine Aggression. An der Oberfläche dreht sich der psychische Konflikt um die Einstellung zur Frau. Auf Grund der oralen Störung besteht ein tiefes Bedürfnis nach Kontakt, und dieses tritt auf der genitalen Ebene in Widerstand zu dem Wunsch nach Entladung und Befriedigung. Es ist schwierig, wenn nicht unmöglich, zur gleichen Zeit zwei Rollen zu spielen. Der passiv-feminine Mann kann entweder in einer sexuellen Beziehung zu einer älteren Frau der Säugling sein oder gegenüber einer jüngeren, abhängigeren Frau als Vaterfigur fungieren. Er kann nicht der »Mann« einer Frau sein.

Wenn man den Fall des von Reich in seinem Buch *Charakteranalyse* dargestellten passiv-femininen Charakters studiert, erkennt man, daß das fundamentale Verfahren, das angewandt wurde, darin bestand, dem Patienten seine gehemmte Aggression bewußt zu machen. Wenn man dies zuwege gebracht hat, liegt die ganze Störung bloß, und man kann die aufeinanderfolgenden Schichten der Charakterstruktur durcharbeiten. Der Widerstand, dem man dabei begegnet, ist furchtbar. Es ist nicht so, daß der Patient sich weigert, seinen Mangel an Aggression oder sein passiv-feminines Verhalten zu erkennen – das Problem besteht vielmehr darin, wie man den blockierten Affekt mobilisieren soll. Wenn man sich klarmacht, daß die Aggression bei Menschen mit diesem Charakter schon seit der Entwicklung der genitalen Phase blockiert oder gehemmt worden ist, kann man den Umfang der Aufgabe richtig einschätzen.

An dieser Stelle ist die Frage angebracht, ob es eine weibliche Charakterstruktur gibt, die dem passiv-femininen Charaktertypus beim Mann entspricht. Oder: Was für ein Charakterbild würde man bei der Frau finden, wenn eine ähnliche Kombination von prägenitalen und genitalen Störungen vorläge? Natürlich würde die Struktur bei der Frau der passiv-femininen Struktur beim Mann nicht gleichen, weil jede Störung der weiblichen Persönlichkeit die Tendenz hätte, ihre natürlichen weiblichen Eigenschaften zu verringern.

Dieses Problem hat wie beim männlichen Geschlecht zwei Seiten. Die prägenitale Tendenz könnte entweder auf eine masochistische oder eine orale Störung zurückgehen. Sehen wir uns zunächst den ersteren Zustand an.

Wenn die masochistische Störung nicht so schwer ist, daß sie das Fortschreiten zur genitalen Stufe verhindert, ist die endgültige Charakterstruktur von der Stärke der Genitalangst abhängig. Da beide Elemente quantitative Faktoren sind, ist es unmöglich, im voraus abzuschätzen, was für eine Situation entstehen wird. Die Analyse geht notwendigerweise von einem gegebenen Problem aus und schreitet zur Aufklärung seiner dynamischen Kräfte und seiner lebensgeschichtlich bestimmten Komponenten fort. Untersuchen wir einen spezifischen Fall.

Diese Patientin kam mit einer Reihe von Beschwerden in die Therapie: Unzufriedenheit mit ihrer Sexualfunktion, insbesondere mit dem Auftreten störender Phantasien; Gefühlen der

Minderwertigkeit und Unsicherheit und Angstanfällen. Die Patientin war Mitte Zwanzig, mittelgroß und sprach deutlich und knapp. Der hervortretende Gesichtszug war ein starker, aggressiver Kiefer. Der Hals war durchschnittlich, aber die Schultern waren außerordentlich schmal und nach vorn gezogen. Der Brustkorb war ebenfalls schmal; das Brustbein stand vor. Unterhalb der Taille verbreiterte sich der Körper zu ziemlich fülligen Hüften, in die die Beine wie Pflöcke »eingelassen« waren. Ich hatte einen sehr eindeutigen Eindruck von diesen Beinen, die ich als die »Beine einer mit Sägemehl ausgestopften Puppe« bezeichnete. In der Beckengegend war viel Wabbeliges, das eine Verkrampfung in den tieferliegenden Muskeln überdeckte.

Die masochistische Komponente der Charakterstruktur war unübersehbar. Die sexuellen Phantasien waren häufig typisch masochistischer Art. Aber man muß zögern, die gesamte Struktur als masochistisch zu bezeichnen. Es fehlte das provozierende Verhalten, das übliche Gejammer und die Unsicherheit und Verwirrung im Ausdruck. Ebenso spricht das Vorhandensein einer aggressiven Haltung charakterologisch und bioenergetisch gegen die Diagnose »Masochismus«. Gewiß fehlte es der Aggression an Stärke, und man kann annehmen, daß sie eine sekundäre Funktion hatte, nämlich, die Angst und Schwäche der tieferen Schicht zu kompensieren. Der echte Masochist ist jedoch solcher Kompensationen gar nicht fähig. Aber noch wichtiger ist der Umstand, daß die in der oberen Körperhälfte deutlich erkennbare ausgeprägte Rigidität genügte, um den Zusammenbruch zu verhindern, dem der Mensch mit masochistischem Charakter unterliegt.

Die Körperstruktur dieser Patientin hatte zwei einander widersprechende Seiten. Die untere Hälfte des Körpers machte einen masochistischen Eindruck, die obere Hälfte gehörte dem rigiden Typus an. Der ersteren kann man die masochistischen Phantasien zuschreiben, der letzteren das aggressive Verhalten. Aber bedeutsam ist bei dieser Struktur das Vorhandensein gewisser maskuliner Zeichen und Züge. Das häufigste Zeichen ist eine Behaarung im Gesicht (am Kiefer entlang), manchmal eine dichte Behaarung der Beine und häufig entspricht die Verteilung der Schambehaarung dem männlichen Typus. Manche dieser Frauen haben eine ziemlich stark entwickelte Muskulatur und berichten, sie hätten es früher den Jungen in deren Sportarten gleichgetan. Dieser Wettbewerb mit dem Mann findet sich manchmal auch auf anderen Gebieten. Im vorliegenden Fall sagte mir die Patientin, sie habe oft das Gefühl, sie könne manches besser als ihr Mann.

Wie sollen wir die Beziehung dieser Elemente zueinander deuten, die an dieser Struktur zu sehen waren? Wie kommt es, daß die Kombination von Masochismus und Rigidität bei der Frau ein übermäßig aggressives Verhaltensmuster erzeugt, und nicht die Passivität, die dasselbe Problem beim Mann hervorruft? Wie können wir die Störung der sekundären Geschlechtsmerkmale erklären? Masochismus allein erzeugt keine solchen Veränderungen, und auch die Rigidität nicht, wenn sie die ganze Struktur umfaßt. Warum ruft die Kombination dieser beiden Tendenzen diesen spezifischen Effekt hervor? Um diese Fragen beantworten zu können, müssen wir, glaube ich, mehr über die bioenergetische Entwicklung der weiblichen Sexualität wissen.

Wenn das weibliche Kind das genitale Stadium der Libido-Organisation erreicht, wendet es sich natürlicherweise den männlichen Mitgliedern der Familie als Liebesobjekten zu. Ich sage: natürlicherweise, denn dieser Prozeß scheint zur normalen Entwicklung der weiblichen Sexualität zu gehören. Diese Feststellung schließt nicht aus, daß das Mädchen auch ein wachsendes sexuelles Interesse an den männlichen Kindern seines Bekanntenkreises zeigt. In diesem Alter wird nicht zwischen Sexualität und zärtlichen Gefühlen unterschieden. Es ist anerkannt, daß der Mechanismus dieser Entwicklung beim weiblichen Kind komplizierter ist als beim männlichen. Der Junge braucht nicht das Liebesobjekt zu wechseln, wenn er sich vom oralen Stadium zum genitalen Stadium weiterentwickelt. Seine Beziehung zur Mutter erfüllt sich mit neuem Interesse und neuer Bedeutung. Das Mädchen andererseits muß einen Teil seiner Objektlibido auf ein anderes Geschlecht übertragen. Aber dies ist kein Willensakt. Bioenergetische Prozesse, die zu dieser Zeit stattfinden, konzentrieren die Energieladung in der Vagina, während die Bedeutung der Klitoris allmählich abnimmt. Um die Störungen der weiblichen Sexualität zu verstehen, muß man sich die dynamischen Prozesse, die diese wichtige Entwicklung hervorrufen, gründlicher ansehen.

Freud studierte die Frage der weiblichen Sexualität erst 1931 (Freud, 1931a, S. 515). Sehen wir uns einige seiner Bemerkungen und Folgerungen an. »Wir haben längst verstanden, die Entwicklung der weiblichen Sexualität werde durch die Aufgabe kompliziert, die ursprünglich leitende genitale Zone, die Klitoris, gegen eine neue, die Vagina, aufzugeben« (a. a. O., S. 517). In dieser Aussage finden wir ein Beispiel für den Denkfehler, der aus der Interpretation biologischer Prozesse mit Hilfe psychologischer Begriffe entsteht. Es ist unvorstellbar, daß ein Kind auf eine Tätigkeit zugunsten einer anderen »verzichtet«, wenn es sich in Wirklichkeit um normales Wachstum und normale Entwicklung handelt. Wenn ein Kleinkind laufen lernt und zu krabbeln aufhört, ist es richtig, zu sagen, daß es seine frühere Art der Fortbewegung aufgibt oder auf sie verzichtet? Eine Wahl steht hier gar nicht zur Debatte. Wenn die Beine kräftiger werden, überlagert eine neue, stärker geladene Funktion eine andere, die allmählich ihre Bedeutung verliert. Aber das Kind verzichtet niemals auf sein Krabbeln, es kehrt zu dieser Bewegungsart zurück, wann immer sie angebracht ist. Dasselbe gilt für das Trinken an der Brust oder aus der Flasche. Im normalen Verlauf verzichtet das Kind nicht auf diese Tätigkeiten. Angemessenere Formen der Befriedigung treten an ihre Stelle.

Soweit ich weiß, hat noch keine Frau auf die Klitoris »verzichtet«. Wenn die Entwicklung normal verlaufen ist, ist die Vagina das stärker energiegeladene Organ und kann der Betreffenden eine viel größere Befriedigung verschaffen. Die Klitoris tritt dann in den Hintergrund. Die klinische Erfahrung hat diese Beobachtung bestätigt, daß kein weibliches Wesen zugunsten eines vaginalen Orgasmus auf einen klitoralen Orgasmus »verzichten« kann. Wenn diese Umstellung therapeutisch gelingt, dann nur deswegen, weil genug Empfindung, Ladung oder Energie sich in der Vagina konzentriert, so daß sie das wichtigste Ausführungsorgan für die Entladung wird.

Es bleibt die Tatsache, daß bei manchen Frauen diese Entwicklung zugunsten der Vagina nicht stattfindet. Sie haben keinen vaginalen Orgasmus. Die Vagina ist relativ wenig geladen, während die Klitoris ihre ursprüngliche Empfindlichkeit behält. Was kann diesen Entwicklungsstillstand bewirken? Gehen wir weiter zurück. Freud ist der Ansicht, der Mensch habe eine bisexuelle Anlage, die bei der Frau viel deutlicher hervortrete. »Das Geschlechtsleben des Weibes zerfällt regelmäßig in zwei Phasen, von denen die erste männlichen Charakter hat; erst die zweite ist die spezifisch weibliche« (Freud, 1931a, S. 520). Freud muß diese Männlichkeit auf die klitorale Ladung beziehen, aber diese Ansicht ist ernsthaft in Frage zu stellen. Wenn man Kinder im ersten Lebensjahr anschaut, ist es oft sehr schwierig, die Geschlechter zu unterscheiden, ohne die Kleidung oder die Genitalien zu Hilfe zu nehmen. Es ist auch nicht richtiger, zu sagen, in der prägenitalen Phase sei das Geschlecht relativ undifferenziert. Man mag sich auch daran erinnern, daß auch die prägenitalen Charakterstrukturen sexuell undifferenziert sind. Die orale Betätigung und sogar die Spiele kleiner Kinder zeigen keine Geschlechtsunterschiede. Aber auch in diesem frühen Alter haben Säuglinge schon durch Berührung einen Kontakt zum Genitale hergestellt. Da dieses Organsystem noch nicht auf spezifisch sexuelle Weise, also zum Zweck der Entladung, funktioniert, können wir folgern, daß die Empfindungen, die das Kind hat, bei beiden Geschlechtern nahezu gleich sind. In diesem Alter ist also die Klitoris kein männliches Organ, sie ist lediglich der am leichtesten zugängliche Teil der ziemlich verschwommenen Genitalzone. Die Ladung ist über das ganze Gebiet der Vulva verteilt, und die Berührung des Kindes konzentriert sich nicht auf irgendeinen bestimmten Teil. Wir können also sagen, daß die Klitoris zu dieser Zeit nichts spezifisch Phallisches an sich hat.

Freud gibt zu, daß er nicht weiß, »wie sich diese Besonderheiten des Weibes biologisch begründen« (a. a. O., S. 521). Aber es sind diese Wurzeln, die den natürlichen Verlauf der sexuellen Entfaltung des Individuums bestimmen, während die psychische Interaktion mit der Umwelt eine sekundäre Rolle spielt. Die Umwelt bietet vielleicht ein günstiges Medium für die Entfaltung, oder sie stört den natürlichen Prozeß. Die Kaulquappe und der kleine Fisch entwickeln sich im gleichen Teich unterschiedlich. Die Eiche und der Farn wachsen in demselben Boden.

Können wir einige dieser biologischen Wurzeln oder Faktoren aufklären? Wir wissen, daß sich das weibliche Wesen in einer Richtung entwickelt, die die Brustdrüsen und das Fortpflanzungssystem, insbesondere den Uterus und natürlich die Vagina, zum Funktioneren bringt. Die volle Funktion dieser Strukturen tritt erst nach der Pubertät ein, aber die Reifung findet vom Beginn der genitalen Phase an statt. Wenn der Apfel am Baum zu sehen ist, braucht er noch lange Zeit, bis er zur reifen Frucht wird, aber wir wissen, daß er keine Birne oder Pflaume ist. Wenn die bioenergetische Ladung von der Vulva einwärts in die Vagina eindringt, wird die Grundlage für die Selbstwahrnehmung des Geschlechts gelegt. Allmählich wird das normale weibliche Kind gewahr, daß es ein Mädchen und kein Junge ist. Ich erlaube mir die Annahme, daß die spezifische Qualität die Wendung des bioenergetischen Erregungsstromes nach innen ist; im Gegensatz dazu geht der Strom beim Jungen immer mehr nach außen, um eine Ausdehnung herbeizuführen.

Diese Wendung nach innen, die die spezifische Eigenart der vaginalen Erregung ist, wird durch die Funktion der anderen weiblichen Organe ergänzt, so daß Weiblichkeit entsteht. Der Mann führt alle sexuelle Energie durch den Penis ab, bei der Frau hingegen ist es anders. Ein Teil der sexuellen Energie

– wie groß er auch ist, ist nicht bekannt – wird in den Brustdrüsen und im Uterus gespeichert und auch dort abgeführt. Der Mann hat nichts, was der Ebbe und Flut des Menstruationszyklus entspricht. Ein weiterer wichtiger Unterschied ist die Rolle des männlichen Geschlechtsorgans bei der Einleitung des Geschlechtsakts. Es ist das aggressivere Organ, und der Mann ist der aggressivere Organismus; diese Eigenschaft erklärt auch seine stärkere Muskelentwicklung. Es ist keine Frage der Mechanik, sondern der relativen bioenergetischen Ladung. Der Umstand, daß dies nicht verstanden wird, erklärt einen weitverbreiteten psychoanalytischen Trugschluß. Ist die Beziehung zwischen der Brustwarze und dem Mund des Säuglings derjenigen zwischen Penis und Vagina analog? Gewiß! Wir haben es mit zwei erektilen Organen und zwei rezeptiven Höhlungen zu tun, aber während die Mechanik der beiden Systeme gleichartig ist, ist die bioenergetische Beziehung innerhalb jedes Systems verschieden. Der Penis ist beim Geschlechtsakt das dominante aggressive Organ, während beim Stillakt der Mund diese Funktion hat. Der Mund des Säuglings ist ein kräftiges Saugorgan – die Vagina nicht. Nicht die Brustwarze sucht den Mund, sondern der Mund die Brustwarze. Wenn dies irgendwie zweifelhaft erscheint, beobachte man einfach das Verhalten der Jungen irgendeines Säugetiers. Man stecke einem eintägigen Welpen den Finger ins Maul, und man wird verblüfft sein, wie stark er zieht. Daß der menschliche Säugling sich nicht so leicht auf die Brustwarze zubewegen kann wie andere neugeborene Säugetiere, ist nicht auf einen Mangel an Ladung im Mund zurückzuführen. Bioenergetisch ist in dieser Beziehung die Brustwarze das passive Organ. Ohne das Saugen des Mundes würde die Milch nicht herausspritzen, während das Genitalsystem des erwachsenen Mannes zu einer selbständigen rhythmischen Samenausstoßung fähig ist, wie bei einer Pollution.

Kehren wir nun zu dem sich entwickelnden weiblichen Kind zurück. Wir nehmen an, daß alle Kinder die genitale Stufe erreichen, denn dies bestimmt ihren Kontakt mit der Realität.

Die Frage ist: Wie stark ist dieser Kontakt oder wie sicher ist die Persönlichkeit in der Genitalität verankert? Unsere charakterologische Klassifikation hängt von der Antwort ab. Beim oralen Charakter wird die Genitalität von oralen Strebungen beherrscht. Dies ist der Sinn der Bemerkung Freuds: »Wo eine besonders intensive Vaterbindung bestand, da hatte es ... vorher eine Phase von ausschließlicher Mutterbindung gegeben von gleicher Intensität und Leidenschaftlichkeit« (Freud, 1931a, S. 518). Der masochistische Charakter überträgt die ausgeprägte Ambivalenz der prägenitalen Phase auf die Genitalfunktion. Bei diesen beiden Charaktertypen ist die Genitalität als Abfuhrfunktion relativ schwach.

Das Kind mit einer masochistischen Störung nähert sich der genitalen Phase zögernd. Die masochistische Störung am After verhindert den Aufbau von genug Ladung, so daß die Wendung nach innen nicht ganz vollzogen wird. Bioenergetisch ist die Ladung am Genitale schwach; die Energie hat beim Mann die Tendenz, an der Peniswurzel zu bleiben, bei der Frau bleibt sie auf Vulva und Klitoris beschränkt. Die Vagina bleibt wenig geladen. Die Haltung des Mädchens gegenüber dem Vater ist ebenfalls ambivalent und zögernd. Wenn ihm eine günstige Reaktion zuteil wird und wenn es in seiner Weiblichkeit akzeptiert wird, wird das masochistische Problem zu einem Zug im Rahmen einer hysterischen Charakterstruktur. Man sollte nicht vergessen, daß solche Kinder mehr Bestätigung auf genitaler Ebene brauchen als ein Kind, das diese Stufe ohne eine ernsthafte frühere Störung erreicht. Im allgemeinen geschieht in solchen Familien das Gegenteil.

In dem hier besprochenen Fall ließ der Vater in seiner Einstellung zu seiner Tochter deren Weiblichkeit unbeachtet. Er machte seine Anerkennung vom Erreichen der Ziele abhängig, die er ihr setzte: guten Noten in der Schule, Leistungen in der Musik usw. Ihre Leistungen konnten nie den von ihm gesetzten Maßstäben entsprechen. Ich lasse hier den Umstand beiseite, daß es eine Persönlichkeitsstörung bei einem erwachsenen Mann ist, wenn er nicht auf den Charme des kleinen Mädchens reagiert. Unter solchen Umständen entsteht in dem Kind ein Konflikt zwischen dem aggressiven Verhalten, das auf der Ich-Ebene von ihm gefordert wird, und der rezeptiven Qualität, die mit der Entwicklung vaginaler Ladung und Empfindung in ihm entsteht. Dieser verallgemeinert sich dann und wird zu einem Konflikt zwischen dem Ich und der Sexualität, in dem das Ich den Sieg davonträgt. Die Energie wird aufwärts, in den Brustkorb und in den Kopf zurückgezogen, wie beim passiv-femininen Charakter, und in diesem Bereich entwickelt sich eine schwere Rigidität. Diese bewirkt eine Immobilisierung der zärtlichen Gefühle, während Aggression und Entschlußkraft begünstigt werden.

Die Spaltung der Persönlichkeit manifestiert sich als Spaltung der Körperstruktur. Die obere Hälfte des Körpers ist stark geladen, rigide und aggressiv. Die untere Hälfte ist schwach, masochistisch und passiv. Diese Mädchen entwickeln ein sehr starkes Gefühl des Stolzes, das im Erwachsenenleben die Unterwerfung gegenüber dem Mann schwierig macht.

Der beherrschende Konflikt bezieht sich auf den Vater, und er wird später auf den männlichen Therapeuten und auf alle Männer übertragen. Sogar das masochistische Problem wird auf den Mann übertragen. Dies führt zu einer sekundären Identifizierung mit dem Mann, die durch das Vorherrschen der aggressiven Tendenzen begünstigt wird. Die Blockierung der Bewegung der Energie nach innen, in die Vagina, hält die Energie im Bereich der Vulva fest. Je mehr die Identifizierung mit dem Mann fortschreitet, nimmt die Klitoris eine wirklich phallische Qualität an und kann sich sogar vergrößern. Es besteht eine Tendenz zur Muskelentwicklung. Solche Frauen sind beim Geschlechtsakt aggressiv; man muß dies aber als eine Abwehr gegen die Unterwerfung betrachten. In ihrer Einstellung zu Männern sind viele einander widersprechende Gefühle enthalten. Oberflächlich konkurrieren sie mit den Männern und versuchen, zu dominieren. Wenn sich erweist, daß sie stärker sind als der Partner, werden sie sehr verachtungsvoll und kastrierend. Der Mann wird zum Empfänger all ihres

Hasses, der aus ihrer frühkindlichen Frustration auf der genitalen Stufe stammt. Auf einer tieferliegenden Ebene wollen diese Frauen gezwungen werden, sich zu unterwerfen. Dies rührt von einer starken masochistischen Schicht in ihrer Persönlichkeit her. Wenn diese Schicht und die dazugehörigen Gefühle durchgearbeitet werden, wird es möglich, die Bedingungen zu schaffen, die die normale Entwicklung einer vaginalen Ladung und eines vaginalen Orgasmus erlauben.

Wieviel Männlichkeit legen diese Frauen an den Tag? Zwei Faktoren spielen dabei eine Rolle. Der eine ist der Verlust von Weiblichkeit, der es von sich aus ermöglicht, daß bestimmte männliche Züge erscheinen. Der andere ist der Grad der aktiven Identifizierung mit dem Männlichen. Das Vorhandensein von Brüdern in der Familienkonstellation, die vorgezogen werden, pflegt die Identifizierung mit dem Männlichen zu fördern, die die Form einer übertriebenen Muskelentwicklung annehmen kann. Übrigens sollten wir hinzufügen, daß immer dann, wenn diese eintritt, auch überstarke Behaarung einzutreten pflegt.

Wenn das gesamte Verhaltensmuster von dieser aggressiven Haltung beherrscht wird, die zum Wettbewerb mit dem Mann auf seiner Stufe tendiert, kann man die Charakterstruktur mit Recht als männlich-aggressiv bezeichnen. Obwohl sie anders aussieht, ist sie bioenergetisch mit der passiv-femininen Charakterstruktur bei Männern verwandt. Wir können den Unterschied folgendermaßen beschreiben: Da Aggression das natürliche genitale Merkmal des männlichen Tieres ist, erzeugt ihre Hemmung einen passiven Charakter. Bei der Frau kann die genitale Eigenschaft als aggressive Rezeptivität bezeichnet werden. Dies entspricht der Wendung des Erregungsstroms nach innen. Wenn die rezeptive oder Aufnahmefunktion nicht reif wird, bleibt eine entsexualisierte Aggression als hervorstechende Eigenschaft übrig, d. h. die Aggression steht nur im Dienst des Ichs. Die scheinbare sexuelle Aggression dieser Frauen ist ein Ich-Trieb und kein genitaler Trieb.

Einige Punkte müssen noch geklärt werden. Leidet die Frau

unter Kastrationsangst? Ist Penisneid für die Frau ein natürliches Gefühl oder die Folge krankhafter Prozesse? Ich bin der festen Überzeugung, daß keine Frau jemals Penisneid verspüren würde, wenn sie bei sich einer voll funktionierenden Vagina gewahr ist. Bioenergetisch ist die Vagina den sexuellen Bedürfnissen der Frau völlig angemessen. Wenn jedoch die Vagina im Verhältnis zur Klitoris zu wenig geladen ist, ist das Gewahrsein auf das relativ stärker geladene Organ konzentriert. Die Frau ist dann gezwungen, sich der Unterlegenheit der Klitoris im Vergleich zum männlichen Organ bewußt zu werden. Solche Frauen leiden unter Penisneid und zeigen starke Kastrationsangst. Dem liegt jedoch eine wirkliche traumatische Situation zugrunde.

In bezug auf die Motive, die das Mädchen veranlassen, sich von der Mutter als Libidoobjekt ab- und dem Vater zuzuwenden, stimme ich mit Freud nicht überein. Meiner Ansicht nach ist dies ein natürliches Ereignis im Lauf der normalen Entwicklung der weiblichen Genitalität. Was der Erklärung bedarf, ist (1) jede Verzögerung in diesem Wechsel des Liebesobjekts, (2) die Entwicklung männlicher Tendenzen und (3) der Verlust der Gleichberechtigung in der genitalen Beziehung. Eindeutige Weiblichkeit ist nicht das Ergebnis einer »recht umwegigen Entwicklung« (Freud, 1931a, S. 522), deren Ausgangspunkt der »negative Ödipuskomplex« und das Akzeptieren des Kastriertseins ist.

Wir haben das Problem noch nicht erörtert, das durch die Kombination von oraler Deprivation und genitaler Frustration bei der Frau entsteht. Diese Kombination bringt eine Charakterstruktur hervor, die aus oraler Abhängigkeit unter dem Deckmantel starren Stolzes besteht. Wenn sich ein Mädchen, das auf der oralen Stufe an einem Gefühl der Entbehrung gelitten hat, dem Vater als Liebesobjekt zuwendet, überträgt es das unbefriedigte orale Verlangen nach Kontakt und Unterstützung und das Bedürfnis nach sexueller Liebe auf ihn. Dies sind die Patientinnen, bei deren Analyse wir feststellen, daß der Wechsel des Liebesobjekts spät stattgefunden hat und eine übermäßige Ladung mit sich brachte. Freud hatte dieses Problem kommentiert, ohne seine Ursache zu erkennen. Wenn diese weiblichen Wesen auf der genitalen Ebene frustriert werden, ist die Kränkung sehr schwerwiegend, denn sie bedeutet eine Ablehnung auf beiden Ebenen. Die entstehende Rigidität ist ebenso ausgeprägt, und die späteren Gefühle verletzten Stolzes, die die Betroffenen entwickeln, wirken sehr übertrieben. Das Charakterbild unterscheidet sich von dem der maskulin-aggressiven Struktur, die wir vorher untersucht haben. Der Konflikt zwischen oralen Bedürfnissen und genitalem Verlangen manifestiert sich in einem Kampf zwischen Abhängigkeit und Selbständigkeit. Es besteht eine charakterliche Ambivalenz zwischen Unterwerfung und Zurückhalten. Was fehlt, ist eine aggressive Einstellung zum Leben und zur Sexualität. An der Körperstruktur kann man sowohl die orale Schwäche als auch die spätere Rigidität ablesen; die letztere ist in der oberen Hälfte des Körpers deutlicher. Es besteht keine Identifikation mit dem Mann, da die Klitoris nicht stark geladen ist. Das Verhaltensmuster ist von Abhängigkeit, Passivität und Sensibilität und einer starken Kindlichkeit geprägt, die mit Selbständigkeit, Auflehnung und Stolz abwechseln. Es wäre noch viel zu dieser Charakterstruktur und den Problemen, die sie bietet, zu sagen, aber das muß einer anderen Studie vorbehalten bleiben.

In den vorangehenden klinischen Kapiteln (9 bis 14) haben wir die häufiger vorkommenden neurotischen Persönlichkeiten in Form der wichtigsten neurotischen Charaktertypen untersucht. Aber dieses Buch wäre unvollständig ohne eine Besprechung des schizoiden Charakters, der im wesentlichen ein Problem ist, das zu den Psychosen gehört. Viele Menschen, die Borderline-Schizophrene sind, können einen Kontakt zur Realität aufrechterhalten, der es ihnen ermöglicht, in der Welt draußen zu funktionieren und sich in der Praxis eines Analytikers behandeln zu lassen. Der Gegenstand ist zwar äußerst umfangreich, aber es ist unerläßlich, zumindest einiges über die an diesem Problem beteiligten bioenergetischen Prinzipien zu sagen.

16 Der schizophrene Charakter

In den letzten Kapiteln haben wir die Störungen der Ich-Entwicklung studiert, die man als Neurosen bezeichnet. Man kann eine »Neurose« als Verzerrung oder einen Defekt der Realitätsbeziehung eines Menschen definieren. Ein Neurotiker hat Kontakt zur Realität, obschon seine Haltung darin bestehen kann, ihre Forderungen abzulehnen, wie beim oralen Charakter, in Mißtrauen und Verdacht oder in einer übermäßigen und entschlossenen Aggression. Sein Kontakt ist niemals unmittelbar und direkt, sonst wäre es nicht gerechtfertigt, ihn als neurotisch zu bezeichnen. Aber er geht auch niemals ganz verloren und bricht nicht ab. Man kann die Neurose mit einem Sehfehler wie Kurzsichtigkeit, Astigmatismus oder der Einengung des Gesichtsfeldes vergleichen. Im Gegensatz dazu ist die Psychose eine Art Blindheit. Der Mensch, der schizophren ist, hat den Kontakt zur Realität verloren.

Wenn diese Aussage als übermäßige Vereinfachung eines sehr komplexen Problems erscheint, sollten wir uns klarmachen, daß mit ihr lediglich das Problem dargestellt wird. Wir sehen uns vor die Notwendigkeit gestellt, »Realität« zu definieren und festzustellen, welcher Art der Kontakt des Organismus zu ihr ist. Tatsächlich können die Unterschiede zwischen dem Neurotiker und dem Psychotiker, die zwar nach psychiatrischen Maßstäben qualitativ sind, auf einen niedrigsten gemeinsamen Nenner reduziert und als quantitative Phänomene angesehen werden. Gibt es nicht Borderline-Fälle, bei denen es schwierig ist, zu entscheiden, ob ein bestimmtes Verhaltensmuster als neurotisch oder psychotisch bezeichnet werden sollte? Hat man nicht gesagt, daß alle Menschen in zivilisierten Kulturen gewisse Anzeichen schizophrener Prozesse zeigen?

Ich habe nicht die Absicht, dieses Problem hier in allen

Einzelheiten zu untersuchen. Andererseits sollte der analytische Therapeut mit der Dynamik der schizoiden Charakterstruktur vertraut sein, da sie einem im Sprechzimmer häufig begegnet. Und wir werden feststellen, daß die bisher erläuterten bioenergetischen Konzepte ein besseres Verständnis dieser Störung ermöglichen, zugleich aber auch neue Methoden zur Behandlung dieses schwierigen Zustands zur Verfügung stellen.

Der Begriff »schizophren« wurde von Bleuler eingeführt, um ein Syndrom zu bezeichnen, das man vorher »Dementia praecox« genannt hatte. Das Wort »Schizophrenie«, das eine Geistesspaltung bedeutet und im weiteren Sinn eine Spaltung der Persönlichkeit, ist eine so angemessene Bezeichnung, daß es mittlerweile mit dem Wesen der Störung selbst identifiziert wird. Im Gegensatz zu dieser Grundauffassung sieht man heutzutage die Schizophrenie – weitgehend unter dem Einfluß psychoanalytischen Denkens – als ein Regressionsphänomen an, bei dem der Rückzug von der Realität bis zum Äußersten getrieben wird. Wir haben also zwei Standpunkte, von denen aus der schizophrene Prozeß zu untersuchen ist. Beim einen findet die Spaltung innerhalb der Persönlichkeit statt, so daß die Einheit ihrer Elemente zerstört wird. Beim anderen liegt die wichtige Spaltung zwischen Persönlichkeit und Realität. Wir möchten zeigen, daß beide Ansichten gültig sind und zwei Aspekte ein und desselben Phänomens darstellen.

Bei dieser Erörterung können wir auf ausführliche Fallgeschichten verzichten. Die Psychiatrie-Lehrbücher sind voll von ihnen. Man hat erkannt, daß der Schizophrene aus einer unruhigen und gestörten familiären Umgebung kommt. Wir werden später nach den für diesen Zustand verantwortlichen ätiologischen Faktoren fragen. Im Augenblick ist es das Hauptproblem, den Mechanismus der wichtigen Symptombildungen zu verstehen und dadurch einen Einblick in das Wesen des zugrundeliegenden krankhaften Prozesses zu gewinnen.

Eines der auffallendsten Symptome des Schizophrenen ist das Phänomen der Depersonalisation (Entpersönlichung). Bei diesem Verlust des Kontakts zum ganzen Körper oder zu irgendeinem Körperteil liegt ein Verlust des Kontakts zur Realität vor. Von Natur aus ist das Gefühl des eigenen Körpers für den Menschen ein wichtiger Aspekt der Realität. Der andere Aspekt ist das Gefühl für materielle Gegenstände und Vorgänge in der Außenwelt. Da dies in Wirklichkeit die beiden Seiten der Wahrnehmungsfunktion sind, sind wir, wenn wir die erste erklären können, gut in der Lage, die zweite zu begreifen und unser Wissen vom Ich und seinen Störungen zu vertiefen.

Alle Autoren stimmen darin überein, bei der Depersonalisation berichte der Betroffene von einem Verlust des Kontakts zum Körper oder zu wichtigen Körperteilen. Begleitet wird dies von Empfindungen der Fremdheit und Unwirklichkeit. Manchmal hat der Betroffene das Gefühl, sich selber von außerhalb seines Körpers oder aus der Entfernung anzusehen. Häufig ist die Depersonalisation auf einen Teil des Körpers beschränkt, der als fremdes Gebilde (nicht Teil des Selbst) empfunden wird, ja sogar als etwas, das unter der Herrschaft eines anderen Willens steht. Bei einem Anfall von Entpersönlichung erfolgt eine Spaltung; der stoffliche Körper oder ein Teil von ihm gehört dem Individuum nicht mehr; es ist nicht sein Körper, wie er ihn gewöhnlich erlebt hat. Offensichtlich ist etwas geschehen, das die Einheit des organismischen Gefühls zerbrochen hat. Was geschieht? Wie können wir dieses Phänomen erklären?

Ich möchte die Beschreibung eines solchen akuten Anfalls wiedergeben, der zwar extrem, aber trotzdem sehr aufschlußreich ist. »Ich bekam manchmal das seltsame Gefühl, ich hätte keine Herrschaft mehr über meine Atmung. Mir kam der Gedanke, wenn ich plötzlich zu atmen aufhören würde, könnte ich nicht wieder anfangen. Ich schien außerhalb meines Körpers zu sein und ihn anzusehen, als sei es nicht ich. Ich hatte Gefühle der Schwäche und des Schwindels, und ich hatte das Gefühl, ich müßte sterben. Dann pflegte ich zu schreien und brach zusammen, und die Gefühle verschwanden allmählich.

Es war furchtbar erschreckend.« Diese Patientin kam nach einer Reihe solcher Anfälle ins Krankenhaus.

Bei der Analyse einer Reaktion wie der oben geschilderten müssen wir entscheiden, ob der Bericht des Patienten eine genaue und zutreffende Beschreibung des Ereignisses ist oder lediglich das Produkt einer gestörten Einbildungskraft. Gewiß kann man eine Aussage über ein Gefühl nicht bestreiten, denn der Beobachter kann nur seine äußere Manifestation wahrnehmen. Ob die Patientin außerhalb ihres Körpers war oder nicht, kann niemand wissen.* Wir müssen ihre Aussage über das Gefühl akzeptieren und versuchen, sie zu begreifen. Wir vereinfachen das Problem nicht, wenn wir sagen, es beruhe auf einer gestörten Vorstellungskraft. Um diese Störung zu erklären, müßten wir immer noch Gründe für das ursprüngliche Gefühl angeben. Bei diesem Problem der Depersonalisation stehen wir einem Phänomen gegenüber, das über Psychologie und Physiologie hinausgeht.

Lassen Sie mich die Aussage dieser Patientin durch eine weitere Beobachtung ergänzen. Vor einigen Jahren geriet meine Frau durch die Aussicht auf eine Auslandsreise in erhebliche Aufregung. Während die Erregung zunahm, merkte sie plötzlich, daß sie doppelt war. Dieses Gefühl der »Zwiefältigkeit« war unangenehm, aber es regte sie nicht sehr auf. Sie war buchstäblich »außer sich« vor Freude. Die eine ihrer Existenzen war der Körper, völlig lebendig und mit normalen Funktionen. Die andere war ein geistiger Körper (der sogenannte ätherische Doppelgänger). Das Erlebnis dauerte mehrere Stunden und verschwand dann, als die Erregung langsam abklang. Ich war während dieser Erfahrung anwesend, aber ich

* Man vergleiche dies mit Paul Schilders Bemerkungen zur Entpersönlichung: »Er beobachtet seine Handlungen und sein Verhalten vom Standpunkt eines Zuschauers aus.« Ebenfalls: »Wenn man versucht, sich nach der *zweiten* Anweisung sich selbst vorzustellen, ist oft ein geistiges Auge vorhanden, das vor der Versuchsperson ist und den ganzen Körper betrachtet.« Und wieder: »Das Aufsteigen der Substanz des Kopfes aus ihrem Rahmen ist von besonderer Bedeutung. Diese austretende Substanz ist der Träger der Lokalisation des Ichs.« (Schilder, 1950, S. 138, 84, 96)

sah oder fühlte die Zwiefältigkeit nicht. Ich erinnere mich auch an mehrere Ereignisse meiner eigenen Kindheit, bei denen meine Erregung in einer lustvollen Situation so stark wurde, daß mir alles unwirklich vorkam. Es war wie ein Traumzustand, eine Lage, in der man sich kneift, um festzustellen, ob man wach ist. Vor einiger Zeit lernte ich ein berühmtes Medium kennen; die Frau sagte, sie könne aus sich herausschlüpfen, was, wie sie es formulierte, den Vorteil habe, daß sie von hinten sehen könne, ob ihr Unterrock herausschaue.

Die bioenergetische Analyse befähigt uns, eine Erklärung für diese Erscheinungen vorzubringen, die zwar zur Zeit nicht experimentell bestätigt werden kann, aber eine gute Arbeitshypothese liefert. Erregung manifestiert sich durch gesteigerte Motilität, aber wir müssen auch annehmen, daß die gesteigerte Motilität die Folge einer Zunahme der bioenergetischen Ladung des Organismus ist. Diese gesteigerte Ladung durchfließt alle Gewebe und zeigt sich in der Wärme und Farbe der Haut und im Funkeln der Augen. Wenn die Ladung noch stärker wird, gehen ihre Wirkungen über den Körper als solchen hinaus. Die Atmosphäre in unmittelbarer Nähe des Organismus lädt sich auf, und der Organismus verliert das Gefühl seiner gewohnten Grenzen. Wenn diese Grenzschranke überschritten worden ist, wird das Ich überwältigt und überschwemmt. Psychologisch ausgedrückt: Das Es ist in unmittelbarem Kontakt mit dem Universum. Die eigenen Gefühle bestätigen diese Einsicht. Es ist, als sei man Kräften ausgeliefert, die mächtiger sind als das Selbst, wie ein Stäubchen in der Luft oder ein Stück Treibholz im Meer. Bioenergetisch findet die Interaktion zwischen dem Kern und dem Kosmos statt.

In den intensiv-lustvollen Zuständen verblaßt die Realität, aber sie verschwindet nicht. Sie mag zwar traumhaft anmuten, aber wir wissen, daß wir wach sind, oder es ist genug vom Ich übrig, um die Realität durch das sprichwörtliche Kneifen zu prüfen. Da das Ich ein Abkömmling des Es ist, stellt das Letztere, indem es seine Herrschaft wieder zur Geltung bringt, seine angeborene Funktion der Selbstwahrnehmung wieder her. Dies folgt einem wissenschaftlichen Grundgesetz, das Freud erkannt hat. Eine differenzierte Funktion muß als Tendenz in dem unstrukturierten Zustand vorhanden sein, aus dem sie sich entwickelt hat. Solange die Gewebe stark energiegeladen sind, tritt kein Verlust des Selbst ein, sondern es gehen einfach nur die Grenzen des Selbst verloren. Die Realität, wie wir sie gewöhnlich kennen, ist ein Produkt der Ich-Funktion. Wenn das Ich überwältigt wird, wird diese Realität geschwächt.

Diese Realität des Ichs, eine materielle Realität, ist nicht die einzige Realität. Die Es-Funktion hat ihre eigene Realität, die ebenso gültig ist wie die des Ichs, wenn sie auch nicht imstande ist, mit den materiellen Bedürfnissen des Organismus eines höheren Tieres fertigzuwerden. Es ist eine vom Lustprinzip beherrschte Realität, ähnlich der des Säuglings, aber sie ist von Natur aus ebenso gültig und wünschenswert wie jene andere Realität, die unter der Ägide des Realitätsprinzips steht. Es ist die Realität des tiefsten und vollständigsten Orgasmus, der großen religiösen Erfahrung und des Frühlingswunders und des Wunders der Geburt. Es ist die Realität, die an die Geheimnisse des Lebens rührt, aber nicht mystisch wird. Es ist nicht das Erleben der schizophrenen Reaktion.

Der Prozeß, durch den ein doppeltes Selbst erzeugt wird, ist komplizierter. Wenn die Atmosphäre um den stark erregten Organismus herum sich intensiv auflädt, scheinen sich in ihr Kohäsionskräfte zu entwickeln. Gewöhnlich zeigen alle lebenden Organismen eine Aura um den Körper herum, die ein natürliches Feldphänomen ist, das bei allen geladenen Systemen vorhanden ist. Mein Kollege, Dr. John C. Pierrakos, hat eine intensive Untersuchung des Energiefeldes angestellt, das den menschlichen Organismus in Gesundheit und Krankheit umgibt. Ich hoffe, daß er seine Beobachtungen bald veröffentlicht. Es scheint, als könne der Organismus sich in sehr hoch geladenem Zustand aus seiner Aura oder seinem Feld hinausbegeben, das dann in der Form des Körpers zurückbleibt und dem Körper wie ein Schatten folgt. Sobald es einmal als Kern entstanden ist, behält es so lange seine Form und Kohäsion, wie ihm vom Körper Energie zufließt. Kraft der Energiebrücke zwischen den beiden Systemen ist die Wahrnehmung des Selbst verdoppelt. Das Feldphänomen bricht zusammen und verschwindet, sobald das Abklingen der Erregung die Energie wieder in den eigentlichen Körper zurückzieht. Auch hier tritt kein Verlust des Selbst ein, keine psychotische Spaltung der Persönlichkeit.

Ich weiß, während ich dies schreibe, daß viele Leser skeptisch sein werden. Manche werden zweifeln, während andere sich gegen alle bioenergetischen Interpretationen wenden werden. Dies war eine Reaktion, mit denen man vielen der wertvollsten Beiträge Freuds begegnete. Sie werden fragen, ob ich diese »ätherischen Doppelgänger« gesehen habe, ob ich an Gespenster glaube. Ich kann nur sagen, daß es keine Frage des Glaubens, der Geisterseherei oder parapsychologischer Phänomene ist. Wir versuchen, eine Krankheit zu verstehen, deren Symptome, wenn man sie ernst nimmt, unter dem Blickwinkel der Realität unseres Alltagslebens unbegreiflich sind. Die Hypothesen, die ich anbiete, werden ihre Bestätigung in der Feuerprobe des therapeutischen Bemühens erfahren.

Kehren wir zur Frage der Depersonalisation beim Schizophrenen zurück. Bevor wir dies tun, ist jedoch noch eine Frage zu beantworten. Was hält den durchschnittlichen Erwachsenen so hartnäckig an der Alltagsrealität des Lebens fest? Warum haben wir so große Angst vor Geisteskrankheiten? Diese Fragen bringen eine weitere ins Spiel: Warum fürchten so viele Menschen insgeheim, sie könnten den Verstand verlieren?

Psychiater erkennen in diesem Problem eine große Angst vor dem Unbekannten. Der zivilisierte Mensch klammert sich so sehr an anerkannte Muster und leistet neuen Ideen so heftig Widerstand, daß es zuweilen gefährlich ist, sie zu äußern. Wenn man sein Leben lang nach Sicherheit strebt, muß sich darin eine tiefsitzende Unsicherheit niederschlagen. Es ist auch ein Teil unserer Kulturneurose, daß Sicherheit allzuoft nach materiellem Besitz gemessen wird. Aber selbst wenn wir in unserem

Leben eine gewisse materielle Sicherheit erreichen, entgehen uns innere Sicherheit und innerer Friede. Im Gegensatz dazu hat das wilde Tier in der Natur diese innere Sicherheit, aber keine Gewähr für sein materielles Wohlergehen. Es scheint, als könne man nicht beides haben.

Im 2. Kapitel haben wir den Gegensatz zwischen Innerem und Äußerem, zwischen Es und Ich, zwischen dem Materiellen und dem Spirituellen erörtert. Wir können folgern, daß der durchschnittliche Erwachsene durch den Drang nach materiellen Gütern an die äußere Realität gebunden ist. Materielle Bedürfnisse – Nahrung, Kleidung, Obdach, Transportmittel usw. – wirken mit ungeheurer Kraft dahin, daß der Mensch in Kontakt mit der Alltagsrealität bleibt. Dies ist nicht neurotisch, falls es nicht überdeterminiert ist, wozu in unserer Zivilisation die Tendenz besteht. Heute hat man keine Zeit zum Träumen. Der Bereich des Exotischen, des Spirituellen, des Unwillkürlichen stört die etablierte Routine und bedroht unsere Sicherheit. Glücklicherweise bieten Liebe und Sexualität, Religion und Kunst Ventile für den Ausdruck und die Befriedigung unserer spirituellen Bedürfnisse. Aber selbst in diesen Tätigkeitsbereichen ist der zivilisierte Mensch durch ein zu starkes Realitätsbewußtsein gefesselt, das seine Flucht oder Befreiung ins große Unbekannte, die Welt des Geistes, verhindert.*

Wenn wir dies weiter analysieren, können wir sehen, daß der Aggressionstrieb, der im Grunde die Funktion hat, materielle Bedürfnisse zu befriedigen, den spirituellen Ausdruck einschränkt. Wir hätten diesen Gegensatz aus unserem Triebkonzept im voraus ersehen können. In Abb. 16 stellt die schraffierte Linie die materielle, aggressive, erdhafte Qualität des Menschen dar, die die durchgezogene Linie – den Geist, Eros oder die Liebe darstellend – umfaßt und zusammenhält. Beim Erwachsenen begünstigt, im Gegensatz zum Kind, die

* Paul Schilder merkt zu einigen Äußerungen Lindermans desselben Inhalts an: »Unsere Tendenz, in der Welt der Realität zu leben, veranlaßt uns, das zu vernachlässigen, was im Bereich der Empfindungen vor sich geht.« (Schilder, 1950, S. 86)

stärkere Entwicklung des Muskelsystems die aggressive Komponente. Allzuhäufig wendet sich der Aggressionstrieb nach innen gegen die spirituellen Gefühle (ein masochistisches Phänomen) und vermindert die spirituelle Funktion noch weiter.

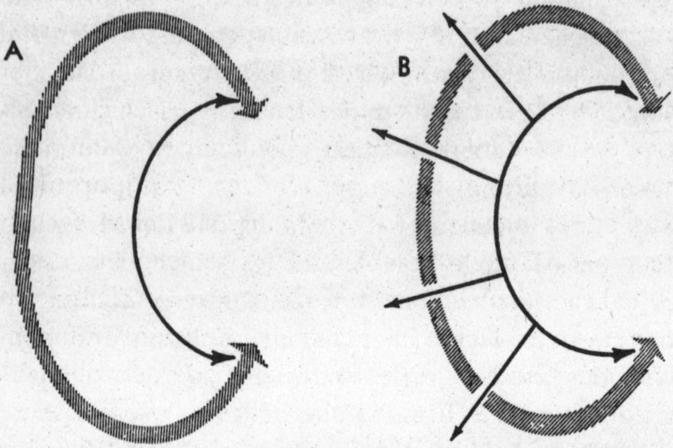

Abb. 16

Triebe A: beim Normalen, B: bei psychotischer Flucht.

In Zuständen starker Erregung ist die Ladung so groß, daß die aggressive Komponente nicht die Kraft hat, das Gefühl zurückzuhalten. Es überwältigt das Muskelsystem und die Haut und greift weit aus. Die Ventile genügen nicht, um die Flut abzuführen, die über die Ufer tritt. Andererseits beruht die Entpersönlichung des Psychotikers darauf, daß der Aggressionstrieb die normale Ladung nicht in Schranken halten kann. Das ist keine Überschwemmung, sondern der Zusammenbruch normaler Barrieren. Damit dies geschehen kann, muß der Aggressionstrieb sehr stark herabgesetzt sein. Dies stellen wir bei der schizophrenen Persönlichkeit fest. Der Schizophrene ist anti-materiell, gegen die Alltagsrealität. Wir können es als einen Rückzug bezeichnen, aber es kommt dem materiellen Tod gleich. Ich konnte daher einer anderen schizophrenen Patientin zustimmen, die sagte, ihr Körper sei dabei, zu sterben. Wenn dies geschieht, hat der Geist oder die freie Energie die Tendenz, den Körper zu verlassen. Das wird als »Sterben« erlebt, wie die erste Patientin berichtete. Sie sterben natürlich niemals auf diese Weise. Die Angst genügt, um die aggressiven Selbsterhaltungstendenzen wieder zu wecken, und es findet eine Integration statt. Es muß so sein, daß genügend Energie den Körper verläßt, um ein Zentrum der Selbstwahrnehmung außerhalb des Körpers zu schaffen.

Vollständige Depersonalisation ist seltener als das Gefühl der Depersonalisation in einem Teil des Körpers. Der zeitweilige Funktionsausfall eines meist peripheren Körperteils hat einen Energieverlust in diesem Teil zur Folge, der dann fremd, seltsam und ohne Beziehung zum Selbst ist.

Angesichts dieses Problems greifen Psychoanalytiker auf die Aussage Freuds zurück, das Ich sei in erster Linie ein Körper-Ich. Fenichel fügt hinzu, es sei »die Wahrnehmung des eigenen Körpers«. Aber die Psychoanalyse ist ratlos, wie sie mit dem Konzept arbeiten soll. Ich zitiere Fenichel in bezug auf das Thema Depersonalisation: »Wenn das normale Körpergefühl aus dem Bewußtsein verschwindet, heißt das nicht notwendigerweise, daß die entsprechende Menge Körper-Ich von dem fraglichen Organ abgezogen worden ist. Es kann bedeuten, daß das Organ mit einer großen Libidomenge besetzt worden ist, was durch eine starke Gegenbesetzung versteckt wird« (*Fenichel,* 1945, S. 419). Diese Anmerkung gilt für die hysterische Lähmung oder die hysterischen Amnesien, aber keine solche Patientin würde dieses Gefühl als fremd bezeichnen. Bei der hysterischen Reaktion ist der vom Bewußtsein abgespaltene Körperteil warmblütig und rosig. Bei der schizophrenen Reaktion ist der abgespaltene Teil weiß oder blaß und kalt. Um mit Körpervorstellungen zu arbeiten, muß man den Körper beobachten. Hysterie ist eine Reaktion der Ich-Abwehr. Schizophrenie ist die Folge der Desorganisation des Ichs. Sie sehen verschieden aus, sie sind nicht gleich, und man kann sie nicht in der gleichen psychoanalytischen Sprache erklären.

Was ich unterstreichen möchte, ist der Umstand, daß die grundlegende Spaltung in der schizophrenen Persönlichkeit diejenige zwischen den Aggressionstrieben und Eros, der geistigen Kraft, ist. Die Psychose unterscheidet sich insofern von der Neurose, als bei der Psychose die Triebentmischung total, bei der Neurose hingegen nur partiell ist.

Als »schizoid« bezeichne ich eine Charakterstruktur, die schizophrene Tendenzen zeigt, bei der aber ein ernsthafter Bruch mit der Realität nicht stattgefunden hat. Auch der schizoide Charakter zeigt diese grundlegende Antipathie gegen die materielle Realität und die Tendenz zur vollständigen Triebentmischung. Bei den Schizoiden ist der Aggressionstrieb nicht nur schwach, wie beim oralen Charakter, sondern abgetrennt. Der Mensch mit schizoidem Charakter identifiziert sich bewußt mit seinen spirituellen Gefühlen. Die Notwendigkeit aggressiven Handelns wird nur akzeptiert, weil man es zum Überleben braucht, und auf dieser Grundlage wird ein Verhaltensmuster entwickelt, zu dem auch eine aggressive Haltung gehört. Trotz der scheinbaren Härte der Aggression kommt es beim Schizoiden vor, daß sie vollständig versagt hat.

Ich erinnere mich an eine junge Frau, bei der man allein aus der Vorgeschichte schon den schizoiden Charakter diagnostizieren konnte. Auch ihre Körperstruktur zeigte in ihrem Aufbau jene Spaltungen, die für diesen Zustand charakteristisch sind. Wenn ich mit ihr sprach, bemerkte ich, daß sie mir gerade in die Augen sah, und dann wurde ich gewahr, daß sie ihre Augen ständig auf meine heftete. Das kam mir seltsam vor; also fragte ich sie, ob sie mit mir sprechen könne, ohne mich anzusehen. Sie konnte die Augen nicht von mir abwenden. Es machte sie ängstlich. Dies ist der neurotischen Tendenz entgegengesetzt, die darin besteht, den anderen nicht anzusehen. Ich hatte das starke Gefühl, sie erhalte den Kontakt zu mir mit den Augen aufrecht. Wenn sie sich abwandte, war der Kontakt unterbrochen, und sie bekam Angst. Auch andere Aspekte ihres Verhaltens zeigten dieselbe Anstrengung, den Kontakt zur Welt der materiellen Realität aufrechtzuerhalten.

Ich glaube nicht, daß ich die große Unsicherheit, die einem solchen Verhalten zugrundeliegt, beweisen muß. Wenn man sich so verzweifelt an ein Objekt klammert, verrät man damit die tiefe innere Angst, es zu verlieren.

Die Schwäche der normalen Barriere wird, ins Psychologische übersetzt, als Ichschwäche gesehen. Der Verlust der begrenzenden Membran ist ein Ichverlust. In dieser Hinsicht erinnern wir an die Aussage Freuds, das Ich sei eine Oberfläche und die Projektion einer Oberfläche. Biologisch gesprochen, ist die echte Oberfläche des Körpers die Haut; energetisch dient das Muskelsystem unter der Haut als die wichtigere Zurückhaltungsmembran. Das Problem des schizoiden Charakters und der Schizophrenie liegt im Fehlen der Identifizierung des Ichs mit dem Muskelsystem und in dessen Schwäche.

Wenn dies zutrifft, muß an den Formulierungen Freuds eine wichtige Veränderung vorgenommen werden. Nicht Eros, der Träger des Lebens, ist im Organismus das einigende Agens oder das verbindende Element. Vielmehr hält der vielgeschmähte Aggressionstrieb Leib und Seele zusammen. Der Eros begünstigt die Rückkehr des Geistes zum Allgemeinen, zur Gottheit. Dies ist das Nirwana-Prinzip, und es ist auch das Ziel der großen orientalischen mystischen Religionen. Er kehrt ja tatsächlich am Ende zurück. Aber solange das Leben des Organismus währt, wird dieses Streben nach Vereinigung durch den der Selbsterhaltung dienenden Aggressionstrieb in die Sexualfunktion gelenkt.

Die Schwäche des Muskelsystems beim schizoiden Charakter und beim Psychotiker beruht nicht auf fehlender Muskelentwicklung (wie wir diesen Ausdruck gewöhnlich verstehen). Sehr häufig hat der Mensch mit schizoidem Charakter große Muskelkraft und zeigt starke Muskeln. Darin unterscheidet er sich von einem Menschen mit oralem Charakter, bei dem das Muskelsystem unterentwickelt ist. Beim Schizoiden ist die Muskulatur angespannt, die tiefliegenden Muskeln sind sehr verkrampft, und das ganze Muskelsystem ist unkoordiniert und in Segmente aufgespalten. Man hat bei der Körperstruktur nicht das Gefühl, sie sei eine Einheit.* Der Kopf sieht so aus, als sei er am Rumpf nicht sicher befestigt, in Höhe des Zwerchfells ist eine ausgeprägte Engstelle, und die unteren Gliedmaßen sind funktionell nicht in den Körper integriert.* Eine meiner Patientinnen erklärte ihr Gefühl, unzusammenhängend zu sein, indem sie sagte, die Gelenkbänder seien bei ihr zu locker. Sie zeigte mir, daß sie an den Knien »doppelgelenkig«, d. h. übermäßig beweglich, war.

Ob diese Aussage allgemein zutrifft oder nicht, ein langes Studium hat mich überzeugt, daß der Energiefluß im Muskelsystem beim schizoiden Charakter an den Gelenken unterbrochen ist. Man stellt z. B. fest, daß der Fußknöchel wie gefroren ist und sich nicht beugen läßt. Koordination und Anmut der Bewegung fehlen, es sei denn, die Bewegung ist bewußt erlernt worden. Viele Menschen mit schizoidem Charakter werden Tänzer oder Sportler, um ein Gefühl der Koordination und Einheit in ihrem Körper zu entwickeln. Der Mangel an Koordination und Anmut kommt am deutlichsten bei den natürlichen Aggressionsbewegungen zum Vorschein – den Bewegungen, die mit Wut und Sexualität zu tun haben. Die starken einzelnen Muskeln sind das Ergebnis einer Bemühung, den grundlegenden Defekt auszugleichen. Wir werden noch einmal zur Körperstruktur und zur Bewegung des Menschen mit schizoidem Charakter zurückkehren. Ich möchte zunächst noch ein weiteres häufiges Schizophreniesymptom besprechen – Halluzination und Projektion.

Bei der folgenden Analyse sollte man diese Ausdrücke gut auseinanderhalten. Projektion kann ohne Halluzination vorkommen. Sie ist manchmal bei Neurosen zu beobachten. Ein Patient klagte mir, er könne keinen Kontakt zu seiner Frau

* Derselbe Mangel an Einheit ist im psychischen Bereich beobachtet worden. R. G. Hoskins schreibt: »Eindrucksvoller ist der gemeinsame Zug, der bei den Mitgliedern aller Gruppen feststellbar ist, nämlich ein Verlust der inneren Kohäsion der Persönlichkeit. Ob man dies als ›Ichschwäche‹, ›intrapsychische Taxis‹ oder dergleichen bezeichnet, es ist das Zerbrechen der Individualität in unverbundene Bruchstücke, was am meisten auffällt.« (Hoskins, 1946, S. 92)

herstellen. Er beschrieb sie als in sich zurückgezogen, kalt und einem leichenverzehrenden Dämon (Ghul) ähnlich. Sie war warmherzig, wach und in jedem Augenblick mit mir in Kontakt. Mein Patient war derjenige, der in sich zurückgezogen und dämonisch war. Er hatte seine Selbstwahrnehmung auf seine Frau projiziert. Aber das ist nicht psychotisch. Die zwischenmenschlichen Beziehungen dieses Patienten waren gestört. Er nahm die Qualität der Störung richtig wahr, aber da er die Tatsache, daß sie auf seiner Neurose beruhte, nicht akzeptieren konnte, blieb ihm als Alternative nur die Ansicht übrig, die andere Partei sei schuld. Es ist, als betrachte man die Welt durch eine dunkle Brille. Dieser Patient sah seine Frau in einem Wolkenschatten, den seine eigene innere Düsternis warf. Aber selbst diese häufig vorkommende Art der Projektion hat eine qualitative Ähnlichkeit mit dem schizophrenen Prozeß.

Die schizophrene Halluzination beruht auf einer Projektion. Diese bestimmt Form und Inhalt der Halluzination. Die Stimme, die der Schizophrene hört, ist seine eigene, und die Worte, die er hört, drücken seine eigenen Gedanken aus. Auch ich höre meine innere Stimme, wenn ich denke. Aber das sagt uns wenig über den Mechanismus der Projektion. Wir können durch die Analyse des Phänomens der optischen Halluzination etwas Einblick gewinnen.

Der Schizophrene pflegt einem zu erzählen, daß er gelegentlich Formen und Gestalten »sieht«, die sonst niemand wahrnimmt. Die Form kann mehr oder weniger deutlich sein, z. B. die eines Engels oder Teufels, oder sie ist unbestimmt. Außerdem »sieht« der Schizophrene noch andere Erscheinungen – Linien, die den Raum durchqueren, die Aura um andere Menschen herum usw. Man muß zwischen diesen Phänomenen unterscheiden. Wenn man alles »verrückt« nennt, läuft man Gefahr, sich den Weg in die schizophrene Welt zu verschließen. Man muß den Schizophrenen dann in die Realität »zurückschokken«, aber solche Verfahren geben keine Garantie dafür, daß er eine solche, von uns vorgezogene Welt auch akzeptiert.

Der schizophrene Rückzug aus der Realität bezieht sich nur auf die materielle Seite der Welt um uns her. Wir haben gesehen, daß er auf einer Hemmung des Aggressionstriebes beruht, die zur Folge hat, daß die spirituelle und sensorische Komponente abnorm aktiv ist. Es besteht ein natürlicher Gegensatz zwischen Bewegung und Wahrnehmung. Auch wir schränken unsere Motilität ein, wenn wir schärfer hören oder sehen möchten. Der Schizophrene ist in Kontakt mit einer Welt, deren der Durchschnittsmensch nicht gewahr ist. Wir müssen zugeben, daß sie existiert, sonst können wir das schizophrene Problem nicht begreifen. Und wir können, mit besonderer Übung, ähnliche Phänomene beobachten. Diese Welt besteht aus Energiewellen, energetischen Feldprozessen, die uns in der Atmosphäre umgeben. Soweit halluziniert der Schizophrene nicht. Ein gewisser Grad der Depersonalisation ist eingetreten. Wenn sich in diesem Stadium eine Projektion entwickelt, tritt eine Halluzination auf. Form und Inhalt der Vision sind nicht in der Atmosphäre, sondern im Geist des Schizophrenen, aber er kann sie nur auf eine Leinwand atmosphärischer Kräfte projizieren. Diese Leinwand ist nötig, damit die Projektion stattfinden kann. Können Sie sich ein Bild machen, wenn ein Filmprojektor sein Licht in den freien Raum ausstrahlt? Können Sie sich tierähnliche Formen am Himmel vorstellen, wenn keine Wolken vorhanden sind? Wenn die Projektionsleinwand vorhanden ist: Welcher Art ist der Mechanismus, der (wie der Filmprojektor) ein Bild entstehen läßt?

Ich stelle die These auf, daß die zugrundeliegende schizophrene Spaltung in der Entmischung oder Trennung der beiden Grundtriebe besteht. Diese Trennung kommt dadurch zustande, daß den aggressiven Impulsen der Weg versperrt wird, so daß sie daran gehindert werden, ins Bewußtsein einzudringen.* Dies besagt, daß in der schizophrenen Persönlichkeit eine *sekundäre* Spaltung zwischen dem Trieb und der Wahrneh-

* Siehe Otto Fenichel: »Es scheint, als ob der Bruch mit der Realität nicht dem Zweck dient, mehr Trieblust zu gewinnen, sondern vielmehr die auf Objekte gerichteten Triebe bekämpfen soll.« (Fenichel, 1945, S. 440)

mung des Triebes stattfindet. Die klinische Beobachtung ergibt, daß diese Sperre in den tiefliegenden Muskeln an der Schädelbasis lokalisiert ist. Wir wollen sehen, wie diese Blockierung das Phänomen der Projektion erklärt (Abb. 17).

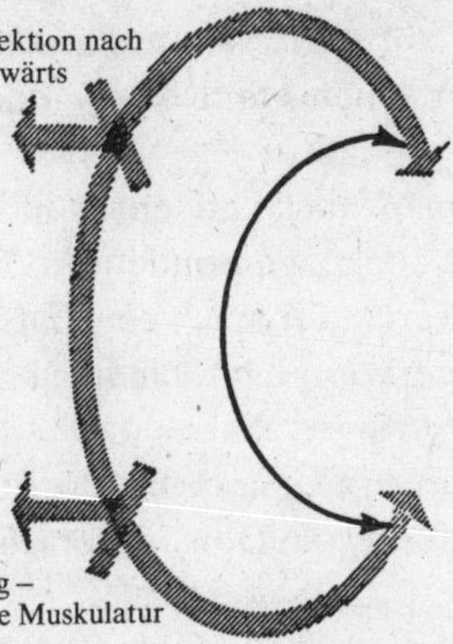

Abb.17

Bei der Psychose ist die Blockierung an der Schädelbasis so stark, daß nur sehr wenige der aggressiven, materiellen Impulse ins Gehirn gelangen. Das wenige, das doch eindringt, erreicht nur die subkortikalen Zentren; es gelangt nicht bis ins Zentrum des Bewußtseins im Neokortex. Manchmal ist sogar die Ladung in den subkortikalen Zentren so herabgesetzt, daß die lebenswichtigen Tätigkeiten, wie z. B. das Essen, auf weniger als das Minimum herabgesetzt sind. Das ist es, was wir beim psychotischen Verhalten »Negativismus« nennen. Andererseits ist beim paranoiden Zustand der Schizophrenie die Impulsbildung stark und aktiv. Wenn die Energie dieser starken Aggressionsimpulse auf die Sperre an der Schädelbasis trifft, wird sie abgelenkt. Der größte Teil wird nach rückwärts zurückgeworfen, ein Teil wird durch die Ohren hinaus abgelenkt, ein anderer gelegentlich durch die Augen. Diese Ableitung nach außen durch die Augen ist die Projektion, die die optische Halluzination erklärt. Sie ist jedoch von den halluzinatorischen Phänomenen das seltenste.

Wenn die Energie dieser Impulse nach hinten zurückgeworfen wird, lädt sie das atmosphärische Feld auf, das den Hinterkopf umgibt. Da wir es beim Schizophrenen mit einer sehr erhöhten Sensibilität zu tun haben, können wir verstehen, warum Menschen dieser Art das Gefühl haben können, hinter ihrem Rücken gehe etwas vor sich. Man kann das auch deuten als »jemand starrt auf meinen Hinterkopf« oder »jemand folgt mir« usw.

Gelegentlich trifft man auch auf einen nicht psychotischen Menschen, der diese Sperre empfindet. Ein Patient sagte mir: »Wenn ich wütend werde, fühle ich eine heftige Bewegung im Nacken und am Hinterkopf. Ich fühle mich frustriert, weil ich die Wut nicht rausbringen kann. Das macht mich noch wütender, und ich fühle mich noch frustrierter. Dann sage ich immer weiter die sinnlosesten Dinge, aber ich kann nicht mehr damit aufhören.«

Viele Menschen leiden unter der Angst, jemand könnte sie von hinten angreifen. Sie setzen sich im Theater oder im Vortragssaal in die letzte Reihe und drehen sich häufig um, um sich zu versichern, daß niemand da ist.

Da es der Aggressionsimpuls ist, der nach außen projiziert wird, kann man leicht die Gefühle des Verfolgtwerdens verstehen, unter denen der Schizophrene leidet. Man muß den Inhalt des Wahns im Licht der Lebenserfahrungen des Schizophrenen deuten, wenn man diese erfahren kann. Der bioenergetische Mechanismus der schizophrenen Projektion und Halluzination ist an sich kein geeigneter Gegenstand für die psychoanalytische Deutung.

Entsprechend der Blockierung an der Schädelbasis findet man bei Schizophrenen eine schwere Blockierung an der Stelle, wo Becken und Rückgrat zusammentreffen, die aus sehr verkrampften Muskeln besteht. Diese beiden Stellen sind einander entsprechende Punkte auf der Verlaufslinie des bioenergetischen Stroms. Da der Energiestrom pulsierend und in einer Pendelbewegung fließt, ist er immer an beiden Enden seiner Bahn in gleicher Weise gestört. Beim Psychotiker steht der

Aggressionstrieb ebensowenig im Dienst der Sexualität wie im Dienst des Ichs. Infolgedessen kann der Psychotiker keine sexuelle Abfuhr erlangen. Alle seine sexuellen Empfindungen sind vage, verschwommen und unspezifisch. Die zur Konzentration der Ladung im Genitalapparat notwendige Antriebskraft ist nach außen abgelenkt worden. Diese Feststellung gilt auch für den Menschen mit schizoider Charakterstruktur, aber in geringerem Ausmaß und in Abhängigkeit vom Grad der Integration der Persönlichkeit. An der Beckensperre erfolgt ebenso wie an der Nackensperre Projektion. Auch hier wieder wird eine Aktivität direkt hinter dem eigenen Körper wahrgenommen, nur hat hier die Deutung oft einen sexuellen Sinn. Fenichel (1945, S. 429) berichtet von einer Beobachtung Bibrings an einer Frau, die »glaubte, sie werde von einem Mann mit dem Namen ›Hinterer‹ verfolgt. Sie schrieb diesem Mann Eigenschaften zu, die in Wirklichkeit für ihre eigene Gesäßregion galten«. Dieser Mechanismus erklärt die Angst vor einem homosexuellen Angriff beim männlichen Psychotiker. Aber wenn man die bioenergetische Dynamik des Problems nicht versteht, ist es sehr schwierig, solche Phantasien psychologisch zu erklären. Lassen Sie mich noch einmal Fenichel zitieren: »Freuds erste Feststellung, daß der Verfolger das homosexuelle Objekt darstellt, bleibt gewiß richtig, aber der Umstand, daß der Verfolger zugleich die eigenen Merkmale des Betreffenden darstellt, zeigt, daß dieses Objekt in der Phantasie des Patienten einverleibt und wieder projiziert worden ist.« Derartige analytische Aussagen mögen zwar richtig sein, helfen uns aber nicht, die Mechanismen dieser Vorgänge zu verstehen.

Der Mangel an Aggression des Schizophrenen macht ihn, zusammen mit seinem starken Bedürfnis nach Kontakt auf der interpersonalen Ebene, zu einem leichten Opfer für den aktiven, aggressiven Homosexuellen. Ich habe niemals einen Schizophrenen oder Schizoiden mit den ausgeprägten Merkmalen des Gegengeschlechts gesehen, wie man sie bei echten Homosexuellen oder bei passiv-femininen Männern beobachten kann. Dennoch kommen homosexuelle Praktiken und Phantasien bei Psychotikern nicht selten vor. Dieses Verhalten muß auf einer anderen Ebene gedeutet werden.

Vorstellungen der Einverleibung sind ein weiteres häufiges Symptom der schizophrenen Störung. Diese Phantasien beziehen alle natürlichen Körperöffnungen ein – orale, respiratorische und andere. Wenn wir sie buchstäblich verstehen, werden wir eine Beute des schizophrenen Wahns, bei dem ein abgetrennter Teil zum Vertreter des Ganzen gemacht wird. In dieser Hinsicht hat Rosen, der alle schizophrenen Phantasien als orale Phänomene deutet, einen bedeutsamen Beitrag geleistet. Rosens Anmerkung zu dem Wahn Schrebers, den Freud analysiert hat, ist es wert, zitiert zu werden. »Außerdem begann ich zu verstehen – und verlor diesen Umstand auch nicht mehr aus dem Gedächtnis –, daß der Wunsch nach der warmen, strahlenden Sonne, der Schrebers Wahn war, letzten Endes dem Bedürfnis entsprang, die Sonne an die Stelle der kalten Sonne zu setzen, die ihn geisteskrank gemacht hatte« (Rosen, 1953, S. 7).

Die typische Einstellung des Menschen mit oralem Charakter kann sich als das bewußte oder unbewußte Gefühl ausdrücken, »die Welt schulde ihm etwas«. Er hat das Gefühl, er sei betrogen worden, er habe nicht genug oder seinen gerechten Anteil nicht bekommen. Aber der Orale hat nicht das Gefühl, verfolgt zu werden, nicht die Furcht, man werde ihn angreifen. Die Haltung des Schizophrenen läßt sich nur als eine Haltung der schrecklichen Angst bezeichnen. Dieses Entsetzen liegt der gefrorenen Unbeweglichkeit des katatonen Stupors zugrunde, der Raserei der katatonen Erregung, dem Wahn der Paranoia und der Resignation der Hebephrenie. Eine solche Panik kann nur aus dem Erleben einer Situation entstehen, in der die Existenz des Individuums bedroht war.

Ideen der Einverleibung sollten auf der oralen Ebene gedeutet werden, und diese Deutungen würden den Menschen mit schizophrenem oder schizoidem Charakter auch erreichen. Außer der tiefsitzenden Angst, die aus einer Existenzbedrohung entstanden ist, hat der Schizophrene starke Gefühle der Entbehrung. Seine homosexuelle Betätigung muß als Versuch betrachtet werden, die Wärme eines intimen menschlichen Kontakts zu erlangen. Aber seine Bedürftigkeit übersteigt bei weitem die Bedürfnisse des neurotischen Patienten. Die therapeutische Aufgabe ist nicht einfach. Es genügt nicht, den Psychotiker zur Realität zurückzubringen, seine Halluzinationen zu beseitigen und seinen Wahn aufzuheben. Das wiederhergestellte Ich muß gestärkt werden, damit es ohne zu große Anstrengung mit der Realität fertigwerden kann. Bei der Therapie der Schizophrenie ist der wichtigste therapeutische Faktor die aufrichtige Warmherzigkeit und Zuneigung des Therapeuten. Rosen zeigt, daß er dieses Erfordernis richtig einschätzt, wenn er sagt: »Der Therapeut muß ein liebevoller, allmächtiger Beschützer und Versorger des Patienten sein« (a. a. O., S. 8). Der Schizophrene ist, anders als der Orale, nicht das Baby an der Mutterbrust. Er ist zwar abhängiger, aber er zeigt wenig von den aussaugenden Tendenzen, die man bei Menschen mit oralem Charakter findet. Der Schizophrene ist das Kind im Mutterleib. Er braucht das Leben des Therapeuten wie der Embryo das Leben seiner Mutter braucht, aber er kann es nicht vom Therapeuten fordern. Wenn der Therapeut Angst hat oder keine Vitalität übrig hat, kann er einem Menschen mit schizophrener oder schizoider Struktur nicht helfen. Wir können folgern, daß sich in den Einverleibungsideen dieses grundlegende fötale Bedürfnis ausdrückt.

Die Vermutung, das schizophrene Verhalten habe diese fötale Qualität der Bindung und Abhängigkeit, weist auf die möglichen ätiologischen Faktoren der Störung hin. Bevor wir sie uns ansehen, müssen wir jedoch noch mehr von der schizophrenen Störung begreifen. Es ist viel über die Ähnlichkeit zwischen den Denkprozessen des Schizophrenen und denen des Kleinkindes oder des Primitiven geschrieben worden. Zweifellos ist im Verhalten des Schizophrenen häufig Regression zu beobachten. Manchmal muß man Schizophrene behandeln und versorgen, als seien sie Kleinkinder. Aber diese Ähnlichkeit kann stark überbetont werden. Die bioenergetische Dynamik der Ich-Struktur ist in jedem der beiden Fälle anders. Auch ihre Psychologie ist sehr unterschiedlich. Robbins nennt die Schizophrenie einen entmenschlichenden Prozeß. Der Schizophrene ist ein entmenschlichtes Wesen, eine Bezeichnung, die wir auf das Kleinkind oder auf den Primitiven nicht anwenden würden. Aber worin sind sie sich ähnlich, und worin unterscheiden sie sich?

Dem Kleinkind, dem Primitiven und dem Schizophrenen fehlt die Fähigkeit, mit der Realität, wie wir sie heute in unserer Welt verstehen, umzugehen. Alle drei stehen Erlebnissen gegenüber, die über ihren Verstand hinausgehen, und für die sie besondere Denksysteme erfinden müssen. Das kleine Kind begreift nicht, daß seine Mutter seine Bedürfnisse nicht befriedigen kann. Es erschafft zwei Arten von Kräften in der Außenwelt, gute, die befriedigen, und böse, die Entbehrung oder Frustration hervorrufen. Angesichts einer solchen Aufteilung kann man den Glauben des Kindes an Hexen, an den Weihnachtsmann usw. leicht verstehen. Auch der Primitive wird in eine solche dualistische, ja, sogar pluralistische Auffassung von den Kräften des Universums hineingezwungen: Gute Götter fördern die Lebensinteressen, und bedrohliche Götter arbeiten dem Leben entgegen. Auch der Schizophrene hat diese grundlegende Antithese von gut und böse, häufig auf Gott und Teufel, Liebe und Haß, warm und kalt bezogen. In einem so starren, einfachen Bezugssystem weisen die Denkprozesse die Verdichtung, Verschiebung und Symbolik auf, von der Freud gezeigt hat, daß sie für das Traumleben charakteristisch ist. Aber was für ein Unterschied!

Das Kleinkind funktioniert nach dem Lustprinzip, das nur Spannung oder die Befreiung von ihr kennt. Die Realität in Form der Kräfte, die in der Außenwelt wirksam sind, ist unbekannt, weil das dafür nötige Wachstum und die entsprechende Entwicklung noch nicht stattgefunden haben. Die Funktionen des Psychotikers beruhen nicht auf dem Lustprinzip; tatsächlich bildet die Unfähigkeit des psychotischen

Organismus, sich auf eine lustvolle Erregung zuzubewegen, den Kern des Problems. Die Omnipotenz des Kleinkindes ist real. Es ist die Zukunft, der Erbe alles dessen, was die Vergangenheit hervorgebracht hat, der Schöpfer des Morgen. Wenn sich dies als Illusion herausstellt, kann ich nur sagen, daß wir unsere Pflicht gegenüber dem Kind versäumt haben. Der für die Schizophrenie so typische Größenwahn ist wirklich ein Wahn.

Der Primitive funktioniert gemäß einem Realitätsprinzip, das aber durch das Fehlen angesammelter Erfahrung eingeschränkt ist. Innerhalb der Grenzen seines Wissens zeigt er die Fähigkeit, sein Verhalten den Erfordernissen der äußeren Situation anzupassen. Er hat den Bewegungs- und Koordinationssinn, der ihm die feinen Anpassungen der Bewegung ermöglicht, und der seine Handlungen mit der Realität, wie er sie kennt, in Einklang bringt. Dies fehlt dem Psychotiker. Das Handeln des Schizophrenen ist nicht durch das Lustprinzip motiviert, und er beherrscht seine Muskeln nicht so gut, daß er in der Realität adäquat funktionieren könnte. Unter diesen Umständen beginnt er, sich selbst zu verleugnen, und am Ende leugnet er die Welt der Realität. Dieses Leugnen der materiellen Realität entmenschlicht den Schizophrenen – auch ein Engel ist ja nicht menschlich. Der Zusammenbruch des Ichs führt zur Zerstörung der materiellen Welt.

In der schizophrenen Reaktion ist ein Symptom enthalten, das den körperlichen Prozeß abbildet, der der Krankheit zugrundeliegt. Katatonie ist nicht nur ein Kennzeichen der schizophrenen Erkrankung, sie ist auch ein Kriterium für die Schwere des Krankheitsprozesses. Im allgemeinen haben Patienten, die kataton sind, eine günstigere Prognose als jene, die die anderen Formen dieser Krankheit aufweisen. Manche Manifestationen dieser Krankheit müssen als Versuche verstanden werden, die Ich-Funktion wiederherzustellen. Man kann die destruktiven Ausbrüche so auslegen. Sie stellen eine Freisetzung aggressiver Impulse dar, die zwar für die Umwelt irrational und gefährlich sind, aber beim Schizophrenen meist Ichstärke und Integration fördern. Ich habe schon immer geglaubt, man könnte viel erreichen, wenn man dem Schizophrenen erlauben könnte, in einer sorgfältig überwachten Umgebung ein paar alte Möbel zu zertrümmern. Viele Schizophrene berichten, daß sie sich nach einem solchen Ausbruch viel besser fühlen. Natürlich müssen solche Maßnahmen Teil eines umfassenderen Therapieprogramms sein.

In diesem Zusammenhang stellt Fenichel fest: »Ein auf Wiederherstellung gerichtetes Streben nach der verlorenen objektiven Welt ist die Wurzel vieler katatoner Symptome« (Fenichel, 1945, S. 437, 438). Besonders treffend ist die Äußerung: »Katatone Rigidität spiegelt einen Konflikt zwischen dem Impuls, zu handeln, und der Abwehr gegen ihn wider«. Ferenczi hatte die Vorstellung, Katatonie sei die Folge eines raschen Wechsels zwischen der Aktivierung und Hemmung von Impulsen. Die Muskelverspannung des Neurotikers unterscheidet sich von der Rigidität nur im Grad und in der Lokalisation. Diese Unterschiede sind im wesentlichen quantitativ.

Ich hatte vor kurzem Gelegenheit, einen Patienten zu behandeln, der nach einer Reihe von Elektroschock-Behandlungen aus einer Anstalt entlassen worden war. Als ich ihn zum ersten Mal sah, schaute er erschreckend aus. Sein Gesicht wirkte leichenhaft, die Haut war straff über die Knochen gespannt, und der Mund war nach innen gezogen wie bei einem Toten. Seine Stimme war kaum zu hören, und er konnte auf eine Frage nur mit »ja« oder »nein« antworten. Alle Bewegungen waren äußerst langsam, aber er konnte mit einiger Kraft auf die Couch einschlagen. Ich löste zweimal den Würgereflex bei ihm aus. Es traten ihm Tränen in die Augen, und sein Gesicht wurde sofort weicher und hellte sich auf. Seine Beine wurden von einem starken unwillkürlichen Zittern ergriffen.

Als er zur nächsten Sitzung wiederkam, wiederholte ich die Prozedur. Ich ließ ihn mehrmals die Knie beugen, dann ließ ich ihn auf die Couch schlagen. Als er sich auf die Couch legte, begannen seine Beine ziemlich heftig zu zittern. Ich wandte wieder den Würgereflex an, aber diesmal hellte sich sein Ausdruck nicht auf. Das überraschte mich ein wenig, denn als er diesmal zur Behandlung kam, hatte er ein wenig lebendiger ausgesehen als das vorige Mal. Ich bat ihn, im Liegen auf die Couch zu schlagen. Seine Bewegungen waren sehr mechanisch. Als ich nun seinen Arm mitten im Schlag anhielt, blieb er in dieser Stellung. Ich beobachtete ihn aufmerksam und bemerkte, daß seine Augen glasiger, sein Ausdruck lebloser und seine Stimme kaum hörbar wurden. Ich hatte das Gefühl, er ziehe sich in sich zurück und verfalle wieder in einen katatonen Stupor. Was war geschehen? Ich mußte folgern, daß die durch die aggressiven Bewegungen erzeugte Erregung zu stark gewesen war. Er war offensichtlich verängstigt durch das starke Zittern seiner Beine. Da er diese Bewegung nicht willentlich steuern oder anhalten konnte, trennte er seine Wahrnehmung von seinem Körper ab. Seine Beine zitterten immer noch, aber es war eine mechanische Bewegung. Er merkte, daß sie sich bewegten, aber es hatte keine Bedeutung für ihn. Er war nicht anwesend.

Wo war das Selbst in diesem Zustand katatonen Stupors? Als ich ihn fragte, ob er mich hören könne, sagte seine Stimme »ja«. Ich hatte das Zittern seiner Beine zum Stillstand gebracht, und er lag ruhig und bewegungslos da. Aber alle Sinne waren wach. Licht konnte in diese glasigen Augen eindringen, die etwas nach oben verdreht waren, aber es kam nichts heraus. Die aggressive, motorische, materielle Seite seines Wesens war wie tot. Die zarte, sensorische, spirituelle Komponente war lebendig und wachsam. Diese Seite seiner Persönlichkeit war erreichbar, die andere war zurückgezogen; er war gespalten. Eine Hälfte seiner Persönlichkeit war wach, die andere schlief – einen Schlaf, der dem Tod ähnlich war. Dies erinnert an das von anderen Schizophrenen geäußerte Gefühl, es sei ihr Körper, der stirbt, nicht der Geist oder die Seele. Ich veranlaßte ihn, sich aufzusetzen; ich sprach mit ihm und erklärte ihm, was geschehen war. Allmählich hellten sich seine Augen auf, und sein Gesicht wurde lebendig. Dann trat ein trauriger Ausdruck in sein Gesicht. Als wir die Sitzung beendeten, sah er normaler aus als am Ende der vorigen Stunde.

Dies ist eine Beobachtung eines Zustands von katatonem Stupor, der eine gewisse Ähnlichkeit mit dem Schlaf hat. Wir könnten diesen Zustand besser verstehen, wenn wir mehr über den dynamischen, bioenergetischen Mechanismus des normalen Schlafes wüßten. Bei der katatonischen Starre finden wir dieselbe Abtrennung, aber das Muskelsystem ist eher »gefroren« als stuporös. In beiden Fällen ist die Motilität des Organismus sehr stark herabgesetzt, aber bei der Katatonie ist die sensorische Wahrnehmung wachsam. Beim Studium dieser Phänomene ist die Beziehung des Ichs zur Motorik von ausschlaggebender Bedeutung. Diese Beziehung ist zwar ein rein psychisches Phänomen, sie hängt aber von dem zugrundeliegenden bioenergetischen Prozeß im Körper ab. Man kann das Ich mit einem Korken vergleichen, der auf den Wellen reitet. Seine Auf- und Abbewegung ist das Ergebnis der Wellenbewegung. Zugleich ist sie die lebhafteste Manifestation dieser Bewegung. Man kann das Ich auch mit der elektrischen Birne vergleichen, die das Fließen von Strom im Stromkreis anzeigt.

Wenn das Ich vom Körperstrom abhängig ist, kann dieser selbst vom Wahrnehmungsprozeß unabhängig sein. Wenn zwischen Wahrnehmung und Bewegung eine beträchtliche Spaltung eintritt, wenn der Strom daran gehindert wird, das Wahrnehmungsorgan zu erreichen, manifestiert sich das in Projektion und Halluzination. Bei der Katatonie besteht die Einheit von Wahrnehmung und Impuls in gewissem Grad. Gerade wegen dieser Einheit unterdrückt das Ich in seiner Selbstverteidigung den Impuls, selbst auf Kosten einer zeitweiligen Unterbrechung seiner Funktion. Dies ist kein gewollter und bewußter Vorgang. Diese Unterdrückungsfunktion gehört zu jenem Teil des Ichs, den wir als Über-Ich bezeichnen.

Wir wissen, daß das Ich als Teil seiner Funktion als Wahrnehmungsorgan die Macht hat, Handlungen zu hemmen oder freizusetzen. Diese Hemmungsfunktion leitet sich von seiner beherrschenden Stellung im Realitätsprinzip her. Es beherrscht, wie Freud es ausgedrückt hat, die Zugänge zur Motilität. Es gibt den Befehl zum Handeln oder es kann diesen Befehl zurückhalten. Das Ich ist der Hauptmann, dessen Befehl die Soldaten unterstellt sind. Beim spinalen Schock kann man die Funktionsfähigkeit des zweiten Neurons mit dem Verlust des Hauptmanns vergleichen. Nur ganz allmählich gewinnen die unteren Gliederungen ihre autonome Bewegungsfähigkeit wieder, aber die Koordination von höherer Stelle fehlt. Bioenergetisch löst das Ich die Entladung in den Muskeln aus. Es kann jedoch nur dort etwas auslösen, wo eine Ladung vorhanden ist. Der Impuls lädt die Muskeln auf, bereitet die Aktion vor, lädt die Gewehre. Dann wartet er auf den Befehl.

Warum hält das Ich seine Zustimmung zurück? Wir können die Weigerung des Ichs gut verstehen, eine Handlung zu erlauben, die in eine vorhersehbare gefährliche Lage führen könnte. Wir würden ein solches Verhalten also als vernünftig und nicht als neurotisch bezeichnen. Das Problem, das alle Patienten haben, die in Therapie sind, ist das Zurückhalten von Aggression unter Umständen, die ein Handeln erfordern. Die psychoanalytische Antwort lautet, es bestehe eine unbewußte Angst, die das Ich veranlasse, die Handlung zu unterbinden. Diese Angst läßt sich analytisch bis zu Erlebnissen in der frühen Kindheit zurückverfolgen. Aber diese Ängste können weiterbestehen, auch wenn der Betreffende um diese frühen Traumata weiß. Er muß sich der Angst in der Gegenwart stellen. Aber was ist die gegenwärtige Angst?

Bioenergetische Arbeit mit diesen Problemen hat die Erkenntnis erzwungen, daß die Angst mit der Verkrampfung der Gewebe zusammenhängt. Wenn ein starker Impuls einen verkrampften Muskel erreicht, entsteht eine Gefahrensituation. Man kann dies mit einem kleinen Ballon vergleichen, in den man eine große Menge Luft hineinzublasen versucht. Man läuft Gefahr, daß er einem ins Gesicht explodiert. Ein besserer

Vergleich ist das Passieren einer großen harten Masse von Kot durch einen kontrahierten After. Der entstehende Schmerz ist eine Warnung, etwas könnte zerreißen. Und nicht selten ist ja auch eine Analfissur die Folge.
Ich habe einmal eine Patientin behandelt, die neun Jahre lang in Freudscher Analyse gewesen war. Eine ihrer Hauptbeschwerden waren starke Kreuzschmerzen. Sie erklärte, diese Schmerzen habe sie seit der Frühzeit der Analyse; zugleich habe sie jede genitale Empfindung verloren. Die tiefliegenden Muskeln an der Verbindungsstelle zwischen Becken und Rückgrat waren sehr verspannt. Ich konnte etwas von dieser Verspannung durch spezielle Bewegungen und manuelle Bearbeitung lockern, aber die Schmerzen kamen und gingen, und manchmal waren sie so schlimm wie eh und je. Nun wies ich die Patientin darauf hin, daß die Verspannung dazu diente, zu verhindern, daß Energie in den Genitalapparat dringe. In den ersten Sitzungen hatte jede Erwähnung der Genitalien die Patientin erschreckt und verwirrt. Ich mußte langsam vorgehen und mich auf meine Fähigkeit verlassen, die tiefsitzende Verkrampfung zu vermindern. Durch diese Arbeitsweise, indem ich versuchte, mit Worten ihre Genitalangst zu lindern und physikalisch die Verspannungen herabzusetzen, verminderte ich die Schmerzen allmählich so weit, daß sie über längere Zeit schmerzfrei war, und daß die Schmerzen erheblich weniger stark waren, wenn sie einmal auftraten. Interessant war die Feststellung, daß der erste starke Durchbruch genitaler Empfindung von Schmerzen in der Vagina begleitet war.
Aus dieser kurzen Erörterung können wir ersehen, daß Schmerz die Wahrnehmung eines starken Konflikts ist. Die somatische Komponente dieses Konflikts ist eine Energie, die auf eine Sperre trifft. Wenn die Sperre aus verkrampften Geweben besteht, können wir versuchen, die für diesen Zustand verantwortlichen Ursachen aufzufinden. Der Zustand ist wie eine funktionelle Narbe, die die Folge der ursprünglichen traumatischen Situation und die Grundlage der gegenwärtigen unbewußten Angst ist. Man muß einräumen, daß

keine dauernde Besserung eintritt, wenn nicht die Geschichte der frühen Kindheit analytisch durchgearbeitet wird. Aber kann man leugnen, daß direkte Bearbeitung der Verkrampfung die Angst herabsetzt und es dem Patienten ermöglicht, den Konflikt bereitwilliger in sein Bewußtsein einzulassen? Ist es nicht unsere Aufgabe, die Schmerzschranke aufzubrechen, obwohl das Aushalten von Schmerzen Teil des Realitätsprinzips ist? Nur in dem Maß, in dem die Verkrampfung gebessert und eine bessere Motilität herbeigeführt wird, läßt sich das gegenwärtige Funktionieren vom Einfluß der Vergangenheit befreien.

In der dritten Auflage der *Charakteranalyse* hat Reich über einen Fall von Schizophrenie berichtet, den er mit bioenergetischen Methoden behandelt hat. Ich möchte Anmerkungen zu seinen Beobachtungen machen, erstens weil sie der Ausgangspunkt meiner eigenen Überlegungen waren, und zweitens weil meine Erfahrung mich in die Lage versetzt hat, seine Konzepte zu erweitern. Reichs Untersuchung der Schizophrenie hat das große Verdienst, daß hier versucht wurde, die Mechanismen des schizophrenen Problems gemäß der grundlegenden bioenergetischen Funktionen zu begreifen. Ihre Schwäche liegt darin, daß Reichs Bezugspunkt das Lustprinzip und nicht das Realitätsprinzip war.

An Stelle des Realitätsprinzips führte Reich das Konzept von der Entwicklung der Koordination ein. Man muß zustimmen, daß das Wachstum des Bewußtseins vom eigenen Selbst mit der zunehmenden Fähigkeit des Organismus zusammenhängt, seine verschiedenen Muskeltätigkeiten zu zielgerichteten Bewegungen im Bezug zur Realität zu koordinieren oder zu verschmelzen. Reichs Aussage darüber ist grundlegend für jedes Verständnis der Dynamik des Schizophrenie-Problems. »Mit wachsender Koordination der Bewegungen werden deren Wahrnehmungen ebenfalls sukzessive miteinander koordiniert, bis allmählich der Punkt erreicht ist, wo sich der Organismus koordiniert als Ganzes bewegt und somit die vielen verschiedenen Wahrnehmungen des Selbst in EINER

Gesamtwahrnehmung des sich bewegenden Selbst vereint sind. Wir müssen weiter feststellen, daß wir vorher nicht von einem voll entwickelten Bewußtsein sprechen können« (Reich, [2]1970, S. 502). Diese Koordination findet nicht im leeren Raum statt. Sie tritt ein als Reaktion auf die fortwährende Stimulierung einer warmen und liebevollen Umgebung. Koordination stellt daher eine bessere und wirksamere Ausrichtung auf die Umwelt dar, und diese wird mit der Zeit zur Realitätsfunktion.

Reich behauptet, im Gegensatz zum gepanzerten Neurotiker sei der Schizophrene emotional stark geladen. An der Oberfläche mag es so scheinen, als treffe dies zu, denn die Schizophrenen gehören zur Kategorie der impulsiven Charakterstrukturen. Dieser Anschein läßt sich daraus erklären, daß es ihnen an Ich-Abwehr fehlt, was damit zusammenhängt, daß sie kein starkes Ich haben. Was wir in Wirklichkeit feststellen, ist, daß sie empfindlicher sind als der Neurotiker, und weniger aggressiv. Wir dürfen uns von ihren destruktiven Ausbrüchen nicht irreführen lassen. Es ist leicht, Dinge zu zerbrechen oder zu zerstören. Aggression setzt jedoch ein konstruktives Ziel voraus. Die sensorische Funktion ist überentwickelt, während die Koordination und Einheit der motorischen Funktion stark gestört ist. Der Mangel an Einheit und Koordination der motorischen Aktivität erklärt die Phänomene, die Reich Rätsel aufgaben. Der Schizophrene hat einen weichen Brustkorb und eine eingeschränkte Atmung, während der Neurotiker mit seinem rigiden Brustkorb eine bessere Atmungsfunktion hat. Warum dies so ist, werden wir später sehen. Im allgemeinen hat Reich das Problem richtig erfaßt, als er im Blick auf den Schizophrenen schrieb: »Das Biosystem hat gegenüber dem plötzlichen Anwachsen des emotionalen d. h. bioenergetischen Funktionsniveaus eine sehr niedrige Toleranzschwelle« (a. a. O., S. 516).

Bei seiner Analyse eines Falles erkannte Reich, daß die schizophrene Spaltung, wie auch immer sie sich ausdrückt, wie z. B. zwischen Gut und Böse, die Aufspaltung der Persönlichkeit »auf zwei diametral entgegengesetzte Situationen in ihrer

Charakterstruktur zurückzuführen ist, welche sich gegenseitig ausschließen, und miteinander unvereinbar sind« (a. a. O., S. 469). Diese einander entgegengesetzten Situationen sind nichts anderes als die beiden grundlegenden Triebtendenzen, Aggression und Zärtlichkeit, das Materielle und das Geistige, »diese Welt« und »jene andere Welt«. Da die Patientin sich mit der spirituellen Seite identifizierte, und in »jener anderen Welt« lebte, wurde die aggressive, reale Welt materieller Bedürfnisse und Gefühle als seltsam, fremd, und als die »Kräfte, die einen beeinflussen«, empfunden. Die »Kräfte« müssen bei dieser Patientin als die Energie des materiellen, aggressiven Triebes gedeutet werden. Da dieser Trieb der Ausdruck der Lebenskraft in den Geweben des Körpers ist, kann ihn niemand vollständig unterdrücken. Wenn er nicht als Teil der Persönlichkeit wahrgenommen und akzeptiert wird, wird indirekt auf dem Weg über Projektion und Introjektion ein gewisser Kontakt zu ihm hergestellt.

Der Verlust des Kontakts zur aggressiven, materiellen Antriebskraft manifestiert sich als totale Depersonalisation. Reichs Patientin erlebte diese totale Depersonalisation als ein Außerhalb-ihrer-selbst-Sein; sie fühlte sich doppelt, ein Körper hier und eine Seele dort. Wir haben den Mechanismus dieser totalen Depersonalisation schon untersucht. Diese Patientin wünschte sich, wie alle Menschen, die Vereinigung, aber sie lehnte den Körper ab, durch den allein die Vereinigung möglich ist.

Bei den Erlebnissen vieler Schizophrener stellen wir fest, daß die Wände eines Zimmers eine wichtige Rolle spielen. Das Hören von Stimmen aus den Wänden und das Sehen von Dingen an der Wand ist ein weit verbreitetes schizophrenes Erlebnis. Die lebhafteste Äußerung des Schizophrenen lautet, »die Wände sind lebendig«. Um diese Bemerkung zu verstehen, müssen wir dessen eingedenk sein, daß der Schizophrene Bewegung außerhalb seiner selbst wahrnimmt, während seine Wahrnehmung innerer Motilität blockiert ist; d. h. der Schizophrene nimmt die Wirkung seiner Projektion als eine

Reflexion von den Wänden wahr, ohne zu merken, daß er selber ihr Urheber ist. Was die Wände lebendig erscheinen läßt, ist die Energiebewegung im Raum. Wenn wir einen Gegenstand durch einen geladenen Raum hindurch ansehen, wird die Vibration des Raumes auf den Gegenstand projiziert, der dann von sich aus lebendig zu sein scheint. Daß der Raum selbst unter allen Umständen im Sinn von Bewegung und Vibration lebendig ist, ist eine Tatsache, die die impressionistischen Maler so lebhaft porträtiert haben, und die heute nur wenige Künstler leugnen würden. Der Schizophrene ist viel empfindlicher für derartige Phänomene als der Durchschnittsmensch.

Daß manche Menschen die Eigenschaft haben, die Atmosphäre um sich her zu erregen, ist anerkannt. Viele starke Menschen haben eine so mächtige Persönlichkeit, daß sie sie auszustrahlen scheinen. Wir sagen, wir »spüren ihre Gegenwart«; manchmal spricht man auch von »animalischem Magnetismus«. Die stärkste Manifestation dieser Eigenschaft ist den Augen vorbehalten. Bei manchen Menschen scheinen die Augen zu strahlen oder zu glühen. Wenn sich solche Augen auf einen richten, kann man die Strahlung spüren, die von ihnen ausgeht. Manchmal können die Augen eine Ausstrahlung haben, die kalt und böse ist; sie kann so stark sein, daß man einen Schreckensschauder verspürt, wenn man mit ihnen in Kontakt kommt. Wenn wir die verbreitete Redensart ernst nehmen, nach der »die Augen der Spiegel der Seele« sind, können wir diese Phänomene besser würdigen.

Die Augen übermitteln Gefühle lebhafter als jedes gesprochene Wort. In meiner Laufbahn als analytischer Psychiater habe ich mich immer auf den Ausdruck in den Augen von Patienten verlassen. Ich habe ihre Traurigkeit und ihre Angst, ihren Vorwurf und ihre Wut, ihr Bitten, ihre Liebe und ihren Haß gesehen. Aber mein eindrucksvollstes Erlebnis mit dem Ausdruck in den Augen eines anderen Menschen hatte ich außerhalb meiner therapeutischen Arbeit. Der Vorfall ereignete sich auf der Fahrt in der U-Bahn. Eine junge Frau, die meiner Frau und mir gegenübersaß, richtete plötzich ihren

Blick auf uns. Mich überlief es kalt, als ich merkte, daß ich in die haßerfülltesten Augen blickte, die ich jemals gesehen hatte. Meine Frau berichtete, sie habe ebenso reagiert; wir konnten diese Augen nicht ansehen. Es war ein unheimliches Erlebnis.
In seinen Augen zeigt der Schizophrene seine Krankheit am deutlichsten. Man kann die Diagnose manchmal allein auf Grund des Augenausdrucks stellen. Reich bezeichnete ihn als »einen typischen Blick abwesender Entrücktheit« (Reich, ^{2}1970, S. 487). Der Schizophrene scheint einen nicht anzusehen, sondern durch einen hindurchzusehen. Wenn man einem Schizophrenen in die Augen schaut, fühlt man, daß man keinen Kontakt zu ihm herstellt. Was stimmt nicht mit diesen Augen? Auf welche Weise »gehen sie weg«? Die Augen meines katatonen Patienten waren so glasig, daß er wie ein Leichnam aussah. Aber, und das ist erstaunlich, er sah alles um sich her. Die einzige mögliche Deutung war, daß Licht in seine Augen eindringen konnte, daß die mechanische Sehfunktion intakt war, aber *nichts* herauskam. Es ist, als sei das innere Feuer ausgelöscht oder gedämpft worden. Wenn mein Patient aus seinem katatonen Stupor herauskam, belebten sich seine Augen sofort und blickten freundlich. Was den Beobachter an den Augen des Schizophrenen beunruhigt, ist ihr Mangel an Ausdruck. Wie das Gesicht maskenhaft ist, so sind auch die Augen ausdruckslos. Der Schizophrene ist nicht ohne Gefühl; ihm fehlt nur die Fähigkeit, dieses Gefühl auf einen anderen Menschen zu konzentrieren. Hier sehen wir wieder, wie sich das Fehlen der motorischen Koordination in der Erschwerung des körperlichen Kontakts manifestiert.
Es besteht ein Unterschied zwischen Sehen und Hinsehen. Sehen ist zunächst eine Fähigkeit, eine passive Funktion. Hinsehen bedeutet, das Auge auf etwas zu richten. Der Schizophrene sieht, aber er sieht nicht hin. Ihm steht im Kopfsegment nicht der motorische Impuls zur Verfügung, der notwendig ist, um den Blick auf etwas zu richten. Es ist derselbe Mangel, der den flachen, stumpfen, leblosen Ausdruck in dem Bereich der Stirn erklärt, der zwischen den Augen liegt, und

das Gefühl der Leere im Vorderteil des Kopfes. Die Energie ist im Nacken blockiert, manchmal auch im Hinterkopf. Sie kommt nicht in den Vorderteil des Gehirns oder des Kopfes durch.

Es ist keine leichte Aufgabe, diese Energie durchzubringen und sie in den Augen festzuhalten. Um dies zu erreichen, ist es außerdem nötig, die Ladung im Genitalbereich zu steigern und sie dort festzuhalten. Bei einem meiner günstigsten Fälle erforderte dies sechs Monate ununterbrochener bioenergetischer Therapie. Aber wir erstreben sogar noch mehr. Wir wollen die Pendelbewegung der Energie stärken und sie in der Realitätsfunktion verankern, so daß sie dem Druck und den Wechselfällen standhalten kann, die das Leben in einem sozialen Milieu mit sich bringt.

Die Psychiatrie ist mit dem Schizophrenieproblem vertraut genug, um auf der Grundlage einer sorgfältigen Anamnese oder durch die Anwendung von Tests, z. B. des Rorschach-Tests, zu einer korrekten Diagnose zu gelangen. Grenzfälle sind jedoch schwieriger zu diagnostizieren, wenn sie auch leichter zu behandeln sind. Im nächsten Kapitel wollen wir die Dynamik der schizoiden Charakterstruktur studieren, wie sie sich im Sprechzimmer des Analytikers offenbart.

17 Der schizoide Charakter

Ich habe im vorigen Kapitel darauf hingewiesen, daß der Unterschied zwischen der schizophrenen und der schizoiden Charakterstruktur ein Gradunterschied ist. Das soll nicht heißen, daß man keine qualitativen Unterschiede finden könnte. Gewiß mag man bei Extremen zögern, den in der Anstalt befindlichen Schizophrenen mit dem gut funktionierenden Menschen mit schizoidem Charakter zu vergleichen. Aber grundlegende Übereinstimmungen in den fundamentalen dynamischen Prozessen der Persönlichkeitsstruktur nötigen aus theoretischen und therapeutischen Gründen zu dem Vergleich.

Wenn ein Mensch niemals einen scharfen Bruch mit der Realität vollzogen hat, haben wir dann das Recht, seine Struktur als schizoid zu bezeichnen? Eine solche Diagnose hängt von Tendenzen und nicht von Ereignissen ab. In der inneren Medizin zögert man, von dieser Grundlage auszugehen. Wenige Ärzte werden bei einem Patienten die Diagnose »potentiell herzkrank« stellen, wenn kein struktureller Schaden nachzuweisen ist. Aber man riskiert den Herzanfall, der in dem Augenblick eintreten kann, in dem der Patient das Sprechzimmer des Arztes verläßt – was auch schon vorgekommen ist. Wenn man Tendenzen als Diagnosekriterium eindeutig festlegen kann, wird die vorbeugende Medizin einen großen Schritt nach vorn machen. Tiefenanalyse psychologischer oder bioenergetischer Art bietet ein Mittel zu diesem Zweck.

Fenichel definiert das Problem der Schizoidie anders: »Menschen, die keine echte Psychose haben, aber dennoch einzelne Züge oder Mechanismen eines schizophrenen Typus zeigen, hat man mit ›schizoid‹ oder ›Schizophrenianitis‹ oder ›ambulatorische Schizophrenie‹ oder dergleichen bezeichnet« (Fenichel, 1945, S. 443). Solche Menschen haben Anzeichen pathogener Mechanismen neurotischer und psychotischer Art an sich. Dann fügt Fenichel eine Bemerkung an, die unter dem Gesichtspunkt der Dynamik wichtig ist. »Die Umstände entscheiden darüber, ob die Neigung zur Psychose weiter herausgefordert oder gemildert wird.« Es ist gerade diese »Neigung zur Psychose« im Gegensatz zu psychotischem Verhalten, was den schizoiden Charakter vom Schizophrenen unterscheidet. Aber was ist diese »Neigung zur Psychose« genau? Es mag zwar nützlich sein, auf »einzelne Züge« oder »Mechanismen« als Anzeichen für eine solche Disposition hinzuweisen, aber es ist im Grunde gefährlich, eine Diagnose auf ihr Vorhandensein oder Fehlen zu gründen. Man erinnert sich vielleicht an den im 10. Kapitel (über Masochismus) vorgestellten Fall, wo der Patient eine echte Halluzination beschrieb, die Vision eines Gesichts, das er »den Teufel« nannte. Ich hatte keine Bedenken, die Charakterstruktur als masochistisch und nicht als schizoid zu klassifizieren. Es fehlte dem Patienten die »Disposition zur Psychose«. Andererseits habe ich Fälle gesehen, wo man diese fundamentale Disposition erkennen konnte, ohne daß ein einziger manifester psychotischer Zug oder Mechanismus vorhanden war.

Alle Autoren sind sich darin einig, daß beim schizoiden Charakter eine bedeutsame affektive Störung vorliegt. Fenichel stellt ausdrücklich fest: »Die Emotionen dieser Person scheinen im allgemeinen inadäquat zu sein. ... Sie benehmen sich, ›als ob‹ sie Gefühlsbeziehungen zu anderen Menschen hätten« (a. a. O., S. 445). Solche Aussagen sind zwar im Grunde richtig, aber es ist schwierig, sie als Unterscheidungsmerkmale zu gebrauchen. Auch Neurotiker zeigen inadäquate emotionale Reaktionen, zeigen ein »Als-Ob-Verhalten« und benützen in ihren Beziehungen zu anderen Mechanismen des »Pseudokontakts«. Aber ich sehe mich auch genötigt, zu sagen, daß die Aggression des Schizoiden eine »Als-Ob-Aggression« ist, sie ist zum Zweck des Überlebens »aufgesetzt« und steht in derselben Beziehung zur Persönlichkeit wie Kleider. Man

spürt, daß sie kein integrierender Bestandteil des wahren Wesens ist.
Die Neigung zur Psychose muß zunächst gemäß der Ich-Psychologie verstanden werden. Vergleichen wir sie einmal mit den anderen Charaktertypen. Die rigide Charakterstruktur ist überwiegend aggressiv, entschlossen und unsensibel. Die Haltung des Betreffenden läßt sich durch den Ausdruck »Ich will« kennzeichnen. Nun kann der Wille je nach der physischen Kraft und Vitalität des Körpers schwach oder stark sein. Die Ich-Stärke hängt davon ab, ob die Struktur von beigemischten prägenitalen Trieben frei ist. Wir haben also einen quantitativen und einen qualitativen Faktor. Die masochistische Struktur ist von Zweifeln erfüllt, zögernd und ambivalent. Die Grundhaltung des Masochisten schlägt sich in dem Ausdruck »Ich will nicht« nieder, wenn er sich auch an der Oberfläche alle Mühe geben mag, positiv zu sein. Es mißlingt ihm ausnahmslos. Die Aggression des Masochisten ist nach innen gewendet; sie ist selbstzerstörerisch. Wie groß die körperliche Stärke des Masochisten auch sein mag, sein Ich ist schwächer als das des Menschen mit einem rigiden Charakter. Seine Genitalfunktion ist weniger sicher, und seine Einstellung zur Realität schwankt. Der Mensch mit oralem Charakter hat einen schwachen Aggressionstrieb. Seine Haltung läßt sich als »Ich kann nicht« zusammenfassen. Diese Unfähigkeit, mit den Forderungen der Realität zurechtzukommen, veranlaßt ihn, sie abzulehnen. Er trägt ein tiefes Ressentiment gegen die Ungerechtigkeit des Gesellschaftssystems in sich. Sein Ich ist schwach, denn es ist noch an seine oralen Bedürfnisse und an sein Entbehrungsgefühl gebunden, aber es ist real. Der Orale identifiziert sich stark mit dieser Ich-Einstellung, denn nach seinem Gefühl ist sie die Grundlage seiner Persönlichkeit. Sie aufzugeben, heißt, seine Identität, wie er sie immer gekannt hat, zu verlieren.
Wie steht es nun mit der Ich-Struktur der schizoiden Persönlichkeit? Sie zeigt keine dieser Grundhaltungen und doch alle zusammen. Manchmal handelt der Schizoide mit starker Entschlossenheit, aber sie hält nicht an. Die Aggression bricht

nicht zusammen und endet in einem »Sumpfgefühl«, sie verschwindet einfach. Wenn sie aufwallt, entsteht ein Gefühl der Allmacht, denn sie ist noch keiner Realitätsprüfung unterworfen worden. Die Funktion der Realitätsprüfung ist relativ unentwickelt. Diese Allmacht der Aggression unterscheidet sich vom aufgeblasenen Ich und der Hochstimmung des oralen Charakters dadurch, daß sie ein echter materieller Trieb ist. Sie wird als ein Vermögen empfunden, Dinge zu tun, und nicht als Denkvermögen. Wo der Mensch mit oralem Charakter mit seinem aufgeblähten Ich nichts zuwegebringen kann, kann der Schizoide konstruktiv schöpferisch sein. Gerade das Fehlen von Ich-Hemmung kann ein Durchbrechen der Realitätsschranken, wie wir sie gewöhnlich kennen, zu neuen Weisen des Fühlens und Handelns ermöglichen. Wir haben solchen Leistungen von Künstlern wie Van Gogh, Gauguin und anderen viel zu verdanken. Es ist ein Wille ohne Ich.

Eingefleischte Charakterhaltungen des »Ich will nicht« und »Ich kann nicht« fehlen bei der schizoiden Persönlichkeit. Da die Grundhaltung des Schizoiden von einer Verleugnung der Werte der materiellen Realität herstammt, braucht er diese Realität nicht zu bekämpfen. An der Oberfläche kann man jedoch masochistische Haltungen und orale Tendenzen vorfinden, die sich von spezifischen Erlebnissen in seiner Lebensgeschichte herleiten. Diese hängen jedoch nicht mit dem Ich zusammen. Sie manifestieren sich in der Übertragungssituation und sind nicht als tiefsitzende Widerstände zu finden. Tatsächlich ist es für den Schizoiden charakteristisch, daß er, wenn überhaupt, nur wenige echte Ich-Abwehrmechanismen hat. Aus diesem Grund kann die Therapie auch, wenn man erst einmal einen guten Kontakt zu ihm hergestellt hat, überraschend rasch Fortschritte machen. Das erklärt Fenichels Bemerkung: »Manchmal reagieren schizoide Persönlichkeiten günstiger auf die Analyse, als man erwartet« (Fenichel, 1945, S. 451).

Der schizoide Charakter funktioniert in der Realität, um zu überleben, aber ohne die innere Überzeugung, daß ihre Werte real sind. Es fehlt ihm die Beherrschung seiner Reaktionen, die der Neurotiker hat, wenn auch die Beherrschung neurotisch sein mag. Er ist äußeren Kräften stärker ausgeliefert als der Neurotiker. Er reagiert sofort und direkt auf Zuneigung, aber ebenso unmittelbar kann er in einer Situation erstarren, von der er das Gefühl hat, sie sei negativ.

Wo der Schizophrene bei seinem Bruch mit der Realität sein Ich vollständig verliert, kann der Mensch mit schizoidem Charakter den Bruch vermeiden und sein Ich behalten. Aber es ist ein schwaches Ich, schwächer als das des Oralen. Es ist nicht so, daß der Schizoide sich nicht selber fühlte – das tut er durchaus. Schwach ist sein Gefühl seiner selbst im Zusammenhang mit der materiellen Realität. Einerseits hat er eine starke Fähigkeit zu spirituellen Gefühlen, zur Zärtlichkeit und Sympathie. Er nimmt sich selbst als geistige Person wahr, die voller tiefer Gefühle, Zärtlichkeit, Sympathie usw. ist. Leider fällt es ihm schwer, dies auf ein Objekt in der materiellen Welt zu konzentrieren; sein Mangel an Ich-Identifikation mit seiner motorischen Koordination und deren mangelnde Beherrschung sind ein Hindernis. Tatsächlich kann der Schizoide eine kurze Zeit lang seine zärtlichen Gefühle auf einen anderen Menschen konzentrieren. Die Spannung, die durch den Versuch geschaffen wird, den Kontakt aufrechtzuerhalten, erzwingt eine Unterbrechung. Der Begriff der motorischen Koordination bezeichnet hier die mit angemessenem Gefühl integrierte Bewegung. Losgelöste Bewegung ist möglich; ein Mensch mit schizoidem Charakter kann ein ausgezeichneter Ballettänzer sein. Dissoziierte Gefühle sind typisch, ausdrucksvolle Bewegung fällt schwer. Die Tendenz zur Triebentmischung, zur Trennung von Gefühl und Bewegung ist kennzeichnend für diesen Zustand.

Wo der Schizophrene in seinem Bruch mit der Realität an Depersonalisation leidet, erhält der Schizoide die Einheit von Leib und Seele durch einen dünnen Faden aufrecht. Er benützt seinen Körper, wie ich mein Auto benütze. Er hat nicht das Gefühl, er sei sein Körper, sondern für ihn ist der Körper die

Wohnstatt seines denkenden und fühlenden Selbst. Das ist nicht infantil, denn es spiegelt keineswegs die Identifizierung des Kleinkindes mit körperlicher Lust. Der Körper eines Menschen ist seine unmittelbarste Realität, und er ist auch die Brücke, die seine innere Realität mit der materiellen Realität der Außenwelt verbindet. Hier haben wir also den Schlüssel zur therapeutischen Behandlung der schizoiden Persönlichkeit. Zunächst versucht man, eine gewisse Identifizierung mit dem kinästhetischen Körperempfinden zustande zu bringen oder eine vorhandene Identifikation zu verstärken. Zweitens sucht man die Tiefe und den Spielraum der Ausdrucksbewegungen zu steigern. Drittens ist man bestrebt, die Körperbeziehung zu Objekten: Nahrung, Liebesobjekt, Arbeitsobjekten, Kleidung usw. zu entwickeln. Dieser Ansatz bewirkt eine Stärkung und Entwicklung des Ichs, das, wie Freud uns ins Gedächtnis ruft, »zuerst und vor allem ein Körper-Ich ist«.

Sehen wir uns die Dynamik der Körperstruktur an, wie sie uns bei Menschen mit schizoidem Charakter begegnet. Oft sind wir zunächst vom Aussehen des Kopfes beeindruckt. Er sieht niemals so aus, als sei er fest mit dem Hals verbunden. Nicht selten wird er leicht abgewinkelt gehalten, und zwar so, daß man das Gefühl hat, er könne nach der einen oder der anderen Seite rollen. Menschen mit anderen Charaktertypen legen den Kopf manchmal mit einem Ausdruck der Hoffnungslosigkeit auf die Seite. In diesen Fällen hat die gesamte Körperstruktur denselben Ausdruck. Die Haltung des Schizoiden oder Schizophrenen ist eine Haltung der Distanzierung, gleichsam, als werde der Kopf von der Hauptrichtung des Energieflusses im Körper weggezogen.

Beim Tasten der Halsmuskeln des Schizoiden findet man starke isolierte Verspannungen vor, aber keine generalisierte Rigidität. Die tiefsitzende Verspannung an der Schädelbasis ist wesentlich. Der Kopf selbst ist kontrahiert und angespannt, was ihn insgesamt hager erscheinen lassen kann. Abgesehen von diesem Ausdruck ist das Gesicht gewöhnlich maskenhaft. Die Kopfhaut auf dem Schädel ist angespannt, und beim Mann besteht die starke Tendenz zur Stirnglatze. Wir haben schon die Flachheit der Stirn und die Ausdruckslosigkeit der Augen erwähnt. Der Mund hat nie volle oder sinnliche Lippen. Nach einer Weile fällt einem auf, daß der Ausdruck von Freude, Fülle oder Strahlen immer fehlt; der Gesichtsausdruck ist nicht finster, er ist kalt.

Das Schultersegment des Schizoiden zeigt eine charakteristische Störung. Die Arme haben Kraft, aber die Bewegung des Schlagens ist gespalten. Der Körper nimmt an der Handlung nicht teil. Dies ist eine andere Qualität als beim oralen Charakter. Dort wirken die Arme zusammenhanglos, und man spürt, daß die offensichtliche Muskelschwäche dafür verantwortlich ist. Beim Oralen sieht die Bewegung kraftlos aus; beim Schizoiden sieht sie mechanisch aus. Die Bewegung läßt sich am besten so beschreiben, daß man sagt, die Arme bewegen sich an einem steifen, unbeteiligten Körper, was einen an die Flügel einer Windmühle denken läßt. Wie groß die Körperkraft des Schizoiden auch sein mag, diese Qualität kann man nicht übersehen. Die Bewegungen des Masochisten sind durch das Gefühl der Anstrengung gekennzeichnet, aber nicht durch das des Willens. Das Wesen der Schulterblockierung ist anders. Beim Masochisten wirken die Schultern muskelbepackt. Der Deltamuskel, der Trapezius und oberflächliche Muskeln sind überentwickelt. Bei der schizoiden Charakterstruktur sind die Muskelverspannungen tief und beruhen auf der Unbeweglichkeit der Schulterblätter.

Ich habe die Eigenart der Verspannungen im Hals erwähnt. Die Verkrampfung in der Tiefe an der Schädelbasis spiegelt sich in einer entsprechenden Blockierung im Kreuz, wo Becken und Rückgrat zusammentreffen. Diese Verspannung ist bei manchen Schizoiden so schwer, daß sie akute Schmerzen erzeugen kann. Sie unterscheidet sich von den chronischen Kreuzschmerzen, die bei den rigiden Strukturen vorkommen. Die Beine zeigen dieselbe Beziehung zum Becken wie die Arme zum Schultergürtel, d.h. am Hüftgelenk haben sie keine Freiheit. Die Folge ist eine Unbeweglichkeit des Beckens, die schlimmer ist als bei jeder neurotischen Struktur. Die Muskeln der Oberschenkel und der Beine können schlaff oder deutlich überentwickelt sein. In beiden Fällen stellt man einen Mangel an Kontakt zu den Beinen und zum Boden fest. Die Füße, insbesondere die Fußgewölbe, sind ausnahmslos schwach. Die Gelenke sind steif und unbeweglich, und dies ist am deutlichsten an den Fußgelenken zu sehen. Ich habe niemals bei einem Menschen mit schizoider Charakterstruktur gesehen, daß das Fußgelenk flexibel war; es wirkt, als seien die Gelenke eingefroren. Welche Bedeutung dies hat, werden wir später sehen.

Fenichel beschreibt zwei charakteristische muskuläre Haltungen: »Gewöhnlich macht sich eine extreme innere Angespanntheit durch Hypermotilität oder hypertonische Rigidität hinter einer äußeren Maske der Ruhe bemerkbar; ein andermal findet das Gegenteil statt – eine extreme hypotonische Apathie« (Fenichel, 1945, S. 446). Das erste ist ein von jedem emotionalen Inhalt losgelöster Zustand der Hypermotilität. Der Körper ist angespannt und geladen, aber die Bewegung ist mechanisch. Im zweiten Fall ist die Motilität herabgesetzt, aber es besteht eine geringere affektive Dissoziation. Die geringe Angespanntheit beschränkt sich auf die Oberflächenmuskulatur. Durch Tasten bestätigt sich immer, daß die Muskeln in der Tiefe verkrampft sind. Zwei Patientinnen mit schizoider Charakterstruktur berichteten, daß sie, wenn sie etwas apathisch wurden, die Tendenz zur Flüssigkeitsretention hatten. Eine Patientin sagte, sie habe durch Flüssigkeitsretention bis zu 7 kg zugenommen. Diese Tendenz wurde durch die von der bioenergetischen Therapie herbeigeführte gesteigerte Motilität überwunden.

Wir haben festgestellt, daß die Atmung des Schizoiden und des Schizophrenen eine charakteristische Störung zeigt. Reich hat die geringe Aufnahme von Atemluft trotz des weichen Brustkorbes und seiner scheinbar starken Ausdehnung beschrieben. An diesem Paradoxon ist noch ein weiterer Faktor beteiligt. Bei der schizoiden Struktur ist die Erweiterung der Brusthöhle von einer Kontraktion der Bauchhöhle begleitet. Dies hindert das Zwerchfell daran, sich zu senken, oder wir können sagen, daß sich das Zwerchfell ebenfalls zusammenzieht, so daß die Abwärtsbewegung der Lunge nicht stattfinden kann. Unter solchen Bedingungen bemüht sich der Schizoide oder Schizophrene, im oberen Teil des Brustkorbs zu atmen, um genug Luft zu bekommen.

Durch weitere Beobachtung der Atembewegungen wurde ich gewahr, daß das Zwerchfell relativ unbeweglich ist; es ist im Zustand der Kontraktion »eingefroren«. Die unteren Rippen stehen heraus. Da das Zwerchfell untätig ist, zieht eine starke Ausdehnung der Brusthöhle durch den Saugeffekt das Zwerchfell leicht nach oben. Derselbe Saugeffekt scheint für das Einfallen des Bauches verantwortlich zu sein. Man beobachtet, daß der Bauch bei der Einatmung eingezogen und bei der Ausatmung dann vorgewölbt wird. Das ist nicht der normale Atmungstypus. Beim Durchschnittsmenschen machen Brustkorb und Bauch meist dieselbe Bewegung. Diese Einheit der Atembewegung, bei der sich Brust- und Bauchdecke wie ein Stück bewegen, ist bei Tieren und Kindern deutlich zu sehen. Diese Art der schizophrenen Atmung hat eine emotionale Bedeutung. Wenn Sie sie selber nachahmen (also den Brustkorb aufblähen und den Bauch einziehen), werden Sie, wenn die Luft in Ihre Lunge einströmt, ein Keuchen hören. Es ist unschwer als ein Ausdruck des Erschreckens zu erkennen. Der Schizophrene atmet, als sei er in einem Zustand des Schrekkens. Gelegentlich ist dieser Schrecken auch im Ausdruck von Gesicht und Augen zu erkennen.

Eine unmittelbare Folge der Unbeweglichkeit des Zwerchfells ist die Teilung des Körpers in eine obere und eine untere Hälfte. Dies ist kein Niederschlag der antithetischen Beziehung von Ich und Sexualität, die auf der Pendelbewegung der Energie beruht, welche die grundlegende Einheit aufrechterhält. Die schizophrene Spaltung repräsentiert Zusammenbruch und Dissoziation von Ich und Sexualität. Das Sexualverhalten des Psychotikers in der Anstalt und des Schizophrenen außerhalb kann als ein Versuch angesehen werden, eine gewisse Funktion in der Realität aufrechtzuerhalten oder herzustellen. Die Verwendung der Sexualität als Mittel, um zu einem anderen Menschen Kontakt herzustellen, kennzeichnet das Sexualverhalten des Menschen mit schizoidem Charakter.

Wir können alle diese Beobachtungen durch das bioenergetische Konzept vom Mangel an Einheit in der Körperstruktur erklären. Die verschiedenen Körpersegmente sind funktionell voneinander abgespalten. Aber das ist ein quantitatives Phänomen. Beim schweren Fall, dem chronisch Schizophrenen, ist diese Spaltung der Körperstruktur an seinen Zeichnungen menschlicher Gestalten und am Bild vom eigenen Körper deutlich zu sehen (siehe Abb. 18). Beim schizoiden Charakter zeigt sich die Spaltung nur als Tendenz. Machover hat dieses Phänomen bei ihrer Untersuchung der Zeichnungen menschlicher Gestalten beobachtet (Machover, 1949). »Schizophrene oder extrem depressive Versuchspersonen lassen möglicherweise die Arme weg – ein Hinweis auf den positiven Rückzug von Menschen und Dingen.« Hier eine Deutung einer anderen Zeichnung eines Schizophrenen durch Frau Machover: »Die unterbrochene Linie erlaubt ferner eine Flüssigkeit des Umwelt-Austauschs mit einem unintegrierten und unsicheren Körper-Bild. Sie ermöglicht das Entweichen und Verdampfen von Körperimpulsen, bietet aber keinen Schutz gegen die Gefahren der Umwelt.« Und auch in der folgenden Bemerkung zeigt sie wieder guten Einblick in das Problem: »Bei Individuen, die die Gelenke andeuten, kann man den Verdacht haben, sie hätten einen falschen und unsicheren Sinn der Körperintegrität. ... Der Schizoide, der offen Schizophrene ... stützt sich auf eine Betonung der Gelenke, um Gefühle der Desorganisation des Körpers abzuwehren.«

Zeichnungen der menschlichen Gestalt geben uns darüber Aufschluß, wie der Betreffende seinen eigenen Körper wahrnimmt. Es mag manchen überraschen, wenn er erkennt, daß jeder Mensch, sei er neurotisch oder psychotisch, ihn so wahrnimmt, wie er ist; d. h. das Körper-Bild reflektiert den

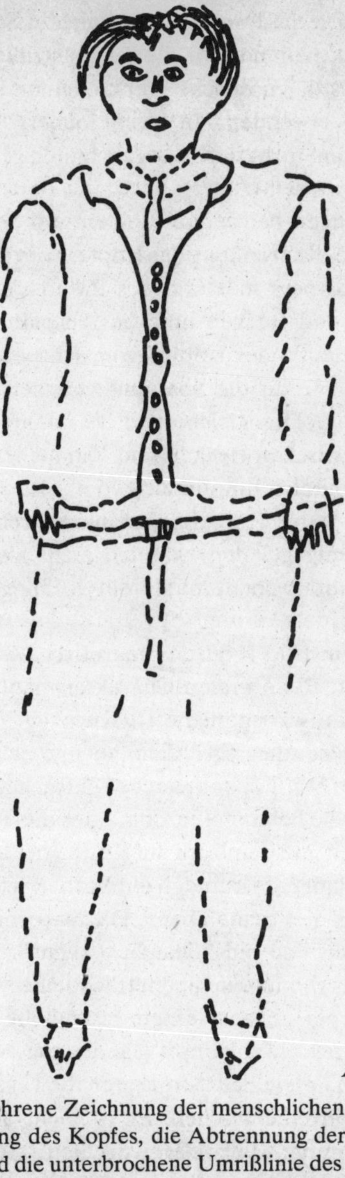

Abb. 18

Schizophrene Zeichnung der menschlichen Gestalt. Man beachte die Betonung des Kopfes, die Abtrennung der Hände von den Unterarmen und die unterbrochene Umrißlinie des Körpers. Aus: Machover, 1949.

funktionellen Körper. Da die Funktion sich auch in Struktur und Bewegung ausdrückt, können wir die Körperstruktur und die Körperbewegung als diagnostische Werkzeuge und therapeutische Hilfsmittel verwenden. In der bioenergetischen Analyse wird die Deutung nicht nach der Zeichnung gemacht, sondern nach dem Körper selbst.

Die Hauptsegmentierungen bei der schizoiden und der schizophrenen Struktur sind die Trennung des Kopfes vom Körper, die Zweiteilung des Körpers in Höhe des Zwerchfells, die Trennung von Rumpf und Becken und die Abspaltung der Extremitäten. Die Trennung des Kopfes vom Körper ist die bioenergetische Grundlage für die Spaltung zwischen Wahrnehmung und Erregung. Die gleichartige Trennung in der unteren Körperhälfte zwischen Becken und Rumpf weist auf eine Abtrennung der genitalen Empfindung vom Gesamt-Körpergefühl hin. Außerdem sind Kopf, Becken und Extremitäten kontrahiert und zu wenig geladen, was ich nicht als einen Rückzug von der Realität, sondern als ein Mißlingen der Entwicklung deuten würde.

Im Gegensatz zu diesem Bild zeigt die neurotische Struktur eine eindeutige Einheit. Beim oralen Charakter manifestiert sich diese Einheit im aufwärtsgerichteten Rückzug von der Erde. Dieser ist sehr deutlich bei dem hochgewachsenen asthenischen Menschen. Wir können von der Tatsache auf ihn schließen, daß die Energie beim oralen Charakter die Tendenz hat, nach oben zu fließen und den Kopf auf Kosten des unteren Teils des Körpers aufzuladen. Wir finden ein Vorherrschen der Tätigkeiten, die man als oral deuten kann. Die masochistische Struktur ist im typischen Fall muskelbepackt. Häufig ist der Körper kurz und schwer gebaut und hat beträchtliche Muskelkraft. Der ganze Körper scheint innen festzuhalten oder zurückzuhalten. Der Masochist kämpft ständig gegen dieses totale Festhalten an. Die rigiden Strukturen bewegen sich gemäß ihrer Rigidität in einem Stück. Es ist nicht an ihrer Einheit zu zweifeln. Von der schizoiden Körperstruktur können wir sagen, sie sei nur lose zusammengehalten – wie durch die Haut. Die Bewegungen sehen mechanisch aus. Man hat den Eindruck, sie seien bewußt gewollt. Typische Gesten, die ein Individuum kennzeichnen, fehlen ganz.

Während die Augen des Schizophrenen den distanzierten Blick haben, der den Mangel an Kontakt zur Realität anzeigt, suchen die Augen des schizoiden Patienten die Augen des Therapeuten. Dieser Wunsch nach Kontakt fällt einem so auf, als sei er das beherrschende Prinzip der Persönlichkeit. Während die Stimme im allgemeinen matt ist, werden die Worte manchmal ganz klar artikuliert, und auch dies gibt einem das Gefühl, der Patient gebe sich Mühe. Ich erinnere mich an eine andere schizoide Patientin, deren Geschichte erfüllt war von unermeßlichen Bemühungen angesichts schrecklicher Handikaps. Am Anfang der Therapie waren viele der Bewegungen zu stark für sie. Sie wurde verwirrt und ängstlich. Ich bat sie, aufzuhören, aber sie sagte: »Ich kann es aushalten.« Bei keiner anderen Art der Charakterstruktur habe ich eine so aufrichtige Bemühung gefunden, Probleme zu überwinden.

Jetzt sind wir in der Lage, eine Hypothese über die Ätiologie der Schizophrenie und der schizoiden Charakterstruktur zu wagen. Wir sind dabei natürlich gezwungen, unsere Folgerungen auf bekannte bioenergetische Prinzipien zu gründen, aber wir können unsere Vorstellungen mit klinischen Daten und durch Beobachtungen an Kleinkindern untermauern.

Wir müssen mit der Annahme beginnen, daß der Organismus bei der Empfängnis eine Einheit ist. Das bedeutet, daß wir die Vererbung als wichtigen Faktor in der Entstehung der emotionalen Krankheit ausschließen. Sie kann bei der Festlegung der Neigung zu funktionellen Erkrankungen eine Rolle spielen oder auch nicht, aber wir müssen uns darüber klar sein, daß die Bedeutung der Vererbung als Krankheitsfaktor mit zunehmendem Fortschritt der medizinischen Kenntnisse ständig abnimmt. In früheren Kapiteln haben wir die wichtigsten neurotischen Störungen im emotionalen Leben des Individuums untersucht, und wir haben viele der dafür verantwortlichen Faktoren geklärt. Keiner von ihnen und auch nicht alle zusammen könnten ohne Mitwirkung einer anderen Art von traumatischer Erfahrung eine Psychose erzeugen. Soweit ich weiß, gibt es nur ein Erlebnis, das so traumatisch ist, daß es die Einheit des wachsenden Organismus spalten kann. Man kann das hier wirkende Agens nur als den Haß der Mutter auf das Kind bezeichnen, einen Haß, der überwiegend unbewußt ist.

Man muß die bioenergetische Natur des Hasses begreifen, um seine Rolle in der Ätiologie dieser Störung zu verstehen. Zunächst lassen Sie mich jedoch den Unterschied zwischen diesem Faktor und den bei den Neurosen wirksamen Faktoren aufzeigen. Der orale Charakter entwickelt sich in Reaktion auf innere Gefühle der Deprivation. Die masochistische Struktur bildet sich unter dem Prozeß der Unterdrückung durch eine Mutter, die übermäßig beschützend und besorgt in bezug auf ihr Kind ist. Rigidität ist ein Produkt der Frustration und entwickelt sich in der ödipalen Periode. Ist es möglich, daß diese Kinder von seiten ihrer Eltern keinen Haß erfahren haben? Es ist höchst unwahrscheinlich. Wenn man das Verhalten von Eltern in den verschiedenen Krisen beobachtet, die sie heimsuchen, wird man viele Ausdrücke des Hasses sehen und hören, der sich gegen ihre Kinder richtet. Aber das sind bewußte Reaktionen, die mit der Situation vorübergehen. Der schädigende Haß ist unbewußt, tiefverwurzelt und hartnäckig. Er wirkt sich in der allerfrühesten Lebensgeschichte des Individuums aus.

Wenn wir die Natur des Hasses herausfinden wollen, sollten wir anfangen, indem wir eine wichtige Unterscheidung treffen. Haß und Wut sind nicht dasselbe. Wut ist ein heißes Gefühl, dessen Ziel es ist, ein Hindernis zu beseitigen, das dem Strömen der Libido im Wege steht. Haß ist kalt und unbewegt. Wut kann zwar in ihrer Manifestation destruktiv sein, aber ihr Ziel ist im Grunde konstruktiv. Wut zielt nicht darauf ab, das Objekt der libidinösen Bindung zu zerstören, Haß hingegen hat dieses Ziel. Wut ist die Flut der Aggression, der keine zärtlichen Gefühle beigemischt sind. Aber sobald die Flut zurückgeht, strömen die Gefühle der Zärtlichkeit wieder. Wut ist das

Gewitter an einem Sommertag, auf das der Sonnenschein folgt. Den Haß kann man mit der unaufhörlichen Kälte und Öde einer gefrorenen Steppe vergleichen. Freud hat darauf hingewiesen, daß Haß in einer antithetischen Beziehung zur Liebe steht. Wir alle wissen, daß das eine sich in das andere verwandeln kann. Aber wie?

Um eine Beziehung verstehen zu können, müssen wir alle in ihr enthaltenen Ausdrücke definieren. Können wir Haß definieren? Es ist vielleicht leichter, zu versuchen, Liebe zu definieren. Das ist in bioenergetischer Hinsicht nicht so schwierig, denn die Grundbestandteile sind bekannt. Wir haben gesehen, daß die grundlegenden Triebe Gefühle der Zärtlichkeit und Bewegungen der Aggression waren. Liebe im strengsten Sinn kann man als das tiefste Gefühl der Zärtlichkeit bezeichnen, das mit der stärksten Aggression ausgedrückt wird. Eine solche Aussage besagt, daß sie der vollständigste Ausdruck eines Organismus ist. Wir können das tiefste Gefühl der Zärtlichkeit als ein Gefühl identifizieren, das direkt aus dem Herzen kommt, und an dem das Herz voll beteiligt ist. Die stärkste aggressive Handlung bezieht die ganze Muskulatur des Körpers ein und drückt die ganze Intensität des Herzgefühls aus. Offensichtlich paßt eine solche strenge Definition nicht zu allen Manifestationen, die als Liebe bezeichnet werden. Die Definition läßt sich dann nach Wunsch erweitern, so daß sie Ausdrucksweisen miteinschließt, bei denen die Herzgefühle in aggressiven Handlungen angemessen ausgedrückt werden, obwohl die Intensität des Gefühls und die Stärke der Aggression verschieden groß sind. Sehen wir uns einige spezifische Fälle an.

Die Liebe der Mutter zu dem Säugling, den sie stillt, ist tiefempfunden und herzlich. Während die Intensität der zärtlichen Gefühle maximal ist, ist die Aggression erheblich herabgesetzt. Sie umfaßt höchstens die obere Körperhälfte der Frau mit Betonung der Tätigkeit der Brustdrüsen. Wir haben bereits erwähnt, daß man zärtliche Gefühle, an denen die aggressiven Tendenzen nicht beteiligt sind, als Zuneigung,

Mitleid usw. bezeichnen kann. Aus diesem Grund lehnen jene, die die körperliche Wärme des Körperkontakts brauchen, diese Gefühle ab. Wenn an der physischen Handlung keine Zärtlichkeit beteiligt ist, kann man ihre emotionale Qualität als Sadismus bezeichnen. Viele Frauen spüren den Sadismus in einem Geschlechtsakt, dem ein zärtliches Gefühl fehlt. Die Liebe sucht in jeder ihrer Ausdrucksformen die Vereinigung von zwei Organismen sowohl auf der geistigen als auch auf der körperlichen Ebene. Im Geschlechtsakt, der ein Ausdruck der Liebe ist, ist die vollständigste Vereinigung und Gleichheit von zwei Organismen möglich.

Was hat es nun mit dem Haß auf sich? Haß ist gefrorene Liebe. Das erklärt, warum immer dann, wenn die Liebe sich abkühlt, die Gefahr besteht, daß sie sich in Haß verwandelt. Andererseits ist es auch möglich, daß der Haß wieder aufgetaut werden und sich in Liebe zurückverwandeln kann. Der Mechanismus, durch den dieses Gefrieren zustandekommt, ist kompliziert. An diesem Vorgang, der von einer Prädisposition abhängt, sind zwei Faktoren beteiligt. Die besondere Prädisposition ist eine rigide Struktur, die beiden Faktoren sind Kälte und Druck.

Im Haß ist das Herz hart und kalt, die zärtlichen Gefühle verwandeln sich in Eis. Damit dies geschieht, muß unerhörter Druck ausgeübt werden; der Vorgang ist dem vergleichbar, durch den Luft verflüssigt wird. Der Druck wird von dem Individuum ausgeübt, dessen Liebe zurückgewiesen wird. Wir haben im 12. und 13. Kapitel über die hysterische Charakterstruktur darauf hingewiesen, daß das auf der genitalen Ebene frustrierte Kind sich versteift und rigide wird. Bei Erwachsenen bezeichnen wir ein solches Individuum als stolz, denn krankhafter Stolz drückt sich in einem steifen Hals und einem steifen Rücken aus. Tatsächlich besagt dieser Stolz: »Ich werde dich nicht lieben, dann kannst du mir nicht wehtun.« Sobald dieses Muster des Sich-Versteifens in Reaktion auf Frustrationen etabliert ist, wird es zu einem festgelegten Reaktionsmuster, das im späteren Leben wirksam wird.

Nur ein Mensch mit rigidem Charakter kann wirklich haßerfüllt werden. Dem Menschen mit oralem Charakter fehlt die Muskelentwicklung und die Aggression, die nötig wären, um seine zärtlichen Gefühle einzusperren. Sein Bedürfnis ist zu groß. Den Masochisten hindert sein Leiden daran, »einzufrieren«. Haß ist häufig das Endergebnis einer schweren Frustration im späteren Leben, im allgemeinen der Höhepunkt einer lieblosen Ehe, in der der rigide Partner durch seine eigene Rigidität und Bewegungsunfähigkeit gefangen ist. Unfähig, sich ein neues Liebesobjekt zu suchen, reagiert die gekränkte Ehefrau auf die Kälte des Partners, indem sie sich versteift und noch rigider wird, bis schließlich das Herz zu Eis erstarrt ist. Ein haßerfüllter Mensch bietet folgendes Bild: kalte Haut, harte und kalte Augen, Rigidität des Körpers, kalte Hände, die nicht liebkosen, sondern wehtun, und ein Verhalten, das unpersönlich, kalt, zwanghaft und angespannt ist. Welche Wirkung hat nun dieser Haß auf den empfindlichen, abhängigen Säugling? Das Kind einer haßerfüllten Frau ist dieser Kälte schon lange vor seiner Geburt ausgesetzt. Wenn das Herz kalt und hart ist, was können wir dann vom Mutterleib erwarten?* Der Embryo, der in einem kalten, harten Mutterleib wächst und sich entwickelt, »gefriert« auch, aber auf eine Weise, die sich von dem »Einfrieren« im Erwachsenenalter unterscheidet. Im Mutterleib ist das Gefrieren nur auf die Kälte, nicht aber auf den Druck zurückzuführen. Der Embryo ist außerdem energetisch viel stärker geladen als der Erwachsene, und seine Energie widersteht dem Frost viel besser als das Energiesystem des rigiden Erwachsenen.

Der Vorgang dieses Gefrierens läßt sich mit dem vergleichen, was geschieht, wenn eine wäßrige Lösung von braunem Zucker allmählich gefroren wird. Nach einer Weile bemerkt man, daß sich die braune Farbe im Zentrum konzentriert, während die Peripherie der Lösung wasserklares Eis ist. Das Zentrum bleibt bis zuletzt flüssig, da die Kälte von außen nach innen dringt. Auf diese Weise wird eine partielle Trennung des Gelösten und

* Siehe Reich, [2]1970, S. 504.

des Lösungsmittels bewirkt. Das Tiefgefrieren oder das Gefrieren unter Druck würde die Ionen oder die Moleküle des Gelösten in dem gefrorenen Lösungsmittel fangen und unbeweglich machen. Diese Beobachtung läßt sich bei anderen gefärbten Lösungen wiederholen.
In dem Embryo im kalten, lieblosen Mutterleib findet eine ähnliche Trennung statt. Die freie Energie des Organismus zieht sich ins Zentrum zurück, während das periphere System einfriert; d. h. der Kern ist lebendig, aber die oberflächennahen Strukturelemente »gefrieren«. Ohne diese Analogie kann man die Tendenz zu vollständiger Triebentmischung, die für die Schizophrenie verantwortlich ist, nicht erklären. Was gefroren ist, ist also die körperliche Motilität des Organismus. Ich will damit nicht sagen, der Fötus werde zu einem Eisklotz. Der Vorgang des »Gefrierens« ist nicht so intensiv, daß er Leben zerstört. Tatsächlich ist seine Wirkung am stärksten an den natürlichen Einschnürungen des Körpers, in jenen Bereichen, die keine großen Organe mit einer ziemlich starken Eigenladung enthalten. Man sollte erwarten, daß sich der »gefrorene« Zustand am deutlichsten am Hals, an der Taille und an den Gelenken zeigt. Dies sind die Stellen, wo schizophrene und schizoide Strukturen die stärkste Motilitätsstörung zeigen. Das ist keine Schizophrenie; es ist jedoch die unentbehrliche Prädisposition für diese Krankheit.
Das Leben nach der Geburt kann eine genügend warme Umgebung bieten, so daß die gefrorenen Bereiche auftauen. Da es aber unwahrscheinlich ist, daß die Geburt des Kindes als solche die Mutter verwandelt, wird das Neugeborene in eine Umgebung geworfen, die offener feindselig ist als jene, die es im Schutzbereich des Mutterleibes erlebt hat. Die Gefahr wird nun deutlicher sichtbar. Der Säugling und das Kind erfährt allmählich, daß die Realität, die es als die kalte und haßerfüllte Mutter erlebt, eine Bedrohung des Lebens darstellt. Auf keiner anderen Grundlage können wir den äußersten Schrecken, die Verfolgungsangst und die Angst vor körperlicher Gewalt und Tod verstehen, die den Schizophrenen quälen.

Diese Bemerkungen sind nicht als Verdammung der Mütter schizophrener Patienten gemeint. Unser Mitgefühl muß auch auf sie als Opfer einer Störung ausgedehnt werden, die auf ihre Weise schlimmer ist als die ihrer bedauernswerten Nachkommen. Man wird wieder an Dostojewskis Bemerkung erinnert: »Die Hölle ist das Leiden jener, die nicht lieben können.« Ihr unbewußtes Schuldgefühl im späteren Leben ist erbarmungswürdig.

Eines der besten Bücher über die psychoanalytische Therapie der Schizophrenie ist *Psychotherapeutic Intervention in Schizophrenia* von L. B. Hill. In diesem wertvollen Buch spricht er auf warmherzige, persönliche Weise über die Mütter Schizophrener. Hill gibt zu, daß viele Psychiater die Mütter von Schizophrenen als »äußerst feindselig, boshaft und in jeder Hinsicht ein Unglück« ansehen, aber er hat das Gefühl, das sei nicht ganz richtig (Hill, 1955, S. 109, 112, 121). Hill betrachtet diese Mütter als ambivalent. Aber dies ist nicht die Ambivalenz des Liebens oder Nichtliebens. Es ist die Ambivalenz von Lieben oder Hassen. Nach dem oberflächlichen Anschein mögen sie den Wunsch haben, dieses Kind zu lieben, und sie mögen es auch versuchen, aber ein tieferliegender Haß trägt den Sieg davon. Man beachte folgende Bemerkung: »Psychiater, die die Mütter schizophrener Patienten interviewt haben, berichten, sie hätten weitgehend das empfunden, was ein Schizophrener zu empfinden scheint – die Mutter sei oberflächlich optimistisch, kooperativ, freundlich und nachgiebig, aber recht nah unter der Oberfläche erstarre sie, wenn irgendetwas Unangenehmes erwähnt werde.« Zu schade, daß wir keinen Bericht über den Blick ihrer Augen haben. Bei dieser Gelegenheit pflegen ihre Augen den Haß zu zeigen, der den Säugling hat »gefrieren« lassen. Noch ein Zitat von Hill, um zu zeigen, wie nah gutes psychoanalytisches Denken dem bioenergetischen Denken steht: »Die Enttäuschungen, die diese Mütter in der Realität erleben, werfen sie schmerzlich zurück in ihre Welt der inneren Liebes- und Haßobjekte. Das Kind, das in einer Zeit der großen Belastung ausgetragen wird, das von

innen kommt und noch vor kurzem ein Teil der Mutter gewesen ist, ist der natürliche Erbe all ihrer frustrierten Objektsuche.«
Es gibt keine theoretische Überlegung, die uns drängt, die früheste Ätiologie der Schizophrenie in die vorgeburtliche Zeit zu verlegen. Entbehrung der Mutterliebe ist kein Erlebnis, das bis jetzt als etwas bezeichnet werden kann, das vor der Geburt des Kindes eintritt. Erwachsene, die unter diesem Gefühl der Entbehrung leiden, zeigen ein infantiles Verhaltensmuster. Wenn das Trauma schlimmer ist, muß es eine negative Einstellung repräsentieren, und nicht das Fehlen einer positiven. Eine solche negative Einstellung der Mutter muß eine nachteilige Wirkung auf das Kind haben, mit dem sie zu dieser Zeit schwanger geht. Dieses Zeitelement ist der Grund, warum ein Kind diese Störung zeigt, während seine Geschwister sie möglicherweise nicht aufweisen.
Wenn ich in dieser Erörterung das Problem übermäßig vereinfacht habe, dann ist das absichtlich geschehen. Ich wollte eine Feststellung treffen, von der aus detaillierte Studien und Untersuchungen unternommen werden können.
Wir haben gesehen, welche Wirkung der Haß auf das bioenergetische System des Kindes ausübt. Wie überträgt sich dies auf seine emotionale Entwicklung? Welches sind die psychischen Entsprechungen dieses gestörten bioenergetischen Zustands? Der Schizoide und gewiß noch mehr der Schizophrene muß sich mit einem lebenskräftigen Kern von Gefühl und Energie, aber mit einem verkrüppelten und gefesselten motorischen Abfuhrsystem durchs Leben kämpfen. Da er sich nur wenig auf seine Motorik stützen kann, ist er von seiner erhöhten Sensibilität abhängig, um Gefahr zu vermeiden und in der materiellen Welt Erfolg zu erringen. Das ist natürlich unzulänglich, so daß seine Frustration das Gefühl des Konflikts steigert. Im Grunde besteht der Konflikt darin, daß er nicht weiß, was er mit seinen aggressiven Tendenzen anfangen soll. Denn wie bei allen durch eine Traumatisierung bedingten Krankheitszuständen besteht auch hier ein unbewußter Kampf um die Wiederherstellung der verlorenen Einheit. Was verhindert sie?

So schwierig die Erwachsenenwelt der Realität auch ist, in der der Schizophrene oder Schizoide sich befindet, sie ist im Vergleich zur Umwelt seiner Säuglingszeit und Kindheit eine Welt der körperlichen Wärme. Diese Wärme ist zwar vielversprechend, aber sie birgt auch Gefahren. Das Tauwetter kann eine Flut hervorrufen, die die Ufer überfluten würde. Die Flut der Aggression, abgelöst von allen zärtlichen Gefühlen, könnte nur ein Ziel haben: Mord, die Zerstörung des Objekts, das ihn bedroht und verletzt hat, das Zerschmettern aller Realität. Hill hat es gut formuliert, als er schrieb: »Für den Schizophrenen ist der Gewinn der Unabhängigkeit von seinem infantilen Über-Ich – eines der Ziele der Psychoanalyse – seinem Gefühl nach völlig gleichwertig mit der Ermordung seiner Mutter durch ihn selbst« (Hill, 1955, S. 151).

Wir kommen also zu dem Schluß, daß der Schizophrene unbewußt seine Mutter haßt. Aber er ist kein kalter, haßerfüllter Mensch. An seinem Haß ist sein Herz nicht beteiligt, nur seine Muskeln. Nicht sein Herz ist »eingefroren«, lediglich seine Muskulatur. Aber das stellt den bioenergetischen Therapeuten vor ein reales Problem, denn jeder Versuch, das »Gefrorene« aufzutauen, muß ganz allmählich und unter Kontrolle vorgenommen werden. Der Schizophrene fürchtet sich so sehr vor seinem eigenen Haß, daß er jedem Versuch Widerstand leistet, seine Aggression zu mobilisieren. Sobald man diese Furcht durchbrochen hat, kann man große Fortschritte machen. Rosen begreift dies intuitiv so gut, daß er die Herausforderung der gegen ihn gerichteten Aggression des Patienten annimmt. »Das Ziel der Therapie ist es, diese Aggression auf den Therapeuten zu lenken, anstatt daß der Patient sie auf seine gewöhnliche schizophrene Weise amorph verteilt« (a. a. O., S. 150). Dies kann zu einem tatsächlichen physischen Kampf mit dem Patienten führen, in dem der Arzt beweisen kann, daß man körperliche Aggression beherrschen und für konstruktive Zwecke einsetzen kann.

Der latente Haß des Schizophrenen auf seine Mutter ist das Band, das ihn an sie bindet, genau wie ihr latenter Haß sie an den Patienten bindet. Haß läßt nicht nur die Motilität des Individuums erstarren, er läßt auch die Beziehung »einfrieren«. Es ist, als seien der Schizophrene und seine Mutter in einer gegenseitigen Bindung von Haß und Abneigung zusammengefroren.

Der Mensch mit schizoidem Charakter hat im Gegensatz zum Schizophrenen eine viel größere Motilität und Koordination, ein besser organisiertes Ich und ein gewisses Maß an Unabhängigkeit. Bei seiner Behandlung können wir auf eine stärkere bewußte Beteiligung zählen. Trotzdem sind die schizophrenen Grundtendenzen vorhanden, und die Therapie muß in derselben Art und Weise ausgerichtet werden, als wenn man einen Schizophrenen behandelt.

Der schizophrene und der schizoide Charakter haben keine Ich-Abwehr. Das ist in ihrer Therapie ein ungemein positiver Faktor, denn sie können nicht unbewußt Widerstand leisten und tun es auch nicht. Es ist nicht so, daß Widerstand ein bewußtes Phänomen wäre. Der Mensch mit schizoidem Charakter bemerkt keinen wirklichen Widerstand bei sich, aber dieser nimmt die Form von Mißtrauen an, von Angst vor dem Therapeuten, Angst vor der Therapie. Dessen ist er gewahr. Dies sind Patienten, die in der Tiefe keine Abwehr haben und daher auf der Hut sein müssen. Gegen diese Art des Widerstandes kann der Therapeut nur seine aufrichtige Bemühung, seine Demut und seine Ehrlichkeit aufbieten.

Ein Teil dieses Mangels an Ich-Abwehr ist beim Schizophrenen und beim Schizoiden ihre große Sensibilität – insbesondere gegenüber Menschen, von denen sie sich abhängig fühlen. Andere haben gesagt, daß sie direkt auf das Unbewußte reagieren, und dieser Feststellung stimme ich zu. Sie können den Therapeuten ebenso rasch durchschauen, wie nur irgendein Therapeut Einblick in sie gewinnen kann. Und wer von uns ist frei von seinem neurotischen Problem? Um ihnen helfen zu können, muß man also sich selbst gut kennen, besonders die eigenen Grenzen und Schwächen. Da wir unseren schizophrenen oder schizoiden Patienten keinen vollkommenen Menschen anbieten können, dürfen wir auch nicht vorgeben, es zu tun. Wir bieten Realität, die Realität unseres Selbst, das ist die Aufrichtigkeit unserer Bemühung, die Demut unserer Haltung und die Ehrlichkeit unseres Gewissens.

Dies sind die unerläßlichen persönlichen Eigenschaften, die jeder Therapeut, der mit solchen Patienten arbeitet, haben muß. Noch etwas ist absolut erforderlich, nämlich Wärme. Keine noch so große Aufrichtigkeit, Demut oder Ehrlichkeit kann einem schizophrenen oder schizoiden Patienten ohne die wirkliche Wärme der Gefühle des Therapeuten für den Patienten helfen. Das bedeutet, daß der Therapeut ein warmherziger Mensch sein und den Patienten wirklich gernhaben muß. Die Warmherzigkeit des Therapeuten ist das therapeutische Agens, mit dessen Hilfe er den Patienten tiefer in die Realität hineinbringen kann. Dies ist auch die Stelle, wo das Fehlen der Ich-Abwehr sich als hilfreich erweist. Der Neurotiker pflegt selbst den aufrichtigen Ausdruck von Wärme und Zuneigung zu bezweifeln, und erst wenn die neurotische Abwehr beseitigt ist, nimmt er ihn ganz an. Anders der Schizoide oder Schizophrene. Im gleichen Maß, wie Wärme und Zuneigung bereitwillig gegeben werden, werden sie bereitwillig akzeptiert. Obwohl das Problem so groß ist, ist es ein großes Vergnügen, mit Menschen mit schizoider Persönlichkeit zu arbeiten. Im Lauf der Therapie, wenn die Wärme ihr Wesen durchdringt, geben sie ihrem Therapeuten großzügig etwas.

Der Schizoide und der Schizophrene fordern von ihrem Therapeuten noch eine weitere Eigenschaft. Sie fordern, der Therapeut solle sie verstehen. Andere Patienten wollen das auch, aber ihre Neurose macht sie blind dafür, ob dieses Verstehen vorhanden ist oder fehlt. Die Schizoiden und Schizophrenen sind Isolierte, die in einer anderen Welt leben als wir, die aber für sie genauso real ist. Sie muß auch für den Therapeuten real sein. Ich spreche nicht von der Welt der Halluzinationen und Wahnvorstellungen, sondern von der realen Welt spiritueller Gefühle, zu der sie Zugang haben.

Außerdem muß man zumindest in gewissem Grad eine Sensibilität haben, die der ihren entspricht. Aus diesem Grund verstehen sich Menschen mit schizoidem Charakter untereinander völlig. Es trifft auch zu, daß jemand, der diese Krankheit oder Störung überwunden hat, vielleicht derjenige Therapeut ist, der den engsten Kontakt zu ihnen herstellen kann. Wenn man außer ihren spirituellen Gefühlen auch ihre Körperempfindungen versteht und verständlich über sie sprechen kann, läßt sich eine enge und bedeutungsvolle Bindung zum Patienten herstellen. In dieser Hinsicht ist die Kenntnis der Dynamik der bioenergetischen Prozesse so wichtig. Eine schizoide Patientin sagte mir, sie sei den Analytikern, die mit ihr arbeiteten, weit voraus. Sie müsse ihnen alles deuten. Aber es genügt nicht, daß wir mit unserem Verständnis bei ihnen sind. Wir müssen ihnen voraus sein. Im Bereich des aggressiven Verhaltens, der materiellen Realität, der Sexualfunktionen ist der Mensch mit schizoidem Charakter ein Neuling. Es ist keine Frage der Verdrängung von Einstellungen oder Gefühlen in bezug auf diese Welt. Es ist eine Welt, in die er niemals ganz eingetreten ist, die er nicht kennt und der er nicht traut. Es ist eine Welt des Handelns, in der die zärtlichen Gefühle mit einer aggressiven Komponente verschmolzen sind.

Es ist eines, einen Schizophrenen zu einer Realität zurückzubringen, die er einmal gekannt hat, und ein anderes, sein Ich so aufzubauen, daß es in einer Welt, die er nie gekannt hat, voll und angemessen funktionieren kann. Diese andere Welt ist die Welt des Körpers, und die bioenergetische Therapie bietet die Mittel, dem Patienten unmittelbare Erfahrung in dieser Welt zu verschaffen. Das soll nicht heißen, diese andere Welt sei nur durch bioenergetische Therapie erfahrbar. Sie wird im Kontakt einer guten Übertragungsbeziehung erlebt, und in gewissem Maß in jeder körperlichen Betätigung, der sich der Patient außerhalb der therapeutischen Situation widmet. Aber es ist viel besser, wenn diese Erfahrung direkt und zunehmend in der therapeutischen Sitzung gewonnen werden kann. Denn die Wärme, die der Patient braucht, ist die Hitze, die durch das

Strömen der Energie in seinen eigenen Geweben und in seiner eigenen Muskulatur erzeugt wird. Für die meisten Patienten ist es das spannendste Erlebnis, wenn sie spüren, wie ihr Körper lebendig wird, ihre Extremitäten sich erwärmen und ihre Haut rosig wird.

Ich erinnere mich an eine Patientin, die am Anfang ihrer Therapie verwirrt, bestürzt und ängstlich wurde, als ich sie aufforderte, ihren Körper nach hinten zu beugen und in dieser Stellung zu bleiben. Sie mußte schon nach wenigen Sekunden damit aufhören. Sie begann zu zittern und zu beben, aber sie wußte nicht, wovor sie Angst hatte. Ich konnte ihr erklären, daß sie sich vor der Empfindung in ihrem Rücken fürchte, daß sie fürchte, überwältigt zu werden oder auseinanderzufallen. Als ich sie jedoch die Prozedur wiederholen und sie beständig mit ihrem Körper arbeiten ließ, verlor sie allmählich ihre Verwirrung und ihre Angst. Nach einer Weile sagte sie mir, sie sei nicht mehr verwirrt oder ängstlich, und die zeitweilige Verwirrung, die ihr außerhalb der Therapie zu schaffen machte, sei ebenfalls verschwunden. Sie konnte mehr mit ihrem Körper tun, je mehr sie allmählich die Herrschaft über ihn gewann. Dann begann sie, mehr Energie in sich freizusetzen und Lust als Körperempfindung in der Bewegung zu erleben. Wenn man weiß, wie schwer es diesen Patienten fällt, körperliche Lust allmählich zuzulassen, kann man diesen Fortschritt würdigen. Bei all diesen Patienten ist ihre Fähigkeit, Lust als Körperempfindung zu erleben, ein Kriterium für ihre zunehmende Gesundheit. Bei einem anderen Patienten war dieses Erlebnis, die Energie lustvoll durch den Körper strömen zu fühlen, wenn auch nur an der Oberfläche, eines der schönsten seines Lebens.

Man könnte hier fragen, auf welche Weise unterscheiden sich die bioenergetischen Bewegungen von Turnübungen oder anderen Formen körperlicher Betätigung? Das ist eine bei der Therapie der Schizophrenie oder Schizoidie sehr angemessene Frage. Viele Menschen mit schizoidem Charakter haben Tanz studiert, aber ihr Grundproblem wurde auf diese Weise nicht gelöst. Und die ganze Spielbreite der bioenergetischen Therapie dreht sich in Wirklichkeit um eine begrenzte Auswahl von Bewegungen. Aber dies sind Bewegungen oder Haltungen, bei denen die Einheit des Körpers dynamisch betont wird. Nur wenn der gesamte Organismus an einer Bewegung teilnimmt, wird diese Bewegung zum Ausdruck von Gefühl. Gerade wegen dieser Unfähigkeit, sich einheitlich zu bewegen, ist der Mensch mit schizoidem oder schizophrenem Charakter emotional stumpf. Der Neurotiker, der diese Einheit besitzt, selbst wenn sie charakterlich rigide oder in ein Muster gepreßt ist, ist eines begrenzten emotionalen Ausdrucks fähig.

Es ist wichtig für die ganze Frage der bioenergetischen Therapie, daß der Therapeut die Dynamik der Körperbewegung gründlich kennt. Beim Schlagen auf die Couch z. B. benützen verschiedene Menschen verschiedene Teile des Körpers. Manche schlagen nur mit den Armen, der Rücken ist nicht beteiligt. Manche benützen den Rücken, aber die Arme bewegen sich nur wie mechanische Anhängsel. Nur wenn man sich bemüht, den ganzen Körper an der Handlung teilnehmen zu lassen, ist sie von einem Gefühl der Wut begleitet. Man muß beobachten, welche Teile des Körpers bei der Handlung zurückgehalten werden, um zu verstehen, welcher Art die Blockierung ist, die die Freisetzung der angemessenen Gemütsbewegung verhindert.

Emotionale Gesundheit kann man gemäß der Fähigkeit eines Menschen definieren, alles, was zu ihm gehört, an seinen Handlungen und Verhaltensweisen teilnehmen zu lassen. Es sollte nicht überraschen, daß dies eine gleiche Fähigkeit bedeutet, in entsprechenden Situationen Handlungen zu unterlassen. Auf psychischer Ebene kann man dies als eine Feststellung der Integrität des Ichs deuten, eines Ichs, das nicht in ein bewußtes Ich und ein unbewußtes Über-Ich gespalten ist; eines Ichs, das nicht durch die partielle oder vollständige Entmischung der Triebe geteilt ist, aus denen es sich zusammensetzt. Auf körperlicher Ebene bedeutet dies das Fehlen chronischer Verkrampfungen und Verspannungen in den muskulären Elementen des Körpers. Eine gesteigerte Motilität bietet einen größeren Handlungsspielraum und ermöglicht beim Reagieren auf Situationen mehr Flexibilität.

Aber wir übersehen auch nicht die Bedeutung des Körperausdrucks als Spiegelung seiner inneren Eigenschaften. Wir behalten uns zur Bezeichnung dieses angeborenen Vorzugs einen deskriptiven Begriff vor – Anmut, und wir erweisen mit diesem Ausdruck unseren Besten Ehre. So schwierig ein solcher Ausdruck auch anzuwenden ist, wir können ihn trotzdem als unser Ideal körperlicher Harmonie hinstellen, genauso, wie Schönheit dieses Ideal in formaler Hinsicht bezeichnet.

Frei zu sein von den körperlichen Einschränkungen, die ihm durch chronische Verkrampfungen auferlegt werden, befreit von den Fesseln unbewußter Ängste – dies, und dies allein würde den Menschen zu jener Liebe befähigen, bei der sich seine tiefsten Herzgefühle mit seiner stärksten Aggression ausdrücken.

Literatur

Abraham, Karl: 1921, *Ergänzungen zur Lehre vom Analcharakter.*

– 1924, *Beiträge der Oralerotik zur Charakterbildung.*

– 1925, *Zur Charakterbildung der »genitalen« Entwicklungsstufe,* in: Psychoanalytische Studien, Bd. I, Frankfurt, 1971.

Darwin, Charles: 1872, *Der Ausdruck der Gemüthsbewegung bei dem Menschen und den Thieren.*

Fenichel, Otto: *The Psychoanalytic Theory of Neurosis,* New York, 1945.

Ferenczi, Sándor: 1919a, *Technische Schwierigkeiten einer Hysterieanalyse,* in: Schriften zur Psychoanalyse, Frankfurt, 1972.

– 1919b, *Denken und Muskel-Innervation.*

– 1921, *Weiterer Ausbau der »aktiven Technik« in der Psychoanalyse.*

– 1925a, *Kontra-Indikationen der aktiven psychoanalytischen Technik,* in: Schriften zur Psychoanalyse II, Frankfurt, 1972.

– 1925b, *Zur Psychoanalyse von Sexualgewohnheiten,* in: Schriften zur Psychoanalyse, Frankfurt, 1972.

– 1927, *Bausteine zur Psychoanalyse,* Leipzig.

– 1950, *Sex in Psychoanalysis,* New York.

Freud, Sigmund: 1893, *Über den psychischen Mechanismus* (Vorläufige Mitteilung), in: Sigmund Freud: *Gesammelte Werke,* Bd. I., Frankfurt, ^{3}1969.

– 1894a, *Ansätze zu einer Theorie der Angstneurose,* in: Freud, Sigmund: *Gesammelte Werke,* Bd. I, Frankfurt, ^{3}1969.

– 1894b, *Weitere Bemerkungen über die Abwehr-Neuropsychosen,* in: Freud, Sigmund: *Gesammelte Werke,* Bd. I, Frankfurt, ^{3}1969.

– 1896, *Zur Ätiologie der Hysterie,* Freud, Sigmund: *Gesammelte Werke,* Bd. I, ^{3}1969.

– 1904a, *Die Freudsche psychoanalytische Methode,* in: Freud, Sigmund: *Gesammelte Werke,* Bd. IV, Frankfurt, ^{3}1969.

– 1904b, *Über Psychotherapie,* in: Freud, Sigmund: *Gesammelte Werke,* Bd. IV, Frankfurt, ^{3}1969.

– 1906, *Briefe an Wilhelm Fließ,* Frankfurt, 1962.

– 1908, *Charakter und Analerotik,* in: Freud, Sigmund: *Gesammelte Werke,* Bd. VII, Frankfurt, ^{3}1969.

– 1910, *Die zukünftigen Chancen der psychoanalytischen Therapie,* in: Freud, Sigmund: *Gesammelte Werke,* Bd. VIII, Frankfurt ^{3}1969.

– 1911, *Formulierungen über die zwei Prinzipien des psychischen Geschehens,* in: Freud, Sigmund: *Gesammelte Werke,* Bd. VIII, Frankfurt, [3]1969.
– 1912a, *Zur Dynamik der Übertragung,* in: Freud, Sigmund: *Gesammelte Werke,* Bd. VIII, Frankfurt, [3]1969.
– 1912b, *Die Handhabung der Traumdeutung in der Psychoanalyse,* in: Freud, Sigmund: *Gesammelte Werke,* Bd. VIII, Frankfurt [3]1969.
– 1914a, *Zur Geschichte der psychoanalytischen Bewegung,* in: Freud, Sigmund: *Gesammelte Werke,* Bd. X, Frankfurt, [3]1969.
– 1914b, *Bemerkungen über die Übertragungsliebe,* in: Freud, Sigmund: *Gesammelte Werke,* Bd. X, Frankfurt, [3]1969.
– 1915, *Triebe und Triebschicksale,* in: Freud, Sigmund: *Gesammelte Werke,* Bd. X, Frankfurt, [3]1969.
– 1920, *Jenseits des Lustprinzips,* in: Freud, Sigmund: *Gesammelte Werke,* Bd. XIII, Frankfurt, [3]1969.
– 1923, *Das Ich und das Es,* in: Freud, Sigmund: *Gesammelte Werke,* Bd. XIII, Frankfurt, [3]1969.
– 1924, *Das ökonomische Problem des Masochismus,* in: Freud, Sigmund: *Gesammelte Werke,* Bd. XIII, Frankfurt, [3]1969.
– 1930: *Das Unbehagen in der Kultur,* in: Freud, Sigmund: *Gesammelte Werke,* Bd. XIV, Frankfurt, [3]1969.
– 1931a, *Über die weibliche Sexualität,* in: Freud, Sigmund: *Gesammelte Werke,* Bd. XIV, Frankfurt, [3]1969.
– 1931b, *Über libidinöse Typen,* in: Freud, Sigmund: *Gesammelte Werke,* Bd. XIV, Frankfurt, [3]1969.
– 1932, *Neue Folge der Vorlesungen zur Einführung in die Psychoanalyse,* in: Freud, Sigmund: *Gesammelte Werke,* Bd. XV, Frankfurt, [3]1969.
Glueck, E. und Glueck, S.: 1956, *Physique and Delinquency,* New York.
Hill, L. B.: 1955, *Psychotherapeutic Intervention in Schizophrenia,* Chicago.
Hoskins, R. G.: 1946, *The Biology of Schizophrenia,* New York.
La Barre, Weston: 1954, *The Human Animal,* Chicago.
Machover, Karen: 1949, *Personality Projection in the Drawing of the Human Figure,* Springfield, Ill.
Maier, N. R. F./Schneierla, T. C.: 1935, *Principles of Animal Psychology,* New York.
Neumann, E.: 1949, *Ursprungsgeschichte des Bewußtseins,* auch Kindler TB, Reihe Geist und Psyche 2042.
Reich, Wilhelm: 1969, *Die Funktion des Orgasmus,* Köln–Berlin.
– [2]1970 *Charakteranalyse,* Köln–Berlin.
Rosen, J. N.: 1953, *Direct Analysis,* New York.

Schilder, Paul: 1950, *The Image and Appearance of the Human Body,* New York.
Sheldon, W. H.: 1940, *The Varieties of Human Physique,* New York.
– 1942, *The Varieties of Temperament,* New York.
Szasz, T. S.: 1957, *Pain and Pleasure,* New York.
Thompson, Clara: 1950, »*Introduction*« to Sándor Ferenczi, *Sex in Psychoanalysis,* Bd. I, New York.
Weiner, Norbert: 1956, *The Human Use of Human Beings,* New York.
Wolfe, T.: 1949, »*Translator's Preface*« to the Second Edition in Wilhelm Reich, *Character Analysis,* New York.

Register